시 대 에 듀

독학사 3단계

― 컴퓨터공학과 ―

정보보호

SD에듀
㈜시대고시기획

머리말

학위를 얻는 데 시간과 장소는 더 이상 제약이 되지 않습니다. 대입 전형을 거치지 않아도 '학점은행제'를 통해 학사학위를 취득할 수 있기 때문입니다. 그중 독학학위제도는 고등학교 졸업자이거나 이와 동등 이상의 학력을 가지고 있는 사람들에게 효율적인 학점인정 및 학사학위취득의 기회를 줍니다.

학습을 통한 개인의 자아실현 도구이자 자신의 실력을 인정받을 수 있는 스펙으로서의 독학사는 짧은 기간 안에 학사학위를 취득할 수 있는 가장 빠른 지름길로 많은 수험생들의 선택을 받고 있습니다.

독학학위취득시험은 1단계 교양과정 인정시험, 2단계 전공기초과정 인정시험, 3단계 전공심화과정 인정시험, 4단계 학위취득 종합시험의 1~4단계까지의 시험으로 이루어집니다. 4단계까지의 과정을 통과한 자에 한해 학사학위취득이 가능하고, 이는 대학에서 취득한 학위와 동등한 지위를 갖습니다.

이 책은 독학사 시험에 응시하는 수험생들이 단기간에 효과적인 학습을 할 수 있도록 다음과 같이 구성하였습니다.

01 단원 개요
핵심이론을 학습하기에 앞서 각 단원에서 파악해야 할 중점과 학습목표를 수록하였습니다.

02 핵심이론
다년간 출제된 독학학위제 평가영역을 철저히 분석하여 시험에 꼭 출제되는 내용을 '핵심이론'으로 선별하여 수록하였으며, 중요도 체크 및 이론 안의 '더 알아두기'를 통해 심화 학습과 학습 내용 정리를 효율적으로 할 수 있게 하였습니다.

03 실제예상문제
해당 출제영역에 맞는 핵심포인트를 분석하여 풍부한 '실제예상문제'를 수록하였습니다..

04 최종모의고사
최신출제유형을 반영한 최종모의고사를 통해 자신의 실력을 점검해 볼 수 있으며, 실제 시험에 임하듯이 시간을 재고 풀어보면 시험장에서 실수를 줄일 수 있습니다.

편저자 드림

BDES

독학학위제 소개

독학학위제란?

「독학에 의한 학위취득에 관한 법률」에 의거하여 국가에서 시행하는 시험에 합격한 사람에게 학사학위를 수여하는 제도

- ✓ 고등학교 졸업 이상의 학력을 가진 사람이면 누구나 응시 가능
- ✓ 대학교를 다니지 않아도 스스로 공부해서 학위취득 가능
- ✓ 일과 학습의 병행이 가능하여 시간과 비용 최소화
- ✓ 언제, 어디서나 학습이 가능한 평생학습시대의 자아실현을 위한 제도
- ✓ 학위취득시험은 4개의 과정(교양, 전공기초, 전공심화, 학위취득 종합시험)으로 이루어져 있으며 각 과정별 시험을 모두 거쳐 학위취득 종합시험에 합격하면 학사학위 취득

독학학위제 전공 분야 (11개 전공)

국어국문학 / 영어영문학 / 심리학 / 경영학 / 법학 / 행정학

컴퓨터공학 / 가정학 / 유아교육학 / 정보통신학 / 간호학

※ 유아교육학 및 정보통신학 전공 : 3, 4과정만 개설
※ 간호학 전공 : 4과정만 개설
※ 중어중문학, 수학, 농학 전공 : 폐지 전공으로 기존에 해당 전공 학적 보유자에 한하여 응시 가능

※ SD에듀는 현재 4개 학과(심리학과, 경영학과, 컴퓨터공학과, 간호학과) 개설 완료
※ 추가로 2개 학과(국어국문학과, 영어영문학과) 개설 진행 중

독학학위제 시험안내

과정별 응시자격

단계	과정	응시자격	과정(과목) 시험 면제 요건
1	교양	고등학교 졸업 이상 학력 소지자	• 대학(교)에서 각 학년 수료 및 일정 학점 취득 • 학점은행제 일정 학점 인정 • 국가기술자격법에 따른 자격 취득 • 교육부령에 따른 각종 시험 합격 • 면제지정기관 이수 등
2	전공기초		
3	전공심화		
4	학위취득	• 1~3과정 합격 및 면제 • 대학에서 동일 전공으로 3년 이상 수료 　(3년제의 경우 졸업) 또는 105학점 이상 취득 • 학점은행제 동일 전공 105학점 이상 인정 　(전공 28학점 포함) → 22.1.1. 시행 • 외국에서 15년 이상의 학교교육과정 수료	없음(반드시 응시)

응시 방법 및 응시료

• 접수 방법: 온라인으로만 가능
• 제출 서류: 응시자격 증빙 서류 등 자세한 내용은 홈페이지 참조
• 응시료: 20,400원

독학학위제 시험 범위

• 시험과목별 평가 영역 범위에서 대학 전공자에게 요구되는 수준으로 출제
• 시험 범위 및 예시문항은 독학학위제 홈페이지(bdes.nile.or.kr) − 학습정보 − 과목별 평가영역에서 확인

문항 수 및 배점

과정	일반 과목			예외 과목		
	객관식	주관식	합계	객관식	주관식	합계
교양, 전공기초 (1~2과정)	40문항×2.5점 =100점	–	40문항 100점	25문항×4점 =100점	–	25문항 100점
전공심화, 학위취득 (3~4과정)	24문항×2.5점 =60점	4문항×10점 =40점	28문항 100점	15문항×4점 =60점	5문항×8점 =40점	20문항 100점

※ 2017년도부터 교양과정 인정시험 및 전공기초과정 인정시험은 객관식 문항으로만 출제

합격 기준

• 1~3과정(교양, 전공기초, 전공심화) 시험

단계	과정	합격 기준	유의 사항
1	교양	매 과목 60점 이상 득점을 합격으로 하고, 과목 합격 인정(합격 여부만 결정)	5과목 합격
2	전공기초		6과목 이상 합격
3	전공심화		

• 4과정(학위취득) 시험 : 총점 합격제 또는 과목별 합격제 선택

구분	합격 기준	유의 사항
총점 합격제	• 총점(600점)의 60% 이상 득점(360점) • 과목 낙제 없음	• 6과목 모두 신규 응시 • 기존 합격 과목 불인정
과목별 합격제	• 매 과목 100점 만점으로 하여 전 과목(교양 2, 전공 4) 60점 이상 득점	• 기존 합격 과목 재응시 불가 • 1과목이라도 60점 미만 득점하면 불합격

시험 일정

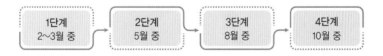

1단계 2~3월 중 → 2단계 5월 중 → 3단계 8월 중 → 4단계 10월 중

• 컴퓨터공학과 3단계 시험 과목 및 시험 시간표

구분(교시별)	시간	시험 과목명
1교시	09:00~10:40 (100분)	인공지능 컴퓨터네트워크
2교시	11:10~12:50 (100분)	임베디드시스템 소프트웨어공학
중식	12:50~13:40 (50분)	
3교시	14:00~15:40 (100분)	프로그래밍언어론 컴파일러
4교시	16:10~17:50 (100분)	컴퓨터그래픽스 정보보호

※ 시험 일정 및 시험 시간표는 반드시 독학학위제 홈페이지(bdes.nile.or.kr)를 통해 확인하시기 바랍니다.

※ SD에듀에서 개설되었거나 개설 예정인 과목은 빨간색으로 표시했습니다.

독학학위제 과정

1단계
교양과정
01

대학의 교양과정을 이수한 사람이 일반적으로 갖추어야 할 학력 수준 평가

02
2단계
전공기초

각 전공영역의 학문을 연구하기 위하여 각 학문 계열에서 공통적으로 필요한 지식과 기술 평가

3단계
전공심화
03

각 전공영역에서의 보다 심화된 전문 지식과 기술 평가

04
4단계
학위취득

학위를 취득한 사람이 일반적으로 갖추어야 할 소양 및 전문 지식과 기술을 종합적으로 평가

GUIDE

독학학위제 출제방향

국가평생교육진흥원에서 고시한 과목별 평가영역에 준거하여 출제하되, 특정한 영역이나 분야가 지나치게 중시되거나 경시되지 않도록 한다.

교양과정 인정시험 및 전공기초과정 인정시험의 시험방법은 객관식(4지택1형)으로 한다.

단편적 지식의 암기로 풀 수 있는 문항의 출제는 지양하고, 이해력·적용력·분석력 등 폭넓고 고차원적인 능력을 측정하는 문항을 위주로 한다.

독학자들의 취업 비율이 높은 점을 감안하여, 과목의 특성상 가능한 경우에는 학문적이고 이론적인 문항뿐만 아니라 실무적인 문항도 출제한다.

교양과정 인정시험(1과정)은 대학 교양교재에서 공통적으로 다루고 있는 기본적이고 핵심적인 내용을 출제하되, 교양과정 범위를 넘는 전문적이거나 지엽적인 내용의 출제는 지양한다.

이설(異說)이 많은 내용의 출제는 지양하고 보편적이고 정설화된 내용에 근거하여 출제하며, 그럴 수 없는 경우에는 해당 학자의 성명이나 학파를 명시한다.

전공기초과정 인정시험(2과정)은 각 전공영역의 학문을 연구하기 위하여 각 학문 계열에서 공통적으로 필요한 지식과 기술을 평가한다.

전공심화과정 인정시험(3과정)은 각 전공영역에 관하여 보다 심화된 전문적인 지식과 기술을 평가한다.

학위취득 종합시험(4과정)은 시험의 최종 과정으로서 학위를 취득한 자가 일반적으로 갖추어야 할 소양 및 전문지식과 기술을 종합적으로 평가한다.

전공심화과정 인정시험 및 학위취득 종합시험의 시험방법은 객관식(4지택1형)과 주관식(80자 내외의 서술형)으로 하되, 과목의 특성에 따라 다소 융통성 있게 출제한다.

독학학위제 단계별 학습법

1 단계

평가영역에 기반을 둔 이론 공부!

독학학위제에서 발표한 평가영역에 기반을 두어 효율적으로 이론 공부를 해야 합니다. 각 장별로 정리된 '핵심이론'을 통해 핵심적인 개념을 파악합니다. 모든 내용을 다 암기하는 것이 아니라, 포괄적으로 이해한 후 핵심내용을 파악하여 이 부분을 확실히 알고 넘어가야 합니다.

2 단계

시험 경향 및 문제 유형 파악!

독학사 시험 문제는 지금까지 출제된 유형에서 크게 벗어나지 않는 범위에서 비슷한 유형으로 줄곧 출제되고 있습니다. 본서에 수록된 이론을 충실히 학습한 후 '실제예상문제'를 풀어 보면서 문제의 유형과 출제의도를 파악하는 데 집중하도록 합니다. 교재에 수록된 문제는 시험 유형의 가장 핵심적인 부분이 반영된 문항들이므로 실제 시험에서 어떠한 유형이 출제되는지에 대한 감을 잡을 수 있을 것입니다.

3 단계

'실제예상문제'를 통한 효과적인 대비!

독학사 시험 문제는 비슷한 유형들이 반복되어 출제되므로 다양한 문제를 풀어 보는 것이 필수적입니다. 각 단원 끝에 수록된 '실제예상문제' 및 '주관식 문제'를 통해 단원별 내용을 제대로 학습했는지 꼼꼼하게 체크합니다. 이때 부족한 부분은 따로 체크해 두고 복습할 때 중점적으로 공부하는 것도 좋은 학습 전략입니다.

4 단계

복습을 통한 학습 마무리!

이론 공부를 하면서, 혹은 문제를 풀어 보면서 헷갈리고 이해하기 어려운 부분은 따로 체크해 두는 것이 좋습니다. 중요 개념은 반복학습을 통해 놓치지 않고 확실하게 익히고 넘어가야 합니다. 마무리 단계에서는 '최종모의고사'를 통해 실전연습을 할 수 있도록 합니다.

COMMENT

합격수기

> 저는 학사편입 제도를 이용하기 위해 2~4단계를 순차로 응시했고 한 번에 합격했습니다.
> 아슬아슬한 점수라서 부끄럽지만 독학사는 자료가 부족해서 부족하나마 후기를 쓰는 것이 도움이 될까 하여
> 제 합격전략을 정리하여 알려 드립니다.

#1. 교재와 전공서적을 가까이에!

학사학위취득은 본래 4년을 기본으로 합니다. 독학사는 이를 1년으로 단축하는 것을 목표로 하는 시험이라 실제 시험도 변별력을 높이는 몇 문제를 제외한다면 기본이 되는 중요한 이론 위주로 출제됩니다. SD에듀의 독학사 시리즈 역시 이에 맞추어 중요한 내용이 일목요연하게 압축·정리되어 있습니다. 빠르게 훑어보기 좋지만 내가 목표로 한 전공에 대해 자세히 알고 싶다면 전공서적과 함께 공부하는 것이 좋습니다. 교재와 전공서적을 함께 보면서 교재에 전공서적 내용을 정리하여 단권화하면 시험이 임박했을 때 교재 한 권으로도 자신 있게 시험을 치를 수 있습니다.

#2. 아리송한 용어들에 주의!

진법 변환, 부울대수, 컴퓨터 명령어, 기억장치, C프로그래밍 언어 등 공부를 하다 보면 여러 생소한 용어들을 접할 수 있습니다. 익숙하지 않은 기본 개념들을 반복해서 보면서 숙지하고 점차 이해도를 높여나가는 학습이 합격에 도움이 된다고 생각합니다.

#3. 시간확인은 필수!

쉬운 문제는 금방 넘어가지만 지문이 길거나 어렵고 헷갈리는 문제도 있고, OMR 카드에 마킹도 해야 하니 실제로 주어진 시간은 더 짧습니다. 1번에 어려운 문제가 있다고 해서 1번에서 5분을 허비하면 쉽게 풀 수 있는 마지막 문제들을 놓칠 수 있습니다. 문제 푸는 속도도 느려지니 집중력도 떨어집니다. 그래서 어차피 배점은 같으니 아는 문제를 최대한 많이 맞히는 것을 목표로 했습니다.
① 어려운 문제는 빠르게 넘기면서 문제를 끝까지 다 풀고 ② 확실한 답부터 우선 마킹하고 ③ 다시 시험지로 돌아가 건너뛴 문제들을 다시 풀었습니다. 확실히 시간을 재고 문제를 많이 풀어봐야 실전에 도움이 되는 것 같습니다.

#4. 문제풀이의 반복!

어떠한 시험도 그렇듯이 문제는 많이 풀어볼수록 좋습니다. 이론을 공부한 후 실제예상문제를 풀다보니 부족한 부분이 어딘지 확인할 수 있었고, 공부한 이론이 시험에 어떤 식으로 출제될 지 예상할 수 있었습니다. 그렇게 부족한 부분을 보충해가며 문제유형을 파악하면 이론을 복습할 때도 어떤 부분을 중점적으로 암기해야 할 지 알 수 있습니다. 이론 공부가 어느 정도 마무리되었을 때 시계를 준비하고 최종모의고사를 풀었습니다. 실제 시험시간을 생각하면서 예행연습을 하니 시험 당일에는 덜 긴장할 수 있었습니다.

학위취득을 위해 오늘도 열심히 학습하시는 동지 여러분에게도 합격의 영광이 있으시길 기원하면서 이만 줄입니다.

이 책의 구성과 특징

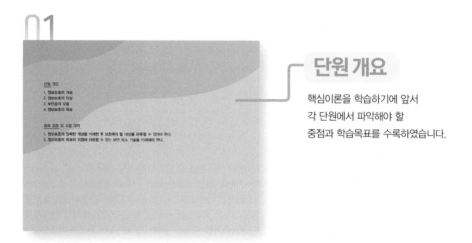

01

단원 개요

핵심이론을 학습하기에 앞서
각 단원에서 파악해야 할
중점과 학습목표를 수록하였습니다.

핵심이론

독학사 시험의 출제 경향에 맞춰
시행처의 평가영역을 바탕으로
과년도 출제문제와 이론을
빅데이터 방식에 맞게 선별하여
가장 최신의 이론과 문제를
시험에 출제되는 영역 위주로 정리하였습니다.

02

제 1 장 정보보호 개요

제 1 절 정보보호의 개념

1 정의

(1) 의도적이든 의도적이 아니든 인가받지 않은 노출·전송·수정 그리고 파괴로부터 정보를 보호하는 것

(2) 정보의 수집·가공·저장·검색·송신·수신 중에 정보의 훼손·변조·유출 등을 방지하기 위한 관리적·기술적 수단(이하 "정보보호 시스템"이라 한다)을 강구하는 것(『정보화촉진 기본법』 제2조)

2 필요성

03

제 1 편 실제예상문제

실제예상문제

독학사 시험의 경향에 맞춰
전 영역의 문제를 새롭게 구성하고
지극히 지엽적인 문제나 쉬운 문제를 배제하여
학습자가 해당 교과정에서 필수로
알아야 할 내용을 문제로 정리하였습니다.
풍부한 해설을 추가하여 이해를 쉽게 하고
문제를 통해 이론의 학습내용을 반추하여
실제시험에 대비할 수 있도록 구성하였습니다.

01 다음 설명에 해당하는 정보보호 용어는 무엇인가?

> 기업의 업무와 관련하여 컴퓨터 등의 정보시스템을 통하여
> 생산, 저장, 전송, 처리되는 정보 및 정보시스템과 관련된 인
> 력, 문서 시설, 장비 등의 관련 제반 환경

① 정보보호 시스템
② 정보자산
③ 자산식별
④ 물리적 보안

해설 & 정답 ✓checkpoint

01 ① 정보보호 시스템 : 정보처리시스
템 내 정보를 유출·위조·변조
·훼손하거나 정보시스템의
정상적인 서비스를 방해하는 행
위로부터 정보를 보호하기 위
한 장비 및 프로그램을 말한다.
③ 자산식별 : 자산식별을 통하여 조
직의 자산을 파악하고, 자산에 가
치 및 중요도를 선별하며, 정보자
산과 업무프로세스와의 관계도 함
께 알아내는 것을 말한다.
④ 물리적 보안 : 각종 자원(시설, 인
력, 정보 및 설비)과 시설, 설비, 시
스템) 등의 조직의 자산에 대한
물리적 보호를 의미한다.

실제예상문제

04

주관식 문제

다년간 각종 시험에 출제된 기출문제 중
주관식으로 출제될 만한 문제들을 엄선하여
가공 변형 후 수록하였으며,
배점이 큰 '주관식 문제'에 충분히
대응할 수 있도록 편성하였습니다.

05

최종모의고사

'핵심이론'을 공부하고,
'실제예상문제'를 풀어보았다면 이제
남은 것은 실전 감각 기르기와 최종 점검입니다.
'최종모의고사(총 2회분)'를
실제 시험처럼 시간을 두고 풀어보고,
정답과 해설을 통해 복습한다면
좋은 결과가 있을 것입니다.

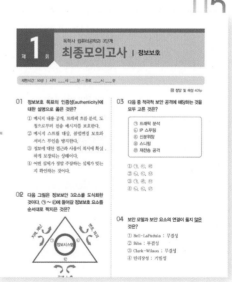

목차

제1편

정보보호 기본

제1장 정보보호 개요
실제예상문제

<u>단원 개요</u>

1. 정보보호의 개념
2. 정보보호의 대상
3. 보안공격 모델
4. 정보보호의 목표

출제 경향 및 수험 대책

1. 정보보호의 정확한 개념을 이해한 후 보호해야 할 대상을 분류할 수 있어야 한다.
2. 정보보호의 목표와 위협에 대응할 수 있는 보안 요소 기술을 이해해야 한다.

혼자 공부하기 힘드시다면 방법이 있습니다.
SD에듀의 동영상강의를 이용하시면 됩니다.
www.sdedu.co.kr ➜ 회원가입(로그인) ➜ 강의 살펴보기

제 1 장 정보보호 개요

제 1 절 정보보호의 개념 [중요]★

1 정의

(1) 의도적이든 의도적이 아니든 인가받지 않은 노출·전송·수정 그리고 파괴로부터 정보를 보호하는 것

(2) 정보의 수집·가공·저장·검색·송신·수신 중에 정보의 훼손·변조·유출 등을 방지하기 위한 관리적·기술적 수단(이하 "情報保護 시스템"이라 한다)을 강구하는 것(「정보화촉진 기본법」 제2조)

2 필요성

(1) 산업사회에서 정보화 사회로 바뀌면서 오프라인에서 수행되던 일이 대부분 온라인으로 수행이 가능해지고 있음. 그러나 정보화의 순기능과 함께 개인정보가 노출되거나 악용되는 등의 사례가 증가함에 따라 사생활 침해, 조직 내 중요 정보의 오용과 악의적인 유출 등 치명적인 정보화 역기능이 발생

(2) 정보화 역기능의 사례는 지속적으로 증가하고 있으며, 사용되는 기술도 정보기술과 함께 발달하고 있으므로, 정보보호▼의 필요성이 더욱 중요시되고 있음

> **더 알아두기**
>
> ▼ 정보보호
> • 공급자 측면 : 내·외부의 위협 요인으로부터 네트워크, 시스템 등의 하드웨어, 데이터베이스, 통신 및 전산시설 등 정보자산을 안전하게 보호·운영하기 위한 일련의 행위
> • 사용자 측면 : 개인정보 유출 및 남용을 방지하기 위한 일련의 행위

제 2 절 　정보보호의 대상 중요 ★

1 개요

(1) 정보자산

① 조직이 보호해야 할 대상으로 정보, 하드웨어, 소프트웨어, 시설 등을 말하며, 관련 인력, 기업 이미지 등의 무형자산도 포함

② 공격의 주체가 되기도 하고 공격의 대상이 되기도 함

(2) 유형별 분류

유형	내용
정보	컴퓨터에 저장, 처리, 연산된 업무와 관련된 전자적 자산
문서	종이 또는 기타 출력물로 보관된 업무와 관련된 문서 형태의 자산
서버	서비스를 제공하기 위해 정보자산 및 소프트웨어가 탑재된 시스템
소프트웨어	데이터를 서로 다른 시스템 간에 공유하는 네트워킹 기능을 제공할 수 있는 소프트웨어 자산 또는 정보시스템을 문서편집, 정보처리, 계산 등 사용자가 필요한 특정 분야에 사용하기 위해 작성된 소프트웨어 자산
네트워크	서로 다른 시스템 간에 네트워킹 기능을 제공하는 하드웨어 자산(라우터(router), 스위치(switch) 등)
보안시스템	서비스를 제공하기 위해 정보자산 및 소프트웨어가 탑재된 시스템
단말장치	개인들이 사용하는 업무용 컴퓨터(PC), 노트북, 개인용 디지털 단말기(PDA), 이동 저장 장치(USB) 등
물리적 시설	업무수행 및 전산장비 보호 등을 위한 물리적 시설 및 장비

(3) 정보자산 식별

① 조직의 정보자산으로 보호할 가치가 있는 자산을 식별하고, 이를 정보자산의 형태, 소유자, 관리자, 특성 등을 포함한 목록으로 만들어야 함

② 자산 식별을 통하여 조직의 자산을 파악하고, 자산의 가치 및 중요도를 산출하며, 정보자산과 업무처리와의 관계도 알아낼 수 있음

(4) 자산가치 산정

① 자산(asset)을 정량적 또는 정성적으로 산출하는 기준과 절차 정의

② 자산의 중요도를 파악하고, 위협이 발생한 경우 피해량 측정에 필요한 정보를 얻기 위하여, 위험분석 대상 자산의 가치를 정량적 또는 정성적인 방법으로 평가하는 과정

③ 기준

　㉠ 정량적 기준 : 자산 도입 비용, 자산복구 비용, 자산교체 비용

　㉡ 정성적 기준 : 업무처리에 대한 자산의 기여도, 자산이 영향을 미치는 조직과 작업의 수, 시간(복구시간), 기타(조직의 특성에 맞는 기타 요소)

(5) 자산 그룹핑(asset grouping)

① 개요

조사한 자산을 기밀성, 무결성, 가용성 평가 결과에 기초하여 자산 유형, 보안 특성, 중요도가 같은 것끼리 묶어 공통 자산 그룹으로 명시하는 것

② 목적

　㉠ 위협 및 취약성 평가와 위험평가를 수행할 때 앞에서 언급한 3가지 특성에 근거하여 결과가 달라지기 때문에, 같은 결과가 나오는 자산에 대하여 동일한 작업을 반복하지 않기 위하여 그룹핑을 해야 함

　㉡ 만약, 자산의 수가 적고, 결과가 다양하여 이후의 분석에 걸리는 시간의 차이가 크지 않다면 그룹핑을 하지 않아도 됨

　㉢ 비용 절감과 관리적 효율성을 향상시킬 수 있음

제 3 절 보안 공격 유형 중요 ★★

1 소극적 공격과 적극적 공격

(1) 소극적 공격(passive attack)

① 수동적 공격으로, 정보시스템의 데이터를 변경하거나 직접적인 해를 끼치지 않는 공격 형태
② 탐지하는 것보다 예방이 더 중요함

(2) 적극적 공격(active attack)

① 능동적 공격으로, 정보시스템의 데이터를 변경하거나 직접적인 해를 끼치는 공격 형태
② 공격자가 다양한 방법으로 시도하기 때문에 일반적으로 방어보다 탐지가 더 중요함

2 공격 유형

(1) 기밀성을 위협하는 공격[소극적(수동적) 공격]

① **스니핑(sniffing)**
  ㉠ 데이터에 대한 비인가 접근 또는 훔쳐보는 것을 의미
  ㉡ 스니핑을 방지하기 위해서는 데이터를 암호화하여 공격자가 데이터를 확인할 수 없도록 만듦

② **트래픽 분석(traffic analysis)**
  ㉠ 데이터를 암호화하여 공격자가 데이터를 확인할 수 없도록 만들어도 네트워크 트래픽을 분석함으로써 다른 형태의 정보를 얻을 수 있음
  ㉡ 예를 들어, 전자메일의 경우 송신자의 전자메일 주소를 알아내어 전송 성향 등을 파악할 수 있음

(2) 무결성을 위협하는 공격[적극적(능동적) 공격]

① **변경(modification)** : 메시지의 일부를 불법적으로 수정하거나 순서를 바꾸는 공격
② **가장(masquerading)** : 한 사용자가 다른 사용자인 것처럼 속이는 공격
③ **재연(replay)** : 획득한 데이터를 보관하고 있다가 후에 재전송함으로써 정보시스템에 접근하는 공격
④ **부인(requdiation)** : 메시지를 보냈다는 것을 부인하고, 메시지를 받았다는 것도 부인하는 공격. 이를 방지하기 위해 부인방지(부인봉쇄)를 해야 함

(3) 가용성을 위협하는 공격[적극적(능동적) 공격]

① **서비스 거부(DoS/DDoS)**
  ㉠ 정보시스템의 자원을 고갈시켜 정상적인 사용자가 사용할 수 없도록 하는 공격
  ㉡ 정보시스템에 과부하를 발생시켜 서비스를 지연시키거나 느리게 하는 공격

제 4 절 정보보호의 목표와 특성 중요 ★

1 목표

(1) 정보보호의 요구사항은 기밀성, 무결성, 가용성 세 가지로 구분(OECD 정보보호 가이드라인▼)

(2) 이러한 요구사항은 정보보호의 속성일 뿐만 아니라 정보보호를 통하여 달성하고자 하는 기본적인 목표

(3) 정보보호의 기본적인 목표는 내부 또는 외부의 침입자나 공격자로부터 각종 정보의 파괴, 변조, 유출 등과 같은 침해 사고로부터 중요한 정보자산을 보호하는 것

(4) 3대 목표 이외에도 6대 목표로는 책임 추적성(accountability), 인증성(authentication), 신뢰성(reliability)이 있음

> **더 알아두기**
>
> **▼ OECD 정보보호 가이드라인**
> 경제협력기구인 OECD에서는 국가 간 경제협력을 위한 기반의 하나로, 개인정보 보안과 관련한 사항에 대한 기준을 권고하고 있음

2 특성

(1) 기밀성(confidentiality)

정보가 비인가된 사용자에게 노출되지 않도록 보장하는 보안원칙

(2) 무결성(integrity)

정보가 비인가된 사용자의 악의적 또는 비악의적 접근으로부터 변경되지 않도록 보장하는 보안원칙

(3) 가용성(availability)

인가된 사용자가 정보시스템의 데이터 또는 자원을 필요로 할 때, 지체 없이 원하는 객체 또는 자원에 접근하여 사용할 수 있도록 보장하는 보안원칙

(4) 책임 추적성(accountability)

내부 정보에 침해행위가 발생한 경우, 각 객체의 행위를 유일하게 추적할 수 있음을 보장하는 것. 즉, 책임 추적성이 보장되지 않으면 잘못이 없는 사용자에게 책임이 전가될 수 있으며, 추적 불가능한 행위를 방임하는 결과를 가져올 수 있음

(5) 인증성(authenticity)

어떤 주체나 객체가 정당한 사용자임을 확인하는 것. 즉, 잘못된 인증은 주체 또는 객체에 피해를 줄 수 있음

(6) 신뢰성(reliability)

의도된 행위에 따른 결과의 일관성을 보장하는 것. 신뢰성의 결여는 사용자의 신뢰성 상실로 인하여 기업의 신뢰도를 떨어뜨리는 등 조직의 목표에 중대한 영향을 미칠 수 있음

[정보보호의 특성]

실제예상문제

01 다음 설명에 해당하는 정보보호 용어는 무엇인가?

> 기업의 업무와 관련하여 컴퓨터 등의 정보시스템을 통하여 생산, 저장, 전송, 처리되는 정보 및 정보시스템과 관련된 인력, 문서, 시설, 장비 등의 관련 제반 환경

① 정보보호 시스템
② 정보자산
③ 자산식별
④ 물리적 보안

01 ① 정보보호 시스템 : 정보처리시스템 내 정보를 유출·위조·변조·훼손하거나 정보처리시스템의 정상적인 서비스를 방해하는 행위로부터 정보 등을 보호하기 위한 장비 및 프로그램을 말한다.
③ 자산식별 : 자산식별을 통하여 조직의 자산을 파악하고, 자산의 가치 및 중요도를 산출하며, 정보자산과 업무처리와의 관계도 등을 알아내는 것을 말한다.
④ 물리적 보안 : 인적 자원(사원), 물적 자원(데이터, 시설, 설비, 시스템) 등의 조직의 자산에 대한 물리적 보호를 의미한다.

02 다음 중 보안의 기본 목표가 <u>아닌</u> 것은?

① 가용성(Availability)
② 기밀성(Confidentiality)
③ 무결성(Integrity)
④ 취약성(Vulnerability)

02 보안목표(보안의 3요소) :
가용성(Availability),
기밀성(Confidentiality),
무결성(Integrity)

정답 01 ② 02 ④

03
- 무결성(Integrity) : 데이터가 위 · 변조되지 않아야 함
- 가용성(Availability) : 권한이 있는 자만 서비스를 사용하여야 함
- 인증(Authentication) : 정당한 자임을 상대방에게 입증하여야 함

03 보안 서비스에 대한 각 설명에 해당하는 용어를 순서대로 나열한 것은?

> ㉠ 메시지가 중간에서 복제 · 추가 · 수정되거나 순서가 바뀌거나 재전송됨이 없이 그대로 전송되는 것을 보장한다.
> ㉡ 비인가된 접근으로부터 데이터를 보호하고 인가된 해당 개체에 적합한 접근권한을 부여한다.
> ㉢ 송 · 수신자 간에 전송된 메시지에 대해서, 송신자는 메시지 송신 사실을, 수신자는 메시지 수신 사실을 부인하지 못하도록 한다.

	㉠	㉡	㉢
①	무결성	부인방지	인증
②	가용성	접근통제	인증
③	기밀성	인증	부인방지
④	무결성	접근통제	부인방지

04
- 기밀성(Confidentiality) : 비인가자에게는 메시지를 숨겨야 함
- 무결성(Integrity) : 데이터가 위 · 변조되지 않아야 함
- 가용성(Availability) : 권한이 있는 자만 서비스를 사용하여야 함

04 정보보호 시스템이 제공하는 보안 서비스 개념과 그에 대한 설명으로 옳은 것을 모두 고른 것은?

> ㉠ 기밀성(Confidentiality) : 데이터가 위 · 변조되지 않아야 함
> ㉡ 무결성(Integrity) : 권한이 있는 자만 서비스를 사용하여야 함
> ㉢ 인증(Authentication) : 정당한 자임을 상대방에게 입증하여야 함
> ㉣ 부인방지(Nonrepudiation) : 거래 사실을 부인할 수 없어야 함
> ㉤ 가용성(Availability) : 비인가자에게는 메시지를 숨겨야 함

① ㉠, ㉡
② ㉠, ㉤
③ ㉡, ㉢
④ ㉢, ㉣

05 다음 설명을 모두 만족하는 정보보호의 목표는?

> • 인터넷을 통해 전송되는 데이터 암호화
> • 데이터베이스와 저장장치에 저장되는 데이터 암호화
> • 인가된 사용자들만이 정보를 볼 수 있도록 암호화

① 가용성
② 기밀성
③ 무결성
④ 신뢰성

05 ① 가용성 : 인가된 사용자가 필요 시 정보에 접근하고 변경하는 것이 가능함을 의미한다.
③ 무결성 : 정보가 비인가된 방식으로 변조되는 것을 방지하는 것을 의미한다.
④ 신뢰성 : 의도된 행위에 따른 결과의 일관성을 보장하는 것을 의미한다.

06 다음 중 보안 공격에 대한 설명으로 옳지 <u>않은</u> 것은?

① 소극적 공격은 시스템의 정보를 알아내거나 악용하지만, 시스템 자원에 영향을 주지 않는다.
② 적극적 공격은 실제로 데이터를 변경하지 않기 때문에 탐지하기 매우 어렵다.
③ 소극적 공격의 유형에는 메시지 내용 공개, 트래픽 분석이 있다.
④ 적극적 공격의 유형에는 신분 위장, 서비스 거부, 재전송이 있다.

06 ②는 소극적 공격에 대한 설명이다.

07 다음 중 보안 공격 유형에서 소극적 공격에 해당하는 것은?

① 트래픽 분석(Traffic Analysis)
② 재전송(Replaying)
③ 변조(Modification)
④ 신분 위장(Masquerading)

07 • 소극적 공격 : 스니핑, 패킷 분석, 도청 등
• 적극적 공격 : 재전송, 변조, 신분 위장, DDoS 공격 등

정답 05 ② 06 ② 07 ①

08 ㉠ 도청, ㉡ 감시는 소극적 보안 공격에 해당한다.

08 다음 중 능동적 보안 공격에 해당하는 것을 모두 고른 것은?

> ㉠ 도청　　　　　　　　㉡ 감시
> ㉢ 신분 위장　　　　　　㉣ 서비스 거부

① ㉠, ㉡
② ㉠, ㉢
③ ㉡, ㉢
④ ㉢, ㉣

09 [문제 하단 표 참조]

09 보안의 3요소에 대한 다음 표에서 괄호 안에 들어갈 내용으로 옳지 <u>않은</u> 것은?

구분	내용	침해 유형
(㉠)	인가된 사용자 프로그램에게만 접근을 허용하는 것	
(㉡)	승인되지 않거나 원하지 않는 방법에 의한 데이터 변경 보호	(㉢)
	필요할 때 데이터에 대한 접근 보장	(㉣)

① ㉠ 기밀성
② ㉡ 무결성
③ ㉢ 공개, 노출
④ ㉣ 지체, 재난

»»»🔍

[보안의 3요소 및 침해 유형]

구분	내용	침해 유형
기밀성 (Confidentiality)	인가된 사용자나 프로그램에게만 접근을 허용하는 것	공개, 노출
무결성 (Integrity)	승인되지 않거나 원하지 않는 방법에 의한 데이터의 변경을 보호	변조, 파괴
가용성 (Availability)	필요할 때 데이터에 대한 접근 보장	지체, 재난

정답 08 ④　09 ③

✅ 주관식 문제

01 정보자산에 대하여 간단히 설명하시오.

02 보안의 3요소를 쓰고, 각각에 해당하는 침해 유형을 2개 이상 쓰시오.

03 정보보안 공격 중 소극적(수동적) 공격을 3가지 이상 쓰시오.

01

정답 조직이 보호해야 할 대상으로 정보, 하드웨어, 소프트웨어, 시설 등을 말하며, 관련 인력, 기업 이미지 등의 무형자산도 포함한다.

02

정답 • 기밀성 : 공개, 노출 등
• 무결성 : 변조, 파괴 등
• 가용성 : 지체, 재난 등

03

정답 스니핑, 패킷 분석, 도청 등

04

정답 재전송, 변조, 신분 위장, DDoS 공격 등

04 정보보안 공격 중 적극적(능동적) 공격을 3가지 이상 쓰시오.

제2편

암호학

단원 개요

1. 암호의 개념 및 역사
2. 대칭키와 공개키 암호의 원리
3. 대칭키와 공개키 암호 알고리즘의 종류 및 특징
4. 해시함수의 원리, 종류 및 특징

출제 경향 및 수험 대책

1. 대칭키와 공개키 암호 알고리즘의 원리를 정확히 이해해야 하고, 암호 알고리즘별 특징을 암기해야 하며, 활용(적용)에 대한 내용이 출제될 수 있다.
2. 해시함수의 원리를 정확하게 이해해야 하고, 종류별 특징을 암기해야 한다.

혼자 공부하기 힘드시다면 방법이 있습니다.
SD에듀의 동영상강의를 이용하시면 됩니다.
www.sdedu.co.kr ➔ 회원가입(로그인) ➔ 강의 살펴보기

제1장 암호의 이해

1 용어의 정의

(1) 평문

① 송신자와 수신자 간 송수신할 내용으로, 일반적인 문장
② 암호화의 대상이 되는 문장으로 한글이나 영어 등의 일반 언어로 작성된 문장

(2) 암호문

송신자와 수신자 간 송수신할 내용으로 제3자가 이해할 수 없는 형태로 변환된 문장

(3) 암호화

① 평문을 제3자가 이해할 수 없는 암호문으로 변환하는 과정
② 일반적으로 암호화는 송신자가 수행

(4) 복호화

① 암호문을 제3자가 이해할 수 있는 평문으로 변환하는 과정
② 일반적으로 복호화는 수신자가 수행

(5) 키

① 평문의 암호화 과정이나 암호문의 복호화 과정에 필요한 파라미터
② 암호화키와 복호화키로 이루어짐

(6) 암호 알고리즘

① 암호화와 복호화에 사용되는 수학적인 함수
② 암호화에 사용되는 암호 알고리즘, 복호화에 사용되는 복호 알고리즘이 있음

(7) 암호 해독

① 정당한 사용자가 아닌 제3자가 불법적으로 암호문으로부터 원래의 평문으로 복구하려는 시도
② 암호화에 사용된 암호키를 찾거나 부가 정보를 이용하여 암호문으로부터 평문을 찾는 과정을 말하며, 암호 공격이라 함

(8) 송신자와 수신자

① 네트워크에서 비밀리에 평문을 송수신하는 주체

② 평문을 암호문으로 변경하여 수신자에게 전송하는 사람이 송신자이며, 암호문으로부터 평문을 복호화하는 사람이 수신자

(9) 공격자

암호 방식의 정당한 사용자가 아닌 사용자가 암호문으로부터 평문을 해독하려는 제3자를 공격자라고 함

(10) 암호 체계(암호 시스템)

암호화와 복호화키, 평문, 암호문을 포함한 암호화와 복호화 알고리즘

2 암호 일반

(1) 비밀 통신

암호라기보다는 다른 사람이 인식하지 못하도록 통신문을 숨긴다는 뜻

(2) 스테가노그래피(steganography)

① 그리스어로 '감추어진 글'이란 의미이며, 평범한 그래픽, 사진, 영화, 음악파일(MP3) 등에 정보를 교환하고 있다는 것을 숨기면서 통신하는 기술

② 육안으로는 식별할 수 없지만 특별한 소프트웨어를 이용하면 쉽게 은닉된 정보를 확인할 수 있음

③ 이미지의 중요하지 않은 비트를 정보비트로 대체하는 방법으로 암호화하고, 변경된 이미지는 육안으로 식별 불가능

④ 암호화 기법과는 달리 정보를 전송하는 데 있어서 많은 오버헤드 발생

⑤ 암호화를 대신하는 것이 목적이 아니라 암호화와 함께 스테가노그래피 기법을 사용하여 보안 수준을 높이는 것이 목적

⑥ 고대 그리스에서는 나뭇가지에 열매가 달린 유무에 따라 통신문을 표현

⑦ 오사마 빈라덴과 알카에다의 조직원도 많이 사용했던 것으로 알려진 기술

(3) 암호화 기술 분류

① 암호화키와 복호화키가 일치하는지 여부에 따라 : 대칭키 알고리즘, 비대칭키(공개키) 알고리즘

② 대칭키 암호의 변환하는 방법에 따라 : 블록 암호 알고리즘, 스트림 암호 알고리즘

③ 공개키 암호 알고리즘의 수학적 개념 기반에 따라 : 인수분해, 이산대수, 타원 곡선 문제 등

암호의 개념 및 역사 중요 ★

1 암호의 개념 및 역사

(1) 가장 오래된 암호 방식

① 기원전 400년경 고대 그리스인들이 사용한 스키테일(scytale) 암호▼라고 불리는 전치 암호

② 전송하려는 평문을 재배열하는 방식

③ 암호 송신자가 곤봉에 종이(papyrus)를 감아 평문을 횡으로 쓴 다음 종이를 풀면 평문의 각 문자는 재배치되어 평문의 내용을 인식할 수 없게 됨

④ 암호문 수신자는 송신자가 사용한 곤봉과 지름이 같은 곤봉에 암호문이 적혀 있는 종이를 감고 횡으로 읽으면 평문을 얻을 수 있음

> 💡 **더 알아두기** 🔍
>
> ▼ 스키테일(scytale) 암호
> • 사실상 역사상 가장 오래된 암호로, 기원전 450년경 그리스인들이 고안해 낸 암호
> • 당시 그리스 도시국가에서는 제독이나 장군을 다른 지역에 파견할 때 길이와 굵기가 같은 2개의 나무봉을 만들어 하나는 본부에 두었고 나머지 하나는 파견인에게 줌. 이 나무봉에 종이테이프를 서로 겹치지 않도록 감아올린 뒤 그 위에 가로로 글씨를 씀. 테이프를 풀어 세로로 길게 늘어선 글을 읽으면 무슨 뜻인지 전혀 알 수 없음. 하지만 풀어진 테이프의 해독을 위해 같은 크기의 나무봉에 감아 가로로 글을 읽으면 비로소 내용이 드러남. 이 나무봉을 스키테일(scytale)이라 불렀기 때문에 '스키테일 암호'라 부름

[스키테일(scytale) 암호]

(2) 고대 봉건사회의 암호

① 황제나 왕, 군주 등이 지방 관리에게 전송하는 문서나 비밀 정찰의 통보, 국가 기밀문서 등에 이용

② 전쟁 중 작전지시나 군사훈련 중 지휘관의 명령이나 보고사항 등을 적으로부터 보호하고 비밀을 유지하기 위하여 주로 사용

(3) 산업사회의 발전과 전기통신의 발달

① 20세기에는 무선통신의 발달로 암호 사용이 더욱 가속화

② 전송되는 정보의 양이 급증하면서 정보보호를 위한 암호 사용이 급증

(4) 근대 암호

① 개요

㉠ 기술적으로는 전신 기술의 발달과 두 차례의 세계대전 후 전자계산기의 출현으로 인해 암호화와 복호화 및 암호 해독의 속도가 향상됨으로써 암호 실용화 연구가 활발해짐

㉡ 20세기에는 무선통신의 발달로 암호 사용이 더욱 가속화

㉢ 전송되는 정보의 양이 급증하면서 정보보호를 위한 암호 사용이 급증

② 연대별 특징

㉠ 17세기

근대 수학의 발전과 더불어 고급 암호가 발전하기 시작

㉡ 20세기

본격적인 근대 수학을 도입한 과학적인 근대 암호가 발전하기 시작

• 프랑스 외교관 비즈네르(Vigenere)▼가 고안한 암호 방식

❗ 더 알아두기 Q

▼ 비즈네르(Vigenere) 암호 방식

비즈네르(Vigenere) 암호 방식은 암호문 작성 시 한 가지 암호 알파벳만 사용하게 되면 보완성이 낮은 카이사르 알파벳과 동일하여 빈도 분석법으로 해독이 가능하게 됨. 이를 보완하기 위해 키워드(열쇠)를 이용. 키워드(열쇠)는 수신자와 송신자가 아무 단어나 선택할 수 있음

예 키워드: sky, 원문: 'divert troops to east ridge(부대를 동쪽 산등성이로 철수시켜라)'를 암호로 바꾸어 보자.

원문	a	b	c	d	e	f	g	h	i	j	k	l	m	n	o	p	q	r	s	t	u	v	w	x	y	z
1	B	C	D	E	F	G	H	I	J	K	L	M	N	O	P	Q	R	S	T	U	V	W	X	Y	Z	A
2	C	D	E	F	G	H	I	J	K	L	M	N	O	P	Q	R	S	T	U	V	W	X	Y	Z	A	B
3	D	E	F	G	H	I	J	K	L	M	N	O	P	Q	R	S	T	U	V	W	X	Y	Z	A	B	C
4	E	F	G	H	I	J	K	L	M	N	O	P	Q	R	S	T	U	V	W	X	Y	Z	A	B	C	D
5	F	G	H	I	J	K	L	M	N	O	P	Q	R	S	T	U	V	W	X	Y	Z	A	B	C	D	E
6	G	H	I	J	K	L	M	N	O	P	Q	R	S	T	U	V	W	X	Y	Z	A	B	C	D	E	F
7	H	I	J	K	L	M	N	O	P	Q	R	S	T	U	V	W	X	Y	Z	A	B	C	D	E	F	G
8	I	J	K	L	M	N	O	P	Q	R	S	T	U	V	W	X	Y	Z	A	B	C	D	E	F	G	H
9	J	K	L	M	N	O	P	Q	R	S	T	U	V	W	X	Y	Z	A	B	C	D	E	F	G	H	I
10	K	L	M	N	O	P	Q	R	S	T	U	V	W	X	Y	Z	A	B	C	D	E	F	G	H	I	J
11	L	M	N	O	P	Q	R	S	T	U	V	W	X	Y	Z	A	B	C	D	E	F	G	H	I	J	K
12	M	N	O	P	Q	R	S	T	U	V	W	X	Y	Z	A	B	C	D	E	F	G	H	I	J	K	L
13	N	O	P	Q	R	S	T	U	V	W	X	Y	Z	A	B	C	D	E	F	G	H	I	J	K	L	M
14	O	P	Q	R	S	T	U	V	W	X	Y	Z	A	B	C	D	E	F	G	H	I	J	K	L	M	N
15	P	Q	R	S	T	U	V	W	X	Y	Z	A	B	C	D	E	F	G	H	I	J	K	L	M	N	O
16	Q	R	S	T	U	V	W	X	Y	Z	A	B	C	D	E	F	G	H	I	J	K	L	M	N	O	P
17	R	S	T	U	V	W	X	Y	Z	A	B	C	D	E	F	G	H	I	J	K	L	M	N	O	P	Q
18	S	T	U	V	W	X	Y	Z	A	B	C	D	E	F	G	H	I	J	K	L	M	N	O	P	Q	R
19	T	U	V	W	X	Y	Z	A	B	C	D	E	F	G	H	I	J	K	L	M	N	O	P	Q	R	S
20	U	V	W	X	Y	Z	A	B	C	D	E	F	G	H	I	J	K	L	M	N	O	P	Q	R	S	T
21	V	W	X	Y	Z	A	B	C	D	E	F	G	H	I	J	K	L	M	N	O	P	Q	R	S	T	U
22	W	X	Y	Z	A	B	C	D	E	F	G	H	I	J	K	L	M	N	O	P	Q	R	S	T	U	V
23	X	Y	Z	A	B	C	D	E	F	G	H	I	J	K	L	M	N	O	P	Q	R	S	T	U	V	W
24	Y	Z	A	B	C	D	E	F	G	H	I	J	K	L	M	N	O	P	Q	R	S	T	U	V	W	X
25	Z	A	Z	A	Z	A	Z	A	Z	A	Z	A	Z	A	Z	A	Z	A	Z	A	Z	A	Z	A	Z	A
26	A	B	C	D	E	F	G	H	I	J	K	L	M	N	O	P	Q	R	S	T	U	V	W	X	Y	Z

키워드	S	K	Y	S	K	Y	S	K	Y	S	K	Y	S	K	Y	S	K	Y	S	K	Y	S	K	Y	S	Y
원문	d	i	v	e	r	t	t	r	o	o	p	s	t	o	e	a	s	t	r	i	d	g	e			
암호문	V	S	T	W	B	R	L	B	M	G	Z	Q	L	Y	C	S	C	R	J	S	B	Y	O			

위의 암호화된 텍스트를 보면 같은 'o'에 대해서 'M', 'G', 'Y' 세 가지가 나온 것을 알 수 있음. 즉, 위에서 언급한대로 빈도 분석법으로는 해독이 불가능하게 됨

- 플레이페어(Playfair)가 만든 2문자 조합 암호

• 오스트리아 육군 대령 플라이스너(Fleissner)의 카르다노 그리드(cardan grille) 암호▼

> 💡 **더 알아두기** 🔍
>
> ▼ **카르다노 그리드(cardan grille) 암호**
> • 카르다노 그리드(cardan grille) 암호는 스테가노그래피와 가까운데, 두 사람이 키 역할을 하는 그리드를 사전에 공유하고, 비밀통신을 위해서 밑그림 역할을 하는 문서를 이용함
>
>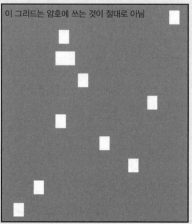
>
> 그리드
>
> • 위 그림과 같이 알파벳을 무작위로 늘어놓은 것처럼 보이는 종이 위에 몇 군데 구멍이 뚫린 판(그리드)을 올려놓으면 아래와 같이 전달하고자 하는 내용이 나타나도록 한 것이 카르노 그리드. attacktoday(오늘 공격하라!)라는 메시지가 숨어 있음
>
>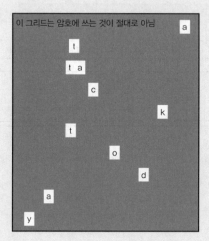
>
> ※ 출처 : Unknown님 블로그 3rd March 2018 게시

ⓒ 윌리엄 프레더릭 프리드먼(William Frederick Friedman)
- '일치 반복률과 암호 응용'이라는 근대 암호의 기초를 발표
- 제2차 세계대전 중 독일군이 사용하던 에니그마(enigma) 암호▼와 일본군이 사용하던 무라사끼 암호를 해독한 사람

[에니그마 배전반]

[에니그마 회전자]

※ 출처 : 위키백과

ⓓ 클로드 엘우드 섀넌(Claude Elwood Shannon)
- '비밀 시스템의 통신 이론' 발표
- 확률론을 기초로 한 정보 이론을 창시한 사람
- 원리적으로 해독 불가능한 암호 방식 제안
- 평균 정보량을 이용하여 안전성을 수리적으로 증명

> **❗ 더 알아두기** 🔍
>
> **▼ 비즈네르(Vigenere) 암호**
> - 외교관이었던 비즈네르는 알베르티의 논문을 자세히 분석하여 이를 통해 비즈네르 암호를 만들게 됨
> - 빈도 분석법으로 해독이 거의 불가능. 또한, 키의 개수가 무궁무진하다는 것도 큰 장점
> - 비즈네르 암호는 복합 알파벳에 속함. 이러한 장점으로 인해 난공불락의 암호라는 별명이 붙게 됨
> - 암호문 제작을 위해서는 이른바 비즈네르 표를 만들어야 함. 비즈네르 표는 원문 알파벳 아래에 26가지 암호 알파벳이 나열되어 있음. 암호 알파벳은 한 줄 내려갈 때마다 한 자씩 뒤로 이동하게 되며, 1번 줄은 1칸 이동. 카이사르 암호 알파벳과 동일
> - 이런 식으로 2번 줄은 2칸 이동, 3번 줄은 3칸 이동. 카이사르 암호 알파벳과 같음
>
> **▼ 카르다노 그리드(cardan grille) 암호**
> - 5지 선다형 OMR 카드를 채점하는 판독기가 고장나서 수작업으로 채점을 해야 한다고 할 경우, 간단한 방법은 공란의 OMR 카드에 정답을 표기하고 정답의 표시 부분만 칼로 오려낸 후 수험자가 제출한 답안 위에 올려놓고 표시가 보이는 칸의 개수를 세면 됨. 이 방법의 뿌리는 카르다노 그리드(cardan grille)라 불리는 암호기법
> - 이 방법은 스테가노그래피와 비슷한데 두 사람이 키 역할을 하는 그리드를 사전에 공유하고, 비밀통신을 위해서 밑그림 역할을 하는 문서를 이용하는 것
>
> **▼ 에니그마(ENIGMA) 암호**
> - 회전판을 기반으로 만들어진 휴대용 전기기계식 암호 장비
> - 다중 치환 암호 방식을 사용
> - 전기기계식 암호 기계는 각 알파벳에 대응되는 암호 알파벳을 전기 회로로 연결해서 사용. 여기서 한 발 더 나가 암호의 배열이 한 글자를 입력할 때마다 매번 바뀌도록 설계

(5) 현대 암호

① 개요
　㉠ 1970년대 후반 스탠퍼드 대학과 MIT 대학에서 시작
　㉡ 1976년 스탠퍼드 대학의 디피(Diffie)와 헬만(Hellman)은 「암호의 새로운 방향(New Directions in Cryptography)」이라는 논문에서 처음으로 공개키 암호의 개념을 발표

② 연대별 특징
　㉠ 1976년
　　- 휫필드 디피(Whitfield Diffie)와 마틴 헬만(Martin Hellman)이 공개키 암호 방식 제안
　　- 공개키 암호 방식 실현 : MIT의 리베스트(Rivest), 샤미르(Shamir), 애들만(Adleman)에 의하여 처음 실현
　　　- RSA 공개키 암호 방식
　　　- 머클(Merkle), 헬만(Helman)의 MH 공개키 암호 방식
　　　- 라빈(Rabin)의 공개키 암호 방식

ⓛ 1977년
- 미국 상무성 표준국(NBS, 현 NIST)은 전자계산기 데이터 보호를 위한 암호 알고리즘을 공개 모집. IBM사가 제안한 대칭키 암호 방식을 데이터 암호화 표준(DES)으로 채택하여 상업용으로 사용
- DES(Data Encryption Standard)의 출현으로 상업용 암호 방식의 이용이 급격하게 증가
- 전자메일, 전자문서 교환, 전자 현금 등을 실현하기 위한 암호 알고리즘
- 디지털서명 알고리즘 등
- 현대 암호 방식 : 암호 알고리즘 공개

2 암호의 종류

(1) 전치 암호(transposition cipher)

① n×m개의 문자열을 m개씩 끊어서 n×m 행렬을 만들고, 세로로 읽는 암호 방식
② 메시지의 내용을 변경하지 않고 배열의 위치만을 바꾸는 것
③ 키를 이용하여 재배열하는 방법
④ 대표적인 암호에는 스키테일(scytale) 암호가 있음

(2) 치환 암호(substitution cipher)

① 메시지의 각 문자의 위치 변화 없이 문자 자체를 다른 형태의 요소로 대치시켜 암호화하고 역변환하여 이를 복원하는 방법으로, 문자열을 일정한 개수만큼 나눈 후 그 속에서 일정한 방식으로 뒤섞는 암호 방식
② 원문과 암호문의 구성요소를 1:1로 대응시키고, 키를 이용하여 재배열함으로써, 순서를 혼란시킴
③ 대표적인 암호에는 카이사르(Ceaser cipher) 암호가 있음
   ㉠ 평문에 쓰인 각각의 알파벳을 알파벳 순서에서 n만큼 뒤에 있는 알파벳으로 치환하는 방식. 이때 키는 n임
   ㉡ 3번째 뒤에 있는 알파벳으로 치환하여 암호문을 작성하였는데, 이에 따르면 A는 D, B는 E, C는 F와 같은 방식으로 치환되어 'CEASER'라는 평문은 'FHDVHU'라는 암호문을 만듦
   ㉢ 암호문을 받은 수신자는 다시 알파벳 순서에서 3씩 앞으로 이동하여 'CEASER'라는 평문으로 복호화할 수 있음

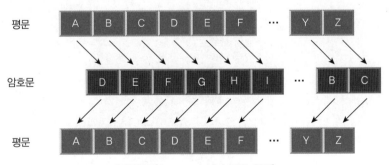

[카이사르(Ceaser cipher) 암호 원리]

(3) 합성 암호(product cipher)

① 전치 암호와 치환 암호를 적당히 조합시킨 것

② 1914년 제1차 세계대전 중 독일 육군에서 사용된 'ADFGVX' 암호▼

③ 평문의 각 문자를 좌표로 치환시켜 1차 암호화하고 별도의 키를 이용하여 최종의 암호문 생성

> **! 더 알아두기 Q**
>
> ▼ ADFGVX 암호
> - 제1차 세계대전 때 독일군이 처음 사용한 암호 방식
> - 알파벳 26문자와 숫자 10개, 즉 36문자로 이루어짐

제 2 절 암호의 원리 중요 ★★

1 암호화와 복호화

(1) 암호화

① 누구나 알아볼 수 있는 평문(plain text)을 제3자가 알아볼 수 없는 암호문(cipher text)으로 바꾸는 것

② 평문을 암호화하기 위해 사용하는 키를 암호화키(encryption key)라고 함

(2) 복호화

① 제3자가 알아볼 수 없는 암호문(cipher text)을 누구나 알아볼 수 있는 평문(plain text)으로 바꾸는 것

② 암호문을 복호화하기 위해 사용하는 키를 복호화키(decryption key)라고 함

2 암호화/복호화 기본 원리

(1) 암호화 : C = E(Ke, P)

   C : 암호문, E : 암호화, Ke : 암호화 키, P : 평문

(2) 복호화 : P = D(Kd, C)

   C : 암호문, D : 복호화, Kd : 복호화 키, P : 평문

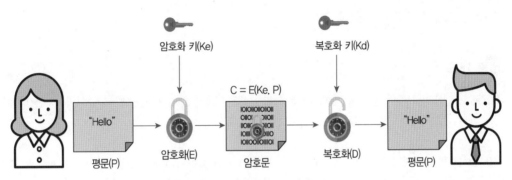

[암호화/복호화 기본 원리]

제 **2** 장 대칭키 암호

제 **1** 절 **대칭키 암호 원리** 중요 ★★

1 개요

(1) 암호 알고리즘의 한 종류로, 암호화·복호화에 같은 암호키를 사용하는 알고리즘이며, 송신자와 수신자는 암호키가 노출되지 않도록 비밀로 관리해야 함

(2) 송신자와 수신자가 같은 키를 가지고 있으므로, 그 키를 통하여 송신자가 평문을 암호화하여 암호문을 전송하면 수신자가 같은 키로 복호화하여 암호문을 평문으로 만듦

2 기본 원리

(1) 송신자와 수신자는 사전에 같은 키를 공유

(2) 송신자는 공유한 키로 평문을 암호화하여 암호문을 수신자에게 전송

(3) 수신자는 수신한 암호문을 공유한 키로 복호화하여 평문을 얻음

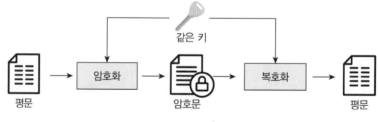

[암호화와 복호화 과정]

3 구조

(1) Feistel 구조

① 개요

　㉠ Feistel의 제안은 샤논(Shannon)▼의 혼돈(confusion)▼과 확산(diffusion)▼을 번갈아 수행하는
합성 암호 개발 방식의 실용적인 응용

　㉡ 입력되는 평문 블록을 좌우 두 개의 블록으로 분할하고, 좌측 블록을 Feistel 함수라는 라운드
함수를 적용하여 출력된 결과를 우측 블록에 적용하는 과정을 반복하는 구조

> **더 알아두기**
>
> ▼ 클로드 샤논(Claude Shannon)
> • 미국의 수학자이자 전기공학자
> • 정보 이론의 아버지라고 불리며, 그가 작성한 「A Mathematical Theory of Communication」 논문
>   은 정보 이론의 시초
> • 부울 논리를 전기회로로 구현할 수 있는 방법을 발명하여 디지털 회로 이론 창시
>
> ▼ 혼돈(confusion)
> 암호문의 통계적 성질과 평문의 통계적 성질 관계를 난해하게 만드는 성질
>
> ▼ 확산(diffusion)
> 각각의 평문 비트와 키 비트가 암호문의 모든 비트에 영향을 주는 성질

② 구조

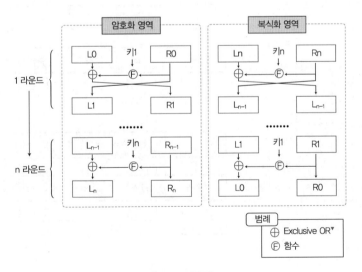

[Feistel 구조]

③ **특징**

ㄱ DES를 이용한 블록 암호 시스템에 이용

ㄴ 암호화와 복호화 과정이 동일

ㄷ 원하는 만큼 라운드 수를 늘릴 수 있음

ㄹ 3라운드 이상이며, 짝수 라운드로 구성

ㅁ 두 번의 수행으로 블록 간 완전한 확산이 이루어짐

ㅂ 라운드함수 F에 어떤 함수를 사용해도 복호화 가능

ㅅ 알고리즘 속도가 빠르고, 하드웨어 및 소프트웨어 구현 용이

ㅇ 별도의 복호화기를 구현하지 않아도 암호화기를 이용하여 복호화 가능

(2) SPN(Substitution Permutation Network)

① **개요**

ㄱ 샤논(Shannon)의 혼돈(confusion)과 확산(diffusion) 이론에 기반한 구조

ㄴ 암호화와 복호화 과정이 다름

ㄷ 복호화를 위하여 별도의 복호화기 필요

ㄹ 구현이 복잡하고, 구현상 비효율적일 수 있음

ㅁ 암호문과 키와의 관계를 은닉, 비선형함수 사용

② **구조**

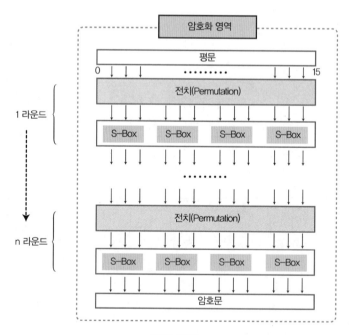

[SPN 구조]

③ **기본 원리**

　　㉠ 입력을 여러 작은 블록으로 나눔

　　㉡ 각 작은 블록을 S-Box에 입력하여 치환시킴

　　㉢ S-Box의 출력을 P-Box로 전치하는 과정 반복

　　　　(각 라운드는 비선형성을 갖는 S-Box 적용)

　　　　• SubBytes() : 바이트 단위로 치환 수행

　　　　• ShiftRows() : 행 단위로 순환 시프트 수행

　　　　• MixColumns() : 높은 확산을 제공하기 위해 열 단위로 혼합(암호화의 마지막 라운드에서는 사용하지 않음)

　　　　• AddRoundKey() : 라운드키와 State를 X-OR

4 특징

(1) 암호화할 수 있는 사람은 누구나 복호화 가능

(2) 송신자와 수신자는 사전에 서로 비밀키를 공유해야 함

(3) 대칭키 암호 방식 혹은 1키(one key) 암호 방식이라고도 불림

5 장·단점

(1) 장점

　　① 의사 난수 생성기(PRNG)▼, 해시함수(hash function)▼, 메시지 인증 코드(MAC)▼ 등 다양한 암호 메커니즘 구성의 원천 기술로 사용

　　② 비밀키의 길이가 공개키에 비해 상대적으로 짧음

　　③ 암호화와 복호화가 공개키에 비해 상대적으로 빠름

(2) 단점

　　① 키를 두 사람이 공유하기 때문에 노출될 가능성이 높음

　　② 암호화 통신을 하는 사용자가 증가할수록 관리와 보관하는 키의 개수는 상대적으로 증가

　　③ 디지털서명 기법에 적용하기 어려움

　　④ 안전성 분석 어려움

　　⑤ 중재자 필요

> **! 더 알아두기 Q**
>
> ▼ 의사 난수 생성기(PRNG)
> 연관성이 없는듯한 수열을 만들어 내는 소프트웨어나 하드웨어를 총칭
>
> ▼ 해시함수(hash function)
> • 임의의 길이의 데이터를 고정된 길이의 데이터로 매핑하는 함수
> • 해시함수에 의해 얻어지는 값은 해시값, 해시 코드, 해시 체크섬 또는 간단하게 해시라고 함
>
> ▼ 메시지 인증 코드(MAC)
> • 메시지의 인증에 쓰이는 작은 크기의 정보
> • MAC(message authentication code) 알고리즘은 비밀키를 입력받고, 임의 길이의 메시지를 인증. 그리고 출력으로써 MAC을 출력
> • MAC 값은 검증자의 허가에 의해서 메시지의 데이터 인증과 더불어 무결성을 보호

제 2 절 대칭키 암호 알고리즘 중요 ★★★

1 블록 암호

(1) 데이터 암호화 표준(DES)

① 등장 배경

ㄱ 1976년 11월 23일 미국 정부의 공식 암호 알고리즘으로 채택

ㄴ 처음에는 DEA(Data Encryption Algorithm)이라고 부름

ㄷ 국제표준화기구(ISO)▼에 의하여 표준으로 채택

ㄹ 1977년 1월, 연방정보처리규격 FIPS-46(Federal Information Processing Standard)에 등록되어 'Data Encryption Standard'로 공표되었고, 표준 알고리즘으로 선정

ㅁ 주로 민간용으로 사용되고, 미국국가표준협회(ANSI)▼ 표준으로 지정되어 금융기관 등에서 널리 사용

② 기본 원리

ㄱ 64비트 단위 블록으로 구성된 평문 메시지를 16라운드의 반복적인 암호화 과정 수행

ㄴ 라운드마다 전치 및 치환의 과정을 거친 평문과 56비트의 내부키에서 나온 48비트의 키를 이용하여 암호문을 만듦

ㄷ 복호화 과정은 암호화 과정과 동일하지만, 키는 역순으로 사용 : 각 과정에서 사용되는 키는 이전 단계의 키를 1비트 이동(shift)하여 사용

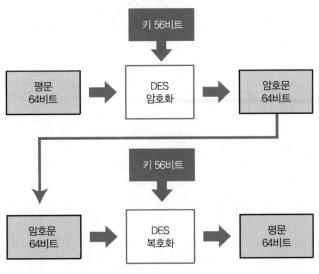

[DES 기본 원리]

더 알아두기

▼ 국제표준화기구(ISO)
- 여러 나라의 표준 제정 단체들의 대표들로 이루어진 국제적인 표준화 기구
- 1947년에 출범하였으며, 나라마다 다른 산업, 통상 표준의 문제점을 해결하고자 국제적으로 통용되는 표준을 개발하고 보급
- ISO(International Standard Organization)의 회원가입 현황은 2022년 기준으로 총 167개국이 가입, 활동하고 있음

▼ 미국국가표준협회(ANSI)
- 미국에서 제품, 서비스, 과정, 시스템, 인력관리 분야에서 표준을 개발하는 것을 감독하는 비영리 민간 기구
- 미국을 대표하여 국제 표준화 기구에 가입. 이 협회는 미국의 제품이 전 세계에서 사용될 수 있도록 미국의 표준을 국제표준에 맞추는 활동을 함

③ 특징

블록 길이	64비트
키 길이	56비트+8비트(패리티 비트)
라운드 수	16라운드
기타	• 초기치환 : 64비트 → 64비트 변환 • F 함수 : 8개의 비선형 S-Box 사용 및 32비트를 48비트로 확장 • S-Box : 6비트 → 4비트 변환(설계 원칙 비공개) • 보수 특성▼에 의한 취약키 존재 • 서로 다른 키로 DES 암호 방식을 반복 적용 시, 외형은 2배로 증가하지만 57비트 효과밖에 얻지 못함 • 무차별 대입 공격(brute force attack)▼에 취약

! 더 알아두기

▼ 보수 특성(complementation property)
- Key Complement
- $C = E_k(P) \rightarrow comp(C) = E_{comp(k)}\ comp(P)$
- 평문 P를 키 k로 암호화했을 때 암호문 C가 나온다고 하면, 평문 P를 키 k의 보수인 come(k)를 가지고 암호화했을 때 암호문 C의 보수 comp(C)가 나옴
- 사용할 수 있는 키의 개수는 2^{56}이 아니라, 절반인 2^{55}이 됨
- Key Domain of $2^{56} \rightarrow 2^{55}$

▼ 무차별 대입 공격(brute force attack)
특정한 암호를 복호화시키기 위해 모든 경우의 수를 무작위로 대입하여 암호를 알아내는 공격 기법

(2) 3중 데이터 암호화 표준(TDES)

① 개요
- ㉠ 각 데이터 블록에 데이터 암호화 표준(DES)을 세 번 적용한 암호 알고리즘
- ㉡ Triple DES, 3중 DES 혹은 3DES 등으로 불리기도 함
- ㉢ 기본 원리
  - 암호화 : 암호화 → 복호화 → 암호화
  - 복호화 : 복호화 → 암호화 → 복호화

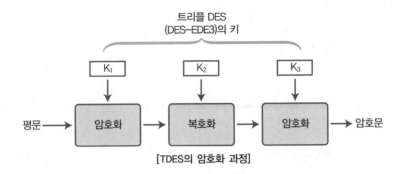

[TDES의 암호화 과정]

② **특징**
　㉠ DES의 취약점인 무차별 대입 공격(brute force attack)을 보완하기 위하여 3번의 DES 알고리즘 사용
　㉡ Double DES의 중간자 공격(man in the middle attack)▼에 대한 취약점 개선
　㉢ DES의 암호화와 복호화를 3회 혼용
　㉣ 3개의 키값으로 48라운드를 수행하는 암호 알고리즘

💡 **더 알아두기** 🔍

▼ **중간자 공격(Man In The Middle Attack)**
• 네트워크 통신을 조작하여 통신 내용을 도청하거나 조작하는 공격 기법
• 통신을 연결하는 두 사람은 상대방에게 연결했다고 생각하지만, 실제로 두 사람은 중간자에게 연결되어 있으며, 중간자가 한쪽에서 전달된 정보를 도청 및 조작한 후 다른 쪽으로 전달

---

③ **TDES의 활용**
　㉠ 금융권에서는 전자 지불 시스템 등에서 DES-EDE2가 많이 사용되었음
　㉡ TDES의 처리 속도는 빠르지 않으며, 현재 암호 표준으로 지정된 진보된 암호화 표준(AES)이 6배 정도 더 빠름

(3) 국제 데이터 암호화 알고리즘(IDEA)

① **개요**
　㉠ 1990년 스위스에서 쉐지아 라이(Xuejia Lai)와 제임스 매시(James Messey)에 의하여 초기 버전(PES▼)이 개발되었으며, 현재의 IDEA(International Data Encryption Algorithm)는 1992년 개명
　㉡ 데이터 암호화 표준(DES)을 대체하기 위해 제안된 대칭키 암호 알고리즘

② **기본 원리**
　㉠ 한 라운드는 서로 다른 연산인 XOR, 모듈러 216상의 덧셈, 그리고 모듈러 216+1상의 곱셈을 이용함으로써 보안성을 높임
　㉡ 여덟 개의 라운드가 끝나면, IDEA의 한 라운드에서의 연산까지만 수행하고 끝남

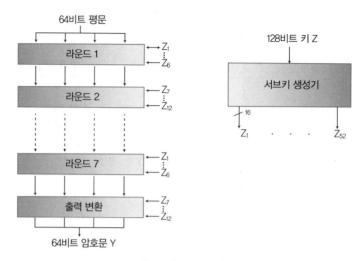

[IDEA의 기본 원리]

 더 알아두기

▼ PES(Proposed Encryption Standard)
국제 데이터 암호화 알고리즘(IDEA)의 초기 버전

③ 특징

블록 길이	64비트
키 길이	128비트
라운드 수	8라운드(DES보다 이론상 2배 빠름)
기타	• 대수적 구조이며, 상이한 대수로부터 3가지 연산 혼합(배타적 논리합(XOR), 모듈러 덧셈, 모듈러 곱셈 연산 사용) • S-Box 사용 안 함 • 입력을 4개의 16비트 서브 블록으로 나누고, 각 라운드는 4개의 서브 블록을 입력받아, 4개의 16비트 결과 생성 • 모든 서브키는 초기 128비트 키를 사용하여 생성하며, 총 52개의 서브키 사용 • 암호화와 복호화에 동일 알고리즘 사용 • 하드웨어, 소프트웨어로 구현이 용이함 • 유럽의 금융권을 비롯한 다양한 분야에서 많이 사용 • 블록을 초당 177M비트의 처리가 가능한 빠른 암호 방식 • RSA와 더불어 메일 보안 프로토콜인 PGP(Pretty Good Privacy) v.2에 사용되는 방식

(4) AES(Advanced Encryption Standard)

① 개요

㉠ 지금까지 표준이었던 DES를 대신하는 새로운 표준으로, 전 세계의 기업과 암호학자가 AES의 후보로 다수의 대칭키 암호 알고리즘 제안

ⓛ 2000년 AES 프로젝트에 벨기에 암호학자인 존 대몬(J.Daemon)과 빈센트 라이먼(V.Rijmen)이
개발한 라인달(Rijndael) 선정

ⓒ 안전성을 검증받은 차세대 암호 표준

② **기본 원리**

㉠ 첫 번째의 라운드를 수행하기 전 초기 평문과 라운드키의 XOR 연산 수행

㉡ 암호화 과정의 각 라운드는 비선형성(non-linear)▼을 가지는 S-Box(substitution box)▼를 적
용하여 바이트 단위로 치환을 수행하는 SubByte() 연산, 행 단위로 순환 시프트를 수행하는
ShiftRows() 연산, 높은 확산을 제공하기 위하여 열 단위로 혼합하는 MixColumns() 연산

㉢ 마지막으로 라운드키와 상태(state)▼를 XOR하는 AddRoundKey() 연산

- 암호화 과정에 필요한 전체 라운드키(round key)▼의 개수는 Nr+1개가 됨
- 암호화의 마지막 라운드에서는 MixColumns() 연산을 수행하지 않음

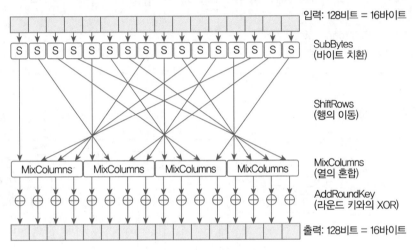

[AES 암호화 1라운드]

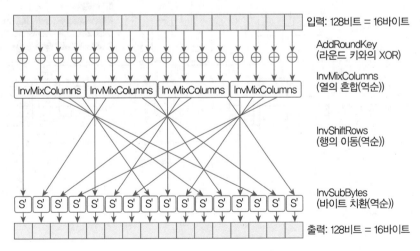

[AES 복호화 2라운드]

> **❗ 더 알아두기 Q**
>
> ▼ 비선형성(non-linear)
> 함수의 값이 독립변수의 값과 비례관계에 있지 않은 것
>
> ▼ S-Box(substitution box)
> 바이트 값의 1:1 치환을 수행하기 위해 각각의 바이트 치환 변형과 키 확장 루틴에서 사용되는 비선형 치환 테이블
>
> ▼ 상태(state)
> • 내부적으로 라인달(Rijndael) 알고리즘의 연산들은 상태(state)라 불리는 2차원 바이트 행렬에서 실행
> • 이 행렬에서 4개의 행과 열의 수는 Nb로 나타내며, Nb는 블록 길이를 32로 나눈 것과 같음
> • 4행과 Nb열을 가지는 바이트 행렬로 나타나는 중간 암호문
>
> ▼ 라운드키(round key)
> 키 확장 루틴을 이용하여 암호키로부터 유도된 값. 이것은 암호화와 복호화에서 각 상태(state)에 적용

③ **AES의 계층 구조**

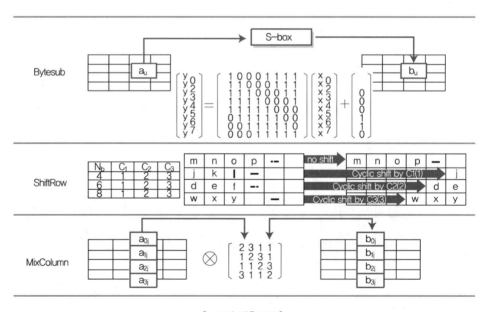

[AES의 계층 구조]

④ 특징

블록 길이	128비트
키 길이	128비트, 192비트, 256비트
라운드 수	10라운드, 12라운드, 14라운드
기타	• 키 확장과 라운드키 선택으로 구성 • 라운드키의 전체 비트 수 : 라운드에 1을 더한 수만큼 곱한 블록 길이와 동일 • 라운드키는 확장키로부터 생성 • 모든 알려진 공격에 대한 대응 가능 • 간단한 설계, 코드 압축 및 다양한 종류의 플랫폼에서 빠른 속도 제공 • 제한된 영역이 없는 고속 칩, 스마트카드 등의 컴팩트 보조 프로세서 구현에 적합 • 유한체(finite field)▼에서의 배타적 논리합(XOR) 및 모듈러 연산 • 선형과 비선형 변환의 치환을 반복 사용 • 8비트 → 8비트 변환의 S-Box 사용 • 라운드는 비선형성을 가지는 S-Box 적용

❗ 더 알아두기 Q

▼ 유한체(finite field)
• 유한 집합인 체
• 항상 양의 표수 P를 가짐. 표수가 P인 유한체의 크기는 항상 P의 거듭제곱. 즉, p^n의 형태 $(n \in Z^+)$

(5) RC5(Rivest Cipher 5 or Ron's Code 5)

① 개요

㉠ 1994년 미국 RSA 연구소의 로널드 리베스트(Ronald Rivest)가 개발

㉡ 1997년 RSA Data Security에 의하여 특허를 받은 암호 알고리즘

② 기본 원리

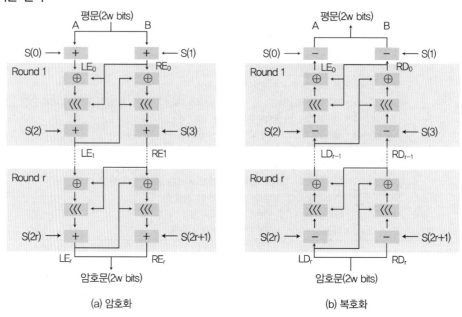

[RC5의 암호화와 복호화 과정]

(a) 암호화   (b) 복호화

③ 특징

블록 길이	32, 64, 128비트
키 길이	0~2048비트까지 가능
라운드 수	0~255까지 가능
기타	• 속도는 DES의 10배 • 암호화 : 정수 덧셈, 뺄셈, 시프트, 배타적 논리합(XOR), 변수 회전을 이용 • 복호화 : 암호화의 역순 • 비교적 간단한 연산으로 거의 모든 하드웨어에 적합 • 제한된 메모리를 가진 시스템에 적합

(6) Skipjack

① 개요

㉠ 미국의 NSA(National Security Agency)에 의하여 1985~1990년 사이에 개발

㉡ 1993년 4월 클린턴 행정부 "법 시행의 합법적 필요성을 허용하는 범위 내에서 전화 통화의 보안성과 프라이버시 향상을 위한 연방정부의 참여" 선언

㉢ 합법적인 전자적 감시를 통하여 사회를 보호하면서도 국가의 다른 이해관계와 충돌하지 않는 안전 체계를 제공하려 함

㉣ 암호를 사용하는 개인 통화 내용의 감청 허용

㉤ 미국의 국가안보국(NSA)에서 개발한 클리퍼 칩(clipper chip)▼에 내장되는 블록 암호 알고리즘

㉥ 알고리즘의 형태와 구조를 비공개하였으나, 1998년에 공개

② **기본 원리**

정수 덧셈, 비트 방향(bit-wise) 배타적 논리합(XOR), 변수 회전을 통해 암호화

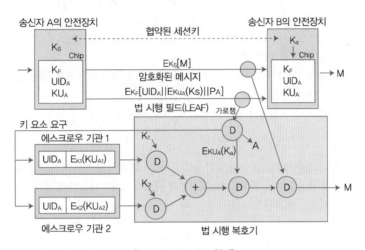

[Skipjack의 기본 원리]

③ **특징**

블록 길이	64비트
키 길이	80비트
라운드 수	32라운드
기타	• 소프트웨어로 구현되는 것을 방지하고자, Fortezza Card▼에 칩 형태로 구현 • 음성을 암호화하는 데 주로 사용 • ECB, CBC, OFB, CFB 모드 사용 가능

(7) Blowfish

① 개요

　　㉠ 1993년 암호 전문가인 브루스 슈나이어(Bruce Schneier)가 개발

　　㉡ DES의 대용으로 가장 인기 있는 암호

② 기본 원리

[암호화]

1. 32비트의 평문을 P Array의 1번째 구성요소와 XOR

2. 과정 1에서 XOR된 결과 값을 Blowfish_F Function에 통과시킴

3. 과정 2에서 나온 결과 값에 32비트를 우측 값과 XOR

4. 과정 3에서 나온 결과 값을 좌측에 저장, 과정 1의 결과 값을 우측에 저장

5. 과정 1~4를 총 16번 반복

6. 16번 반복 후 나온 좌변을 P_{18}번째 원소와 우측 값과 XOR시킨 값을 우변에 저장하고, P_{17}번째 원소와 우측 값과 XOR시킨 값을 우변에 저장

7. 암호화로 나온 좌변과 우변을 결과 값으로 리턴시킴

[복호화]

P Array의 18번째 원소를 암호문과 XOR를 시킨 후 암호화 시에 사용된 반복 루틴(과정 2~5)을 사용한 후 나온 좌변 값에 P Array의 0번째 원소와 XOR시키고, 우변 값을 P Array의 1번째 원소와 XOR시키면 복호화

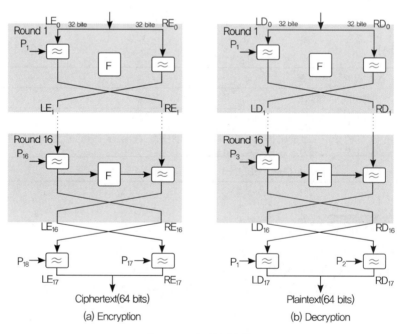

[Blowfish의 기본 원리]

③ 특징

블록 길이	448비트까지 가변적
키 길이	128비트
라운드 수	16라운드
기타	• DES처럼 S-Box와 XOR 함수를 사용하고, 이진합도 사용하며, 가변적 S-Box 사용 • 서브키와 S-Box는 Blowfish 알고리즘을 키에 연속적으로 적용 생성 • 서브키와 S-Box를 생성하기 위하여 총 521회의 Blowfish 암호 알고리즘 수행 • 비밀키를 수시로 바꾸는 응용에는 부적합 • 구현이 용이하고, 고속 처리가 가능 • 5KB 이내의 메모리로 사용이 가능한 소형 알고리즘 • 많은 상용 제품이 Blowfish를 사용하였음

(8) SEED

① 개요

　㉠ 1999년 9월 한국인터넷진흥원(KISA)에서 개발

　㉡ 1999년 한국정보통신기술협회(TTA) 표준(TTAS.KO-12004)

② 기본 원리

　㉠ 128비트 단위 블록으로 구성된 평문을 16라운드의 페이스틸(feistel) 구조▼를 거쳐 암호화

　㉡ 128비트의 평문 블록은 두 개의 64비트 블록으로 분할

　㉢ 분할된 블록은 F 함수▼, XOR(Exclusive OR) 연산 등을 수행하는 16회 반복

　㉣ 16라운드 이후 반복 블록은 통합되어 128비트의 암호문 블록이 됨

　㉤ 각 라운드에 대하여 서로 다른 64비트의 키 적용

> 　💡 더 알아두기 🔍
>
> ▼ 페이스틸(feistel) 구조
> 각각 $n/2$비트인 L_0, R_0 블록으로 이루어진 n비트 평문 블록(L_0, R_0)이 r라운드$(r \geq 1)$를 거쳐 암호문(L_r, R_r)으로 변환되는 반복 구조
>
> ▼ F 함수(F function)
> 각 32비트 블록 2개 (C, D)를 입력으로 받아, 32비트 블록 2개 (C', D')를 출력. 즉, 암호화 과정에서 64비트 블록(C, D)과 64비트 라운드키 $K_i = (K_{i,0}; K_{i,1})$를 F 함수의 입력으로 처리하여 64비트 블록(C', D')을 출력$(i : 라운드 수)$

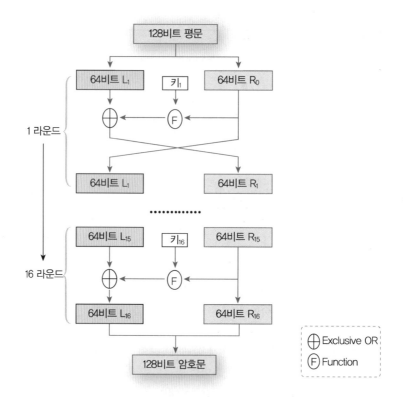

[SEED의 기본 원리]

③ **특징**

블록 길이	128비트
키 길이	128비트
라운드 수	16라운드
기타	• 선형과 비선형 변환 반복 사용 • 8비트 → 8비트 변환하는 2개의 비선형 S-Box 사용 • 안전성에 문제 없음 • 국내외 산학연에서 활발히 활용되고 있음 • 블록의 길이만 다를 뿐 DES의 구조와 같음 • DES, MISTY▼와 비교하였을 때 우수한 내부함수 내장 • 현재 전자상거래, 전자메일, 인터넷뱅킹, 데이터베이스 암호화, 가상사설망(VPN)▼, 지적 재산권 　보호 등의 다양한 분야에서 사용 • 차분 공격 및 선형 공격에 강함

> **더 알아두기**
>
> ▼ MISTY 암호 알고리즘
> - 키 길이 : 128비트
> - 블록 크기 : 64비트
> - 차분/선형 공격에 안전성 증명 구조
>
> ▼ 가상사설망(VPN)
> 공중 네트워크를 이용하여 기업의 안전한 통신을 목적으로 쓰이는 사설망

(9) ARIA

① 개요

㉠ ARIA라는 이름은 Academy(학계), Research Institute(연구소), Agency(정부 기관)의 약어로, ARIA 개발에 참여한 학·연·관의 공동 노력을 표현

㉡ 경량 환경 및 하드웨어 구현을 위하여 최적화된 Involutional SPN(Substitution Permutation Network) 구조▼를 갖는 범용 블록 암호 알고리즘

② 기본 원리

대치, 확산, 키 적용 단계를 반복하는 Involutional SPN 구조로써, 대치 단계에서는 S-Box를 이용하여 바이트 단위로 치환하고, 확산 단계에서는 16×16 Involution 이진 행렬을 사용하는 바이트 간 확산 수행

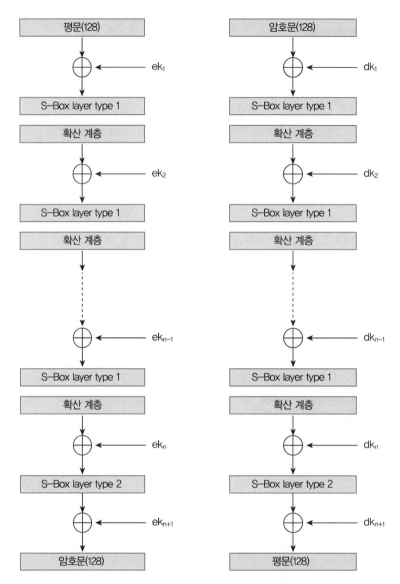

[ARIA의 암호화와 복호화 원리]

> ! **더 알아두기** 🔍
>
> ▼ Involutional SPN(Substitution Permutation Network) 구조
> - 복합 암호 알고리즘은 128비트의 키 길이를 갖는 AES 10라운드 암호 알고리즘과 128비트의 키 길이를 갖는 ARIA 12라운드 암호 알고리즘의 각 라운드의 내부 블록 간의 데이터 흐름을 재배열하여 구성
> - SPN(Substitution Permutation Network) 구조의 특성상 별도의 복호화기를 사용하지 않고, 복호화를 할 수 있는 구조

③ 특징

블록 길이	128비트
키 길이	128, 192, 256비트(AES와 동일규격)
라운드 수	12, 14, 16(키 크기에 따라 결정)
기타	대부분의 연산은 XOR와 같은 단순한 바이트 단위 연산으로 구성

(10) 경량 암호화 알고리즘(LEA)

① 개요

㉠ 대한민국 국가 표준(KS X 3246)으로 제정된 암호 알고리즘

㉡ 빅데이터, 클라우드 등 고속 환경뿐만 아니라 IoT 기기, 모바일기기 등 경량 환경에서도 기밀성을 제공하기 위해 개발

② 기본 원리

동일한 라운드 함수를 반복하여 암호화를 하는데, 라운드 수는 키 길이에 따라 24/28/32

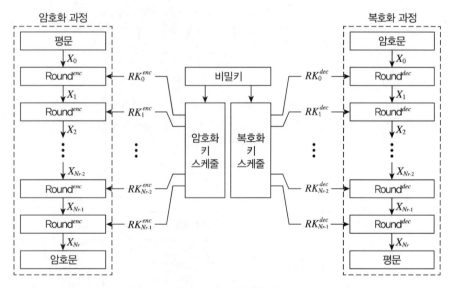

[LEA의 암호화와 복호화]

③ 특징

블록 길이	128비트
키 길이	128, 192, 256비트
라운드 수	24, 28, 32라운드
기타	범용 컴퓨팅 환경에서 매우 우수한 성능을 보유. 특히, 다양한 소프트웨어 환경에서 가장 널리 사용되는 블록 암호인 AES 대비 평균적으로 약 1.5배에서 2배의 속도로 암호화 가능

(11) HIGHT(HIGh security and light weigHT)

① 개요

무선 주파수 식별(RFID, Radio Frequency IDentification)▼, 유비쿼터스 센서 네트워크(USN, Ubiquitous Sensor Network)▼ 등과 같이 저전력·경량화를 요구하는 컴퓨팅 환경에서 기밀성을 제공하기 위해 2005년 KISA와 학계가 공동으로 개발한 64비트 블록 암호 알고리즘

> **🔆 더 알아두기 🔍**
>
> **▼ 무선 주파수 식별(RFID)**
> • 주파수를 이용해 ID를 식별하는 방식으로 일명 전자 태그로 불림
> • 전파를 이용해 먼 거리에서 정보를 인식하는 기술을 말함
>
> **▼ 유비쿼터스 센서 네트워크(USN)**
> • 필요한 모든 것(곳)에 전자(Radio Frequency IDentification: RFID) 태그를 부착하고 이를 통하여 사물의 인식정보는 물론 주변의 환경정보까지 탐지하고, 이를 실시간으로 네트워크에 연결하여 정보를 관리하는 것을 의미
> • 궁극적으로 모든 사물에 컴퓨팅 및 통신 기능을 부여하여 언제(anytime), 어디서나(anywhere), 네트워크, 장치, 서비스에 관계없이 통신이 가능한 환경을 구현하기 위한 것

② 기본 원리

　㉠ 일반화된 페이스틸(feistel) 변형 구조▼로 이루어져 있으며, 64비트의 평문과 128비트 키로부터 생성된 8개의 8비트 화이트닝키(whitening key)▼와 128개의 8비트 서브키(sub key)▼를 입력으로 사용하여 총 32라운드를 거쳐 64비트 암호문을 출력

　㉡ 키 스케줄 : 라운드키는 화이트닝키와 LFSR을 사용하여 생성한 서브키로 구성

　㉢ 화이트닝키 생성 : 마스터키(master key)▼를 사용하여 생성

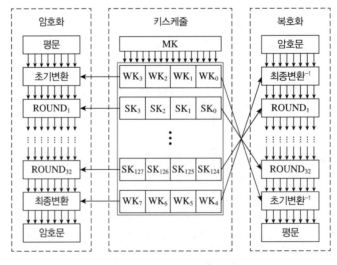

[HIGHT 암호화와 복호화 원리]

! 더 알아두기 Q

▼ 페이스털(feistel) 변형 구조
각각 t비트인 L_0, R_0 블록으로 이루어진 $2t$비트 평문 블록(L_0, R_0)이 r라운드$(r \geq 1)$를 거쳐 암호문(L_r, R_r)으로 변환되는 반복 구조

▼ 화이트닝키(whitening key)
반복 구조의 블록 암호에서 안전성을 높이기 위해 알고리즘의 초기 변환 또는 최종 변환에 적용되는 라운드키

▼ 서브키(sub key)
• 라운드키라고도 함
• 라운드 함수에서 사용되는 키

▼ 마스터키(master key)
• 암호화키라고도 함
• 평문 또는 암호문의 암·복호화에 사용되는 비밀정보

③ 특징

블록 길이	64비트
키 길이	128비트
라운드 수	32라운드
기타	• 제한적 자원을 갖는 환경에서 구현될 수 있도록 8비트 단위의 기본적인 산술 연산들인 XOR, 덧셈, 순환이동만으로 SEED, AES 등 기타 알고리즘보다 간단한 알고리즘 구조로 설계 • 안전성과 효율성을 동시에 고려하는 정교한 설계 논리에 기반하고 있음

2 블록 암호 운영 방식

(1) 개요

① 임의의 길이의 평문을 암호화하기 위하여 평문을 일정한 길이를 가지는 블록으로 나누고, 각 블록에 블록 암호를 반복 적용하여 암호화할 필요가 있음
② 블록 암호를 반복하는 방법을 블록 암호의 '모드'라고 함

(2) 전자코드북(ECB, Electronic Code Book) 방식

① **개요**

운영방식 중 가장 간단한 구조를 가지며, 암호화하려는 메시지를 여러 블록으로 나누고, 각 블록을 독립적·순차적으로 암호화하는 방식

② **기본 원리**

㉠ 각 평문 블록을 독립적으로 암호화

㉡ 초기화 벡터가 필요 없음

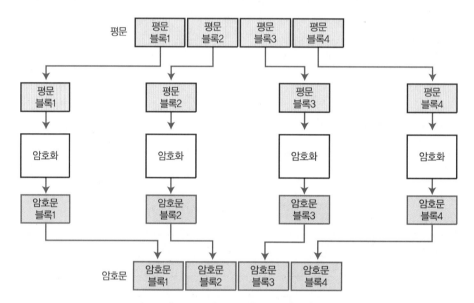

[ECB 방식에 의한 암호화 과정]

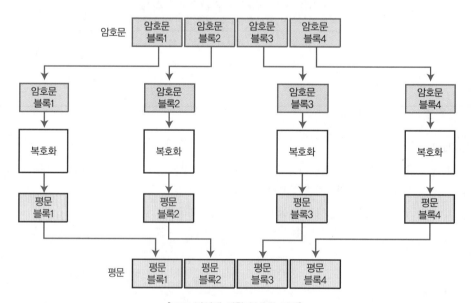

[ECB 방식에 의한 복호화 과정]

③ **특징**
  ⊙ 모든 블록이 같은 암호화키를 사용하기 때문에 보안에 취약. 만약 암호화 메시지를 여러 부분으로 나누었을 때, 두 블록이 같은 값을 가진다면 암호화한 결과 역시 같음
  ⓒ 평문 블록과 암호문 블록이 일대일 관계를 유지하기 때문에 한 개의 블록만 해독되면 나머지 블록도 해독되는 단점이 있음
  ⓒ 암호문이 블록의 배수가 되기 때문에 복호화 후 평문을 알아내기 위하여 패딩(padding)▼을 해야 함
  ② 무차별 대입 공격(brute force attack), 사전 공격(dictionary attack)▼에 취약

④ **오류 전파(error propagation)**
  ⊙ 각 블록이 독립적으로 동작하기 때문에 한 블록의 오류가 다른 블록에 영향을 미치지 않음. 즉, 해당 블록에만 오류 발생
  ⓒ 모든 평문 블록이 개별적으로 암호화되고 복호화되어, 다른 블록에 영향을 미치지 않음

> **더 알아두기**
>
> ▼ 패딩(padding)
> • 데이터를 블록으로 암호화할 때 평문이 항상 블록 크기(일반적으로 64비트 또는 128비트)의 배수가 되지 않음. 패딩은 어떻게 평문의 마지막 블록이 암호화되기 전에 데이터로 채워지는가를 확실히 지정하는 방법
> • 복호화 과정에서는 패딩을 제거하고, 평문의 실제 길이를 지정
>
> ▼ 사전 공격(dictionary attack)
> • 사전에 있는 단어를 입력하여 암호를 알아내거나, 해독하는 공격 기법
> • 사전의 단어를 순차적으로 대입하는 것

(3) 암호 블록 체인(CBC, Cipher Block Chain) 방식

① **개요**
  ⊙ 현재 널리 사용되는 운영방식 중 하나
  ⓒ 각 블록은 암호화되기 전에 이전 블록의 암호화 결과와 XOR되며, 첫 블록의 경우에는 초기화 벡터가 사용됨
  ⓒ 초기화 벡터(IV)▼가 같은 경우 출력 결과가 항상 같으므로, 매 암호화마다 다른 초기화 벡터를 사용해야 함

② **기본 원리**
  ⊙ 초기화 벡터(IV)를 평문 블록과 XOR하여 암호문 블록을 생성하고, 이 암호문을 초기화 벡터(IV)로 해서 다시 평문 블록과 XOR하여 암호문 블록을 생성하는 방식으로, 1단계 앞에서 수행된 결과에 평문 블록을 XOR한 후 암호화 수행
  ⓒ 암호화 : $C_i = E_k(C_i - 1 \oplus P_i)$
  ⓒ 복호화 : $P_i = D_k(C_i) \oplus C_i - 1$

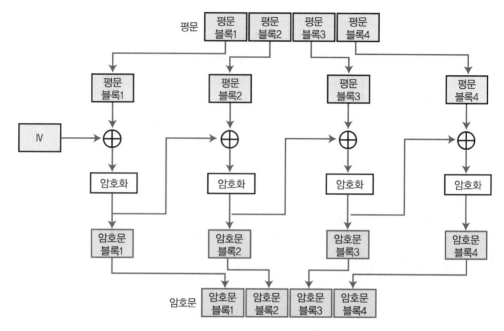

[CBC 방식에 의한 암호화 과정]

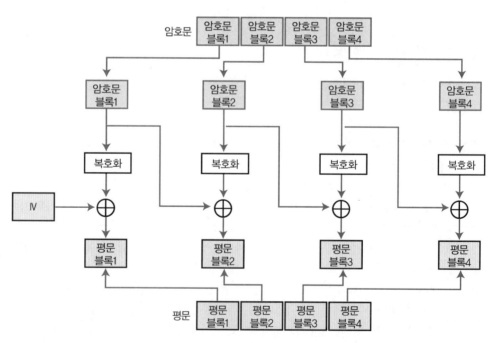

[CBC 방식에 의한 복호화 과정]

> **더 알아두기** 🔍
>
> ▼ 초기화 벡터(IV)
> • 첫 블록을 암호화할 때 사용되는 값을 의미
> • 운용 방식마다 초기화 벡터를 사용하는 방법이 다르며, 초기화 벡터에서 요구되는 성질도 조금씩 다를 수 있지만, 같은 초기화 벡터가 반복되어 사용되어서는 안 된다는 성질을 공통적으로 가짐

③ 특징

　㉠ 초기화 벡터(IV)가 암호문 대신 사용되며, 이때 초기화 벡터(IV)는 제2의 키가 될 수 있음

　㉡ 암호문이 블록의 배수가 되기 때문에 복호화 후 평문을 얻기 위하여 패딩(padding)을 해야 함

　㉢ 암호화는 순차적, 복호화는 병렬처리 가능

　㉣ 보안성이 높은 암호화 방법으로 가장 많이 사용

　㉤ 무결성 검증을 위한 메시지 인증 코드(MAC)값을 생성하는 데 주로 사용

④ 오류 전파(error propagation)

　㉠ 오류가 발생한 암호문의 해당 블록과 다음 블록의 평문까지 영향을 미침

　㉡ 이전 블록에서 발생한 오류는 이후 블록에 영향

　㉢ 암호화에서는 특정 입력 이후로 영향을 미침

　㉣ 복호화에서는 특정 암호문의 오류가 다음 블록에 영향을 미치지 않음

⑤ 암호 블록 체인(CBC) 방식 활용

　㉠ IPSec, 3DES-CBC, AES-CBC 등

　㉡ 대칭키 암호 시스템의 하나인 커버로스(Kerberos v.5)에서도 사용

⑥ 장·단점

　㉠ 장점

　　• 평문의 반복은 암호문에 반영되지 않음

　　• 병렬처리 가능(복호화만)

　　• 임의의 암호문 블록을 복호화할 수 있음

　　• 사용 권장

　㉡ 단점

　　• 비트 단위의 오류가 있는 암호문을 복호화하면 해당 블록 전체와 다음 블록에 대응하는 비트 오류

　　• 암호화에서는 병렬처리 불가능

(4) 암호 피드백(CFB, Cipher Feed Back) 방식

① 개요

　㉠ 암호 블록 체인(CBC)의 변형으로, 블록 암호를 자기 동기 스트림 암호로 변환

　㉡ 암호 피드백(CFB)의 동작 방식은 암호 블록 체인(CBC)과 비슷하며, 특히 암호 피드백(CFB) 복호화 방식은 암호 블록 체인(CBC) 암호화의 역순과 거의 비슷

② **기본 원리**

초기화 벡터(IV)를 암호화한 암호문 블록과 평문 블록을 XOR하여 암호문 블록을 생성하고, 이 암호문을 초기화 벡터(IV)를 사용하여 다시 암호화한 암호문 블록과 평문 블록을 XOR하여 암호문 블록을 반복하여 생성

㉠ 암호화 : $C_i = P_i \oplus E_K(I_i)$

㉡ 복호화 : $P_i = C_i \oplus E_K(I_i)$

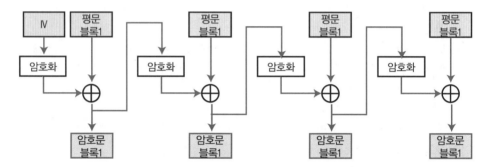

[CFB 방식에 의한 암호화 과정]

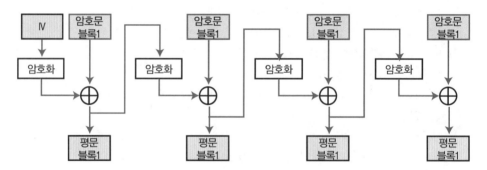

[CFB 방식에 의한 복호화 과정]

③ **특징**

㉠ 암호 블록 체인(CBC)의 변형으로, 블록 암호화를 자기 동기 스트림 암호화와 같이 처리하여 평문과 암호문의 길이가 같음(패딩이 불필요)

㉡ 최초의 키 생성 시 초기화 벡터(IV)가 사용되며, 이때 초기화 벡터(IV)는 제2의 키가 될 수 있음

㉢ 스트림의 기본 단위를 비트 단위로 설정할 수 있으며, 비트 단위에 따라 CFB8~CFB128로 쓰임

㉣ 암호화는 순차적, 복호화는 병렬처리 가능

㉤ 암호화와 복호화 모두 암호화로만 처리할 수 있음

㉥ 암호문에서 발생되는 오류는 일정 시간 후에 복구할 수 있음

④ **오류 전파(error propagation)**
   ㉠ 암호 블록 체인(CBC) 방식과 마찬가지로 한 암호문 블록의 오류는 해당 평문 블록과 다음 평문 블록에 전파(2개 블록)
   ㉡ 이전 블록의 최상위 비트에서 발생한 오류는 이후 블록에 영향을 줌
   ㉢ 암호화에서는 특정 입력 이후로 영향을 미침
   ㉣ 복호화에서는 특정 암호문의 오류가 입력 이후에 영향을 미치지 않음

⑤ **장 · 단점**
   ㉠ 장점
     • 암호화 · 복호화의 사전 준비 가능
     • 암호화와 복호화가 같은 구조
     • 비트 단위의 오류가 있는 암호문을 복호화하면 평문에 대응하는 비트만 오류 발생
   ㉡ 단점
     • 병렬처리 불가능
     • 능동적 공격자가 암호문 블록을 비트 반전시키면, 대응하는 평문 블록이 비트 반전
     • 카운터(CTR) 모드를 사용하는 것이 유리

(5) 출력 피드백(OFB, Output Feed Back) 방식

① **개요**
블록 암호를 동기식 스트림 암호로 변환

② **기본 원리**
초기화 벡터(IV)를 암호화한 암호문 블록과 평문 블록을 XOR하여 암호문 블록을 생성하고, 그 값을 다시 암호화하여 생성된 암호문 블록과 평문 블록을 XOR하여 암호문을 생성하는 방식
   ㉠ 암호화 : $C_i = P_i \oplus E_K(I_i)$
   ㉡ 복호화 : $P_i = C_i \oplus E_K(I_i)$

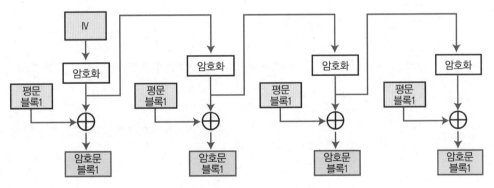

[OFB 방식에 의한 암호화 과정]

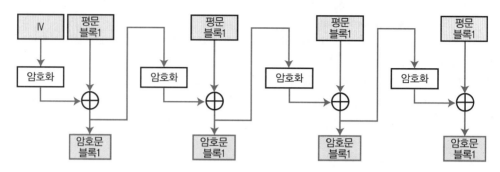

[OFB 방식에 의한 복호화 과정]

③ **특징**

ㄱ 블록 암호화를 스트림 암호화와 같이 처리하여 평문과 암호문의 길이가 같음(패딩 불필요). 즉, 블록 암호 알고리즘을 스트림 암호 알고리즘처럼 사용하고자 할 때 사용

ㄴ 암호화 함수는 키 생성에만 사용되며, 암호화 방법과 복호화 방법이 동일하여 암호문을 한 번 더 암호화하면 평문이 나옴(복호화 시에 암호화)

ㄷ 최초의 키 생성 시 초기화 벡터(IV)가 사용되며, 이때 초기화 벡터(IV)는 제2의 키가 될 수 있음

ㄹ 스트림의 기본 단위를 비트 단위로 설정할 수 있으며, 비트 단위에 따라 OFB8~OFB128로 쓰임

ㅁ 암호문에서 발생되는 오류는 복구할 수 없음

ㅂ 영상이나 음성과 같은 디지털 신호화한 아날로그 신호에 많이 사용

④ **오류 전파**(error propagation)

ㄱ 암호문의 오류는 복호화 과정에서 해당 블록과 대응되는 한 블록에만 영향을 미침

ㄴ 키 스트림이 평문과 암호문에 의존하지 않기 때문에 암호화된 블록에서 발생되는 오류는 다음 블록에 영향을 주지 않음

⑤ **장·단점**

ㄱ 장점

- 패딩 불필요
- 암호화·복호화의 사전 준비 가능
- 암호화와 복호화가 같은 구조
- 비트 단위의 오류가 있는 암호문을 복호화하면 평문에 대응하는 비트만 오류 발생

ㄴ 단점

- 병렬처리 불가능
- 능동적 공격자가 암호문 블록을 비트 반전시키면, 대응하는 평문 블록이 비트 반전
- 카운터(CTR) 모드를 사용하는 것이 유리

(6) 카운터(CTR, CounTeR) 방식

① 개요

㉠ 블록 암호를 스트림 암호로 바꾸는 구조

㉡ 각 블록마다 현재 블록이 몇 번째인지 값을 얻어 그 숫자와 비표(nonce)를 결합하여 블록 암호의 입력으로 사용하고, 각 블록 암호에서 연속적인 난수를 얻은 다음 암호화하려는 문자열과 XOR 하여 암호문 블록 생성

② 기본 원리

㉠ 카운터 값을 암호화한 비트열과 평문 블록과의 XOR한 값이 암호문 블록

㉡ 카운터의 초기 값은 암호화할 때마다 다른 값(nonce, 비표)을 기초로 만듦

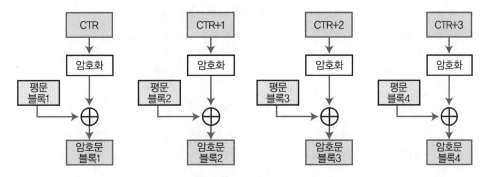

[CTR 방식에 의한 암호화 과정]

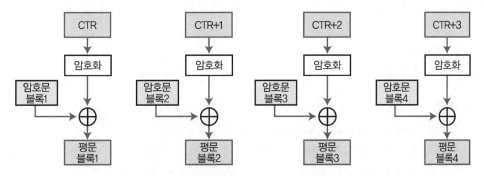

[CTR 방식에 의한 복호화 과정]

③ 특징

㉠ 블록을 암호화할 때마다 1씩 증가하는 카운터 값을 암호화하여 키 스트림을 만들어 내는 스트림 암호

㉡ 각 블록의 암호화 및 복호화가 이전 블록에 의존하지 않으며, 따라서, 병렬로 동작하는 것이 가능. 혹은 암호화된 문자열에서 원하는 부분만 복호화하는 것도 가능

㉢ 암호화와 복호화는 같은 구조이기 때문에 프로그램으로 구현하는 것이 매우 간단

    ② 암호화와 복호화할 때 사용하는 카운터 값은 비표와 블록 번호로부터 구할 수 있으므로, 블록을 임의의 순서로 암호화와 복호화를 할 수 있음

    ⑩ 암호 피드백(CFB) 방식과 거의 같은 성질의 방식

    ⑭ AES 운영방식 권고 추가

  ④ **오류 전파**(error propagation)

    ㉠ 카운터(CTR) 방식의 암호문 블록에서 1비트의 반전이 발생했을 경우, 복호화를 수행하면 반전된 비트에 대응하는 평문 블록의 1비트만 반전되고, 오류는 전파되지 않음

    ㉡ 암호 피드백(CFB) 방식에서는 키 스트림의 1블록을 암호화한 결과가 암호화 전의 결과와 우연히 같을 경우, 그 이후 키 스트림은 같은 값이 반복되어 나타나는데, 카운터(CTR) 방식에서는 같은 키에 대하여 서로 다른 카운터를 이용하여 같은 평문 블록이 서로 다른 암호문 블록으로 출력됨으로써, 결과 값이 같은 값으로 반복되어 나타날 수 없음

  ⑤ **장·단점**

    ㉠ 장점

     • 패딩 불필요

     • 암호화와 복호화의 사전 준비 가능

     • 암호화와 복호화가 같은 구조

     • 비트 단위의 오류가 있는 암호문을 복호화하면 대응하는 평문 비트만 오류

     • 병렬처리 가능(암호화와 복호화 모두 가능)

    ㉡ 단점

     공격자가 암호문 블록을 비트 반전시키면 대응하는 평문 블록이 비트 반전

3   스트림 암호

(1) 개요

  ① 1970년대 초반부터 주로 유럽에서 연구 발표

  ② 일회용 패드(OTP)▼를 실용적으로 구현할 목적으로 개발하였으며, 길버트 샌드포드 버넘(Gilbert Sandford Vernam)이 개발했다고 하여 버넘(vernam) 암호라고도 함

  ③ 연속적인 비트/바이트를 계속해서 입력받아, 그에 대응하는 암호화 비트/바이트를 생성하는 방식

> **더 알아두기**
>
> ▼ 일회용 패드(OTP)
> • 일명 OTP라고 불리며, 1917년에 길버트 샌드포드 버넘(Gilbert Sandford Vernam)이 개발한 암호 방식. 이 암호화 방식은 완전한 기밀성(perfect-secrecy)을 달성했다고 섀넌(Shannon)이 소개
> • 평문과 랜덤한 비트열과의 XOR만을 취하는 단순한 암호
> • 전사 공격으로 키 공간을 전부 탐색하더라도 절대로 해독할 수 없는 암호

(2) 기본 원리

① 짧은 길이의 키로부터 긴 길이의 난수를 발생시키는 이진 키 스트림 과정을 통하여 얻어진 이진수열 과 평문 이진수열의 배타적 논리합(XOR 연산)으로 암호문을 생성하는 방식

② 평문과 같은 길이의 키 스트림을 생성하여 평문과 키를 비트 단위로 XOR한 후 암호문을 얻는 방식

③ $C_i = M_i$

④ K_i for $I = 1, 2, 3, \cdots$

　C_i : 암호문 문자의 비트열, M_i : 평문 문자의 비트열, K_i : 키 열, $\oplus$: XOR 연산자 전체

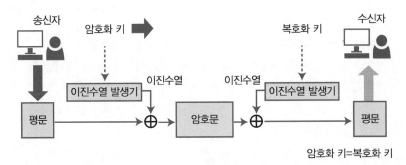

[스트림 암호 암호화와 복호화 과정]

(3) 특징

① 시프트 레지스터를 활용한 이진수열 발생기를 사용하여 입력되는 정보를 비트 단위로 암호화하는 시스템

② 처음에는 초기값이 필요하며, 주기와 선형 복잡도 등 여러 수학적 수치의 정확성을 위하여 긴 주기 와 높은 선형 복잡도 요구

③ 안전성을 수학적으로 증명 가능(다음 출력 비트 예측 확률이 1/2이어야 안전)하며, 안전성을 증가시 키기 위하여 선형 피드백 시프트 레지스터(LFSR)▼를 여러 개 결합하거나, 비선형 변환을 결합하는 방식 사용

④ 한 번에 한 바이트씩 암호화

⑤ 완벽한 기밀성과 안정성을 제공하지만 실용적이지 못함

⑥ 암호 피드백(CFB), 출력 피드백(OFB) 모드는 스트림 암호와 같은 역할

⑦ 알고리즘 구현이 쉬움

> 💡 **더 알아두기** 🔍
>
> ▼ **선형 귀환 치환 레지스터(LFSR)**
> - 레지스터에 입력되는 값이 이전 상태 값들의 선형 함수로 계산되는 구조를 가짐. 이때 사용되는 선 형 함수는 주로 배타적 논리합(XOR)
> - LFSR(Linear Feedback Shift Register)의 초기 비트 값은 시드(seed)라고 부름

(4) 종류

① RC4(Rivest Cipher 4)

ⓐ 로널드 로린 리베스트(Ronald Lorin Rivest)▼가 설계한 바이트 단위 스트림 암호로, 키의 크기가 가변적

ⓑ 암호의 주기가 10보다 큰 임의 순열(random permutation) 사용

ⓒ 출력 바이트마다 8~16번의 기계 연산을 수행하는 소프트웨어로 매우 빠르게 수행될 수 있음

② SEAL(Software-Optimized Encryption Algorithm)

ⓐ 필립 로거웨이(Phillip Rogaway)와 돈 코퍼스미스(Don Coppersmith)에 의하여 1993년 32비트 컴퓨터용 고속 스트림 암호로 설계

ⓑ 초기화 단계 : SHA를 이용하여 다량의 테이블 집합을 초기화

ⓒ 키 스트림을 생성 중 룩업 테이블(look up table)▼을 사용하여 출력 바이트를 생성할 때 다섯 개의 명령만 사용함으로써 고속처리 가능

❗ 더 알아두기 🔍

▼ 로널드 로린 리베스트(Ronald Lorin Rivest)
- 미국의 암호학자, 현재 MIT의 교수
- 아디 샤미르(Adi Shamir), 레너드 애들먼(Leonard Adleman)과 함께 RSA 암호 체계를 개발하여 공개키 암호 체계에 지대한 공헌을 함
- MD5 같은 암호학적 해시함수뿐만 아니라, RC6 같은 블록 암호도 개발

▼ 룩업 테이블(Look Up Table)
- 순람표(順覽表)
- 일반적으로 배열이나 연관 배열로 된 데이터 구조
- 런타임 계산을 더 단순한 배열 색인화 과정으로 대체하는 데 자주 사용

제 3 장

비대칭키 암호

제 1 절 비대칭키 암호 원리 중요 ★★

1 개요

(1) 1976년 휘트 디피(W. Diffie)와 마틴 에드워드 헬만(M. E. Hellman)이 「New Directions in Crypto graphy」이란 논문을 발표하면서 최초로 공개키 개념 소개

(2) 1978년 리베스트(Rivest), 샤미르(Shamir), 애들만(Adleman)에 의하여 소인수분해의 어려움에 기반한 공개키 암호 알고리즘(RSA) 개발

(3) 사전에 비밀키를 공유하지 않은 사용자들이 안전하게 통신할 수 있도록 함

(4) 공개키 암호 방식에서는 공개키와 비밀키가 존재하며, 공개키는 누구나 알 수 있으나, 그에 대응하는 비밀키는 키의 소유자만이 알 수 있어야 함

(5) 공개키는 보안 타협 없이 공개적으로 배포가 가능하며, 공개키 암호를 구성하는 알고리즘은 대칭키 암호 방식과 비교하여 비대칭키 암호 방식이라고 부르기도 함

2 기본 원리

수신자의 공개키로 평문을 암호화하여 암호문을 수신자에게 전달하면, 수신자는 자신의 개인키로 암호문을 복호화하여 평문을 얻음

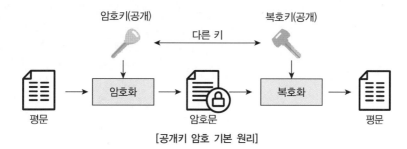

[공개키 암호 기본 원리]

3 특징

(1) 암호화에 필요한 공개키와 복호화에 필요한 개인키(비밀키)가 서로 다르므로, 비대칭 암호 방식 혹은 2키(two key) 암호 방식이라고도 함

(2) 암호화키와 복호화키를 분리하여 암호화키는 공개하고 복호화키는 비밀리에 보관하며, 공개키로부터 비밀키를 계산할 수 없어야 함

(3) 송신자는 수신자의 공개키로 암호화하고, 수신자는 받은 암호문을 개인키로 복호화

(4) 키 생성 알고리즘을 통하여 두 개의 키를 생성(공개키, 개인키)

(5) 키 분배 문제, 키 관리 문제 및 서명 문제 해결

4 장·단점

(1) 장점
    ① 암호 알고리즘, 암호문, 공개키를 통한 개인키 추정 불가능
    ② 사전에 키 분배과정 불필요
    ③ 전자서명에 사용되는 검증키는 대칭키 암호보다 작음

(2) 단점
    ① 대칭키보다 키 길이가 길고, 속도 느림
    ② 수학적 어려움에 기반하여 안전성 증명 어려움
    ③ 공개키 저장소의 공개키가 변조된다면 전체 인증체계에 문제 발생

제 2 절 비대칭키 암호 알고리즘 중요 ★★★

1 소인수분해 기반 공개키 암호 알고리즘

(1) 개요

① 합성수의 소인수분해가 어려움을 이용하여 암호화 및 복호화 수행

② 충분히 큰 두 소수를 곱하는 것은 쉽지만, 소인수분해하는 것은 계산적으로 매우 어려움

③ **기본 원리**

    ㉠ 백 자리 크기 이상의 두 소수 p, q가 존재하고 p, q의 곱 n을 계산할 경우 p와 q를 알고 있는 사람은 n을 계산하기 쉬움

    ㉡ n만 알고 있는 사람은 n으로부터 p와 q를 인수분해하여 찾아내기 매우 어려움

(2) RSA 암호 알고리즘

① **개요**

    ㉠ MIT의 리베스트(Rivest), 샤미르(Shamir), 애들만(Adleman)에 의하여 개발

    ㉡ 공개키 암호 시스템의 하나로, 암호화뿐만 아니라 전자서명이 가능한 최초의 알고리즘

    ㉢ 전자상거래에서 가장 흔히 사용되는 공개키 알고리즘

② **기본 원리**

    ㉠ 키 생성

      • 두 개의 매우 큰 소수 p와 q라고 하는 두 개의 서로 다른 $(p \neq q)$ 소수를 선택

      • 두 수를 곱하여 $n = pq$를 찾음

      • $\varphi(n) = (p-1)(q-1)$를 구함

      • $\varphi(n)$ 보다 작고, $\varphi(n)$와 서로소▼인 정수 e를 찾음

      • 확장된 유클리드 호제법(euclidean algorithm)▼을 이용하여 $d \times e$를 $\varphi(n)$로 나누었을 때 나머지가 1인 정수 d를 구함. $(de \equiv 1(\mathrm{mod}\,\varphi(n)))$

    ㉡ 암호화, 복호화

      • 암호화 : $C = P^e \bmod n$

      • 복호화 : $P = C^d \bmod n$

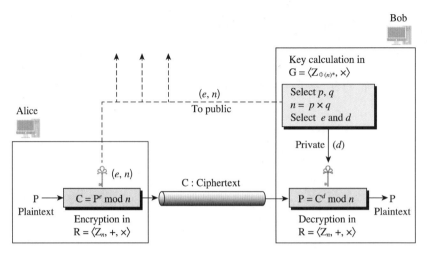

[암호화, 복호화와 키 생성]

③ 특징
  ㉠ 공개키와 비밀키는 서로 연관되도록 생성
  ㉡ 효과적인 RSA 암호 구현을 위하여 큰 수에 대한 지수 연산 알고리즘으로 몽고메리(montgomery) 알고리즘▼ 사용
  ㉢ 암호문 C는 평문 P보다 증가하지 않음
  ㉣ RSA 암호화의 안전성을 위하여 키 값은 적어도 512비트 이상의 n 사용

> **더 알아두기**
>
> ▼ 서로소
> 어떤 두 정수에 대한 최대공약수가 1인 경우를 말함
>
> ▼ 유클리드 호제법(euclidean algorithm)
> • 2개의 자연수 또는 정식의 최대공약수를 구하는 알고리즘의 하나
> • 호제법이란 말은 두 수가 서로 상대방 수를 나누어서 결국 원하는 수를 얻는 알고리즘을 나타냄
>
> ▼ 몽고메리(montgomery) 알고리즘
> P.L Montgomery가 제안한 몽고메리 곱셈은 모듈러 곱셈에 있어 곱셈 후에 발생하는 리덕션 연산을 단순화하기 위한 기법

(3) 라빈(Rabin) 암호 알고리즘

① 개요
  ㉠ 1979년 이스라엘 전산학자인 미하엘 오제르 라빈(Michael Oser Rabin)이 개발한 소인수분해 기반 공개키 암호
  ㉡ 중국인의 나머지 정리를 활용

② **기본 원리**

B가 A에게 암호문을 보내고, A가 복호화할 경우

㉠ 키 생성

- A는 매우 크며, 서로 다른 두 소수 p, q를 선택
- $n = pq$를 계산한 후 B에게 보냄
- n은 공개키, p와 p는 A의 개인키

㉡ 암호화, 복호화

- 암호화 : $C = P^2 (\mathrm{mod}\, n)$

- 복호화 : $C = P^{\frac{1}{2}} (\mathrm{mod}\, n)$

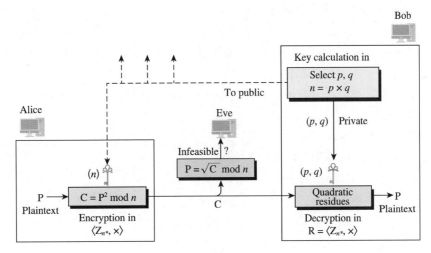

[암호화, 복호화와 키 생성]

③ **특징**

㉠ 2차 잉여(quadratic residue)▼ 문제를 이용한 암호

㉡ 암호화 과정에서 제곱 연산만 하면 되기 때문에 RSA보다 훨씬 빠름

㉢ 선택 평문 공격에 대해 계산적으로 안전

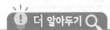

▼ **2차 잉여(quadratic residue)**

m이 1보다 큰 자연수이고, $\gcd(a, m) = 1$일 때, 합동식 $x^2 \equiv a (\mathrm{mod}\, m)$이 해를 가지면 a를 법 m에 관한 2차 잉여라 하고, 이 합동식이 해를 갖지 않으면 a를 법 m에 관한 2차 비잉여라 함

2 이산대수 기반 공개키 암호 알고리즘

(1) 개요

① 이산대수 문제(DLP : Discrete Logarithm Problem) 기반 공개키 암호 알고리즘
② 유한체 상의 이산대수 문제를 풀기 어렵다는 사실에 기반(매우 큰 소수)
③ 이산대수 문제(DLP, Discrete Logarithm Problem)
　　㉠ 큰 소수 p로 만들어진 집합 Z_P 상에서의 원시 원소를 g라 할 때, $g^x \equiv y \bmod p$에서 g와 y값을 알고 있어도 $\log_g y \equiv X$를 구하는 것이 어려움
　　㉡ g를 알고 있는 사용자가 y를 계산하는 것은 쉬움

(2) 엘가말(Elgamal) 암호 알고리즘

① 개요
　　㉠ 1984년 미국 스탠퍼드 대학교의 타헤르 엘가말(Taher ElGamal)이 제안한 암호 알고리즘으로, 디피-헬만 키 교환(diffie-hellman key exchange) 알고리즘을 기반으로 만듦
　　㉡ 임의의 수를 사용하기 때문에 같은 평문을 암호화할 때마다 다르게 암호화
② 기본 원리
　　㉠ 키 생성
　　　　• 큰 소수 p, 원시근 e_1, 정수 d 선택
　　　　• $e_2 = e_1^d \bmod p$를 계산한 후 B에게 보냄
　　㉡ 암호화, 복호화
　　　　• 암호화 : $C_1 = e_1^r \bmod p$, $C_2 = e_2^r \times P) \bmod p$
　　　　• 복호화 : $p = [C_2 \times (C_1^d)^{-1}] \bmod p$

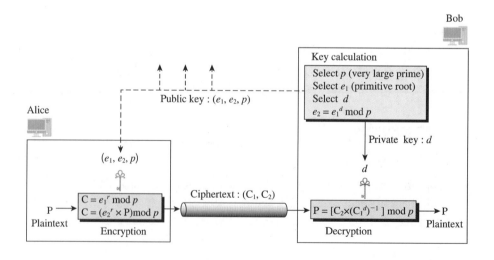

③ 특징

    ㉠ 데이터 암호화, 디지털 서명, 키 교환에 사용

    ㉡ 디피-헬만(Diffie-Hellman)과 같은 안전도 제공(디피-헬만(Diffie-Hellman) 알고리즘의 확장)

    ㉢ 다른 암호 알고리즘에 비해 속도가 느림

    ㉣ 난수 생성기 필요하며, 유한 순환군에서의 연산 수행

(3) 타원 곡선 암호(ECC) 알고리즘

① 개요

    ㉠ 1985년에 워싱턴 대학 수학 교수인 닐 코블리츠(Neal Koblitz)와 IBM 연구소의 빅터 밀러(Victor Miller)가 각각 독립적으로 제안한 타원 곡선 이론에 기반한 공개키 암호 방식

    ㉡ 하나의 타원 곡선상에 주어진 두 지점 P와 R에 대하여 K = PR을 만족하는 K를 찾아내는 것은 타원 곡선 이산대수 문제로 알려진 어려운 문제

    ㉢ 타원 곡선의 종류는 많지만, 암호학에 쓰이는 표준형은 $y^2 = x^3 + ax + b$의 형태를 지님. 이를 바이어슈트라스 표준형이라고도 함. 이러한 타원 곡선은 암호화를 위한 특징적인 환경을 만들어 냄. 타원 곡선에서 직각이 아니도록 그은 모든 직선은 곡선과 항상 3번 교차하게 되는데, 곡선 위의 점 A, B를 정해 직선으로 연결한 뒤 연장선상에서 지나는 또 다른 점을 찾고 이를 x축에 그대로 대칭시키면 곡선 위의 C 좌표가 나오게 되고, 이를 타원 곡선의 덧셈 법칙이라고 함

    ㉣ 다음 그림에서 보듯 A + B = C가 되고, 타원 곡선 암호화 함수는 덧셈과 곱셈의 연산만을 수행할 수 있고 원본값 추측이 어려운 일방향 트랩도어 함수임

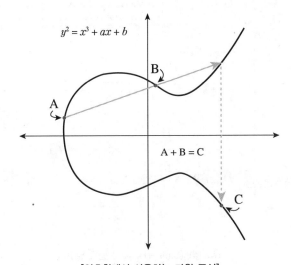

[암호학에서 사용하는 타원 곡선]

② 특징

    ㉠ 이진형과 소수형의 유한체를 모두 사용할 수 있으나, 안전성 측면에서 소수형 권장

    ㉡ 다른 공개키(RSA)에 비하여 비교적 키 길이가 짧고, 안전성이 높음

    ㉢ 유한체에서의 연산을 수행하므로, H/W, S/W 구현 용이

    ㉣ 스마트카드나 스마트폰 등 키 길이가 제한적인 무선통신 분야에 적합

    ㉤ 암호키 분배, 전자서명, 인증 등에 사용

(4) 디피-헬만(Diffie-Hellman) 암호 알고리즘

① 개요

    ㉠ 사용자 간 암호화되지 않은 통신망. 즉, 공개된 통신망을 통해 공통의 비밀키를 공유할 수 있도록 하는 공개키 암호 알고리즘

    ㉡ 사용자는 각자 생성한 공개키를 상호 교환하여 공통의 비밀키를 생성하는 키 합의 방식

    ㉢ 키 전달 문제를 해결하기 위한 방식으로, 안전한 비밀키 공유를 목적으로 함

② 기본 원리

    소수 N과 N의 원시근 G에 대하여, 사용자 A는 N보다 작은 양수 x를 선택하고, $R1 = G^x \bmod N$를 계산하여 $R1$을 B에게 전달. 마찬가지로 사용자 B는 N보다 작은 양수 y를 선택하고, $R2 = G^y \bmod N$를 계산하여 $R2$를 A에게 전달. 그러면 A와 B는 $K = G^{xy} \bmod N$을 공유하게 됨

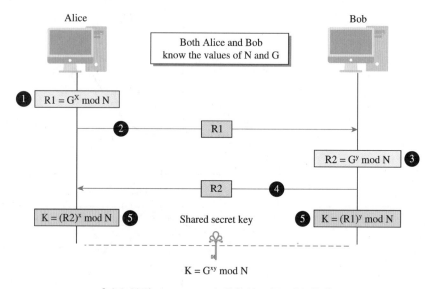

[디피-헬만(Diffie-Hellman) 암호 알고리즘 기본 원리]

③ **특징**

  ㉠ 키 교환 및 인증에 사용하는 프로토콜로, 사용자가 비밀키를 안전하게 교환하여 메시지 암호화

  ㉡ 공개키 알고리즘을 이용하는 키 교환방식으로, 상대방의 공개키와 개인키를 이용하여 비밀키를 생성하고, 송신자와 수신자는 비밀키를 이용하여 데이터를 암호화한 후 전송

  ㉢ 네트워크의 두 개체 A, B가 알고리즘에 사용하는 비밀키를 서로 만나지 않고 공유 가능

  ㉣ 공개키를 키 관리센터나 서버에서 관리하는 절차 없이 서로의 비밀키를 전송할 수 있으므로, 키 교환 시 도청되어도 공통키를 구할 수 없음

  ㉤ 인증 메시지에 비밀 세션키를 포함하여 전송할 필요가 없고, 세션키를 암호화하여 전송할 필요가 없어 단순하고 효율적

  ㉥ 사용자 A, B만이 로컬에서 키 계산이 가능하므로 기밀성 제공

  ㉦ 수신자 B는 사용자 A만이 키를 사용하여 암호화된 메시지를 생성할 수 있으므로 인증 기능 제공

  ㉧ 이산대수 기반 어려움에 의존(y = gx 형태에서 y를 알게 되더라도 x를 계산하는 것은 불가능)

  ㉨ 재전송 공격, 중간자 공격(MITM)에 취약

  ㉩ 다수의 상업용 제품에서 사용

제 4 장 해시함수

제 1 절 **해시함수 원리** 중요 ★★

1 개요

(1) 임의 길이의 메시지로부터 고정 길이의 해시값을 계산하는 것

(2) 하나의 문자열을 상징하는 더 짧은 길이의 값이나 키로 변환하는 것

2 기본 원리

(1) 세 개의 평문은 길이가 다르지만 해시 결과 값은 32개의 문자로 모두 같음

(2) 또한, 둘째와 셋째 평문은 단어 하나만 다를 뿐인데, 해시 결과가 완전히 다르게 나타남. 이와 같은 결과는 해시값을 통하여 해싱되기 전의 값을 추측하는 것을 불가능하게 하는 해시함수의 특성 때문임

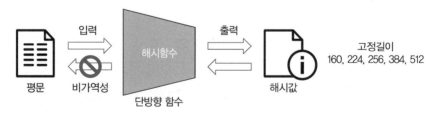

[해시함수의 기본 원리]

3 특징

(1) 어떤 입력값에도 항상 고정된 길이의 해시값을 출력

(2) 입력값의 작은 변화에도 전혀 다른 결과값을 출력

(3) 출력된 결과값을 토대로 입력값을 유추할 수 없음

(4) 동일한 입력값은 항상 동일한 해시값을 출력. 즉 입력값이 다르면 해시값도 다름

(5) 해시값을 고속으로 계산할 수 있음

(6) 전자서명(digital signature)▼ 및 무결성(integrity)▼ 검증에 사용

> **⚠ 더 알아두기 🔍**
>
> **▼ 전자서명(digital signature)**
> • 서명자를 확인하고 서명자가 당해 전자문서에 서명했다는 사실을 나타내는 데 이용하려고, 특정 전자문서에 첨부되거나 논리적으로 결합된 전자적 형태의 정보
> • 네트워크에서 송신자의 신원을 증명하는 방법으로, 송신자가 자신의 비밀키로 암호화한 메시지를 수신자가 송신자의 공개키로 검증하는 과정
>
> **▼ 무결성(integrity)**
> 데이터를 인가된 사용자에 의해서 인가된 방법으로만 변경이 가능한 것

4 해시함수의 성질

(1) 역상 저항성(preimage resistance)
   ① 주어진 임의의 출력값에 대응하는 입력 메시지를 찾는 것이 계산적으로 불가능
   ② 주어진 임의의 출력값 y에 대하여, $y = h(x)$를 만족하는 입력값 x를 찾는 것이 계산적으로 불가능

(2) 두 번째 역상 저항성(2nd preimage resistance)
   ① 주어진 입력값에 대응하는 출력값과 같은 출력값을 갖는 다른 입력값을 찾는 것이 계산적으로 불가능
   ② 주어진 입력값 x에 대하여 $h(x) = h(x')$, $x \neq x'$을 만족하는 다른 입력값 x'을 찾는 것이 계산적으로 불가능

(3) 충돌 저항성(collision resistance)

① 임의의 두 입력 쌍에 대하여 같은 출력값을 갖는 서로 다른 입력값을 찾는 것이 계산적으로 불가능

② $h(x) = h(x')$을 만족하는 임의의 두 입력값 x, x'을 찾는 것이 계산적으로 불가능

5 전자서명에 사용되는 해시함수의 성질

(1) 약 일방향성(weak onewayness)

해시값 H로부터 $h(M) = H$가 되는 서명문 M을 찾는 것은 계산상 불가능(해시함수의 역함수 계산 방지)

(2) 강 일방향성(strong onewayness)

어떤 서명문 M과 그의 해시값 $H = h(M)$가 주어졌을 때, $h(M') = H$가 되는 서명문 $M' \neq M$을 찾는 것은 계산상 불가능(해시함수의 역함수 계산 방지)

(3) 충돌 회피성(collision freeness)

$h(M) = h(M')$가 되는 서명문 쌍$(M, M')(M \neq M')$을 찾는 것은 계산상 불가능(부인 방지)

제 2 절 해시함수 종류 중요 ★★

1 MD5

(1) 개요

① 미국 MIT의 로널드 로린 리베스트(Ronald Lorin Rivest) 교수가 RSA와 함께 공개키 기반 구조(public key infrastructure)를 만들기 위해 개발

② MD(message digest function 95) 알고리즘에는 MD2, MD4, MD5 등 3가지가 있음

  ㉠ MD2는 8비트 컴퓨터에 최적화되어 있음

  ㉡ MD4와 MD5는 32비트 컴퓨터에 최적화되어 있음

(2) 특징

처리단위	512비트
출력단위	128비트
라운드 수	• 4라운드 64단계 구성(라운드별 16단계) • 라운드별 3개의 서로 다른 부울 함수 사용
사용 연산	모듈러 덧셈, Shift 연산, XOR
기타	MD5 알고리즘은 MD4의 확장판으로, MD4보다 속도가 느리지만, 데이터 보안성에 있어 더 높은 안전성 제공

2 SHA-1(Secure Hash Algorithm 1)

(1) 개요

① NIST(National Institute of Standards and Technology)에서 개발한 160비트의 일방향 해시함수

② 1993년에 미국의 연방정보처리표준규격(FIPS PUB 180)으로 발표된 것을 SHA라 부름

③ 1995년에 발표된 개정판 FIPS PUB 180-1을 SHA-1이라 부름

④ SHA-1의 메시지의 길이에는 상한이 있지만, 264비트 미만이라는 대단히 큰 값이므로, 현실적인 적용에는 문제가 없음

⑤ 2002년에 NIST는 새로운 표준인 FIPS 180-2를 발표하였는데, 이때 해시값이 각각 256, 384, 512 비트인 3개의 새로운 SHA 버전 정의

(2) 기본 원리(1단계)

① 각 라운드의 형식

㉠ $A \leftarrow (E + f(t, B, C, D) + s^5(A) + W_t + K_t)$

㉡ $B \leftarrow A$

㉢ $C \leftarrow S^{30}(B)$

㉣ $D \leftarrow C$

㉤ $E \leftarrow D$

- A, B, C, D, E : 버퍼의 5워드
- t : 단계 수; $0 \le t \le 79$
- $f(t, B, C, D)$: 단계 t에 대한 기약 논리 함수
- S^k : k비트에 의한 현재 32비트 매개변수의 순환 좌측 시프트
- W_t : 현재 입력 블록으로 만들어진 32비트 워드
- K_t : 덧셈 상수; 미리 정해진 4개의 다른 값
- $+$: 법 2^{32} 덧셈

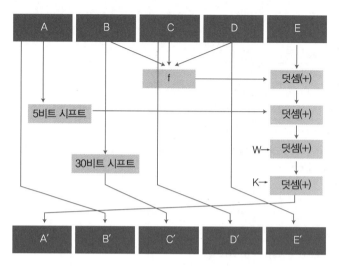

[SHA 알고리즘 기본 원리]

(3) 특징

처리단위	512비트
출력단위	160비트
라운드 수	• 4라운드 80단계 구성(라운드별 20단계) • 라운드별 3개의 서로 다른 부울 함수 사용
사용 연산	모듈러 덧셈, shift 연산, XOR
기타	• MD4의 발전 형태 • MD5보다 조금 느리지만 더 안전 • SHA−1과 SHA−2로 나눔 • SHA−256, 384, 512는 SHA−2에 속함

실제예상문제

해설 & 정답 checkpoint

01 다음 설명에서 괄호 안에 들어갈 용어가 옳게 짝지어진 것은?

> • (㉠)은/는 메시지 원문의 내용을 추측하기 어렵게 만든다. 또한, 평문과 암호문 사이의 관계이다. 평문에서 1비트가 변화되면 암호문에 어떤 영향을 미칠지 모르는 것이다. 즉, 평문이 조금이라도 변경되면 암호문 전체에 영향을 받는 것을 말한다.
>
> • (㉡)은/는 알고리즘의 패턴 추론을 어렵게 만든다. 즉, 키와 암호문 사이의 관계를 말한다. 키에 1비트가 변경되면 암호문에 어떤 영향을 미칠지 모르는 것이다. 즉, 평문이 동일하더라도 키가 조금이라도 다르면 암호문 전체가 달라지는 성질을 말한다.
>
> • (㉢)은/는 암호 알고리즘이 입력값에 미세한 변화를 줄 경우, 출력값에 많은 변화가 일어나는 성질을 의미한다.

	㉠	㉡	㉢
①	확산 (Diffusion)	혼돈 (Confusion)	쇄도효과 (Avalanche Effect)
②	혼돈 (Confusion)	확산 (Diffusion)	쇄도효과 (Avalanche Effect)
③	쇄도효과 (Avalanche Effect)	확산 (Diffusion)	혼돈 (Confusion)
④	혼돈 (Confusion)	쇄도효과 (Avalanche Effect)	확산 (Diffusion)

01 **쇄도효과(Avalanche Effect)**
평문 또는 키값을 조금만 변경시켜도 암호문에는 큰 변화가 생기는 효과

정답 01 ②

02 n명의 사용자가 서로 데이터를 비밀로 교환하려 할 때, 필요한 키의 수는 대칭키 암호 방식에서는 $\frac{n(n-1)}{2}$개, 공개키 암호 방식에서는 $2n$개이다.

02 대칭키와 공개키 암호 알고리즘을 비교하여 설명한 것으로 옳지 <u>않은</u> 것은?

① 키의 분배 방법에 있어 대칭키 암호 방식은 비밀스럽게 분배하지만, 공개키 암호 방식은 공개적으로 한다.
② DES는 대칭키 암호 방식이고, RSA는 공개키 암호 방식이다.
③ 대칭키 암호 방식은 공개키 암호 방식보다 암호화의 속도가 빠르다.
④ n명의 사용자가 서로 데이터를 비밀로 교환하려 할 때 필요한 키의 수는 대칭키 암호 방식에서는 $2n$개, 공개키 암호 방식에서는 $\frac{n(n-1)}{2}$개이다.

03 대칭키 암호 방식에서 필요한 키의 수는 $\frac{n(n-1)}{2}$개이고, 공개키 암호 방식에서는 $2n$개가 필요하다.
$\frac{20(20-1)}{2} = 190$[이 중 기존 10명분(45개 제외)], $2 \times 20 = 40$[이 중 기존 10명분(20개 제외)]이므로, 추가로 필요한 키는 비대칭키 145개, 공개키 20개가 된다.

03 현재 10명이 사용하는 암호시스템을 20명이 사용할 수 있도록 확장하려면 필요한 키의 개수도 늘어난다. 대칭키 암호시스템과 공개키 암호시스템을 채택할 때 추가로 필요한 키의 개수를 각각 순서대로 나열한 것은?

① 20개, 145개
② 20개, 155개
③ 145개, 20개
④ 155개, 20개

정답 02 ④ 03 ③

04 대칭키 암호시스템과 공개키 암호시스템의 장점을 조합한 것을 하이브리드 암호시스템이라고 한다. 하이브리드 암호시스템을 사용하여 송신자가 수신자에게 문서를 보낼 때의 과정을 순서대로 나열하면 다음과 같다. 각 시점에 적용되는 암호시스템을 순서대로 나열하면?

> ㉠ 키를 사용하여 문서를 암호화할 때
> ㉡ 문서를 암·복호화하는 데 필요한 키를 암호화할 때
> ㉢ 키를 사용하여 암호화된 문서를 복호화할 때

	㉠	㉡	㉢
①	공개키 암호시스템	대칭키 암호시스템	공개키 암호시스템
②	공개키 암호시스템	공개키 암호시스템	대칭키 암호시스템
③	대칭키 암호시스템	대칭키 암호시스템	공개키 암호시스템
④	대칭키 암호시스템	공개키 암호시스템	대칭키 암호시스템

04 • 대칭키 암호시스템 : 암호화와 복호화에 같은 암호키를 사용하는 암호 방식으로, 주로 데이터를 암호화할 때 사용한다.
• 공개키 암호시스템 : 대칭키 암호 방식과 달리 암호화와 복호화에 이용하는 키가 다른 방식으로, 주로 키 교환을 위해 사용한다.

05 Feistel 구조에 대한 설명으로 옳지 <u>않은</u> 것은?

① 대표적인 암호 알고리즘으로 AES, IDEA 등이 있다.
② Feistel의 제안은 Claude Shannon이 제안한 혼돈함수와 확산함수를 번갈아 수행하는 합성암호 개발방식의 실용적인 응용이다.
③ 평문 블록 비트를 반으로 나누어서 (L0, R0) 분할 처리한다.
④ 오른쪽 비트에 반복 함수 F 적용(라운드마다 키값은 변함) → 왼쪽 비트와 XOR(치환 작용) → 좌우 양쪽 결과를 교환(순열 작용)하는 반복구조를 가진다.

05 AES와 IDEA는 SPN 구조이다.

정답 04 ④ 05 ①

checkpoint 해설 & 정답

06 암호화와 복호화 과정이 동일하기 때문에 별도의 복호화기가 필요 없다는 점은 Feistel 구조에 대한 설명이다.

06 SPN 구조에 대한 설명으로 옳지 **않은** 것은?

① Substitution Layer와 Permutation Layer를 이용하여, Confusion과 Diffusion을 만족시켜주는 암호이다.
② 병렬처리가 가능하다.
③ 암호화와 복호화 과정이 동일하기 때문에 별도의 복호화기가 필요 없다.
④ Feistel 구조에 비하여 반복연산이 적게 이루어지기 때문에 더 효율적이다.

07 DES의 라운드 수는 16이다.

07 다음 중 DES에 대한 설명으로 옳지 **않은** 것은?

① 1970년대에 표준화된 블록 암호 알고리즘이다.
② 한 블록의 크기는 64비트이다.
③ 한 번의 암호화를 위하여 10라운드를 거친다.
④ 내부적으로는 56비트의 키를 사용한다.

08 ② AES(Advanced Encryption Standard) : 미국의 연방 표준 알고리즘으로, DES(Data Encryption Standard)를 대신할 차세대 표준 알고리즘으로 128비트 대칭키 암호 알고리즘이다.
③ SEED : 한국 표준 암호 알고리즘으로 128비트 대칭키 암호 알고리즘이다.
④ DES : DES를 대신하여 나온 암호 알고리즘이 AES이다.

08 블록 암호 알고리즘의 종류와 그 특징을 설명한 것으로 옳은 것은?

① IDEA는 유럽에서 1990년 개발되었으며, PGP를 채택하고, 8라운드의 알고리즘이다.
② AES는 미국 연방 표준 알고리즘으로, DES를 대신할 64비트 암호 알고리즘이다.
③ SEED는 128비트 암호 알고리즘으로, NIST에서 개발한 대칭키 암호 알고리즘 표준이다.
④ DES의 취약점을 보완하기 위하여 1997년 3-DES가 개발되었고, 이것은 AES를 대신한 기술이다.

정답 06 ③ 07 ③ 08 ①

09 IDEA 암호 알고리즘에 대한 설명으로 옳지 <u>않은</u> 것은?

① DES를 대체하기 위하여 스위스에서 개발한 것이다.

② 128비트 키를 사용하여 128비트 블록을 암호화한다.

③ 하나의 블록을 4개의 서브 블록으로 나눈다.

④ 4개의 서브 블록은 각 라운드에 입력값으로 사용되며, 총 8개의 라운드로 구성되어 있다.

09 IDEA는 128비트 키를 사용하여 64비트 블록을 암호화한다.

10 AES(Advanced Encryption Standard) 암호 알고리즘에 대한 설명으로 옳지 <u>않은</u> 것은?

① 1997년 미 상무성이 주관하여 새로운 블록 암호를 공모하였고, 2000년 라인달(Rijndael)을 최종 AES 알고리즘으로 선정하였다.

② 라운드 횟수는 한 번의 암·복호화를 반복하는 라운드 함수의 수행 횟수이고, 10/12/14 라운드로 이루어져 있다.

③ 128비트 크기의 입·출력 블록을 사용하고, 128/192/256비트의 가변 키 길이를 제공한다.

④ 입력을 좌우 블록으로 분할하여 한 블록을 라운드 함수에 적용시킨 후, 출력값을 다른 블록에 적용하는 과정을 좌우 블록에 대하여 반복적으로 수행하는 SPN(Substitution Permutation Network) 구조를 따른다.

10 입력을 좌우 블록으로 분할하여 한 블록을 라운드 함수에 적용시킨 후, 출력값을 다른 블록에 적용하는 과정을 좌우 블록에 대하여 반복적으로 수행하는 것은 Feistel 구조이다.

11 AES(Advanced Encryption Standard) 알고리즘을 구성하는 변환과정 중, 상태 배열의 열 단위의 행렬 곱셈과 같은 형태로 표현되는 것은?

① 바이트 치환(Substitute Bytes)

② 행 이동(Shift Row)

③ 열 혼합(Mix Columns)

④ 라운드키 더하기(Add Round Key)

11 ③ AES(Rijndael) 알고리즘 변환과정
- 입력으로 주어지는 키는 44개의 32비트로 확장
- 1회의 순열과 3회의 치환으로 구성된 4단계를 사용
- 열 혼합(Mix Columns) : GF(2^8) 산술식을 사용한 치환
① 바이트 치환(Substitute Bytes) : 블록의 바이트 대 바이트 치환을 수행하기 위해 하나의 S-Box를 사용
② 행 이동(Shift Row) : 단순 순열
④ 라운드키 추가(Add Round Key) : 현재 블록과 확장된 키의 일부로 단순 비트 단위의 XOR 연산

정답   09 ② 10 ④ 11 ③

12 ARIA 암호 알고리즘
- 경량 환경 및 하드웨어 구현을 위해 최적화된, Involutional SPN 구조를 갖는 범용 블록 암호 알고리즘이다.
- 블록 크기 : 128비트키
- 크기 : 128/192/256비트(AES와 동일 규격)
- 전체 구조 : Involutional Substitution-Permutation Network
- 라운드 수 : 12/14/16(키 크기에 따라 결정됨)

13 ① RC5 : 1994년 미국 RSA 연구소의 리베스트(Rivest)가 개발한 것으로, 비교적 간단한 연산으로 빠른 암호화와 복호화 기능을 제공하며, 모든 하드웨어에 적합하다. 입출력, 키, 라운드 수가 가변인 블록 알고리즘. RC5(Ron's Code 5)는 32/64/128비트의 키를 가지며, 속도는 DES의 약10배이다.
② SEED : 전자상거래, 금융, 무선통신 등에서 전송되는 개인정보와 같은 중요한 정보를 보호하기 위해 1999년 2월 한국인터넷진흥원과 국내 암호전문가들이 순수 국내기술로 개발한 128비트 블록 암호 알고리즘이다. 1999년에는 128비트 키를 지원하는 SEED 128을 개발하였으며, 암호 알고리즘 활용성 강화를 위해 2009년 256 비트 키를 지원하는 SEED 256을 개발하였다.
③ SKIPJACK : 미 국가안보국(NSA, National Security Agency)에서 개발한 Clipper 칩에 내장된 블록 알고리즘으로, 전화기와 같이 음성을 암호화하는 데 주로 사용. 64비트의 입출력, 80비트의 키, 총 32라운드를 가진다.

정답 12 ④ 13 ④

---

12 블록 암호 알고리즘에 대한 설명으로 옳지 <u>않은</u> 것은?

① IDEA – 상이한 대수 그룹으로부터의 세 가지 연산을 혼합하는 방식
② Blowfish – 키의 크기가 가변적이므로 안전성과 성능의 요구에 따라 유연하게 사용
③ SEED – 1998년 KISA와 국내 암호전문가들이 개발한 128비트 블록 암호
④ ARIA – 국가보안기술연구소 주관으로 64비트 블록 암호로 128비트 암호화 키만 지원

13 다음 설명에 해당하는 암호화 알고리즘으로 옳은 것은?

- Ron Rivest가 1987년에 RSA Security에 있으면서 설계한 스트림 암호이다.
- 바이트 단위로 작동되도록 만들어진 다양한 크기의 키를 사용한다.
- 사용되는 알고리즘은 랜덤 치환에 기초해서 만들어진다.
- 하나의 바이트를 출력하기 위해서 8번에서 16번의 기계 연산이 필요하다.

① RC5
② SEED
③ SKIPJACK
④ RC4

14 우리나라 국가 표준으로 지정되었으며 경량 환경 및 하드웨어 구현에서의 효율성 향상을 위해 개발된 128비트 블록 암호 알고리즘은?

① IDEA
② 3DES
③ HMAC
④ ARIA

15 대칭키 암호 알고리즘에 대한 설명으로 옳은 것을 모두 고르면?

ㄱ AES는 128/192/256 비트 키 길이를 지원한다.
ㄴ DES는 16라운드 Feistel 구조를 가진다.
ㄷ ARIA는 128/192/256 비트 키 길이를 지원한다.
ㄹ SEED는 16라운드 SPN 구조를 가진다.

① ㄱ, ㄹ
② ㄴ, ㄷ
③ ㄱ, ㄴ, ㄷ
④ ㄱ, ㄴ, ㄹ

14 ① IDEA : 64비트 블록의 데이터 입력, 8라운드, 128비트의 키를 사용한다.
② 3DES : DES를 3번 반복한다. DES로 키를 바꿔가며 암호화 → 복호화 → 암호화를 해서 키 길이를 늘리는 기법이다. 2키를 사용하는 경우 112비트, 3키를 사용하는 경우 168비트의 키 길이를 가지기 때문에 현재도 제법 안전성은 있다고는 하지만, 느리다는 문제가 있다.
③ HMAC : Keyed-Hash Message Authentication Code(HMAC)는 MAC의 특정한 구현이다. MD5, SHA-1과 같은 해시함수를 이용해서 MAC 정보를 만든다. 어떤 알고리즘을 사용하느냐에 따라서 HMAC-SHA1, HMAC-MD5라고 부른다. 단방향 해시함수라면 어떤 것이든지 이용할 수 있다. 따라서 HMAC의 암호 강도는 어떤 크기의 해시를 사용하는지에 따라서 달라진다.

15 SEED 암호 알고리즘의 전체 구조는 Feistel 구조이며, 128비트의 평문 블록과 128비트 키를 입력으로 사용하고, 총 16라운드를 거쳐 128비트 암호문 블록을 출력한다.

정답 14④ 15③

16 ㉠ ECB : 블록 암호 운영방식 중 가장 간단한 구조를 가지며, 암호화하려는 메시지를 여러 블록으로 나누고, 각 블록을 독립적·순차적으로 암호화하는 방식

㉡ CBC : 초기화 벡터(IV)를 평문 블록과 XOR하여 암호문 블록을 생성하고, 이 암호문을 초기화 벡터(IV)로 하여 다시 평문 블록과 XOR하여 암호문 블록을 생성하는 방식으로, 1단계 앞에서 수행된 결과에 평문 블록을 XOR한 후 암호화 수행

㉢ CTR : 블록을 암호화할 때마다 1씩 증가하는 카운터 값을 암호화하여 키 스트림을 만들어 내는 스트림 암호이다.

[문제 하단 표 참조]

16 다음 설명에 해당하는 각 암호 블록 운용 모드를 옳게 묶은 것은?

> ㉠ 코드북(Codebook)이라 하며, 가장 간단하게 평문을 동일한 크기의 평문 블록으로 나누고 키로 암호화하여 암호블록을 생성한다.
> ㉡ 현재의 평문 블록과 바로 직전의 암호 블록을 XOR한 후 그 결과를 키로 암호화하여 암호 블록을 생성한다.
> ㉢ 각 평문 블록별로 증가하는 서로 다른 카운터 값을 키로 암호화하고 평문 블록과 XOR하여 암호 블록을 생성한다.

	㉠	㉡	㉢
①	CBC	ECB	OFB
②	CBC	ECB	CTR
③	ECB	CBC	OFB
④	ECB	CBC	CTR

모드	장점	단점	비고
ECB	• 간단 • 고속 • 병렬처리 가능(암호화·복호화 양쪽)	• 평문 속의 반복이 암호문에 반영됨 • 암호문 블록의 삭제나 교체에 의한 평문의 조작이 가능 • 비트 단위의 오류가 있는 암호문을 복호화하면, 대응하는 블록이 오류가 됨 • 재생 공격이 가능	미사용 권장
CBC	• 평문의 반복은 암호문에 반영되지 않음 • 병렬처리 가능(복호화만) • 임의의 암호문 블록을 복호화할 수 있음	• 비트 단위의 오류가 있는 암호문을 복호화하면, 1블록 전체와 다음 블록의 대응하는 비트가 오류가 됨 • 암호화에서는 병렬처리를 할 수 없음	권장
CFB	• 패딩이 필요 없음 • 병렬처리 가능(복호화만) • 임의의 암호문 블록을 복호화할 수 있음	• 암호화에서는 병렬처리를 할 수 없음 • 비트 단위의 오류가 있는 암호문을 복호화하면, 1블록 전체와 다음 블록의 대응하는 비트가 오류가 됨 • 재생 공격이 가능	• 현재는 사용 안 함 • CTR 모드를 사용하는 편이 나음

정답 16 ④

O F B	• 패딩이 필요 없음 • 암호화 · 복호화의 사전준비 가능 • 암호화와 복호화가 같은 구조를 하고 있음 • 비트 단위의 오류가 있는 암호문을 복호화하면, 평문의 대응하는 비트만 오류가 됨	• 병렬처리를 할 수 없음 • 능동적 공격자가 암호문 블록을 비트 반전시키면, 대응하는 평문 블록이 비트 반전	CTR 모드를 사용하는 편이 나음
C T R	• 패딩이 필요 없음 • 암호화 · 복호화의 사전준비 가능 • 암호화와 복호화가 같은 구조를 하고 있음 • 비트 단위의 오류가 있는 암호문을 복호화하면, 평문의 대응하는 비트만 오류가 됨 • 병렬처리 가능(암호화 · 복호화 양쪽)	능동적 공격자가 암호문 블록을 비트 반전시키면, 대응하는 평문 블록이 비트 반전	권장

17 다음 설명에 해당하는 블록 암호 운영 모드로 옳은 것은?

> • '한 단계 앞의 암호 알고리즘의 출력을 암호화한 값'과 '평문 블록'을 XOR 연산하여 암호문 블록을 생성하는 운영 모드이다.
> • 암호화와 복호화가 같은 구조를 가지고 있다.
> • 비트 단위의 에러가 있는 암호문을 복호화하면, 평문의 대응하는 비트에만 에러가 발생한다.

① ECB
② CBC
③ CFB
④ CTR

17 ① ECB : 가장 단순한 모드로 블록 단위로 순차적 암호화 구조로, 1개의 블록만 해독되면 나머지 블록도 해독되는 단점이 있다(오류 전파 : 각 블록이 독립적으로 동작하므로 1개의 블록에서 오류가 발생해도 다른 블록에 영향을 주지 않는다).
② CBC : 평문의 각 블록은 XOR 연산을 통하여 이전 암호문과 연산되고, 첫 번째 암호문에 대해서는 IV를 암호문 대신 사용한다. 암호화는 병렬처리가 아닌 순차적으로 수행된다(오류 전파 : 오류 암호문의 해당 블록과 다음 블록의 평문까지 영향을 미친다).
③ CFB : 블록 암호를 스트림 암호처럼 구성하여 평문과 암호문의 길이가 같다. CBC 모드와 마찬가지로 암호화는 순차적이고, 복호화는 병렬적으로 처리한다(오류 전파 : CBC 모드와 마찬가지로 1개의 암호문 블록의 오류는 해당 평문 블록과 다음 평문 블록에 전파된다).

정답 17 ④

18 [문제 하단 표 참조]

18 공개키 암호(Public Key Cryptosystem)에 대한 설명으로 옳은 것은?

① 대표적인 암호로 AES, DES 등이 있다.

② 대표적인 암호로 RSA가 있다.

③ 일반적으로 같은 양의 데이터를 암호화하기 위한 연산이 대칭키 암호(Symmetric Key Cryptosystem)보다 현저히 빠르다.

④ 일반적으로 같은 양의 데이터를 암호화한 암호문(Ciphertext)이 대칭키 암호(Symmetric Key Cryptosystem)보다 현저히 짧다.

>>>🔍

구분	대칭키 암호 방식	공개키 암호 방식
암호키 관계	암호화 키와 복호화 키가 서로 같음	암호화 키와 복호화 키가 서로 다름
암호화 키	비밀	공개
복호화 키	비밀	비밀
암호 알고리즘	비밀로 하거나 공개하기도 함	공개
비밀키 수	$n(n-1)/2$ (n=100이면 4,950개의 키가 생성)	$2n$ (n=100이면 200개의 키가 생성)
안전한 인증	안전한 인증 곤란	안전한 인증 용이
암호화 속도	고속	저속
전자서명	복잡	간단
대표적인 예	Vernam, DES, AES, IDEA	RSA, Rabin, ECC

19 ① : 이산대수 문제
③ · ④ : 대칭키 암호 알고리즘

19 다음 중 소인수분해 문제의 어려움에 기초한 암호 알고리즘은?

① Diffie-Hellman

② RSA

③ AES

④ DES

정답 18 ② 19 ②

20 다음의 공개키 암호 알고리즘 중 성격이 <u>다른</u> 하나는?

① Rabin 공개키 암호

② ECC 공개키 암호

③ Elgamal 공개키 암호

④ DSA 공개키 암호

20 [문제 하단 표 참조]

》》○

어려운 문제	종류
인수분해 문제 (Factoring Problem)	RSA, Rabin
유한체 이산대수 문제 (Descret Logarithm Problem)	Elgamal, DSA, XTR
타원 곡선 이산대수 문제	ECC (Elliptic Curve Cryptosystem)
부호이론 문제	McEliece Cryptosystem
배낭 문제(Subset-Sum)	Merkle-Hellman Knapsack
격자이론 문제	NTRU
매듭이론 문제	Braid Group Cryptosystem

정답   20 ①

21
- Knapsack 암호시스템 : 일정한 크기의 배낭에 어떤 물건을 넣어야 하는지에 관한 문제. 배낭 안에 물건을 차곡차곡 넣어 꺼내쓰는 것처럼 Super-Increase의 순서대로 나열된 수열을 넣고 키값을 생성한다.
- DSS : 디지털 서명을 위한 연방 정보 처리 표준이다. 1991년 8월 미국 국립표준기술연구소(NIST)는 자신들의 디지털 서명 표준(Digital Signature Standard, DSS)에 사용하기 위해 DSA를 제안했으며, 1993년 FIPS 186로 채택되었다. 키 생성은 두 단계가 있다. 첫 번째 단계는 알고리즘 변수의 선택으로서, 시스템의 다른 사용자 간에 공유가 가능한 반면, 두 번째 단계는 한 명의 사용자에 대한 공개 키와 개인 키를 계산한다.
- RSA 암호시스템 : Rivest, Shamir, Adleman 등이 개발. 암호화와 사용자 인증을 동시에 수행하는 공개키(Public Key) 방식으로 되어 있으며, 일반에 공개되는 공개키(Public Key)와 본인만이 알고 있는 비밀키(Private Key)로 이루어져, 데이터 암호화 및 수신된 데이터의 부인방지(Non-Repudiation) 기능을 갖춘 암호화 방식이다.

22
1. Bob은 개인키와 공개키로 이루어진 한 쌍의 키를 생성한다.
2. Bob은 자신의 공개키를 Alice에게 전송한다.
3. Alice는 Bob의 공개키를 사용하여 메시지를 암호화한다.
4. Alice는 생성된 암호문을 Bob에게 전송한다.
5. Bob은 자신의 개인키를 사용하여 암호문을 복호화한다.

21 공개키 암호시스템에 대한 설명 중 괄호 안에 들어갈 용어를 순서대로 짝지은 것은?

- (㉠)의 안전성은 유한체의 이산대수 계산의 어려움에 기반을 둔다.
- (㉡)의 안전성은 타원 곡선 군의 이산대수 계산의 어려움에 기반을 둔다.
- (㉢)의 안전성은 소인수분해의 어려움에 기반을 둔다.

㉠	㉡	㉢
① ElGamal 암호시스템	DSS	RSA 암호시스템
② Knapsack 암호시스템	ECC	RSA 암호시스템
③ Knapsack 암호시스템	DSS	Rabin 암호시스템
④ ElGamal 암호시스템	ECC	Rabin 암호시스템

22 공개키 암호시스템을 이용하여 Alice가 Bob에게 암호문을 전송하고, 이를 복호화하는 과정에 대한 설명이다. 괄호 안에 들어갈 내용을 순서대로 짝지은 것은?

1. Bob은 개인키와 공개키로 이루어진 한 쌍의 키를 생성한다.
2. Bob은 (㉠)를 Alice에게 전송한다.
3. Alice는 (㉡)를 사용하여 메시지를 암호화한다.
4. Alice는 생성된 암호문을 Bob에게 전송한다.
5. Bob은 (㉢)를 사용하여 암호문을 복호화한다.

㉠	㉡	㉢
① Bob의 공개키	Alice의 공개키	Alice의 개인키
② Bob의 개인키	Bob의 공개키	Bob의 개인키
③ Bob의 개인키	Alice의 공개키	Alice의 개인키
④ Bob의 공개키	Bob의 공개키	Bob의 개인키

정답 21 ④ 22 ④

23 RSA 알고리즘의 키 생성 적용 순서에 대한 설명에서 괄호 안에 들어갈 용어를 올바르게 짝지은 것은?

> (1) 두 개의 큰 소수, p와 q를 생성한다($p \neq q$).
> (2) 두 소수를 곱하여, $n = p \times q$를 계산한다.
> (3) (㉠)을 계산한다.
> (4) $1 < A < \varphi(n)$이면서 A, $\varphi(n)$이 서로소가 되는 A를 선택한다. $A \times B$를 $\varphi(n)$으로 나눈 나머지가 1임을 만족하는 B를 계산한다.
> (5) 공개키로 (㉡), 개인키로 (㉢)를 각각 이용한다.

	㉠	㉡	㉢
①	$\varphi(n) = (p-1)(q-1)$	(n, A)	(n, B)
②	$\varphi(n) = (p+1)(q+1)$	(n, B)	(n, A)
③	$\varphi(n) = (p-1)(q-1)$	(n, B)	(n, A)
④	$\varphi(n) = (p+1)(q+1)$	(n, A)	(n, B)

24 다음 설명에 해당하는 암호시스템은 무엇인가?

> 1985년 Miller와 Koblitz에 의하여 독립적으로 개발된 암호 알고리즘으로 무선통신, 서명, 인증 등 빠른 속도와 제한된 대역폭 등이 요구되는 무선통신 분야에 유용한 암호 알고리즘이다. 특히 무선통신, 전자서명, 인증 등에 이용되며, 비밀키의 안전한 분배와 정보의 안전한 전송에 이용된다. 또한, 이 암호시스템은 유한체에서의 연산을 포함하므로 H/W와 S/W로 구현하기가 용이하다.

① DES
② RSA
③ ECC
④ Rijndael

25 ElGamal 암호 알고리즘은 난수 생성기가 있어야만 암호화를 수행할 수 있다.

25 ElGamal 암호 알고리즘에 대한 설명으로 옳지 <u>않은</u> 것은?

① 이론적으로는 이산로그가 어려운 임의의 유한 교환군에 적용 가능하다.
② 하나의 평문을 여러 번 암호화하면 매번 암호문이 달라진다.
③ 난수 생성기가 없어도 암호화를 수행할 수 있다.
④ Diffie-Hellman 키 공유 프로토콜과 안전도가 같은 수준이다.

26 [문제 하단 해설 참조]

26 다음 설명에 해당하는 암호 알고리즘은 무엇인가?

> • 무선 주파수 식별(RFID : Radio-Frequency Identification), 유비쿼터스 센서 네트워크(USN) 등과 같이 저전력
> • 경량화를 요구하는 컴퓨팅 환경에서 기밀성을 제공하기 위해 2005년 KISA와 학계가 공동으로 개발한 64비트 블록 암호 알고리즘

① SEED
② ARIA
③ KCDSA
④ HIGHT

》》Q

[SEED]
• 1999년 9월 한국인터넷진흥원(KISA)에서 개발
• 1999년 한국정보통신기술협회(TTA) 표준(TTAS.KO-12004)

블록 길이	128비트
키 길이	128비트
라운드 수	16라운드
기타	• 선형과 비선형 변환 반복 사용 • 8비트 → 8비트 변환하는 2개의 비선형 S-Box 사용 • 안전성에 문제가 없음 • 국내외 산학연에서 활발히 활용되고 있음 • 블록의 길이만 다를 뿐 DES의 구조와 같음 • DES, MISTY와 비교했을 때 우수한 내부 함수 내장 • 차분 공격 및 선형 공격에 강함 • 현재 전자상거래, 메일, 인터넷뱅킹, 데이터베이스 암호화, 가상사설망(VPN), 지적 재산권 보호 등의 다양한 분야에서 사용

정답 25 ③ 26 ④

[ARIA]
- 국내에서 개발한 알고리즘
- Academy(학계), Research Institute(연구소), Agency(정부 기관)의 첫 글자로 이루어진 것으로, ARIA 개발에 참여한 학·연·관의 공동 노력을 표현
- 경량 환경 및 하드웨어 구현을 위하여 최적화된 Involutional SPN 구조를 가지는 범용 블록 암호 알고리즘

블록 길이	128비트
키 길이	128/192/256 비트(AES와 동일 규격)
라운드 수	12/14/16(키 크기에 따라 결정)
기타	대부분의 연산은 XOR와 같은 단순한 바이트 단위 연산으로 구성

[KCDSA]
- 한국통신정보보호학회의 주관하에 우리나라의 주요 암호학자가 주축이 되어 개발
- 1996년 11월에 개발, 1998년 10월 TTA에서 단체표준으로 제정
- 이산대수 문제의 어려움에 기반을 둔 전자서명 알고리즘
- 공개키 방식의 암호 알고리즘

27 해시함수(Hash Function)의 특징에 대한 설명으로 옳지 <u>않은</u> 것은?

① 임의의 메시지를 입력받아 고정된 길이의 해시값으로 출력한다.
② 암호학적으로 안전한 해시함수를 설계하기 위해서는 역상 저항성(Preimage Resistance) 및 충돌 저항성(Collision Resistance)의 기준을 충족해야 한다.
③ 일반적으로 데이터 암호화에 사용된다.
④ 종류에는 SHA-1, MD5, HAS-160 등이 있다.

27 해시함수(Hash Function)는 일반적으로 데이터 무결성 보장에 사용된다.

정답 27 ③

28 해시함수 : 주어진 출력에 대하여 입력값을 구하는 것이 계산상 불가능(일방향성)하고, 같은 출력을 내는 임의의 서로 다른 두 입력 메시지를 찾는 것이 계산상 불가능(충돌 회피성)하다는 특성을 가지고 있다. 또한, 임의 길이의 입력에서 고정된 길이의 출력이 만들어지기 때문에, 충돌은 오히려 출력공간이 입력공간보다 작기 때문에 발생한다고 볼 수 있다.

28 정보보호를 위하여 사용되는 해시함수에 대한 설명으로 옳지 <u>않은</u> 것은?

① 주어진 해시값에 대응하는 입력값을 구하는 것이 계산적으로 어렵다.
② 무결성을 제공하는 메시지인증코드(MAC) 및 전자서명에 사용된다.
③ 해시값의 충돌은 출력공간이 입력공간보다 크기 때문에 발생한다.
④ 동일한 해시값을 가지는 서로 다른 입력값을 구하는 것이 계산적으로 어렵다.

29 해시함수 : 임의의 길이의 메시지에 대하여 일정한 길이의 해시값을 출력해야 한다.

29 메시지 인증에 사용되는 해시함수의 요건으로 옳지 <u>않은</u> 것은?

① 임의 크기의 메시지에 적용될 수 있어야 한다.
② 해시를 생성하는 계산이 비교적 쉬워야 한다.
③ 다양한 길이의 출력을 생성할 수 있어야 한다.
④ 하드웨어 및 소프트웨어에 모두 실용적이어야 한다.

30 ① 일방향성에 대한 설명이다.
② 약한 충돌 저항성에 대한 설명이다.
④ 해시함수의 출력은 동일한 입력값에 동일한 출력값이어야 한다.

30 해시함수의 강한 충돌 저항성(Strong Collision Resistance)에 대한 설명으로 옳은 것은?

① 주어진 해시값에 대하여, 그 해시값을 생성하는 입력값을 찾는 것이 어렵다.
② 주어진 입력값과 그 입력값에 해당하는 해시값에 대하여 동일한 해시값을 생성하는 다른 입력값을 찾는 것이 어렵다.
③ 같은 해시값을 생성하는 임의의 서로 다른 두 개의 입력값을 찾는 것이 어렵다.
④ 해시함수의 출력은 의사난수이어야 한다.

정답　28 ③　29 ③　30 ③

31 메시지인증코드(MAC : Message Authentication Code)에 대한 설명으로 옳지 <u>않은</u> 것은?

① MAC 검증을 통하여 메시지의 위조 여부를 판별할 수 있다.

② MAC을 이용하여 송신자 인증이 가능하다.

③ MAC 검증을 위해서는 메시지와 공개키가 필요하다.

④ 해시함수를 이용하여 MAC을 생성할 수 있다.

32 메시지의 무결성 보장과 송신자에 대한 인증을 목적으로 공유 비밀키와 메시지로부터 만들어지는 것은?

① 의사난수

② 메시지인증코드

③ 해시함수

④ 인증서

33 메시지의 무결성을 검증하는 데 사용되는 해시와 메시지인증코드(MAC)의 차이점에 대한 설명으로 옳은 것은?

① MAC는 메시지와 송·수신자만이 공유하는 비밀키를 입력받아 생성되는 반면에, 해시는 비밀키 없이 메시지로부터 만들어진다.

② 해시의 크기는 메시지 크기와 무관하게 일정하지만, MAC는 메시지와 크기가 같아야 한다.

③ 메시지 무결성 검증 시, 해시는 암호화되어 원본 메시지와 함께 수신자에게 전달되는 반면에, MAC의 경우에는 MAC로부터 원본 메시지 복호화가 가능하므로 MAC만 전송하는 것이 일반적이다.

④ 송·수신자만이 공유하는 비밀키가 있는 경우, MAC를 이용하여 메시지 무결성을 검증할 수 있으나 해시를 이용한 메시지 무결성 검증은 불가능하다.

01

정답 • Feistel 구조 : DES, SEED, CAST, Blowfish 등
• SPN 구조 : AES, ARIA, IDEA, CRYPTON 등

02

정답 DES, AES, IDEA, SEED, ARIA, RC5, Skipjack 등

✅ **주관식 문제**

01 Feistel 구조와 SPN 구조에 해당하는 암호 알고리즘을 각각 3개 이상 쓰시오.

02 대칭키 암호 알고리즘을 5개 이상 쓰시오.

03 다음 대칭키 암호화에서 K값이 얼마인지 쓰시오.

> • 8비트 정보 P와 K의 배타적 논리합(XOR) 연산의 결과를 Q라 함
> • P = 11010011
> • Q = 10000110

03

정답 K값 : 01010101

해설 P = 11010011
　　　Q = 10000110
　　　_____
　　　K = 01010101
　　　[문제 하단 표 참조]

[배타적 논리합 진리표]

명제 P	명제 Q	P ⊕ Q
0	0	0
0	1	1
1	0	1
1	1	0

checkpoint 해설 & 정답

04

정답 ㉠ 암호화 키와 복호화 키가 서로
같음
㉡ 암호화 키와 복호화 키가 서로
다름
㉢ n(n-1)/2
㉣ 2n

해설 [문제 하단 표 참조]

04 대칭키 암호 알고리즘과 공개키 암호 알고리즘을 비교하여 설명한 표에서 괄호 안에 들어갈 내용을 순서대로 쓰시오.

구분	대칭키 암호 방식	공개키 암호 방식
암호키 관계	(㉠)	(㉡)
암호화 키	비밀	공개
복호화 키	비밀	비밀
암호 알고리즘	비밀로 하거나 공개하기도 함	공개
비밀키 수	(㉢)	(㉣)
암호화 속도	고속	저속
전자서명	복잡	간단
대표적인 예	Vernam, DES, AES, IDEA	RSA, Rabin, ECC

>>>⌕

구분	대칭키 암호 방식	공개키 암호 방식
암호키 관계	암호화 키와 복호화 키가 서로 같음	암호화 키와 복호화 키가 서로 다름
암호화 키	비밀	공개
복호화 키	비밀	비밀
암호 알고리즘	비밀로 하거나 공개하기도 함	공개
비밀키 수	n(n-1)/2 (n=100이면 4,950개의 키가 생성)	2n (n=100이면 200개의 키가 생성)
암호화 속도	고속	저속
전자서명	복잡	간단
대표적인 예	Vernam, DES, AES, IDEA	RSA, Rabin, ECC

05 공개키 암호 알고리즘을 소인수분해 기반과 이산대수 기반으로 분류하여 각각 2개 이상 쓰시오.

06 해시함수(hash function)의 성질을 4가지 이상 쓰시오.

여기서 멈출 거예요? 끝지가 바로 눈앞에 있어요.
마지막 한 걸음까지 SD에듀가 함께할게요!

제3편

시스템 보안

출제 경향 및 수험 대책

1. 시스템 보안 공격은 대부분 출제된다는 전제하에 학습을 해야 하며, 기본 원리, 공격 방법, 대응 방법 등을 설명하고, 필답할 수 있을 정도로 학습해야 한다.
2. 계정, 세션, 권한, 로그 관리는 실제 시스템에 적용할 수 있는 능력을 요구하는 문제가 출제될 수 있으니 이에 대비해야 한다.
3. 서버 보안 솔루션은 종류별 특징을 이해하고 암기해야 한다.

혼자 공부하기 힘드시다면 방법이 있습니다.
SD에듀의 동영상강의를 이용하시면 됩니다.
www.sdedu.co.kr ➜ 회원가입(로그인) ➜ 강의 살펴보기

제 1 장 운영체제의 이해

제 1 절 운영체제 일반 중요 ★

1 운영체제 개요

(1) 시스템 소프트웨어 중 핵심이 되는 프로그램으로, 하드웨어 및 소프트웨어를 효율적으로 관리해 주는 프로그램으로 구성

(2) 데이터를 입력하여 결과를 만들어 내는 일을 직접 수행하지는 않지만, 처리 프로그램이 실행될 수 있도록 도와주는 역할

(3) 시스템 자원의 효율적인 관리와 제어가 편리하도록 사용자에게 편리한 인터페이스를 제공하는 프로그램(하드웨어와 사용자 간 인터페이스 제공, 성능 향상 등 제공)

(4) 컴퓨터의 운영체제로는 엠에스 도스(MS-DOS)▼, 윈도우즈(Windows), 유닉스(Unix), 리눅스(Linux) 등이 있음

2 운영체제의 구조

[운영체제의 위치]

> ⓘ 더 알아두기 Q
>
> ▼ 엠에스 도스(MS-DOS)
> - 마이크로소프트사가 IBM사의 의뢰를 받아 시애틀 컴퓨터사로부터 매입하여 개발한 IBM PC용 운영체제로, 최초로 대중화된 운영체제
> - 문자 중심의 사용자 인터페이스(CUI) : 작업을 위한 실행 명령을 문자로 직접 입력하여 실행
> - 단일 사용자(single user) : 하나의 컴퓨터를 한 사람만 사용
> - 단일 작업(single tasking) : 한 번에 하나의 프로그램만을 수행
> - 파일 시스템의 디렉터리 구조는 트리 구조

3 운영체제의 목적

(1) 처리능력의 향상

단위 시간당 최대한 많은 양의 작업 처리

(2) 신뢰도의 향상

시스템이 중단 없이 주어진 일을 정확히 수행할 수 있는지에 대한 능력

(3) 응답시간의 단축

사용자가 시스템에 작업을 의뢰하고 응답을 얻을 때까지의 시간

(4) 사용 가능도의 향상

시스템 자원이 요구하는 전체 시간 중 실제 사용 가능한 시간

제 2 절   윈도(Windows) 중요 ★

1 개요

(1) 마이크로소프트가 개발한 컴퓨터 운영체제

(2) 애플이 개인용 컴퓨터에 처음으로 도입한 그래픽 사용자 인터페이스 운영체제인 맥OS에 대항하여 당시 널리 쓰이던 MS-DOS에서 다중 작업과 그래픽 사용자 인터페이스(GUI) 환경을 제공하기 위한 응용 프로그램으로 처음 출시

2 구조

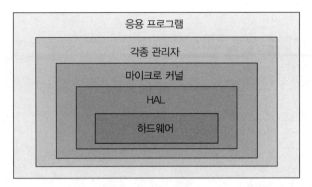

[Windows의 구조]

3 계층별 기능

하드웨어 (Hardware)	• 일반적으로 컴퓨터에 포함된 부품과 본체를 비롯하여 실질적으로 눈으로 보고, 접촉할 수 있는 모든 부품을 지칭 • CPU▼, RAM▼, NIC▼, HDD▼ 등
HAL (Hardware Abstraction Layer)	하드웨어가 개발된 소프트웨어와 원활한 통신을 할 수 있도록 도와주는 인터페이스 역할
마이크로 커널	• 컴퓨터 운영체제 중 가장 중요한 부분으로, 거의 모든 운영체제가 기본적으로 가지고 있음 • Windows에서는 커널의 주요 기능을 여러 관리자에게 분담시키고, 자신은 하드웨어와의 통신만을 제어하는 최소한의 커널 역할
각종 관리자	입출력 관리자, 개체 관리자, 보안 참조 관리자, 프로세스 관리자, 로컬 프로시저 호출 관리자, 가상메모리 관리자, 그래픽장치 관리자, 기타 관리자
응용 프로그램	• 응용 프로그램이 존재하는 영역이며, 응용 프로그램을 실행하기 위한 서브시스템(subsystem)▼이 있음 • 다양한 응용 프로그램 및 서비스 프로그램이 존재하는 영역

더 알아두기

▼ CPU(Central Processing Unit)
• 중앙처리장치
• 컴퓨터 시스템을 통제하고 프로그램의 연산을 실행하는 가장 핵심적인 컴퓨터의 제어 장치, 혹은 그 기능을 내장한 칩

▼ RAM(Random Access Memory)
• 임의의 영역에 접근하여 읽고 쓰기가 가능한 주기억장치
• 휘발성

▼ NIC(Network Interface Card)
• 네트워크 인터페이스 카드. 즉, LAN 카드
• 컴퓨터를 네트워크에 연결하여 통신하기 위해 사용하는 하드웨어 장치

▼ HDD(Hard Disk Drive)
• 순차접근이 가능한 컴퓨터의 보조기억장치
• 비휘발성

▼ 서브시스템(subsystem)
• 하나의 시스템을 구성하고 있는 부분적 시스템
• 일반적으로는 서브시스템을 제어하는 시스템과 독립하여 작동하거나 비동기로 작동하도록 할 수 있음

4 파일 시스템(file system)의 종류 및 특징

(1) FAT

① 1976년 MS사의 빌 게이츠에 의하여 구현
② DOS에서부터 사용되고 있는 대표적인 파일 시스템
③ 하드디스크 내에 FAT 영역을 생성하여, 파일의 실제 위치 정보 등을 기록하고 사용

(2) FAT12

① 베이직 언어를 지원하기 위하여 개발
② 플로피디스크용

(3) FAT16

① MS-DOS 4.0 이후 하드디스크 지원
② 큰 클러스터에 작은 파일이 들어가게 되어 낭비가 생김(하드디스크의 용량이 커지면 클러스터의 크기도 커지기 때문에)
③ **클러스터** : 2^{16} = 65,536개

(4) FAT32

① 개요

ⓐ Windows 95에서 2GB 이상의 고용량 하드디스크를 지원하기 위하여 개발(32GB까지로 제한)

ⓑ FAT16보다 효율적으로 하드디스크 사용

ⓒ 클러스터를 4,294,967,000개의 공간으로 나눔

ⓓ 클러스터의 크기가 작으므로 하드디스크의 낭비를 줄일 수 있음

ⓔ 물리적 드라이브 크기에 따라 클러스터 크기를 다르게 설정

② FAT32 파일 시스템의 구조(예약 영역)

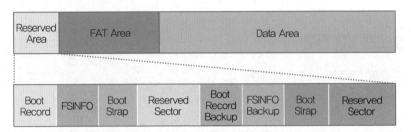

[FAT32 파일 시스템의 구조(예약 영역)]

BR (Boot Record)	• 파티션의 첫 번째 섹터이며, 예약된 영역의 첫 번째 섹터 • BR은 섹터 1개를 가짐(512 바이트) • Windows를 부팅시키기 위한 기계어 코드와 FAT 파일 시스템의 여러 설정값이 저장
FSINFO (File System Information)	파일 시스템의 정보를 저장
Boot Record Backup	BR의 정보를 백업하는 섹터
FSINFO Backup	FSINFO의 정보를 백업하는 섹터
Boot Strap	• 부팅에 사용되는 파티션일 경우 수행하는 부분 • 부팅 시 동작해야 할 명령 코드가 들어있는 부분
Reserved Sector	예약된 섹터 공간

③ FAT32 파일 시스템의 구조(FAT 영역)

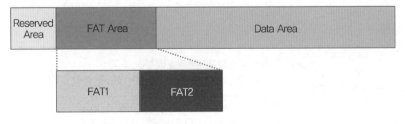

[FAT32 파일 시스템의 구조(FAT 영역)]

FAT1	• 파일이나 디렉터리에 할당 유무가 기록되는 부분 • 클러스터 단위로 기록되며, 1개의 클러스터에 대한 사용 유무를 기록하기 위해 4바이트 공간 필요
FAT2	• FAT1 영역의 백업 영역 • FAT1의 구조와 동일

④ **FAT32 파일 시스템 구조(data 영역)**

⑦ 실제 파티션 안에 만들어지는 데이터인 파일이나 디렉터리가 저장되는 영역

ⓒ 데이터 영역의 시작은 루트 디렉터리(root directory)▼가 할당되며, 해당 영역에 대해서는 디렉터리 엔트리(directory entry)의 형식으로 기록

> 🔔 **더 알아두기** 🔍
>
> **▼ 루트 디렉터리(root directory)**
> • 최상위 디렉터리
> • 파일이나 디렉터리의 이름, 속성 등을 저장

(5) NTFS 파일 시스템

① **개요**

⑦ FAT 파일 시스템의 한계점을 개선한 파일 시스템. 즉, FAT32에 대용량 하드디스크 지원, 보안, 압축, 원격 저장소 기능 등을 추가하여 만든 Windows NT 파일 시스템

ⓒ 파일 시스템에 대한 트랜잭션을 추적하므로 복구 가능

ⓒ 읽기 전용, 숨김, 파일별 암호화, 압축 기능

ⓔ Everyone 그룹▼에 대하여 모든 권한 허용

ⓜ 현재 Windows 파일 시스템의 기본 형태로 사용

> 🔔 **더 알아두기** 🔍
>
> **▼ Everyone 그룹**
> 해당 그룹에 속하는 사용자들에게 모든 권한을 허용하기 위한 그룹

② **특징**

USN 저널 (Update Sequence Number Journel)	• 파일의 모든 변경 내용을 기록하는 로그 • 시스템 오류 발생으로 재부팅될 경우 잘못된 처리 작업을 롤백(Roll Back)
ADS (Alternate Data Stream)	• 파일당 하나의 데이터 스트림을 저장할 수 있도록 지원 • 파일 이름, 소유자, 시간 정보 등을 스트림을 통해 표현, 데이터도 하나의 데이터 스트림으로 표현 • 추가된 ADS는 정보 은닉 용도로 사용될 수 있음

Sparse 파일	파일 데이터가 대부분 0일 경우 실제 데이터는 기록하지 않고 정보만 기록
파일 압축	LZ77의 변형 알고리즘을 사용하여 파일 데이터 압축
EFS (Encryption File System)	파일을 암호화하는 기능으로, 빠른 암호화/복호화를 위해 FEK(File Encryption Key)를 통한 대칭키 방식의 암호화 수행
VSS (Volume Shadow Copy Service)	Windows 2003부터 지원, 새로 덮어 쓰인 파일, 디렉터리의 백업본을 유지하여 USN 저널과 함께 안전한 복구를 지원
쿼터(Quota)	사용자별 디스크 사용량 제한
유니코드 지원	다국어 지원(파일, 디렉터리, 볼륨 이름 모두 유니코드로 저장)
대용량 지원	이론상 ExaByte(2^{64}), 실제로는 약 16TB(2^{44})
동적 배드 클러스터 재할당	• 배드 섹터 발생 클러스터의 데이터를 자동으로 새로운 클러스터로 복사 • 배드 섹터 발생 클러스터는 플래그를 통해 더 이상 사용되지 않도록 함

③ NTFS 파일 시스템의 구조 : 파일, 디렉터리 및 메타 데이터를 파일 형태로 관리

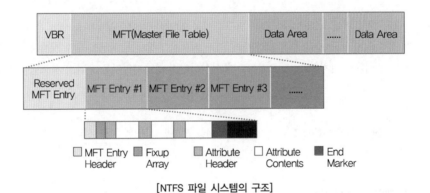

[NTFS 파일 시스템의 구조]

VBR (Volume Boot Record)	• 볼륨▼ 및 클러스터 크기 • MFT 시작 주소 • 파일 시스템의 메타 데이터 • 추가적인 부트 코드 • 부트 섹터
MFT (Master File Table)	• 볼륨에 존재하는 모든 파일 및 디렉터리에 대한 정보(메타 데이터)를 가진 테이블 • 파일 및 디렉터리 수에 비례한 크기 • 각 파일의 위치, 시간 정보, 크기, 파일 이름 등을 MFT Entry라는 특별한 구조로 저장 • MFT 크기를 초과하여 사용 시 동적으로 클러스터를 추가 할당하여 파일 시스템의 여러 부분이 조각으로 분포 • NTFS 상 모든 MFT Entry의 배열 • 0~15번 MFT Entry는 파일 시스템 생성 시 함께 생성되고 특별한 용도로 사용 • 삭제 영역은 0으로 채움

> **💡 더 알아두기 🔍**
>
> ▼ 볼륨(volume)
> - 파일 시스템으로 포맷된 하드디스크 상의 저장 영역
> - 볼륨에는 드라이브 문자가 할당됨
> - 단일 하드디스크에 여러 개의 볼륨이 있을 수 있고 일부 볼륨은 여러 개의 하드디스크로 연결될 수 있음

제 3 절 유닉스/리눅스(Unix/Linux) 중요 ★★

1 유닉스(Unix)

(1) 개요

① 1960년대 후반에 AT&T사의 Bell 연구소에서 개발한 멀틱스(Multics)라는 운영체제가 모태가 됨
② 켄 톰슨(Ken Thompson)이 DEC사의 PDP.7용 운영체제를 어셈블리로 개발하여 기초를 만듦
③ 1973년 데니스 리치(Dennis Ritchie)가 이식성이 뛰어난 C언어로 유닉스 시스템을 재코딩하여 개발

(2) 특징

대화식 운영체제, 멀티태스킹▼, 멀티유저▼, 계층적 파일 시스템, 이식성, 유연성, 호환성, 입출력 방향 전환 및 파이프라인▼ 기능, 보안 및 보호 기능, 각종 장치의 독립성 등의 기능 수행

> **💡 더 알아두기 🔍**
>
> ▼ 멀티태스킹(multitasking)
> - 다수의 작업이 중앙처리장치의 공용 자원을 나누어 사용하는 것
> - 다수의 중앙처리장치를 내장한 컴퓨터에서도 유효하며, 멀티태스킹을 사용하게 되면 탑재한 중앙처리 장치의 숫자보다 많은 수의 작업을 동시에 수행할 수 있음
>
> ▼ 멀티유저(multiuser)
> - 두 명 이상의 사용자가 여러 프로그램을 동시에 그리고 독립적으로 실행할 수 있는 컴퓨터
> - 중앙처리장치에 하나의 프로그램을 동시에 혹은 독립적으로 다수의 사용자가 사용할 수 있는 컴퓨터
>
> ▼ 파이프라인(pipeline)
> - 한 데이터 처리 단계의 출력이 다음 단계의 입력으로 이어지는 형태로 연결된 구조를 가리킴
> - 이렇게 연결된 데이터 처리단계는 여러 단계가 서로 동시에, 또는 병렬적으로 수행될 수 있어 효율성의 향상시킬 수 있음

2 리눅스(Linux)

(1) 개요

① 핀란드의 리누스 토발츠(Linus Torvalds)에 의하여 1991년에 개발되었으며, 처음에는 인텔 중앙처리장치(CPU)를 장착한 컴퓨터(PC)용으로 개발

② 현재 인텔 중앙처리장치(CPU)가 아닌 다른 중앙처리장치(CPU)를 장착한 컴퓨터와 워크스테이션까지 이식되고 있음

③ 리눅스의 사용자는 점차 늘어나고 있으며, 개인용보다는 서버용 운영체제로 주로 사용

(2) 특징

① 다양한 플랫폼(platform)▼에서 실행되는 다중처리 운영체제로 다중 작업, 다중 사용자 환경 제공

② 커널과 라이브러리 운영에 필요한 기본 유틸리티와 응용 프로그램으로 구성

③ 대부분 프로그램이 공개 소스와 공개 프로그램으로 구성

④ 기본 구조가 유닉스와 유사하며, 안드로이드(android)▼나 임베디드(embedded)▼ 커널 등으로 많이 사용

⑤ 파일 시스템에 오류가 발생할 경우, 유닉스의 파일 시스템보다 강력한 데이터 복구 가능

⑥ C언어로 작성되어 이식성, 확장성, 개발성 뛰어남

💡 더 알아두기 🔍

▼ 플랫폼(platform)
- 소프트웨어가 구동 가능한 하드웨어 아키텍처나 소프트웨어 프레임워크의 종류를 설명하는 용어
- 일반적으로 플랫폼은 컴퓨터의 아키텍처, 운영체제, 프로그램 언어, 그리고 관련 런타임 라이브러리 또는 GUI를 포함

▼ 안드로이드(android)
- 휴대 전화를 비롯한 휴대용 장치를 위한 운영체제와 미들웨어, 사용자 인터페이스 그리고 표준 응용 프로그램(웹 브라우저, 전자메일 클라이언트, 단문 메시지 서비스(SMS), 멀티미디어 메시지 서비스(MMS) 등)을 포함하고 있는 소프트웨어 스택이자 모바일 운영체제
- 안드로이드는 개발자들이 자바 언어로 응용 프로그램을 작성할 수 있게 하였으며, 컴파일된 바이트코드를 구동할 수 있는 런타임 라이브러리를 제공
- 안드로이드 소프트웨어 개발 키트(SDK)를 통해 응용 프로그램을 개발하기 위해 필요한 각종 도구와 API를 제공

▼ 임베디드(embedded)
- 사전적인 의미로 '끼워넣다'라는 의미이며, 컴퓨터 시스템에서는 '내장된', '탑재된'이라는 의미
- 컴퓨터의 하드웨어인 프로세서, 메모리, 입출력장치와 하드웨어를 제어하는 소프트웨어가 조합되어 특정한 목적을 수행하는 시스템을 말함

---

3 유닉스/리눅스(Unix/Linux)의 구조

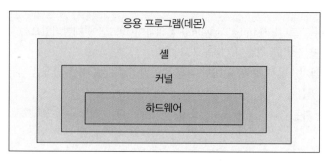

[유닉스/리눅스(Unix/Linux)의 구조]

4 계층별 기능

하드웨어 (Hardware)	• 일반적으로 컴퓨터의 부품과 본체를 비롯하여 실질적으로 눈으로 보고, 접촉할 수 있는 모든 것을 지칭 • CPU, RAM, NIC, HDD, 주변장치 등
커널 (Kernel)	• 컴퓨터 운영체제 중 가장 핵심 부분으로 주기억장치에 상주 • 하드웨어를 보호하고(하드웨어의 캡슐화), 프로그램과 하드웨어 간 인터페이스 역할 • 프로세스 관리, 기억장치 관리, 파일 시스템 관리, 장비 제어, 네트워크 관리
셸 (Shell)	• 응용 프로그램에서 명령을 전달받아 커널에 전송하는 역할 • 명령어를 번역하여 프로그램을 호출하고, 명령을 수행하는 명령어 해석기 또는 번역기 • 주기억장치에 상주하지 않고 명령어가 포함된 파일 형태로 존재하며, 보조기억장치에서 교체처리 가능 • DOS 운영체제의 command.com▼과 동일한 역할을 함 • 종류 : 본 셸(Bourne Shell), 콘 셸(Korn Shell), C 셸(C Shell) 등 • 기능 : 자체 내장 명령어 제공, 와일드카드▼, 입출력 오류의 방향 변경, 파이프라인▼, 조건부/무조건부 명령행 작성, 서브 셸 생성, 백그라운드 처리, 셸 스크립트(프로그램) 작성
응용 프로그램 (데몬)	• 응용 프로그램이 존재하는 영역이며, 다양한 응용 프로그램 및 서비스 데몬▼이 존재하는 영역 • 사용자 또는 다른 응용 프로그램에 특정 기능을 직접 수행하도록 설계된 프로그램

> **더 알아두기**
>
> ▼ command.com
> • 도스와 윈도우 95, 98, ME 등을 기본으로 하는 운영체제
> • 셸의 다른 이름으로 '명령줄 해석기'라 부름
>
> ▼ 와일드카드(wild card)
> • 컴퓨터에서 특정 명령어로 명령을 내릴 때, 여러 파일을 한꺼번에 지정할 목적으로 사용하는 기호를 가리킴
> • 이 문자는 어느 곳에서 사용하느냐에 따라 약간의 차이를 보이지만, 주로 특정한 패턴이 있는 문자열 혹은 파일을 찾거나, 긴 이름을 생략할 때 쓰임

▼ 파이프라인(pipe line)
- 한 데이터 처리 단계의 출력이 다음 단계의 입력으로 이어지는 형태로 연결된 구조이며, 이렇게 연결된 데이터 처리 단계는 여러 단계가 서로 동시에, 또는 병렬적으로 수행될 수 있어 효율성을 향상할 수 있음
- 명령어 파이프라인(instruction pipe line)은 명령어를 읽어 순차적으로 실행하는 프로세서에 적용되는 기술로, 한 번에 하나의 명령어만 실행하는 것이 아니라, 하나의 명령어가 실행되는 도중에 다른 명령어 실행을 시작하는 식으로 동시에 여러 개의 명령어를 실행하는 기법

▼ 데몬(daemon)
주기적인 서비스 요청을 처리하기 위하여 계속 실행되는 프로그램

5 리눅스 디렉터리(Linux directory)

(1) 개요

① 전체적으로 계층형 트리 구조
② 명령어의 종류와 성격, 사용 권한 등에 따라 각각의 디렉터리로 구분
③ 리눅스 배포판들은 리눅스 파일 시스템 표준(Linux file system standard)을 준수하므로 대부분의 리눅스 배포판들은 그 기본 구조가 같음

(2) 구조

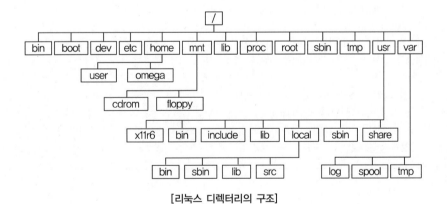

[리눅스 디렉터리의 구조]

(3) 디렉터리별 기능

디렉터리	설명
/bin	System Binary의 약어로 이진 파일이며, 리눅스에서 기본 명령어가 저장된 디렉터리
/usr	시스템에 사용되는 각종 프로그램이 설치되는 디렉터리
/etc	리눅스 시스템의 각종 환경설정 파일과 디렉터리가 저장된 디렉터리
/sbin	시스템 관리를 위한 명령어가 저장된 디렉터리
/lib	• 프로그램의 각종 라이브러리(library)▼ 파일이 저장된 디렉터리 • 유틸리티(utility), 패키지(package) 등의 파일 포함
/var	• 시스템에서 사용되는 동적인 파일을 저장하는 디렉터리 • 각종 시스템 로그 파일, 사용자 로그인에 대한 로그 기록 • 메일 서버를 운영한다면 사용자에게 전송된 메일을 임시로 저장하는 디렉터리
/tmp	임시 디렉터리로, 스티키 비트(sticky bit)▼가 설정되어 있음
/root	시스템 관리자(root)의 홈 디렉터리
/proc	• 시스템의 각종 프로세서, 프로그램 정보 그리고 하드웨어 정보가 저장된 디렉터리 • 가상 파일 시스템(virtual file system)▼으로 하드디스크에 물리적인 용량을 가지지 않는 디렉터리
/dev	시스템의 각종 장치에 접근하기 위한 장치 드라이버가 저장된 디렉터리
/home	일반 사용자의 홈 디렉터리

더 알아두기

▼ 라이브러리(library)
소프트웨어를 만들 때 쓰이는 클래스나 서브루틴들의 모음을 말함

▼ 스티키 비트(sticky bit)
• 제3자(other)의 쓰기 권한에 대한 특별한 허가권
• 디렉터리에 스티키 비트(sticky bit)가 설정되어 있을 경우 제3자에게 쓰기 허가권이 있어도 파일을 수정할 수는 있지만, 그 파일을 삭제할 수는 없음

▼ 가상 파일 시스템(virtual file system)
• 실제 파일 시스템 위의 추상 계층
• 가상 파일 시스템의 목적은 클라이언트 응용 프로그램이 여러 파일 시스템에 같은 방법으로 접근할 수 있게 하는 것

6 리눅스 파일 시스템(Linux file system)의 종류 및 특징

(1) EXT 파일 시스템

① 개요

ⓐ Extended File System으로, ext1이라고도 하며, 리눅스 운영체제를 목표로 만들어진 첫 번째 파일 시스템

ⓑ 레미 카드(Rémy Card)가 MFS(Minix File System)의 한계를 극복하기 위해 개발한 리눅스의 가장 대표적인 파일 시스템

② 특징

ⓐ 유닉스 계열 운영체제 중 하나인 미닉스(minix)에서 사용하던 파일 시스템에서 파일 이름과 파일 크기의 한계를 보완하여 설계됨. 파일 시스템의 최대 크기가 2GB로 늘어나며, 파일 이름 최대 길이도 255바이트까지 지원

ⓑ 데이터 변경 시간(data modification timestamp)과 아이노드(inode) 수정을 지원하지 않으며, 링크드 리스트(linked list)를 통해 빈 블록(free block)과 아이노드(inode)를 추적하기 때문에 성능이 저하되고, 파일 시스템이 조각화되는 단점이 있음. 이러한 ext의 한계를 극복하기 위해 ext2가 등장

(2) EXT2 파일 시스템

① 개요

ⓐ Second Extended File System으로, ext2라고도 함

ⓑ Rémy Card가 1993년 1월에 알파 버전을 공개한 파일 시스템

② 특징

ⓐ 파일 시스템의 최대 크기가 블록 크기에 따라 2TiB~32TiB이며, 서브 디렉터리 개수 제한은 32,768개이고, 파일 이름 최대 길이도 255바이트까지 지원

ⓑ 데이터 변경 시간(data modification timestamp)을 지원하며, 확장이 용이. 그리고 ext에 있었던 여러 단점(분리 접근, 아이노드 수정 등 지원 안 함)도 개선

ⓒ ext2 파일 시스템의 가장 큰 단점은 디스크에 데이터를 쓰는 동안 충돌이 발생하거나 전원이 꺼지면 심각한 손상을 입는다는 것. 이때 손상된 파일을 복구하기 위해 e2fsck라는 프로그램으로 검사를 해야 하는데 검사 중에는 파일 시스템을 사용할 수 없음. 이러한 ext2 파일 시스템의 한계를 극복하고 기능을 보완하여 ext3가 등장

ⓓ ext2는 후속 ext3, ext4에서도 비슷한 구조로 이어짐

③ 구조

ⓐ 부트스트랩 코드가 존재하는 부트 블록과 여러 개의 블록 그룹으로 구성

ⓑ 블록 그룹은 6가지 영역(super block, block group descriptor, block bitmap, inode bitmap, inode table, data blocks)으로 구분

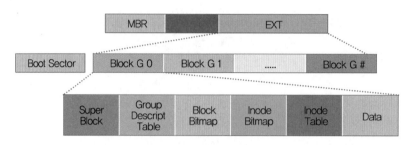

[EXT2 파일 시스템의 구조]

④ 영역별 기능

슈퍼 블록 (Super Block)	• 파일 시스템마다 하나씩 존재 • 1,024바이트 오프셋에 저장되며, 파일 시스템을 마운트 할 때 필수적으로 사용 • 슈퍼 블록(super block)의 사본은 모든 블록 그룹(block group)의 첫 번째 블록에 저장 • 저장 정보 : 파일 시스템의 전체 아이노드(inode)와 블록(block)의 개수, 빈 아이노드 (free inode)와 빈 블록(free block)의 개수, 블록 크기(block size), 블록 그룹(block group) 당 아이노드(inode) 개수, 파일 시스템 마운트(file system mount) 위치 및 시간, 하드웨어 설명 등의 정보를 저장
그룹 디스크립션 테이블 (Group Description Table)	• 총 32바이트로 구성되어 있으며, 해당 파일 시스템 내의 모든 블록 그룹에 대한 정보를 저장 • 크기는 가변적(block group의 개수가 정해져 있지 않기 때문)
블록/아이노드 비트맵 (Block/Inode Bitmap)	• 사용 현황을 비트(bit)를 활용하여 지도(map) 형태로 나타낸 것 • 아이노드 테이블(inode table)과 데이터 블록(data block) 내에서 빈 공간을 관리하기 위해 사용하며, 각 비트는 각 아이노드/데이터 블록(inode/data block)의 사용 여부를 나타냄(사용 중 : 1, 빈 공간 : 0)
아이노드 테이블 (Inode Table)	• 아이노드(inode)와 관련된 정보를 테이블 형태로 나타낸 것 • 파일의 이름을 제외한 해당 파일이나 디렉터리에 대한 모든 정보를 저장하고 있는 블록 • 파일의 실제 주소로서 파일 앞부분의 블록 번지는 직접 가지고, 나머지 블록 번지는 간접 블록 번지로 가짐 • 모든 파일은 반드시 하나의 아이노드(inode) 블록을 가짐 • 저장 정보 : 파일의 소유자, 파일 유형, 접근 권한, 접근시간, 파일 크기, 링크 수, 저장된 블록 주소
데이터 블록 (Data Block)	• 실제 데이터가 파일의 형태로 저장되는 공간 • 아이노드(inode)에 포함되며, 아이노드(inode)가 몇 개의 데이터 블록을 포함하고 있음 • 파일은 크게 두 개의 부분으로 구성되며, 하나는 파일에 대한 메타 데이터(meta data) 를, 다른 하나는 실제 데이터를 담고 있는 블록

(3) EXT3 파일 시스템

① 개요

㉠ Third Extended File System으로, ext3라고도 함

㉡ 스티븐 트위디(Stephen Tweedie)가 개발하여 2001년 11월에 Linux 2.4.15에 추가함

② 특징

⊙ ext2에 저널링▼, 온라인 파일 시스템 증대, 큰 디렉터리를 위한 HTree4(B-Tree의 변형) 인덱싱 등의 기능이 추가됨

⊙ ext2 파일 시스템을 바탕으로 만들었기 때문에, 구조가 ext2 파일 시스템과 비슷하며, 자료 손실 없이 ext3 파일 시스템으로 바꿀 수 있음

⊙ 아이노드의 동적 할당, 다양한 블록 크기 등과 같은 기능이 부족하고, 온라인 조각 모음 프로그램이 없으며, 확장(extend) 기능도 지원하지 않음. 또한 저널링을 할 때 체크섬을 하지 않고, 서브 디렉터리 개수 제한은 31,998개

❗ 더 알아두기 🔍

▼ 저널링(journaling)
- 시스템 충돌이나 정전과 같은 이벤트로 인해 발생할 수 있는 파일 시스템 손상을 신속하게 복구하는 기능으로, ext3에 추가된 주요 기능 중 하나
- 데이터를 파일 시스템의 실제 영역에 기록하기 전에 해당 정보를 로그(log) 영역에 기록. 이처럼 로그를 기록하면 시스템이 갑자기 종료되더라도 그 위치를 파악할 수 있고 파일 시스템 전체를 검사할 필요가 없음

---

(4) EXT4 파일 시스템

① 개요

⊙ Forth Extended File System으로, ext4라고도 함

⊙ Mingming Cao, Andreas Dilger, Alex Tomas, Dave Kleikamp, Theodore Ts'o, Eric Sandeen, Sam Naghshineh와 그 외 여러 사람에 의해 ext3를 바탕으로 하여 개발됨

⊙ 2006년 8월 10일 리눅스 2.6.19에서 불안정(unstable) 버전이 공개되었으며, 2008년 8월 21일에 안정(stable) 버전이 공개됨

② 특징

⊙ 큰 파일 시스템 : 1EB까지의 볼륨과 16TB까지의 파일을 지원

⊙ Extends : ext2, ext3의 블록 매핑(block mapping) 방식 대신 확장(extends) 방식을 사용. 이는 큰 파일 처리를 개선하고 조각화 현상을 줄여줌

⊙ 호환성 : ext2, ext3를 ext4 방식으로 마운트하여 사용할 수 있으며, ext3 방식으로 마운트될 수 있지만, 확장(extends)을 사용하는 ext4 파티션은 ext3 방식으로 마운트 될 수 없음

⊙ 저널 체크섬 : ext3 파일 시스템에 없었던 저널 체크섬 기능이 추가됨으로써, 파일 시스템 손상 가능성이 더 줄어듦

⊙ 서브 디렉터리 제한 해결 : 서브 디렉터리 개수 제한이 32,000개에서 64,000개로 늘어남

⊙ 온라인 조각 모음 : ext3에서 지원하지 않았던 온라인 조각 모음을 지원할 수 있음

⊙ 빠른 파일 시스템 검사 : 디스크 검사를 할 때 사용하지 않는 부분은 건너뜀으로써 시스템 검사를 빨리할 수 있음

◎ 파일 타임스탬프 향상 : 타임스탬프가 초 단위가 아닌 나노초 단위로 적용되며, ext2와 ext3에서는 1901년 12월 14일~2038년 1월 18일을 지원했지만, ext4에서는 1901년 12월 14일~2514년 4월 25일을 지원

㉧ 영속적 선행 할당 : 디스크 공간을 프로그램이 실제로 사용하기 전에 할당해야 한다면 대부분의 파일 시스템은 아직 사용하지 않은 공간에 0을 기록함으로써 선행 할당을 하지만, ext4는 이렇게 하지 않고도 선행 할당을 할 수 있음

㉨ 지연 할당 : 디스크 공간 할당을 마지막까지 지연하므로 성능이 향상됨

제 4 절 보안 운영체제 중요 ★★

1 개요

(1) 운영체제의 보안상 결함으로 발생 가능한 각종 공격으로부터 시스템을 보호하기 위하여 기존 운영체제 내에 보안 기능이 추가된 운영체제

(2) 서버의 보호, 시스템 접근 제한, 관리자에 의한 권한 남용 제한, 사용자의 권한 내에 정보 접근 허용, 응용 프로그램 버그를 악용한 공격으로부터 보호 등이 요구되는 운영체제

2 기능

(1) 사용자에 대한 식별(identification)▼과 인증(authentication)▼

(2) 강제적 접근 통제(MAC)

(3) 임의적 접근 통제(DAC)

(4) 재사용 공격(replay attack) 방어

(5) 침입 탐지(intrusion detection) 등

> **더 알아두기**
>
> ▼ 식별(identification)
> 계정명 또는 식별자(ID)에 의하여 사용자가 누구인지 인식하는 과정
>
> ▼ 인증(authentication)
> 시스템이 사용자가 그 본인임을 인정해 주는 것. 즉, 식별된 사용자를 증명하는 과정

3 필요성

(1) 응용 프로그램 수준의 정보보호 시스템은 부분적인 보안 적용으로 인하여 고비용 발생

(2) 운영체제의 버그 등 자체 취약성을 이용한 공격 증가 : 패치나 업그레이드 등 일시적인 취약성 수정 대응

(3) 운영체제 커널에 보안기법을 추가한 보안 운영체제를 개발하면 보다 효율적인 보안시스템 구축 가능

4 요구사항

(1) 사용자와 프로그램을 가능한 최소의 권한으로 운영 가능해야 함

(2) 우연 혹은 의도적인 공격으로부터 손상을 최소화해야 함

(3) 작고 단순한 보호 메커니즘이 포함된 경제적인 보안시스템이어야 함

(4) 기능을 공개함으로써 개방형 설계를 지향해야 함

(5) 직접적 혹은 우회적인 모든 접근에 대한 검사를 통한 완전한 중재 및 조정이 가능해야 함

(6) 객체에 대한 접근은 하나 이상의 조건에 의하여 결정되어, 하나를 우회하여도 객체 보호가 이루어져야 함

(7) 공유객체는 정보흐름 가능성이 있는 채널을 제공하므로 최소화해야 함

(8) 보안 메커니즘 사용이 용이하고, 우회 가능성이 적어야 함

5 장·단점

(1) 장점

① 소프트웨어적으로 서버 보안을 구현함으로써 도입 및 관리비용 절감
② 운영체제에 보안 기능이 추가되어 공격으로부터 시스템을 보호할 수 있음

(2) 단점

적은 설정변경에도 서비스 제공에 큰 문제가 발생할 수 있음

6 보안 커널(security kernel)

(1) 개요

① 운영체제 소스 코드에 보안 기능을 추가하거나 적재 가능한 커널 모듈에 보안 기능만 추가적으로
구현하는 방식으로 개발
② 참조 모니터 개념을 구현한 하드웨어, 펌웨어(firmware)▼ 혹은 소프트웨어로, 시스템 자원에 대한
접근을 통제하기 위하여 기본적인 보안 절차를 커널에 구현한 컴퓨터 시스템
③ 보호 대상 객체에 대한 모든 접근 관련 검사 보장
④ 보안 메커니즘의 독립성이 보장되고, 모든 보안 기능이 단일코드 집합에 의하여 수행되도록 함으로
써, 무결성 유지, 커널에 대한 분석·검증 가능

> **! 더 알아두기 Q**
>
> ▼ 펌웨어(firmware)
> • 특정 하드웨어 장치에 포함된 소프트웨어로, 소프트웨어를 실행하거나 수정되는 것도 가능한 장치
> • ROM(Read Only Memory)이나 PROM(Programmable Read Only Memory)에 저장되며, 하드웨어
> 보다는 교환하기가 쉽지만, 소프트웨어보다는 어려움
> • 처리의 고속화와 회로의 단순화를 구현한 것

(2) 반드시 제공해야 하는 기능

① 운영체제의 기본개념을 기반으로 설계
② 외부로부터의 공격·방어 기능과 탐지 기능을 통한 역추적 가능
③ 시스템 자원에 대한 통제가 가능하고 모든 자원 관리 가능
④ 모든 운영상의 접근과 행위 감시
⑤ 각종 프로그램과 환경설정 변경에 대한 기록
⑥ 인증을 통한 신분 확인

(3) 참조 모니터(reference monitor)

① 보안 커널의 가장 중요한 부분

② 주체와 객체 간 모든 정보를 대상으로 하는 보안 모듈

③ 감사·식별·인증·보안 매개변수 설정 등의 보안 메커니즘과 데이터를 교환하면서 동작

④ 운영체제 측면에서 사용자가 특정 객체에 대한 접근 권한이 있는지 혹은 특정 동작이나 행위를 할 수 있는지 여부를 검사·감시하는 기능

⑤ 접속 확인과 보안정책 및 사용자 인증을 위한 감사를 시행하며, 사용자가 파일이나 디렉터리에 접근하면 사용자 계정을 검사하여 접근허용 여부를 결정하고 필요 시 그 결과를 감사 메시지로 생성

⑥ 자원 형태와 상관없이 시스템 전체에서 동일하게 보호될 수 있도록 접근 확인 코드를 갖고 있음

⑦ 항상 호출되는 프로세스

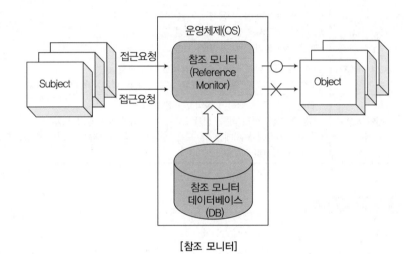

[참조 모니터]

제 5 절 시스템 보안 개요 중요 ★★

1 계정 관리

(1) 개요

① 계정(account)은 적절한 권한을 가진 사용자를 식별하기 위한 가장 기본적인 인증 수단으로, 시스템에는 계정과 패스워드 관리가 보안의 시작

② 필요한 사용자에게만 발급되어야 하며, 만약 퇴사 및 휴직 시에는 계정을 삭제하거나 중지해야 함

③ 패스워드 파일을 주기적으로 점검하여 사용하지 않는 계정 및 게스트(guest) 계정, 패스워드가 설정되지 않은 계정을 삭제함

(2) 윈도(Windows) 계정 관리

① 계정 잠금 정책

㉠ 계정 잠금 기간 설정

㉡ 계정 잠금 임계값

㉢ 다음 시간 후 계정 잠금 수를 원래대로 설정

② 계정과 그룹 종류

㉠ 윈도(Windows) 내장 계정

Administrator	• 컴퓨터와 도메인의 전반적인 구성을 관리하기 위한 계정 • 사용자 그룹의 계정생성과 수정, 보안정책 관리, 프린터 생성 및 네트워크 자원에 대한 권한과 허가 부여 • 관리자 계정 삭제 불가능, 이름 변경 가능
Guest	• 자원을 제한적으로 사용하는 사용자를 위한 계정 • 기본적으로 "사용 안 함"으로 설정 • 계정 삭제 불가능, 이름 변경 가능
로컬 사용자 계정	• 로컬 컴퓨터 내에 사용자를 정의하는 정보 포함 • 로컬 컴퓨터에 로그온할 수 있고, 로컬 컴퓨터 내의 자원만 접근 가능
도메인 사용자 계정	• 도메인 사용자에 대하여 정의하는 정보 포함 • 사용자 이름, 전체 이름, 전자메일 주소 등의 다양한 정보 포함 • 도메인 환경에서 도메인 내 모든 사용자 계정에 대한 정보는 액티브 디렉터리(active directory)▾ 데이터베이스에 저장

더 알아두기

▼ 액티브 디렉터리(active directory)

• Microsoft가 Windows 환경에서 사용하기 위해 개발한 LDAP(Lightweight Directory Access Protocol) 디렉터리 서비스의 기능

• Windows 기반의 컴퓨터들을 위한 인증 서비스를 제공

• 커버로스(kerberos) 기반 인증

• DNS 기반 이름 지정 및 기타 네트워크 정보 제공

• 관리자들에게 정책을 할당하고, 소프트웨어를 배치하고, 중요한 업데이트를 조직에 적용하는 것을 허용

㉡ 내장된 로컬 그룹

Administrators	• 컴퓨터의 모든 관리 권한과 사용 권한을 가지고 있음 • 기본적으로 Administrators가 사용자 계정과 Domain Administrators를 포함
Guests	관리자에 의하여 허용된 자원과 권한만을 사용하여 네트워크 자원에 접근 가능
Users	• 기본적인 권한은 가지고 있지 않음 • 컴퓨터에서 생성되는 로컬 사용자 계정이 포함되며, Domain Users 글로벌 그룹이 구성원으로 포함
Local system 계정	• 로컬 SAM(Security Account Manager)▾에 저장된 로컬 시스템 계정을 이용하여 로그온 작업을 수행하기 때문에 도메인 리스트 없이 사용자 계정과 패스워드를 입력하는 것만으로 사용 가능 • 사용자 시스템 내에서만 사용 가능

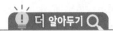 더 알아두기

▼ SAM(Security Account Manager)
- 보안 계정 관리자
- 사용자, 그룹 계정 및 암호화된 패스워드 정보를 저장하고 있는 데이터베이스
- 사용자의 로컬 또는 원격 인증에 사용
- Windows 2000 SP4부터는 액티브 디렉터리가 원격 사용자 인증에 사용

② 유닉스/리눅스(Unix/Linux) 계정 관리

㉠ 사용자 계정
- 기본 관리자 계정 : root
- /etc/passwd 파일에서 계정 정보를 확인할 수 있음

```
#cat/etc/passwd
root:x:0:0:root:/root:/bin/bash
 ⓐ  ⓑⓒⓓ ⓔ   ⓕ      ⓖ
```

```
ⓐ : 사용자 계정
ⓑ : 패스워드
ⓒ : 사용자 식별자
ⓓ : 그룹 식별자
ⓔ : 계정 설명
ⓕ : 사용자의 홈 디렉터리
ⓖ : 사용자가 사용할 셸 종류
```

㉡ 사용자 그룹

/etc/group 파일에서 사용자 그룹 정보를 확인할 수 있음

```
#cat/etc/group
root:x:0:
 ⓐⓑⓒ
```

```
ⓐ : 사용자 그룹
ⓑ : 패스워드
ⓒ : 그룹 식별자
```

2 패스워드 관리

(1) 개요

① 패스워드는 허가 없이 시스템이나 데이터베이스에 접근하는 것을 방지하기 위한 안전 대책의 한 가지로, 사용자가 시스템 또는 통신망에 접속할 때 사용자의 식별자(ID)와 함께 입력하여 정당한 사용자라는 것을 식별할 수 있도록 시스템에 전달해야 하는 고유의 문자열

② 네트워크에 연결된 시스템이나 데이터베이스 등 온라인 정보 서비스는 패스워드가 없으면 이용할 수 없음. 서비스 제공자의 시스템은 입력된 사용자의 식별자(ID)와 패스워드를 대조하여 일치해야 접속을 허용함. 즉, 사용자 인증을 위해 사용함

③ 주기적으로(3개월마다) 변경해야 함

④ 타인의 도용을 방지하기 위해 충분한 길이(10자리 이상)와 복잡성(영문 대소문자, 숫자, 특수문자 조합)을 갖추어야 함

(2) 윈도(Windows) 패스워드 관리

① 패스워드 정책

　㉠ 패스워드는 복잡성을 만족해야 함

　㉡ 최근 패스워드 기억

　㉢ 최대 패스워드 사용 기간 설정

　㉣ 최소 패스워드 길이 설정

　㉤ 최소 패스워드 사용 기간 설정

　㉥ 해독 가능한 암호화를 사용하여 패스워드 저장

② 구조

```
Administrator:500:PASSWORD:AAAAAAAAAAAAAAAAAAAAAAAAAAAAAAAA:::
Guest:501:PASSWORD:BBBBBBBBBBBBBBBBBBBBBBBBBBBBBBBB:::
User:1001:PASSWORD:8846F7EAEE8FB117AD06BDD830B7586C:::
     ⓐ   ⓑ     ⓒ                         ⓓ
```

ⓐ : 사용자 계정

ⓑ : 사용자 식별자(500 : 관리자, 501 : Guest, 1000 : 일반 사용자)

ⓒ : 사용자 비밀번호

ⓓ : 암호화된 해시값

(3) 유닉스/리눅스(Unix/Linux) 패스워드 관리

① 패스워드 정책

    ㉠ 최대 유효기간 설정

    ㉡ 최소 변경 기간 설정

    ㉢ 최소 길이 설정

    ㉣ 만료 경고일 설정

    ㉤ 패스워드 복잡성 설정

② 구조

root:6bWUzfiz54MQFmZ3i$OZ4zTW,:26521:0:99999:7: : :
  ⓐ   ⓑ   ⓒ ⓓ ⓔ ⓕⓖⓗ

ⓐ : 사용자 계정

ⓑ : 암호화된 패스워드

ⓒ : 패스워드 변경 후 지난 일 수

ⓓ : 최소 변경일

ⓔ : 최대 유효기간

ⓕ : 만료 경고일

ⓖ : 만료 후 비활성화 기간

ⓗ : 계정 만료일

3 세션 관리

(1) 개요

① 사용자와 시스템 또는 두 시스템 간의 활성화된 접속관리를 하는 것으로, 일정 시간이 지날 경우 적절히 세션을 종료하고, 비인가자에 의한 세션 가로채기를 통제

② 세션에 대한 지속적인 인증(continuous authentication)을 설정함

③ 새로운 중요한 거래 시에는 지속적인 인증(가령, 공인인증서의 패스워드 재확인, 보안카드 숫자 재확인 등)을 설정함

④ 세션 하이재킹(session hijacking)이나 네트워크 패킷 스니핑(sniffing)에 대응하기 위해 암호화하는 것

(2) 윈도(Windows)의 세션 관리

① Windows 화면에 대한 타임아웃을 설정함

② 원격터미널 접속 타임아웃을 설정함

(3) 유닉스/리눅스(Unix/Linux)의 세션 관리

① Linux의 경우, 루트의 작업 시간을 제어하기 위하여 /root/.bash_profile 파일에 TMOUT을 설정하며, 모든 사용자에게 적용하는 경우 /etc/profile 파일에 TMOUT을 설정함

② Unix의 경우, /etc/default/login 파일에서 TIMEOUT 변수를 0~900 사이에서 설정하여 설정된 시간이 지나도 사용하지 않으면 해당 세션을 종료하도록 설정함

4 접근 통제

(1) 개요

① 접근은 사용자가 컴퓨터 시스템이나 프로그램을 이용하기 위해 최초로 접속을 시도하는 것을 의미

② 접근 통제는 사용자의 접근 요청이 정당한 것인지 확인·기록하고, 보안정책에 근거하여 접근을 승인하거나 거부함으로써, 비인가자로 하여금 불법적인 자원 접근 및 파괴를 예방하는 하드웨어(H/W), 소프트웨어(S/W) 및 행정적인 관리를 총칭

(2) 목적

① 시스템이 연결된 다른 시스템으로부터 적절히 보호되고 꼭 필요한 사람에 의해서만 필요한 서비스를 제공할 수 있도록 전체 시스템 차원에서 접근을 통제하는 것

② 시스템의 보안 수준을 갖추기 위한 가장 기본적 수단

③ 주로 IP 주소와 포트 번호를 기반으로 접근 통제

(3) 기본 원리

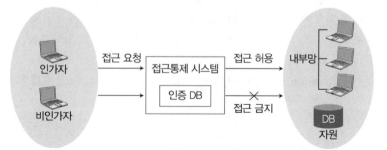

[접근 통제의 기본 원리]

(4) 접근 통제의 기본 원칙

① **최소 권한의 정책(least privilege policy)**

　㉠ 사용자가 업무수행을 위해 필요한 접근 권한만 부여하는 것

　㉡ 사용자 또는 프로세서는 특정 작업을 수행하는 데 필요한 최소한의 권한만을 할당받아야 하고, 이들 권한은 특정 작업을 수행하는 동안에만 할당되어야 한다는 정보보호 원칙

② **직무 분리의 원칙(separation of duty)**

　특정 사용자에게 모든 업무수행에 대한 접근 권한을 부여하지 않는 원칙

③ **알 필요성의 원칙(need to know)**

　해당 업무에 대해서만 접근 권한을 부여하는 원칙

(5) 접근 통제 영역

① **물리적 통제(physical control)**

　차단막, 자물쇠, CCTV, 센서, 경보, 생체인식 장치 등

② **관리적 통제(manage control)**

　정책 수행, 직무 분리, 사후 체크, 교육훈련 등

③ **기술적 통제(technical control)**

　암호화, 접근 통제 소프트웨어, 패스워드, 스마트카드, IDS(Intrusion Detection System)▼ 등

> **더 알아두기**
>
> ▼ IDS(Intrusion Detection System)
> • 침입 탐지 시스템
> • 네트워크에서 발생하는 이벤트를 모니터링하고, 침입 여부를 탐지하고, 대응하는 시스템

(6) 접근 통제 모델

① **개요**

　㉠ 조직에서 보안정책을 실제로 구현하기 위한 이론적 모델로 수학적 검증을 통과한 모델

　㉡ 수학적 모델이라 명백하고, 실행 가능하며, 쉽게 이해하고, 보안정책의 반영이 용이하다는 장점이 있음

② **벨-라파둘라(Bell-Lapadula) 모델**

　㉠ 1973년 미국 MITRE 연구소에서 벨(Bell)과 라파둘라(Lapadula)가 개발하였으며, 최초의 수학적 모델

　㉡ 정보가 하위에서 상위로 흐른다(bottom-up)는 개념을 적용한 모델

　㉢ 시스템 보안을 위한 규칙 준수 규정과 주체의 객체 접근 허용 범위를 규정하고 있음

ⓔ 보안 규칙

단순 보안 규칙	• 낮은 등급의 주체는 높은 등급의 객체를 읽을 수 없음(no-read-up) • 주체의 등급이 객체의 등급보다 높거나 같을 경우에만 그 객체를 읽을 수 있음
성형 보안 규칙	• 높은 등급의 주체는 낮은 등급의 객체에 쓸 수 없음(no-write-down) • 주체의 등급이 객체의 등급보다 낮거나 같을 경우에만 그 객체를 기록할 수 있음

[BLP 모델 보안 규칙]

ⓜ BLP 모델의 문제점
- 접근 권한 수정에 관한 정책이 없음
- 은닉 채널(covert channel)▼을 포함할 수 있음
- 기밀성은 유지되지만, 무결성은 파괴될 수 있음(blind write가 발생)

> **더 알아두기**
>
> ▼ 은닉 채널(covert channel)
> 데이터 전송 시 평소에 잘 사용하지 않는 공간에 공격 명령어 및 코드를 담아 전송하는 공격 기법

③ **비바(Biba) 모델**
ⓐ 벨-라파둘라(Bell-Lapadula) 모델의 단점인 무결성을 보완한 최초의 수학적 모델
ⓑ 정보가 상위에서 하위로 흐른다(top-down)는 개념을 적용한 모델로 기밀성보다는 정보의 불법 변경을 방지하기 위한 금융권 등에서 사용되는 모델
ⓒ 무결성 모델, 군사적 모델
ⓓ 보안 규칙

단순 무결성 규칙	• 높은 등급의 주체는 낮은 등급의 객체를 읽을 수 없음(no-read-down) • 주체의 등급이 객체의 등급보다 낮거나 같은 경우에만 그 객체를 읽을 수 있음
성형 무결성 규칙	• 낮은 등급의 주체는 높은 등급의 객체에 쓸 수 없음(no-wirte-up) • 주체의 등급이 객체의 등급보다 높거나 같은 경우에만 그 객체를 기록할 수 있음

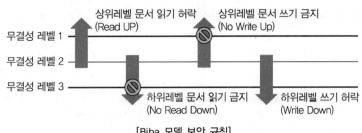

[Biba 모델 보안 규칙]

④ 클락-윌슨(Clark-Wilson) 모델
 ㉠ Biba 모델과 같이 정보의 무결성을 강조한 모델로서, Biba 모델보다 더 진화한 형태
 ㉡ 금융이나 회계 분야에서 기밀성보다 무결성이 중요함을 고려하여 설계
 ㉢ 무결성 모델, 상업적 모델
 ㉣ 완전한 자료 처리 정책과 직무 분리 적용
 ㉤ 이중 자료 처리 시스템을 이용한 무결성 입증
 ㉥ 보안 규칙
  • 주체는 객체에 직접적인 접근 금지, 반드시 응용 프로그램을 이용하여 접근
  • 잘 구성된 트랜잭션(트랜잭션의 내·외부적 일관성)
  • 직무 분리(업무 수행자와 검토자의 직무 분리)

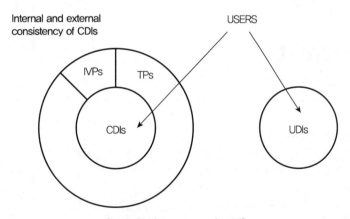

[클락-윌슨(Clark-Wilson) 모델]

- CDI(Constrained Data Items) : 무결성이 많이 요구되는 데이터
- UDI(Unconstrained Data Items) : 무결성이 중요하지 않은 데이터
- IVP(Integrity Verification Procedures) : 상주하면서 CDI의 무결성 점검
- TP(Transformation Procedures) : 정형화된 트랜잭션을 통해 CDI를 조작하여 무결성 상
  태에서 다른 무결성 상태로 변환

⑤ 만리장성(chinese wall, brewer nash) 모델
  ㉠ 사용자의 이해 충돌을 피하기 위한 모델
  ㉡ 어떤 회사의 특정 분야에서 근무했던 사람이 다른 회사의 같은 영역의 자료에 접근을 금지하는 모델
  ㉢ 직무 분리를 접근 통제에 반영한 모델
  ㉣ 응용 분야 : 금융, 로펌(lawfirm), 광고 컨설팅 분야에 적용

(7) 접근 통제 유형

① 강제적 접근 통제(mandatory access control)
  ㉠ 어떤 주체가 어떤 객체에 접근하려 할 때, 양자의 보안 레이블(보안 등급)을 비교하여 높은 보안 수준을 요구하는 정보가 낮은 보안수준의 주체에게 노출되지 않도록 접근을 제한하는 접근 통제 방식
  ㉡ 특징
    • 보안 등급, 규칙기반, 관리기반 접근 통제 방식
    • 접근 승인은 보안 레벨(level)과 카테고리(category)▼로 구성된 보안 레이블(security label)▼에 의해 제한
    • 접근정책은 시스템에 의하여 강제적으로 정의
    • 주로 정부나 군대와 같은 보안 시스템에 사용
    • TCSEC(오렌지북) B-Level의 요구사항

💡 더 알아두기 🔍

▼ 카테고리(category)
등급화된 데이터에 대하여 관련된 정보를 모아 보관하는 범위·범주

▼ 보안 레이블(security label)
• 최상위 보안 등급을 가졌다 하더라도 모든 자료를 볼 수 없도록 제한
• 알 필요성의 원칙에 의거하여 필요한 사용자에게만 자료를 볼 수 있도록 하기 위함
• 분류된 데이터에 대하여 보안을 강화하기 위한 정보 보관
• 보안 레이블(객체의 중요도에 따라 분류, 등급 부여)

㉢ 장·단점

장점	• 사용자별로 정보에 대한 접근을 제공하고, 추가적 접근 통제를 그 사용자에게 일임할 수 있음 • 보안이 매우 엄격하여 군대와 같은 민감한 정보의 기밀성 보장에 사용
단점	• 모든 주체 및 객체에 대하여 일정한 접근 통제(개별적 단위로 접근 제한 설정 불가능) • 모든 접근에 대하여 보안 등급 작업과 보안정책 확인이 필요하며, 시스템의 성능 저하 및 구현 어려움

② 임의적 접근 통제(discretionary access control)

　㉠ 개요

　　객체의 소유자가 접근을 요청하는 사용자의 신분. 즉 식별자(ID)에 기초하여 객체에 대해 접근을
　　제한하는 접근 통제 방식

　㉡ 특징

- 신분기반, 사용자기반 혼합 방식의 접근 통제 방식
- 사용자의 신분에 근거하여 객체에 대한 임의적 접근 제한
- 개인기반정책(IBP)과 그룹기반정책(GBP) 포함
- 접근 통제 목록(ACL)▼ 사용
- TCSEC(Trusted Computer System Evaluation Criteria)▼ C-Level의 요구사항
- 상업적 환경에서 많이 사용
- 유닉스, 리눅스, 윈도 서버 등의 운영체제에서 구현

> **더 알아두기** 🔍
>
> ▼ 접근 통제 목록(ACL)
> - 개체나 개체 속성에 적용하는 허가 목록
> - 읽기·쓰기·실행 등
> - 유닉스, 리눅스 등 운영체제에서 사용
>
> ▼ TCSEC(Trusted Computer System Evaluation Criteria)
> - 미국의 신뢰성 있는 컴퓨터 시스템 평가 기준
> - 오렌지북(Orange Book)이라고도 함
> - 시스템, 즉, 운영체제에 대한 신뢰 수준을 정의한 문서
> - 시스템 보안 평가 기준 중 최초로 수용된 평가 기준
> - 네트워크를 고려하지 않은 단일 시스템 보안 평가 기준

　㉢ 장·단점

장점	• 모든 주체 및 객체에 대하여 개별적으로 접근 제한 설정 가능 • 어떤 객체에 대하여 사용자가 접근 권한을 추가 및 철회 가능
단점	• 규칙 수행을 위하여 사용자와 대상에 대해서 광범위한 그룹 형성 요구 • 사용자의 식별자(ID)에 기반한 접근 통제를 수행하므로 아이디(ID) 도용에 취약

③ 비임의적 접근 통제(non-discretionary access control)

　㉠ 역할기반 접근 통제(role based access control)

- 강제적 접근 통제(MAC)와 임의적 접근 통제(DAC)의 단점을 보완한 방식
- 권한을 사용자가 아닌 그룹에 부여하고, 그룹이 수행하여야 할 역할을 정의
- 주체의 역할이나 임무에 따라 객체의 접근 권한을 제어하는 방식
- 역할에 따라 설정된 권한만 할당하므로, 보안 관리를 아주 단순하고 편리하게 할 수 있음

- 알 필요성 원칙, 최소 권한 원칙, 직무분리 원칙이 지켜짐
- 인사이동이 잦은 기업 환경에 적합한 접근 통제 방식(예 과장, 부장, 이사)
- TCSEC C-Level의 요구사항

ⓒ 격자기반 접근 통제(lattice based access control)
- 역할에 할당된 민감도 레벨에 의해 접근이 결정되고, 관련된 정보로만 접근할 수 있도록 접근 통제
- 주체와 객체의 관계에 따라 상위경계(upper bound)와 하위경계(lower bound)를 설정하여 접근 통제

(8) 수행 시점에 따른 접근 통제

① **예방 통제(preventive control)**
ⓐ 오류(error)나 부정(irregularity)이 발생하는 것을 예방하는 것이 목적
ⓑ 발생 가능한 잠재적인 문제를 식별하여 사전에 대처하는 능동적인 개념의 통제이며, 물리적 접근 통제, 논리적 접근 통제 등으로 나눌 수 있음
ⓒ 문제 발생 후 수습하는 것보다 예방이 경제적

② **탐지 통제(detective control)**
ⓐ 발생 가능한 모든 유형의 오류나 누락 또는 악의적 행위를 예측하여 예방대책을 마련해도 예방 통제로만 완전히 막을 수 없음
ⓑ 예방 통제를 우회하여 발생한 문제점을 찾아내기 위해 탐지 통제가 필요

③ **교정 통제(corrective control)**
ⓐ 탐지 통제를 통하여 발견된 문제를 해결하기 위한 별도의 조치 필요
ⓑ 문제의 발생 원인과 영향을 분석하여, 교정을 위한 조치를 해야 함
ⓒ 문제의 향후 발생을 최소화하기 위한 시스템을 변경하는 일련의 활동
ⓓ 예기치 못했던 시스템 중단이 발생한 경우 어떻게 재실행해야 하는지를 규정한 절차. 백업과 복구를 위한 절차, 그리고 비상사태에 대한 대처계획 등을 포함
ⓔ 불법적인 접근 시도를 발견해내기 위한 접근위반 로그는 탐지 통제에 속하지만, 데이터 파일 복구를 위하여 사용되는 트랜잭션 로그는 교정 통제에 속함

5 권한 관리

(1) 윈도(Windows)의 권한 관리

① **사용자 권한**
ⓐ 보안 식별자(SID, Security IDentifier)
윈도 NT(Windows NT) 계열에서 사용자 그룹이나 사용자의 주체를 식별할 목적으로 도메인 컨트롤러(domain controller)가 할당하는 고유 식별자

ⓛ 보안 식별자(SID) 구조

S-1-5-21-1234567890-1234567890-12345678-1001

S	1	5	21-1234567890-1234567890-12345678	1001
SID 의미	SID 버전	SID 권한 값	도메인 및 로컬 컴퓨터의 식별자	RID

> **사용할 수 있는 식별자 권한 값**
> - 0 : 권한 없음(null authority)
> - 1 : 월드 권한(world authority)
> - 2 : 로컬 권한(local authority)
> - 3 : 작성자 권한(create authority)
> - 4 : 비고유 권한(non-unique authority))
> - 5 : NT 권한(NT authority)
> - 9 : 자원 관리자 권한(resource manager authority)
>
> **상대 식별자(RID)**
> - 기본값을 만들지 않은 그룹이나 사용자는 1,000 이상의 상대 식별자 값을 가짐
> - 500 : 관리자(administrator)
> - 501 : 게스트(guest)
> - 1000 이상 : 일반 사용자 식별자

② **파일 시스템 권한(NTFS)**

ⓐ 시스템에 대한 접근 권한은 꼭 필요한 사람에게 필요한 권한(모든 권한, 수정, 읽기 및 실행, 디렉터리 내용 보기, 읽기, 쓰기 등)을 부여해야 함

ⓑ 접근 권한은 누적됨

ⓒ 파일에 대한 접근 권한이 디렉터리에 대한 접근 권한보다 우선함

ⓓ 허용보다 거부가 우선함

모든 권한	• 디렉터리에 대한 접근 권한과 소유권을 변경할 수 있음 • 하위에 있는 디렉터리와 파일을 삭제할 수 있음
수정	• 디렉터리를 삭제할 수 있음 • 읽기 및 실행과 쓰기 권한이 주어진 것과 같음
읽기 및 실행	• 읽기를 수행할 수 있음 • 디렉터리나 파일을 옮길 수 있음
디렉터리 내용 보기	디렉터리 내의 파일이나 디렉터리의 이름을 볼 수 있음
읽기	디렉터리의 내용을 읽기만 할 수 있음
쓰기	• 해당 디렉터리에 하위 디렉터리와 파일을 생성할 수 있음 • 소유권이나 접근 권한의 설정 내용을 확인할 수 있음

(2) 유닉스/리눅스(Unix/Linux)의 권한 관리

① **사용자 권한**

　㉠ 하나의 컴퓨터를 여러 사람이 사용할 수 있는 다중 사용자 운영체제(OS)이기 때문에 권한 관리가 매우 중요함

　㉡ 파일과 디렉터리에 소유권을 부여하고, 읽고, 쓰고, 실행할 수 있는 권한을 부여함으로써 안전하게 시스템을 운영할 수 있음

　㉢ ls -l 명령어로 확인할 수 있음

② **파일 시스템 권한**

　㉠ 소유권과 허가권

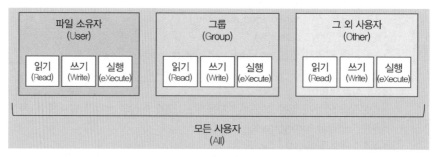

[Unix/Linux 소유권/허가권]

　㉡ 파일, 디렉터리 권한

　　• ls -l 명령을 사용하여 파일, 디렉터리 리스트를 출력하면 권한(허가권)을 확인할 수 있음

　　• 출력 결과는 각각 파일종류 및 권한(허가권), 링크 수, 사용자(소유자), 그룹, 파일 크기, 수정 시간, 파일 이름을 나타냄

```
#ls ㅓ
-rwxrw-r-x 1 root root 4096 10월 14 16:30 test.txt
ⓐ        ⓑ      ⓒ   ⓓ
```

```
ⓐ : 파일 유형(- : 일반 파일, d : 디렉터리, l : 심볼릭 링크 등)
ⓑ : 허가권[읽기(r : read), 쓰기(w : write), 실행(x : execute)]
ⓒ : 소유자(root 사용자)
ⓓ : 그룹(root 그룹)
```

　㉢ 파일 유형과 권한

```
#ls ㅓ
- rwx rw - r - x
ⓐ ⓑ    ⓒ    ⓓ
```

> ⓐ : 일반 파일
> ⓑ : 소유자 허가권(r : 4, w : 2, x : 1 → 4 + 2 + 1 = 7) : 소유자는 test.txt 파일의 읽기,
>   쓰기, 실행 권한을 가짐
> ⓒ : 그룹 허가권(r : 4, w : 2, x : 0 → 4 + 2 + 0 = 6) : 그룹은 test.txt 파일의 읽기, 쓰기
>   권한을 가짐
> ⓓ : 제3자 허가권(r : 4, w : 0, x : 1 → 4 + 0 + 1 = 5) : 제3자는 test.txt 파일의 읽기,
>   실행 권한을 가짐

② 특수 비트

특수 비트	설명
Sticky Bit	• /tmp 디렉터리가 대표적 • 제3자(other) 권한의 사용자는 /tmp 디렉터리 안에서 파일에 대한 모든 권한을 사용 가능 • /tmp 디렉터리에 대한 삭제 권한은 루트(root)와 소유자만 가짐 • 속성 표시 및 허가권 : rwxrw-r-t : 1765
SetGID	• 파일이 실행될 때만 실행한 그룹에게 소유자 권한을 부여하는 허가권 • 속성 표시 및 허가권 : rw-r-sr-x : 2655
SetUID	• 파일이 실행될 때만 실행한 사용자에게 소유자 권한을 부여하는 허가권 • 속성 표시 및 허가권 : rwsrw-r-- : 4764

6 로그 관리

(1) 윈도(Windows) 로그 관리

① 개요

ⓐ 윈도(Windows) 시스템은 이벤트라는 정보로, 시스템 운영 전반에 걸쳐 저장

ⓑ 기본 로그는 시스템의 모든 이벤트의 상황들을 저장하는 응용 프로그램 로그, 시스템 로그, 보안 로그가 있음

ⓒ IIS 서버▼를 운영할 경우에는 웹, FTP 로그가 있음

ⓓ 이벤트 뷰어(event viewer)▼를 통하여 응용 프로그램, 보안, 시스템, DNS 서버, 익스플로러 등 각종 이벤트에 대한 로그 확인·분석 가능

ⓔ 이벤트 뷰어를 이용하여 로그 분석을 수행할 수 있으나, 다량의 로그 분석을 위해서는 이벤트 ID를 기반으로 로그 분석 수행 가능

ⓕ 중앙집중화된 로그를 수집하여 저장하기 때문에 관리가 쉽지만, 공격자가 하나의 로그 파일만 삭제하면 로그 기록 전체가 삭제되어 위험성도 큼

▼ IIS 서버
- Internet Information Sevice의 약어로, 마이크로소프트 윈도(MS Windows)를 사용하는 서버들을 위한 인터넷 기반 서비스들의 모음
- FTP, SMTP, NNTP, HTTP/HTTPS를 포함하고 있음
- ASP 스크립트 언어를 사용할 수 있음

▼ 이벤트 뷰어(Event Viewer)
윈도 NT(Windows NT) 계열 운영체제의 구성요소이며, 관리자와 사용자가 로컬 컴퓨터나 원격 시스템의 이벤트 로그를 볼 수 있게 함

② 기본 로그

종류	설명
응용 프로그램 로그	• 응용 프로그램에서 기록한 이벤트 기록 • 기본 로그 저장 경로 　C:₩Windows₩System32₩winevt₩Logs₩Application.evtx
보안 로그	• 파일이나 다른 개체 생성, 열기, 삭제 등 자원 사용과 관련된 이벤트 • 정상적인 로그인 시도 및 비정상적인 로그인 시도와 같은 이벤트 기록 • 기본 로그 저장 경로 　C:₩Windows₩System32₩winevt₩Logs₩Security.evtx
시스템 로그	• Windows 시스템 구성요소가 기록한 이벤트 • 시스템 구성요소가 기록하는 이벤트 유형은 Windows 시스템에서 미리 정해짐 • 기본 로그 저장 경로 　C:₩Windows₩System32₩winevt₩Logs₩System.evtx
설치 로그	• 응용 프로그램 설치 시 발생하는 이벤트 • 응용 프로그램이 잘 설치되었는지, 호환성 문제가 일어나지 않는지를 기록 • 기본 로그 저장 경로 　C:₩Windows₩System32₩winevt₩Logs₩Setup.evtx

③ 일반 로그

종류	설명
개체 접근 감사	사용자가 파일·폴더·프린터·레지스트리 키 및 기타 감사를 위하여 설정한 개체를 접근할 때 발생함
계정 관리 감사	사용자나 보안그룹이 생성·변경·삭제될 때, 사용자 계정이 이름 변경·활성화·비활성화될 때, 암호가 설정되거나 변경될 때 발생함
계정 로그인 이벤트 감사	사용자가 네트워크를 통하여 로그인·로그아웃을 시도하거나 로컬 사용자 계정으로 인증받을 때 발생
권한 사용 감사	사용자가 사용자 권한(다른 유형의 이벤트를 유발하는 로그인과 로그아웃, 네트워크 접근 권한은 제외)을 수행할 때 발생

로그인 이벤트 감사	• 로컬 계정의 접근 시 생성되는 이벤트를 감사하는 것 • 계정 로그온 이벤트 감사에 비해 다양한 종류의 이벤트를 확인할 수 있음
디렉터리 서비스 접근 감사	시스템 접근 제어 목록(SACL)이 지정되어 있는 액티브 디렉터리(Active Directory) 개체에 접근하는 사용자에 대한 감사 로그를 제공
정책 변경 감사	사용자 권한 할당 정책, 감사 정책 또는 신뢰 정책의 변경과 관련된 사항을 기록
프로세스 추적 감사	사용자 또는 응용 프로그램이 프로세스를 시작하거나 중지할 때 해당 이벤트가 발생
시스템 이벤트	사용자가 시스템을 재시작·종료할 때 또는 어떤 이벤트가 시스템 보안이나 보안 로그에 영향을 미칠 때 발생

④ IIS(Internet Information Services) 로그

㉠ [시작]-[서버 관리자]-[IIS(인터넷 정보 서비스) 관리자]-[IIS] 창에서 '로깅' 항목을 통해 확인할 수 있음

㉡ IIS 웹 서버에서 로그는 기본 W3C(World Wide Web Consortium)▼ 형식으로 기록되도록 설정되어 있음

㉢ W3C 형식 이외에도 NCSA, IIS, 사용자 지정 방식 등의 형식을 사용할 수 있음

㉣ W3C 로그 형태

> 2022-01-25 16:31:21 192.168.10.128
> GET/XSS/GetCookie.asp?cookie=ASPSESSIONIDQQCAQDDA 80 - 192.168.10.1
> Mozilla/5.0+(compatible;+MSIE+9.0;+Windows+NT+6.1;) 200 0 0 192

> • 날짜와 시간 : 2022-01-25 16:31:26
> • 서버 IP 주소 : 192.168.10.128
> • HTTP 접근 방법과 접근 URL : GET/XSS/GetCookie.asp?cookie=ASPSESSIO…
> • 서버 포트 번호 : 80
> • 클라이언트 IP 주소 : 192.168.10.1
> • 클라이언트의 웹 브라우저 : Mozilla/5.0+(compatible;+MSIE+9.0;+Windows+NT+6.1;)
> • 실행 결과 코드 : 200(OK)
> • 서버에서 클라이언트로 전송한 데이터 크기 : 0
> • 클라이언트에서 서버로 전송한 데이터의 크기 : 0
> • 처리 소요 시간 : 192msec

🔅 더 알아두기 🔍

▼ W3C(World Wide Web Consortium)
• 1994년 10월에 설립된 월드 와이드 웹을 위한 표준을 개발하고 장려하는 조직
• 회원기구, 정직원, 공공기관이 협력하여 웹 표준을 개발하는 국제 컨소시엄

(2) 유닉스/리눅스(Unix/Linux) 로그 관리

① 개요
- ㉠ 윈도(Windows)와 달리 일반적으로 중앙 집중화되어 관리되지 않고, 분산되어 생성·관리
- ㉡ 시스템과 관련된 로그를 기록하는 데몬은 klogd, syslogd 등이 있음
- ㉢ log 파일은 보통 텍스트 형식으로 저장되며, 텍스트 형식의 파일은 편집기(vi, pico 편집기 등)로 확인이 가능
- ㉣ 텍스트 형식이 아닌 바이너리 형식의 로그 파일은 특정 명령으로 확인이 가능

② 로그 저장 경로

- /usr/adm : (초기 Unix) HP-UX 9.X, SunOS 4.x
- /var/adm : (최근 Unix) Solaris, HP-UX 10.x 이후, IBM AIX
- /var/log : FreeBSD, Solaris(/var/adm 와 나누어 저장), Linux
- /var/run : 일부 Linux

③ 로그 종류

종류	설명
messages	• 로그 파일 중 장치, 네트워크, 부팅 등의 가장 다양한 정보 기록 • syslog 계열의 로그이며, 콘솔상의 화면에 출력되는 메시지 기록 • su 실패에 대한 로그, 특정 데몬이 비활성화된 로그, 부팅 시에 발생한 오류 등 기록 • 시스템의 장애에 대한 기록과 보안 취약점에 의한 공격 흔적 기록 • 로그 확인 : 텍스트 파일로 저장되어, vi 편집기로 확인 가능
lastlog	• 사용자의 IP 주소별로 가장 최근에 로그인한 시간, 접속 장소, 사용자 이름, IP 주소 정보 등 기록 • 확인 명령어 : lastlog
wtmp	• 사용자의 로그인 및 로그아웃 정보를 가지고 있으며, utmp와 같은 데이터 구조 사용 • 파일이 생성되는 순간부터 로그인/로그아웃 정보 확인 가능 • 텔넷을 통한 로그인뿐만 아니라, FTP를 통한 로그인 등 실질적으로 로그인 프로세스를 거친 정보 및 재부팅과 같이 시스템과 관련된 정보 기록 • 확인 명령어 : last
utmp	• 시스템에 현재 로그인한 사용자에 대한 상태 정보 기록(예 사용자 이름, 터미널 장치 이름, 원격 로그인 시 원격 호스트 이름, 사용자가 로그인한 시간 등) • wtmp와 비슷하나 로그아웃에 대한 정보는 없음 • 확인 명령어 : who, w, whoami, whodo, users, finger 등
pacct	• 시스템에 로그인한 사용자가 어떤 명령어를 실행하고, 어떠한 작업을 했는지에 대한 사용 내역 등을 기록 • 사용자가 수행한 명령어의 모든 정보를 바이너리 파일로 기록 • 피해 시스템의 피해 정도와 백도어 설치 여부 등을 파악하기 위해서는 로그 파일 분석이 필수적 • 확인 명령어 : lastcomm, acctcom • 유닉스 종류에 따라 'startup' 혹은 'accton' 명령어를 사용하여 설정
btmp	• 로그인 실패에 대한 로그 정보를 바이너리 파일로 기록 • 바이너리 파일로, vi 편집기로 확인할 수 없음 • 확인 명령어 : lastb

sulog	• root 계정이나 일반 사용자 계정의 사용자 전환과 관련된 su 명령어▼ 사용에 대한 로그 • 날짜 및 시간, 성공(+)·실패(−), 사용한 터미널 이름, 사용자 정보 등을 기록 • 로그 확인 : 텍스트 파일로 저장되어, vi 편집기로 확인 가능
history	• 사용자별로 수행한 명령 기록 • sh, csh, tcsh, ksh, bash 등 사용자가 사용하는 셸에 따라 .sh_history, .history, .bash_ history 등의 파일로 기록 • 침해 시스템 분석 시 불법 사용자 계정이나 root 계정의 history 파일을 분석하면 공격자가 시스템에 접근한 후 수행한 명령어를 확인할 수 있다는 점에서 매우 중요한 파일 • history 파일은 acct/pacct 파일에서 기록되지 않는 명령어의 전달 인자(Argument)나 디렉터리 위치까지 기록이 가능하므로, 공격자의 행위를 추적하는 데 유용한 정보가 될 수 있음 • 확인 명령어 : history
secure	• Telnet이나 FTP 등 인증 과정을 거치는 모든 로그 저장 • syslogd▼ 데몬에 의하여 기록 • Linux에만 존재하는 로그 파일 • 로그 확인 : 텍스트 파일로 저장되어, vi 편집기로 확인 가능
syslog	• 사용자 인증과 관련된 로그 및 커널, 데몬에서 생성된 모든 로그를 포함하여 기록 • rsh, rlogin, ftp, finger, telnet, pop3 등에 대한 접속 기록 및 접속 실패 기록 • /etc/syslog.conf 파일을 이용하여 환경설정을 할 수 있음 • 보안사고 발생 시 가장 먼저 백업받아야 할 파일 • 버퍼 오버플로 공격에 대한 기록이 유일하게 남아있는 파일 • Linux의 경우에는 secure 로그에 기록 • 로그 확인 : 텍스트 파일로 저장되어, vi 편집기로 확인 가능

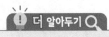 더 알아두기

▼ su 명령어
• su(SUbstitute, Switch User)
• 다른 사용자 계정으로 전환할 때 사용하는 명령어
• 일반 사용자 계정에서 root 계정이나 다른 사용자 계정으로 전환할 경우 패스워드를 묻지만, root 계정에서 다른 사용자로 전환할 경우에는 패스워드를 묻지 않음

▼ syslogd
시스템의 커널 경고, 디버깅 정보, 각종 메시지 출력 등의 다양한 활동에 대한 로그 정보를 받아서 일괄로 처리, 기록하는 데몬

④ 유닉스/리눅스(Unix/Linux) 응용 프로그램 로그
　㉠ 웹 서버 로그
　　• 접근 로그(access log)와 에러 로그(error log)로 구성
　　• 접근 로그 파일을 분석하여 분산 서비스 거부(DDoS) 공격 등에 대한 웹 접근 분석

• access_log

로그 파일 형식	[사용자 IP 주소 / 클라이언트의 응답 관련 / 사용자 인증 관련 / 파일 요청 시간 / 요청 방식 / 상태 코드 / 요청 파일의 크기]
로그 파일 내용	[192.168.10.100] [−] [test] [26/Jan/2022:20:45:09 +0900] ["GET/HTTP/1.1"] [200] [192]
로그 기록 설정	• 기본적으로 httpd.conf 환경설정 파일에서 설정 • AccessLog /usr/local/apache/logs/access_log

> • 192.168.10.100 : 원격 호스트 IP 주소
> • − : REMOTE_IDENT(RFC 931 identification : 동일함 확인), 서버가 RFC 931을 지원하는 경우 이 환경변수에 클라이언트 시스템에서 CGI 프로그램을 실행시킨 사용자명 저장
> • test : 사용자 계정
> • 26/Jan/2022:20:45:09 +0900 : 요청 시간
> • GET : 요청 방식(GET, POST)
> • HTTP/1.1 : 프로토콜 버전
> • 200(정상 처리) : 처리 결과 코드
> • 192 바이트 : 헤드를 제외한 전송량(바이트 단위)

• error_log

로그 파일 형식	[메시지의 날짜와 시간 / 보고된 에러의 심각성 수준 / 에러를 발생시킨 클라이언트의 IP 주소 / 에러 메시지 내용]
로그 파일 내용	[Wed Oct 16 13:02:38 2019] [error] [client 172.16.5.16] File does not exist : /home/www/test.html
로그 기록 설정	• 기본적으로 httpd.conf 환경설정 파일에서 설정 • ErrorLog /usr/local/apache/logs/error_log • LogLevel warn

> • 오류 발생 날짜와 시간 : Wed Jan 26 20:50:38 2022
> • 오류 수준 : error[debug, info, notice, warn, error, crit, alert, emerg 중 하나를 선택(기본 설정 : Warn)]
> • 오류를 발생시킨 클라이언트의 IP 주소 : 172.16.5.16
> • 오류 메시지 내용 : /home/www/test.html 파일이 존재하지 않음

7 취약점 관리

(1) 개요

① 취약점이란 공격자가 시스템의 정보보안 수준을 낮추는데 사용되는 약점. 즉, 정보자산의 허점을 말함

② 취약점 관리는 취약점을 확인·분류·치료·완화시키는 주기적인 과정

③ 시스템은 계정과 패스워드 관리, 세션 관리, 접근 제어, 권한 관리 등을 충분히 잘 갖추고도 보안 문제가 발생할 수 있는데, 이는 시스템 자체의 결함에 의한 것임. 이런 시스템 자체의 결함을 체계적으로 관리하는 것을 취약점 관리라고 함

(2) 취약점 관리 방법

① 시스템의 취약점을 보완하기 위해 주기적으로 패치 혹은 서비스 팩을 설치함

② 주기적으로 시스템의 업데이트(update)를 실시함

③ 시스템 관리 담당자는 주기적으로 시스템 공급자로부터 필요한 패치, 혹은 서비스 팩, 혹은 갱신을 확인하여 필요한 조치를 하여야 함

(3) 취약점의 종류

Windows 취약점	Unix/Linux 취약점
• 패스워드(password) 관련 취약점 • 관리자 및 사용자 환경 취약점 • 파일 시스템 취약점 • 특정 파일 취약점 • 데이터베이스(DB) 취약점 • 웹 서버(www/http)와 CGI 취약점 • 메일 서버(SMTP)와 메일 관련 취약점 • 방화벽(firewall)/프록시(proxy) 취약점 • 포트(port) 취약점 • 백도어(backdoor) 취약점 • 응용 프로그램 취약점 • 엣지(edge) 취약점 • 인터넷 정보 서비스(IIS) 취약점 • 레지스트리(registry) 취약점	• 패스워드(password) 관련 취약점 • 관리자 및 사용자 환경 취약점 • 파일 시스템 취약점 • 특정 파일 취약점 • 데이터베이스(DB) 취약점 • 웹 서버(www/http)와 CGI 취약점 • 메일 서버(SMTP)와 메일 관련 취약점 • 방화벽(firewall)/프록시(proxy) 취약점 • 포트(port) 취약점 • 백도어(backdoor) 취약점 • X윈도(X Window) 관련 취약점 • 유틸리티(utility) 취약점 • 원격 접속(telnet) 명령어 취약점 • 데몬(daemon) 취약점 • 파일 전송 프로토콜(FTP) 취약점 • DNS 서버(BIND) 관련 취약점 • NIS/NIS+ 취약점 • 네트워크에 관련된 명령 취약점 • 원격 프로시저 호출(RPC) 취약점

제 2 장

시스템 보안 공격

제 **1** 절 버퍼 오버플로(buffer overflow) 공격 중요 ★★★

1 개요

C/C++ 컴파일러▼가 배열의 경계 검사(boundary check)▼를 하지 않으므로, 선언된 크기보다 더 큰 데이터를 기록하여 버퍼의 용량을 초과하는 것을 이용하는 공격 기법

> **⚡ 더 알아두기 ○**
>
> ▼ 컴파일러(compiler)
> 인간의 언어에 가까운 고급 언어로 작성된 원시 프로그램을 입력으로 받아 기계어로 된 목적 프로그램을 출력하기 위해 사용되는 언어 번역 프로그램
>
> ▼ 경계 검사(boundry check)
> C언어에서 변수에 값을 할당할 때 값의 크기가 변수의 메모리 경계를 벗어나지 않는지 검사하는 내부 과정

2 공격 방법

(1) 메모리에 할당된 버퍼의 양을 초과하는 데이터를 입력하여 프로그램의 복귀주소를 조작, 공격자가 원하는 코드를 실행하는 공격 기법

(2) 운영체제가 스택(stack)▼이나 힙(heap)▼ 영역에 임의의 데이터 기록 및 실행을 허용함으로써 가능한 공격 기법

> **더 알아두기**
>
> ▼ 스택(stack)
> - 프로그램이 실행될 때까지 가변적인 양의 데이터를 저장하기 위해 프로세스가 사용할 수 있도록 예약되어 있는 메모리 영역
> - 프로그램에서 사용하는 일시적이고 동적인 메모리를 할당하기 위하여 사용되는 메모리 영역
>
> ▼ 힙(heap)
> - 후입선출(LIFO) 방식에 의하여 데이터를 관리하는 구조
> - 톱(Top)이라고 불리는 스택의 끝부분에서 데이터의 삽입과 삭제가 일어남
> - 지역변수, 매개변수, 복귀번지, 함수호출 시 전달되는 인수값 저장을 위한 메모리 영역

3 대응 방법

- 프로그래밍할 때 경계값을 검사하는 안전한 함수 사용
- scanf 계열의 함수는 취약하므로, 최대 입력받을 수 있는 문자 길이 제한
- realpath()나 getopt()와 같은 함수도 최소한의 path_max 바이트 길이를 정해주는 getwd() 사용
- 복귀주소 등을 사용자가 덮어쓸 수 없게 제한
- 프로그램을 실행할 때는 최소 권한으로 실행
- 프로그램을 최신 버전으로 패치
- 침입 차단 시스템 등으로 특정 트래픽을 필터링

4 관련 함수

(1) **취약한 함수** : strcpy(), strcat(), sprintf(), vsprintf(), gets()

(2) **안전한 함수** : strncpy(), strncat(), snprintf(), fget()

제 2 절 포맷 스트링(format string) 공격 중요 ★★

1 개요

(1) 데이터의 형태와 길이에 대한 불명확한 정의로 인한 것으로, 포맷 스트링(format string)▼과 이것을 사용하는 printf() 함수의 취약점을 이용하여 ret 값을 변조하여 관리자 권한을 획득하는 것

(2) C언어에서 가장 빈번하게 사용하는 printf() 계열 함수에서 입출력을 지시하려고 사용하는 포맷 스트링의 취약성을 이용한 것으로, 버퍼 오버플로 공격과 더불어 심각한 피해를 줄 수 있는 공격 기법

2 공격 방법

(1) 프로그램 작성 시 정확한 포맷 스트링을 사용하지 않았을 경우, 이를 이용하여 임의의 명령을 수행하거나 UID(User IDentifier)▼를 변경하는 것이 가능

(2) C언어에서 일반적으로 사용하는 기호인 %n은 이전까지 입력되었던 문자열의 길이(byte) 수만큼 해당 변수에 저장시키기 때문에 메모리의 내용도 변조 가능. 이를 이용해 문자열의 길이를 공격자가 변조시키고 싶은 값의 길이만큼 만든 후 %n을 써주게 되면 메모리상에 공격자가 원하는 값을 넣을 수 있게 됨

> **❗ 더 알아두기 🔍**
>
> **▼ 포맷 스트링(format string)**
> • 일반적으로 사용로부터 입력을 받아들이거나 결과를 출력하기 위하여 사용하는 형식
> • 포맷 스트링을 사용하는 함수에 대해 형식이나 형태를 지정해주는 문자열을 의미
>
> **▼ UID(User IDentifier)**
> • 특정 컴퓨터 사용자에게 부여되는 숫자 또는 이름
> • 사용자를 식별하는데 UID를 사용하며, 양의 정수로 0부터 32767까지 사용(16비트)
> • 0은 슈퍼 유저(root)
> • 시스템에 따라 시스템 용도로 예약되어 있음. 보통 1부터 100까지이지만 레드햇은 101부터 499까지, 데비안은 999까지 예약

3 관련 기호

종류	내용
%d	정수형 10진수 상수
%f	실수형 상수
%lf	실수형 상수
%c	문자값
%s	문자 스트링
%u	양의 정수(10진수)
%o	양의 정수(8진수)
%x	양의 정수(16진수)
%n	사용된 총 바이트 수

제 3 절 │ 레이스 컨디션(race condition) 공격 중요 ★★

1 개요

두 프로세스 간 자원 사용에 대한 경쟁을 이용하여 시스템 관리자의 권한을 획득하고, 파일에 대한 접근을 가능하게 하는 공격 기법. 즉, 시스템과 공격 프로그램이 경쟁 상태에 이르게 함

2 공격 조건

(1) 프로그램에 루트(root) 권한의 SetUID가 설정되어 있을 것

(2) 프로그램 실행 중 임시파일을 생성하고, 생성된 임시파일의 이름과 위치를 알고 있을 것

(3) 파일이 생성되는 디렉터리에 쓰기 권한이 있을 것

3 공격 방법

(1) 임시파일을 만들어 쓰고, 쓰기가 완료된 후에 임시파일을 삭제하기 직전에 원하는 파일에 원하는 내용을 삽입하는 공격 기법

(2) 하나의 프로그램이 수행을 위하여 /tmp 디렉터리에 임시파일을 생성할 경우, 미리 해당 파일을 생성하여 동작을 일으키도록 조작하며, 자원을 공유할 경우, 임시파일을 생성하는 프로그램에서 자주 사용

(3) 다른 정상적인 프로세스가 사용할 자원의 상태를 변환하여 공격

4 대응 방법

(1) 스티키 비트(sticky bit)를 설정하여 unlink()▼를 불가능하게 함

(2) 임시파일 사용 시 링크 상태, 파일의 종류, 파일의 소유자, 파일의 변경 여부 등을 점검

(3) SetUID가 설정된 파일을 오픈할 때는 심볼릭 링크 여부 확인

(4) 심볼릭 링크를 사용하지 않거나, 추측이 어려운 파일 이름 사용

> **❗ 더 알아두기 🔍**
>
> ▼ Unlink() 함수
> • 시스템 호출을 사용하여 파일에 대한 디렉터리 항목을 지우고, 링크 개수를 감소시킴[반환값 : 0(성공), −1(오류)]
> • unlink를 사용하려면 파일의 디렉터리 항목에 포함된 모든 디렉터리에 대해 쓰기와 실행 권한이 필요함(rm 프로그램은 이 호출을 사용함)

제 4 절 백도어(backdoor) 공격 중요 ★★

1 개요

(1) 운영체제나 프로그램 등에 몰래 설치되어 정상적인 인증 과정을 거치지 않고 보안을 해제할 수 있도록 만드는 악성코드

(2) 운영체제나 프로그램을 생성할 때 정상적인 인증 과정을 거치지 않고, 운영체제나 프로그램 등에 접근할 수 있도록 만든 일종의 통로로, 트랩도어(trap door)라고도 부름

(3) 공격 후 차후 공격을 위해 루트 권한을 획득할 수 있도록 설치하는 도구

2 기능

(1) 원격 명령 실행

(2) 관리자 권한 획득

(3) 파일 및 프로세스 숨기기

(4) 네트워크 연결 숨기기

3 종류

(1) **로컬 백도어**

시스템의 셸 권한을 획득하여 관리자로 권한 상승(privilege escalation)할 때 사용

(2) **원격 백도어**

계정과 패스워드 입력한 후 정상적으로 로그인한 것처럼 원격으로 관리자 권한을 획득하여 시스템에 접근하고 서비스 포트를 개방

(3) **패스워드 크래킹 백도어**

인증에 필요한 패스워드를 원격지의 공격자에게 보내주는 도구

(4) 시스템 설정 변경 백도어

시스템 설정을 공격자가 원하는 대로 변경하기 위한 도구

(5) 트로이 목마 형태의 백도어

① 처음부터 백도어를 목적으로 만들어진 것은 아니지만 백도어로 동작하는 경우
② 윈도에서는 웹 브라우저나 명령, 창, 간단한 게임 등도 백도어와 섞을 수 있음
③ 이런 백도어를 실행하면 원하는 프로그램이 실행되면서 동시에 백도어도 설치
④ 공격자가 배포되는 프로그램에 배포 사이트 크랙
⑤ 정상적인 프로그램을 백도어 프로그램과 바꿈

(6) 거짓 업그레이드

시스템을 패치하거나 업그레이드할 때 잘못된 프로그램 설치

(7) 프로세스 은닉 백도어

패스워드 크래커나 스니퍼 등과 같은 프로세스를 숨김

(8) 네트워크 트래픽 백도어

네트워크 트래픽을 숨겨 사용하지 않는 포트로 침입하는 도구

(9) TCP 셸 백도어

① TCP 1024번 이상의 포트에 셸 제공 서비스를 설치하는 것을 허용
② netstat 명령을 통해 확인이 가능

(10) UDP 셸 백도어

침입차단 시스템을 우회할 수 있음

4 대응 방법

- 시스템 및 네트워크에 대한 보안 취약점을 주기적으로 점검
- 현재 동작 중인 프로세스 및 열린 포트를 확인
- SetUID 파일 검사
- 바이러스 및 백도어 탐지 도구 이용
- 무결성 검사
- 로그 분석

제 5 절 기타 시스템 보안 공격 중요 ★

1 패스워드 공격(password attack)

(1) 개요
① 시스템에 저장되거나 전송된 데이터에서 암호를 해독하는 공격 기법
② 네트워크에 접근할 수 있도록 패스워드를 알아내려는 공격 기법

(2) 공격 도구
① 오프라인 공격 도구
   존 더 리퍼(john the ripper), 해시캣(hashcat), 윈크랙(wincrack) 등
② 온라인 공격 도구
   히드라(hydra), 메두사(medusa) 등

(3) 공격 방법
① 무작위 대입 공격(brute force attack)
   ㉠ 가능한 모든 조합의 문자열과 경우의 수를 대입함으로써, 패스워드를 알아내는 공격 기법
   ㉡ 비밀번호로 사용될 수 있는 모든 문자를 대입하여 패스워드 일치 여부를 확인함
   ㉢ 패스워드가 단순하고 짧은 경우 짧은 시간에 패스워드를 알아낼 수 있지만, 길고 복잡한 경우 오랜 시간이 걸림
② 사전 공격(dictionary attack)
   ㉠ 사전 파일을 이용하여 문자열을 대입함으로써, 패스워드를 알아내는 공격 기법
   ㉡ 패스워드를 사전 파일로 만든 후 하나씩 대입하여 패스워드 일치 여부를 확인
③ 혼합 공격(hybrid attack)
   ㉠ 무차별 대입 공격과 사전 공격을 혼합한 공격 기법
   ㉡ 일반적으로 사전 파일 문자열 뒤에 숫자나 문자를 추가
   ㉢ 사전 파일에 있는 문자열에 문자, 숫자 등을 추가로 무작위 대입하여 패스워드 일치 여부 확인
④ 레인보우 테이블을 이용한 공격(rainbow table attack)
   ㉠ 패스워드별로 미리 생성해 놓은 수많은 해시값을 검색하여 패스워드를 알아내는 공격 기법
   ㉡ 패스워드와 해시값으로 이루어진 테이블을 무수히 만들어놓은 체인을 이용
   ㉢ 테이블과 R 함수▼의 반복 수행을 통해 일치하는 해시값을 통해서 패스워드 찾아내는 방식
   ㉣ 미리 계산된 해시 공격이라고 알려진 이 공격은 패스워드가 솔트(salt)▼되지 않은 경우에만 성공할 수 있음. 패스워드가 솔트(salt)될 경우 동일한 패스워드도 다양한 해시값을 가질 수 있어 실패할 가능성이 있음

> **❗ 더 알아두기 ❓**
>
> ▼ R 함수(R function)
> - 함수는 반복적으로 사용될 수 있는 문장 블록의 형태
> - R은 여러 내장 함수(built in function)을 제공하며, 사용자가 직접 자신의 함수를 정의할 수 있음 (user defined function)
>
> ▼ 솔트(salt)
> 동일한 패스워드가 서로 같은 해시값을 갖지 않도록 사용하는 랜덤 값

(4) 대응 방법

① 패스워드 재사용 금지 횟수의 설정

② 일정 횟수 이상 패스워드 입력 오류 시 로그인 차단

③ 패스워드 최소 길이 설정

④ 패스워드 최대 사용기간 설정 등

2 사회 공학(social engineering)

(1) 인간 심리를 이용하는 공격 기법으로, 사용자가 비밀번호나 카드번호와 같은 비밀정보를 공개하도록 유도하는 공격 기법

(2) 대표적인 유도 방법은 사용자에게서 신뢰를 얻을 수 있는 은행이나 계약자, 고객을 사칭하는 것으로, 현실 세계의 사기에 해당함

(3) 대표적인 공격 방법은 스미싱, 피싱 등이 있음

3 도청(eavesdropping)

(1) 타인의 대화나 전화 내용을 당사자의 동의 없이 몰래 엿듣는 행위

(2) 음성만을 지칭하는 것이 아니라 전자장치에서 영상이나 데이터 신호를 획득하는 것도 도청에 해당

4 권한 상승(privilege escalation)

(1) 제한된 권한만을 갖고 있던 공격자가 악의적인 방법을 통해 인증 절차 없이 권한이나 접근 급수를 상승 (확대)시키는 공격 기법

(2) 일반적인 PC 사용자는 누구나 시스템을 속여 제한된 데이터에 대한 접근 권한을 획득할 수 있고, 심지 어 직접 관리자(root)가 되어 시스템에 대한 전권을 획득할 수도 있음

5 탬퍼링(tampering)

(1) 시스템이나 프로그램을 악의적인 목적으로 변조하는 것을 말함

(2) 소위 '사악한 가정부' 공격(evil maid attack)▼이나 네트워크 라우터를 감시할 수 있도록 설계된 보안 서비스 등이 있음

> **💡 더 알아두기 🔍**
>
> ▼ 사악한 가정부 공격(evil maid attack)
> • 무인 장치에 대한 공격으로, 물리적 접근 권한이 있는 공격자가 나중에 장치 또는 장치의 데이터에 접근할 수 있도록 감지할 수 없는 방식으로 장치를 변경하는 공격 기법
> • 호텔 방에 방치된 장치를 파괴할 수도 있고, 운송 중에 장치를 가로채거나 공항이나 법 집행 담당자 가 일시적으로 가져가는 상황도 해당됨

6 바이러스

(1) 개요
① 스스로 복제하여 다른 프로그램을 감염시키고 컴퓨터의 파일이나 데이터를 파괴하거나 속도 저하, 정보 유출, 오작동 등을 일으키는 악성 프로그램
② 정식 명칭은 컴퓨터 바이러스 프로그램(computer virus program). 간단히 바이러스라고 하며, 멀 웨어(malware)▼의 일종
③ 백신(vaccine) 프로그램으로 진단 및 치료할 수 있음

> **더 알아두기**
>
> ▼ 멀웨어(malware)
> - 악성 소프트웨어의 약어로 컴퓨터, 서버, 클라이언트, 컴퓨터 네트워크에 악영향을 끼칠 수 있는 모든 소프트웨어의 총칭
> - 바이러스(virus), 웜(worm), 트로이 목마(trojan horse), 익스플로잇(exploit), 애드웨어(adware), 스파이웨어(spyware) 등을 총칭

(2) 종류

종류	설명
일반 바이러스	• 자신 또는 자신의 변형 코드를 실행하는 프로그램 • 실행 가능한 시스템 영역 등에 복제하는 프로그램 • 기생할 숙주 프로그램▼이 반드시 필요함
웜 바이러스	네트워크 및 메일을 통하여 자신을 복제하고 유포시키는 악성 프로그램

> **더 알아두기**
>
> ▼ 숙주 프로그램
> - 바이러스가 감염된 프로그램
> - 숙주 프로그램이 실행되면 바이러스가 실행됨

실제예상문제

01 다음 설명에 해당하는 것은?

> 네트워크의 트랜잭션에 대한 상태정보를 포함하는 일종의 토큰으로, 주로 웹서버가 웹브라우저로 전송하여 클라이언트에 저장하고, 사용자가 해당 사이트를 재방문할 경우 웹브라우저가 웹서버에 재전송하는 형태로 많이 이용된다. 그러나 이는 원하지 않는 보안상의 취약점을 야기할 수 있으므로, 사용자가 이것을 주기적으로 삭제하여 주는 것이 바람직하다.

① 애플릿(Applet)
② URL(Uniform Resource Locator)
③ DOI(Digital Object Identifier)
④ 쿠키(Cookie)

02 프로그램이나 손상된 시스템에 허가되지 않는 접근을 할 수 있도록 정상적인 보안 절차를 우회하는 악성 소프트웨어는?

① 다운로더(Downloader)
② 키 로거(Key Logger)
③ 봇(Bot)
④ 백도어(Backdoor)

01 ① 애플릿(Applet) : 플러그인의 하나로서 전용 위젯 엔진이나 큰 프로그램 내에서 특정한 작업을 수행하는 작은 응용 프로그램을 말한다.
② URL(Uniform Resource Locator) : 인터넷에서 자원이 어디 있는지를 알려주기 위한 규약이다.
③ DOI(Digital Object Identifier) : ISO가 표준화한 것으로, 객체의 영구 식별자이다.

02 ① 다운로더(Downloader) : 악성 코드 유포 방식 중의 하나로, 특정 웹사이트에서 파일을 내려받고 그 파일이 다시 스파이웨어를 내려받게 하는 악성 프로그램이다.
② 키 로거(Key Logger) : 컴퓨터 사용자들의 키보드 움직임을 탐지해 ID, 패스워드, 계좌 번호, 카드 번호와 같은 개인의 중요 정보들을 빼가는 해킹 기법이다.
③ 봇(Bot) : 인터넷상에서 자동화된 작업(스크립트)을 실행하는 응용 프로그램이다. 일부 봇들은 악의적인 목적으로도 이용되기도 하며, 자기복제 기능을 포함하기도 한다.

정답 01 ④　02 ④

03 ① 애드웨어 : 특정 소프트웨어를 실행할 때 또는 설치 후 자동적으로 광고가 표시되는 프로그램을 말한다.
② 트로이목마 : 악성 루틴이 숨어 있는 프로그램으로, 겉보기에는 정상적인 프로그램으로 보이지만 실행하면 악성코드가 실행된다.
③ 백도어 : 시스템에 비인가 접근을 시도하는 프로그램을 의미한다. 일반적으로 루트 권한을 얻은 후 차후 쉽게 접근을 하기 위해 설치하는 프로그램을 말한다.

04 SALT는 패스워드의 보안상 허점을 극복하는 방법으로 패스워드를 해시로 변경하기 전에 패스워드 끝에 임의의 문자(random string)를 붙여 해시로 변경함으로써, 사전에 저장되어 있을 가능성이 상대적으로 낮게 되어 사전 공격(dictionary attack)을 회피할 수 있다.
④ 솔트 값은 데이터베이스(섀도우 파일)에 해시값과 함께 저장된다.

05 ② Biba 모델 : 벨라둘라(Bell-Lapadula) 모델의 단점인 무결성을 보장할 수 있도록 한 모델이다. 주체에 의한 객체접근의 항목으로 무결성을 다룬다.
③ Chinese Wall(만리장성) 모델 : 기밀성 모델로, 이익의 충돌을 피하기 위해 어떤 회사의 특정 분야에서 일했던 사람이 다른 회사의 같은 영역의 자료에 접근을 금지하는 모델이며, 사용자의 이력에 따라 접근제어를 할 수 있다.
④ Clark-Wilson 모델 : 기밀성뿐만 아니라 무결성도 중시하며, 정보의 무결성 보호에 중점을 두어 비인가자의 데이터 수정을 방지하기 위해 설계된 모델로, 주체와 객체, 보안등급 등과 같이 BLP 모델과 유사하게 설계되었다.

정답 03 ④ 04 ④ 05 ①

03 MS 오피스와 같은 응용 프로그램의 문서파일에 삽입되어 스크립트 형태의 실행환경을 악용하는 악성코드는?

① 애드웨어
② 트로이목마
③ 백도어
④ 매크로 바이러스

04 사용자 패스워드의 보안을 강화하기 위한 솔트(salt)에 대한 설명으로 옳지 않은 것은?

① 여러 사용자에 의하여 중복 사용된 동일한 패스워드가 서로 다르게 저장되도록 한다.
② 해시 연산 비용이 증가되어 오프라인 사전적 공격을 어렵게 한다.
③ 한 사용자가 동일한 패스워드를 두 개 이상의 시스템에 사용해도 그 사실을 알기 어렵게 한다.
④ 솔트 값은 보안 강화를 위하여 암호화된 상태로 패스워드 파일에 저장되어야 한다.

05 다음 설명에 해당하는 접근통제 모델은 무엇인가?

- 가장 널리 알려진 보안모델 중의 하나
- 최초의 수학적 모델
- 강제적 정책에 의한 접근통제 모델
- 정보의 불법적인 파괴나 변조보다는 불법적인 비밀유출 방지에 중점
- 군사용 보안 요구사항을 충족하기 위해 설계된 보안 모델

① BLP(Bell-La Padula)
② Biba
③ Chinese Wall
④ Clark-Wilson

06 강제적 접근통제 정책에 대한 설명으로 옳은 것은?

① 중앙에서 정보를 수집 및 분류하고, 보안수준을 결정한다.
② Biba 모델은 수학적 개념이 적용된 최초의 강제적 접근통제 정책이다.
③ 유닉스 또는 윈도에서 사용되는 모델이다.
④ 대표적인 강제적 접근통제 정책인 BLP 모델에서는 자신보다 높은 보안수준의 문서에 쓰기 기능이 허가되지 않는다.

07 DAC(Discretionary Access Control)에 대한 특징으로 옳지 않은 것은?

① 객체의 소유자가 허가하고 싶은 사용자에게만 권한 허용
② 객체의 소유자가 권한 부여
③ 접근통제목록(ACL, Access Control List)을 통해 구현
④ 중앙집중식 관리환경에서 용이

08 다음 설명에 해당하는 접근통제 기법은 무엇인가?

> 보안관리와 감사(review)를 용이하게 하기 위해 사용하는 기법으로 메인프레임에 관련된 상업적으로 성공한 많은 접근통제 시스템들은 보안 관리를 위해 역할들을 정의한다. 예로, 운영자 역할은 모든 자원에 접근할 수 있지만, 접근권한을 바꾸지는 못한다는 점 등이 있는데 이 역할들에 대한 관리는 Netware나 Windows NT 같은 네트워크 운영체제에서도 볼 수 있다.

① 강제적 접근통제(MAC)
② 임의적 접근통제(DAC)
③ 역할기반 접근통제(RBAC)
④ 다단계 보안정책(MLS)

06 ② Biba 모델 : 무결성 모델이며, 격자기반 접근통제 모델로, No Read Up/No Write Down 속성을 가진다.
③ 유닉스 또는 윈도우에서 사용되는 모델은 임의적 접근통세이나.
④ BLP(Bell-Lapadula) 모델 : 기밀성 모델이며, 수학적 개념이 적용된 최초의 강제적 접근통제 모델로, No Read Down/No Write Down 속성을 가진다.

07 DAC는 분산형 관리환경에서 유리하며, MAC는 중앙집중식 관리환경에서 유리하다.

08 ① 강제적 접근통제(MAC) : 사용자들은 자원에 대한 권한을 관리자로부터 부여받는다. 그리고 오직 관리자만이 객체과 자원들에 대한 권한을 할당할 수 있다. 사용자들은 자원에 대한 권한을 관리자로부터 부여받아 접근통제를 한다.
② 임의적 접근통제(DAC) : 사용자 또는 그룹이 객체의 소유자일 때 다른 사용자나 그룹에 권한을 부여할 수 있다. 자원에 대한 접근을 사용자 계정에 기반한다. 사용자는 자원과 관련된 ACL이 수정됨으로써 자원에 대한 권한을 부여받는다.
④ 다단계 보안정책(MLS) : 객체와 사용자들을 다양한 보안 등급으로 분류하고 적절한 보안정책을 적용하는 것이다.

정답 06 ① 07 ④ 08 ③

09 NTFS 파일 시스템은 파일에 대한 압축과 암호화를 지원하며, NTFS 5.0 파일 시스템에서는 디스크의 파일 시스템을 읽고 쓸 때 자동으로 암호화와 복호화가 가능하다.

09 NTFS 파일 시스템에 대한 설명으로 옳지 않은 것은?

① 파티션에 대한 접근 권한 설정 가능
② 사용자별 디스크 사용공간 제어 가능
③ 파일에 대한 압축과 암호화를 지원하지 않음
④ 미러(Mirror)와 파일 로그가 유지되어 비상 시 파일 복구 가능

10 passwd 명령으로 패스워드를 설정하면, 패스워드에 대한 암호화나 해시된 값이 /etc/shadow에 저장된다.

10 리눅스 파일의 접근제어에 대한 설명으로 옳지 않은 것은?

① 모든 종류의 파일은 inode라는 파일 관리 수단으로 운영체제에 의해서 관리된다.
② passwd 명령으로 패스워드를 설정하면, 패스워드에 대한 암호화나 해시된 값이 /etc/passwd에 저장된다.
③ superuser 계정은 시스템의 모든 권한이 가능하므로 외부에 노출되지 않도록 주의해야 한다.
④ 어떤 권한을 가지고 있는가에 대한 UID, GID가 별도로 존재한다.

11 ② SetGID : 그룹의 권한이 있어야만 실행할 수 있는 파일의 경우 그 권한을 일시적으로 파일을 실행하는 일반 사용자에게 부여하기 위해 사용한다. 파일 실행을 마친 뒤에는 다시 자신의 권한으로 돌아간다.
③ Sticky Bit : 이 비트가 설정되어 있으면 파일의 생성, 수정은 누구나 가능하지만 삭제만큼은 해당 파일의 소유자나 root만이 할 수 있다.
④ Shadow : 일반 사용자가 보지 못하도록 암호화된 패스워드를 저장하는데 사용되는 파일이다(/etc/shadow).

11 다음 설명에서 ㉠에 들어갈 용어로 옳은 것은?

리눅스 시스템에서 관리자(root) 권한이 필요 없는 프로그램에 소유자가 관리자로 되어 있으면서 (㉠)가 설정된 경우에는 시스템의 보안에 허점을 초래할 수 있다. 실제로 (㉠)가 설정된 파일은 백도어 및 버퍼 오버플로우 등 여러 공격에 이용된다.

① SetUID
② SetGID
③ Sticky Bit
④ Shadow

정답 09 ③ 10 ② 11 ①

12 유닉스(Unix)의 로그 파일과 기록되는 내용을 옳게 연결한 것은?

> ㉠ history : 명령창에 실행했던 명령 내역
> ㉡ sulog : su 명령어 사용 내역
> ㉢ xferlog : 실패한 로그인 시도 내역
> ㉣ loginlog : FTP 파일 전송 내역

① ㉠, ㉡
② ㉠, ㉢
③ ㉡, ㉢
④ ㉢, ㉣

13 다음 설명에 해당하는 용어는 무엇인가?

> • 대부분의 유닉스 시스템에 남는 로그 기록
> • 로그인한 계정의 권한 변경에 대한 로그 기록
> • 일반 계정으로 로그인한 후 패스워드 추측 공격 등을 수행했을 때 권한 변경, 성공·실패 등의 로그 기록
> • 관리자가 이를 확인할 경우 공격 의도 등을 추측할 수 있음

① utmp
② wtmp
③ lastlog
④ sulog

14 메모리 영역에 비정상적인 데이터나 비트를 채워 시스템의 정상적인 동작을 방해하는 공격 방식은?

① Spoofing
② Buffer Overflow
③ Sniffing
④ Scanning

12 • xferlog : FTP 서버의 파일전송 관련 정보를 기록한다.
• loginlog : 5번 이상 로그인에 실패한 정보를 기록한다.

13 ① utmp : 시스템에 현재 로그인한 사용자의 상태를 기록한다.
② wtmp : 사용자의 로그인/로그아웃 정보를 기록한다.
③ lastlog : 사용자가 최근에 로그인한 시간과 접속장소를 기록한다.

14 ① Spoofing : 사전적 의미는 '속이다'이다. 네트워크에서 스푸핑 대상은 MAC 주소, IP 주소, 포트 등 네트워크 통신과 관련된 모든 것이 될 수 있고, 스푸핑은 속임을 이용한 공격을 총칭한다.
③ Sniffing : 사전적인 의미로 스니핑(Sniffing)이란 '코를 킁킁거리다', '냄새를 맡다' 등의 뜻이 있다. 사전적인 의미와 같이 해킹 기법으로서 스니핑은 네트워크에서 자신이 아닌 다른 상대방들의 패킷 교환을 엿듣는 것을 의미한다. 간단히 말하여 네트워크 트래픽을 도청(Eavesdropping)하는 과정을 스니핑이라고 할 수 있다.
④ Scanning : 서비스를 제공하는 서버의 작동 여부, 포트 오픈 여부와 제공하고 있는 서비스를 확인할 수 있다.

정답 12① 13④ 14②

checkpoint 해설 & 정답

15 ①은 레이스 컨디션(Race Condition) 공격에 대한 설명이다.

15 버퍼 오버플로우에 대한 설명으로 옳지 <u>않은</u> 것은?

① 프로세스 간의 자원 경쟁을 유발하여 권한을 획득하는 기법으로 활용된다.

② C 프로그래밍 언어에서 배열에 기록되는 입력 데이터의 크기를 검사하지 않으면 발생할 수 있다.

③ 버퍼에 할당된 메모리의 경계를 침범해서 데이터 오류가 발생하게 되는 상황이다.

④ 버퍼 오버플로우 공격의 대응책 중 하나는 스택이나 힙에 삽입된 코드가 실행되지 않도록 하는 것이다.

16 • 취약한 함수 : strcpy(), strcat(), sprintf(), vsprintf(), gets()
• 안전한 함수 : strncpy(), strncat(), snprintf(), fget()

16 다음 중 버퍼 오버플로우 취약점이 존재하는 함수가 <u>아닌</u> 것은?

① fget()

② strcpy()

③ strcat()

④ sprintf()

정답 15 ① 16 ①

17 다음 설명에 해당하는 보안 공격 기법은 무엇인가?

> • 두 프로세스가 자원을 서로 사용하려고 하는 것을 이용한 공격이다.
> • 시스템 프로그램과 공격 프로그램이 서로 사원을 자지하기 위한 상태에 이르게 하여 시스템 프로그램이 갖는 권한으로 파일에 접근을 가능하게 하는 공격 방법을 말한다.

① Buffer Overflow 공격
② Format String 공격
③ MITB(Man-In-The-Browser) 공격
④ Race Condition 공격

18 다음 중 용어와 그 설명의 연결이 올바르지 <u>않은</u> 것은?

① Rootkit : 시스템 침입 후의 공격을 도와주는 프로그램들의 집합
② Obfuscation : 코드를 분석하기 어렵도록 변조하는 행위
③ Ransomware : 복호화를 조건으로 금전을 요구하기 위해 피해자의 데이터를 암호화하는 악성코드
④ Sandbox : 악성코드가 시스템 자원에 쉽게 접근하도록 만든 백도어

---

17 ① Buffer Overflow 공격 : 메모리를 다루는 데에 오류가 발생하여 잘못된 동작을 하는 프로그램 취약점이다. 프로세스가 데이터를 버퍼에 저장할 때 프로그래머가 지정한 곳 바깥에 저장하는 것이다. 벗어난 데이터는 인접 메모리를 덮어쓰게 되는데 다른 데이터가 포함되어 있을 수도 있는데, 손상을 받을 수 있는 데이터는 프로그램 변수와 프로그램 흐름 제어 데이터도 포함된다. 이로 인해 프로그램 오작동이 나타날 수 있으며, 메모리 접근 오류, 잘못된 결과, 프로그램 종료, 또는 시스템 보안 누설이 발생할 수 있다.
② Format String 공격 : 프로그래머들의 작은 실수로 인한 포맷 스트링의 버그를 이용해 메모리를 변조하는 기술이다.
③ MITB(Man-In-The-Browser) 공격 : 보다 진화된 개인정보 탈취 공격을 수행하는 신종 악성 코드로, 단일 사이트가 아닌 모든 종류의 포털사이트를 대상으로 하는 새로운 형태의 MiTB(Man in the Browser) 공격을 수행하는 신종 악성코드이다. 이러한 Universal MiTB 공격은 사용자가 방문하는 모든 웹사이트에 대한 브라우저 보유 정보들을 수집하고, 신용카드나 개인정보와 같은 특정 정보만을 찾아 공격자에게 실시간으로 전송하는 특징을 가진다.

18 Sandbox는 외부로부터 들어온 프로그램이 보호된 영역에서 동작해 시스템이 부정하게 조작되는 것을 막는 보안 형태이다.

정답 17 ④ 18 ④

19 [문제 하단 참조]

19 다음 중 포맷 스트링 취약점이 존재하는 함수가 <u>아닌</u> 것은?

① printf

② fprintf

③ scanf

④ sprintf

>>>🔍

포맷 스트링 취약 함수

- printf("%s n",buffer)
- fprintf(fp,서식 문자열1, 인자1, …, 인자n)
- int sprintf(char *str,const char *fmt,…)
- snprintf(char *str, size_t count,const char *fmt,…)

〈유닉스 시스템 V에서 사용하는 함수〉
vfprintf, vprintf, vsprintf, vsnprintf

01

정답 • 파일 시스템에 대한 트랜잭션을
추적하므로 복구 가능
- 읽기 전용, 숨김, 파일별 암호화,
압축 기능
- Everyone 그룹에 대하여 모든 권
한 허용
- 현재 Windows 파일 시스템의 기
본 형태로 사용

✔ **주관식 문제**

01 NTFS 파일 시스템의 특징을 3가지 이상 쓰시오.

정답 19 ③

02 접근통제 방법에 대한 설명에서 괄호 안에 들어갈 용어를 순서대로 쓰시오.

> • (㉠) : 객체의 소유주에 의하여 접근제한이 변경 가능한 각 주체와 각 객체 간의 접근통제 관계를 정의하는 방법
> • (㉡) : 객체에 포함된 정보의 비밀성(레이블로 표현된 허용 등급)과 이러한 비밀성의 접근정보에 대하여 주체가 갖는 권한 또는 접근허가(clearance)에 의거하여 객체에 대한 접근을 제한하는 방법
> • (㉢) : 사용자의 역할에 기반을 두고 접근을 통제하는 모델로 다중 사용자, 다중 프로그래밍 환경에서의 보안 처리 요구를 만족시키기 위하여 제안된 방식

02

정답 ㉠ 임의적 접근통제(DAC)
㉡ 강제적 접근통제(MAC)
㉢ 역할기반 접근통제(RBAC)

03 다음은 윈도 패스워드를 덤핑한 것이다. ㉠ ~ ㉣에 대하여 각각 설명하시오.

> User:1001:PASSWORD:8846F7EAEE8FB117AD06BDD830
> ㉠　　㉡　　　㉢　　　　　　　　㉣
> B7586C:::

03

정답 ㉠ 사용자 계정
㉡ 사용자 식별자(500 : 관리자, 501 : Guest, 1000 : 일반 사용자)
㉢ 사용자 비밀번호
㉣ 암호화된 해시값

04

정답 ㉠ 사용자 계정
ⓛ UID
ⓒ GID
ⓔ 셸 종류

04 다음은 /etc/passwd 파일에 대한 내용이다. ㉠ ~ ㉣에 대하여 각각 설명하시오.

root : x : 0 : 0 : root : /root :/bin/bash
㉠　　　ⓛ ⓒ　　　　　　　　　 ㉣

05

정답 ㉠ 사용자 계정
ⓛ 암호화된 패스워드
ⓒ 패스워드 최소 변경일
ⓔ 패스워드 만료 경고일

05 다음은 /etc/shadow 파일에 대한 내용이다. ㉠ ~ ㉣에 대하여 각각 설명하시오.

root : 1Fz4q1GjE$G/EskZPyPdMo9,cNhRKSY, : 14806:
㉠　　　　　　　　　　　　　ⓛ
0 : 99999 : 7 : : :
ⓒ　　　　㉣

06 다음은 파일 목록을 출력한 내용이다. ㉠ ~ ㉣에 대하여 각각 설명하시오.

> − rwxrw−r−x 1 root root 4096 10월 14 16:30 test.txt
>   ㉠   ㉡   ㉢   ㉣

06

정답 ㉠ 파일 유형(−: 일반 파일, d: 디렉터리, l: 심볼릭 링크 등)
㉡ 허가권[읽기(r:read), 쓰기(w: write), 실행(x: execute)]
㉢ 소유자(root 사용자)
㉣ 그룹(root 그룹)

07 윈도 로그 종류에 대한 설명에서 괄호 안에 들어갈 용어를 순서대로 쓰시오.

• (㉠) : 응용 프로그램에서 기록한 이벤트 기록
• (㉡) : 정상적인 로그인 시도 및 비정상적인 로그인 시도와 같은 이벤트 기록
• (㉢) : 시스템 구성요소가 기록한 이벤트

07

정답 ㉠ 응용 프로그램 로그
㉡ 보안 로그
㉢ 시스템 로그

08

정답 ㉠ utmp, ㉡ wtmp, ㉢ btmp,
㉣ secure, ㉤ sulog

08 리눅스 로그에 대한 설명이다. ㉠ ~ ㉤에 들어갈 내용을 순서대로 쓰시오.

- (㉠) : 시스템에 현재 로그인한 사용자에 대한 상태 정보 기록
- (㉡) : 사용자의 로그인 및 로그아웃 정보를 기록
- (㉢) : 로그인 실패에 대한 로그 정보를 바이너리 파일로 기록
- (㉣) : 날짜 및 Telnet이나 FTP 등 인증 과정을 거치는 모든 로그 저장
- (㉤) : 시간, 성공(+)·실패(−), 사용한 터미널 이름, 사용자 정보 등을 기록

제4편

네트워크 보안

단원 개요

1. 네트워크 보안 개요
   - OSI 7 Layer
   - TCP/IP
2. 네트워크 보안 공격
   - 스니핑/스푸핑 공격
   - 네트워크 스캐닝
   - DoS/DDoS 공격
   - 무선 네트워크 공격
3. 네트워크 보안 강화
   - 침입차단시스템
   - 침입탐지/방지시스템
   - 가상사설망(VPN)

출제 경향 및 수험 대책

1. OSI 7 Layer와 TCP/IP는 자체의 이해도 중요하지만, 네트워크 보안 공격이나 네트워크 보안 강화에 대한 이론의 기반이 됨으로 기본적으로 이해하고 암기해야 한다.
2. 네트워크 보안 공격은 대부분 출제된다는 전제하에 학습을 해야 하며, 기본 원리·공격 방법·대응 방법 등을 설명하고, 필답할 수 있을 정도로 학습해야 한다.
3. 네트워크 보안 강화 부분은 각 보안 솔루션들의 원리, 기능, 특징에 대해 이해하고 암기해야 한다.

혼자 공부하기 힘드시다면 방법이 있습니다.
SD에듀의 동영상강의를 이용하시면 됩니다.
www.sdedu.co.kr ➔ 회원가입(로그인) ➔ 강의 살펴보기

제 1 장 네트워크 개요

제 1 장

제 1 절 OSI 7 Layer 중요 ★★

1 OSI 7계층 참조 모델

(1) 개요

① 개방형 시스템 간 상호접속규격으로, 서로 다른 시스템 간 통신 시 네트워크 구조에 관계없이 통신할 수 있는 모델

② 하드웨어와 소프트웨어의 논리적 변경 없이 시스템 간 통신 개방

(2) 계층별 역할

계층		역할
7계층	응용	여러 프로토콜 개체에 대하여 사용자 인터페이스 제공
6계층	표현	• 데이터 표현형식의 차이를 해결하기 위하여 서로 다른 형식으로 변환 • 부호화(encoding)▼, 압축(compression)▼, 암호화(encryption)▼
5계층	세션	• 응용 프로그램 간 세션을 형성하고 관리하며, 상위 계층인 표현 계층에서 두 개 이상의 요소 간 통신을 가능하게 함 • 통신을 동기화▼하고 대화 제어 • 애플리케이션 접근 스케줄링 담당
4계층	전송	• 종단(End to End) 간 신뢰성 있는 데이터 전송 보장 • 메시지의 전송, 오류 제어, 흐름 제어, 연결 제어 기능 • 출발지와 목적지의 포트 번호가 결정되는 계층 • 부하 분산 : 과도한 트래픽 분산
3계층	네트워크	• 패킷의 목적지 IP 주소를 참조하여, 최적의 경로를 설정·전송하는 계층 • 라우팅, 흐름 제어, 단편화▼, 오류 제어 수행
2계층	데이터링크	• 점 대 점(Point To Point) 간 신뢰성 있는 전송 보장 • 프레임 구성 : 헤더+네트워크 계층에서 받은 패킷+트레일러 • 서브 계층(sub layer) 　- LLC(Logical Link Control) : 오류 제어, 흐름 제어, 오류 검사 및 복구, 비트 동기 및 식별 기능 수행 　- MAC(Media Access Control) : MAC 주소를 사용한 매체접근 방식
1계층	물리	• 시스템 간 링크를 활성화하고 관리하기 위한 사용자 장비와 네트워크 종단 • 장비 간 기계적, 전기적, 기능적, 절차적 특성과 인터페이스 정의

> **더 알아두기**
>
> ▼ 부호화(encoding)
> 정보의 형태나 형식을 표준화, 보안, 처리속도 향상, 저장 공간 절약 등을 위해서 다른 형태나 형식으로 변환하는 처리 혹은 그 처리방식을 말함
>
> ▼ 압축(compression)
> 데이터를 더 적은 저장 공간에 효율적으로 기록하기 위한 기술, 또는 그 기술의 실제 적용
>
> ▼ 암호화(encryption)
> 어떤 평문을 암호문으로 바꾸는 것을 암호화라고 하고, 이때 사용되는 것을 암호화키라고 함
>
> ▼ 동기화(synchronization)
> • 작업 사이의 수행 시기(순서)를 맞추는 것
> • 사건이 동시에 일어나거나, 일정한 간격을 두고 일어나도록 시간의 간격을 조정하는 것
>
> ▼ 단편화(fragmentation)
> • 프로토콜 기본 전송 단위인 PDU(Protocol Data Unit)를 여러 작은 단위로 나누는 것
> • 단편화된 패킷은 목적지에 도달할 때까지는 재조립(reassembly)되지 않음
> • 패킷 단편화는 주로 네트워크 계층에서 이루어짐

(3) 계층별 특징

계층	구분	내용
응용	전송 단위	메시지(message)
	프로토콜	FTP, Telnet, SMTP, HTTP, DNS, SNMP, POP3, IMAP 등
	장비	L7 스위치(L7 switch), 게이트웨이(gateway)
표현	전송 단위	메시지(message)
	프로토콜	JPEG, MPEG, ASCII, GIF 등
	장비	게이트웨이(gateway)
세션	전송 단위	메시지(message)
	프로토콜	SSL, Socks▼
	장비	게이트웨이(gateway)
전송	전송 단위	세그먼트(segment)
	프로토콜	TCP, UDP, SPX 등
	장비	L4 스위치(L4 switch), 게이트웨이(gateway)
네트워크	전송 단위	패킷(packet)
	프로토콜	IP, IPSec, IPX▼, ICMP, IGMP, ARP, RARP 등
	장비	라우터(router), L3 스위치(L3 switch)

	전송 단위	프레임(frame)
데이터링크	프로토콜	PPP, PPTP, L2F, L2TP, HDLC, SDLC, Ethernet 등
	장비	브리지(bridge), 스위치(switch)
	전송 단위	비트(bit)
물리	프로토콜	EIA RS-232C, V.24, V.35, X.21 등
	장비	리피터(repeater), 더미 허브(dummy hub)

> **더 알아두기**
>
> ▼ Socks(socket secure)
> - Socks 서버는 클라이언트의 요청을 받아 클라이언트와 서버 사이에서 중계하는 역할
> - SOCKSv5는 이 과정에 인증을 도입하고, IPv6 주소 방식을 적용할 수 있게 하였으며, UDP 기반에서도 수행 가능
>
> ▼ IPX(Internetwork Packet Exchange)
> - IPX/SPX 프로토콜 스택 안에 있는 OSI 모델
> - 네트워크 계층 프로토콜
> - 논리 네트워크는 32비트 고유 16진수 주소를 할당받음(범위는 0x1부터 0xFFFFFFFE까지)
> - 호스트는 48비트 노드 주소를 가지며, 기본적으로 랜 카드의 맥 주소로 설정됨. 이 노드 주소는 네트워크 주소에 추가하여 네트워크 호스트를 위한 고유 인증자를 만듦

(4) OSI 7계층 인캡슐레이션▼, 디캡슐레이션▼

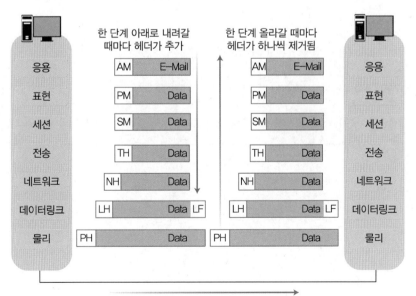

[OSI 7계층 인캡슐레이션, 디캡슐레이션]

> **더 알아두기**
>
> ▼ 인캡슐레이션(encapsulation)
> OSI 7계층에서 데이터를 전송할 때 각 계층마다 인식할 수 있는 헤더를 추가하는 과정
>
> ▼ 디캡슐레이션(decapsulation)
> 전송매체를 통해 받은 데이터에서, 1계층부터 7계층으로 올라가면서 헤더가 제거되는 과정

제 2 절 TCP/IP 중요 ★★

1 TCP/IP 일반

(1) TCP/IP 개요

① 일반적으로 4계층으로 분류하며, 통신 프로토콜 중 가장 널리 쓰이는 프로토콜
② 다른 통신 프로토콜에 비해 이기종 간 연결이 쉽고, LAN▼/WAN▼에서 모두 사용 가능

> **더 알아두기**
>
> ▼ LAN(Local Area Network)
> • 근거리 통신망
> • 작은 지역 내에서 다양한 통신 기기의 상호 연결을 가능하게 하는 통신 네트워크
>
> ▼ WAN(Wide Area Network)
> • 광역 통신망
> • 랜(LAN)과 랜(LAN)을 연결하는 광역 네트워크. 즉, 서로 멀리 떨어진 지역의 네트워크를 연결해 줌

(2) OSI 7계층과 TCP/IP 4계층 비교

OSI 7계층		TCP/IP 4계층	
L7	응용 계층	L4	응용 계층 (application layer)
L6	표현 계층		
L5	세션 계층		
L4	전송 계층	L3	전송 계층 (transport layer)
L3	네트워크 계층	L2	인터넷 계층 (internet layer)
L2	데이터링크 계층	L1	네트워크 접근 계층 (network access layer)
L1	물리 계층		

2 TCP/IP 주요 프로토콜

(1) IPv4

① 개요
⊙ TCP/IP 프로토콜의 가장 기본적인 IP 주소 체계
ⓛ 논리적 주소(logical address)로, 네트워크 계층(3계층) 프로토콜
ⓒ 비신뢰성, 비연결형 프로토콜

② 주소 체계
⊙ 32bit(4byte) 길이로 구성된 논리적인 주소체계로, 형태는 192.168.10.1로 표기
ⓛ 점[.(dot)]으로 구분된 옥텟(octet) 4개를 조합하여 IP 주소를 나타냄
ⓒ 실제 IP 주소는 2진수로 표기되며, 사용자가 이해하기 쉽도록 10진수 표기법을 사용하는 것

11000000(8bit)	10101000(8bit)	00001010(8bit)	00000001(8bit)
192	168	10	1
Octet 1	Octet 2	Octet 3	Octet 4

③ IP 클래스
⊙ 하나의 IP 주소에서 네트워크 영역과 호스트 영역을 나누는 방법
ⓛ IP 주소를 A, B, C, D, E 클래스로 나누는 이유는 네트워크 크기에 따른 구분. 즉, 하나의 네트워크에서 몇 개의 호스트 IP 주소까지 가질 수 있는가에 따라서 클래스를 나눌 수 있음
ⓒ 보통 A, B, C 클래스는 사용자에게 부여되며, D(멀티캐스트용)와 E(연구/테스트용) 클래스는 자주 사용되지 않음
ⓔ 또한, IP 주소는 네트워크 주소(네트워크 영역을 구분)와 호스트 주소(개별 장비를 구분)로 구분되고, 네트워크 주소는 많은 호스트를 쉽게 관리하기 위해 네트워크의 범위를 지정하는 것이며, 호스트 주소는 호스트를 개별적으로 관리하기 위해 사용하는 것

◎ 네트워크 주소와 호스트 주소는 서브넷 마스크▼로 구분

Class	First Octet Range	Max Hosts	Format
A	1 – 126	16M	0 NET ID / HOST ID (1 Octet / 3 Octet)
B	128–191	64K	1 0 NET ID / HOST ID (2 Octet / 2 Octet)
C	192–223	254	1 1 0 NET ID / HOST ID (3 Octet / 1 Octet)
D	224–239	N/A	1 1 1 0 Multicast Address
E	240–255	N/A	1 1 1 1 Experimental

더 알아두기

▼ 서브넷 마스크(subnet mask)
- 주어진 IP 주소를 네트워크 환경에 맞게 나누어 주기 위한 이진수의 조합
- IP 주소의 네트워크 부분과 호스트 부분으로 나눔
- 네트워크 영역은 서브넷 마스크가 2진수로 1인 부분, 호스트 영역은 서브넷 마스크가 2진수로 0인 부분을 나타냄
- 2진수로 표현했을 때 연속적으로 1이 나와야 하고, 중간에 0이 들어가면 안 됨
- 디폴트 서브넷 마스크 : A 클래스는 255.0.0.0, B 클래스는 255.255.0.0, C 클래스는 255.255.255.0

④ **통신 방식**

㉠ 유니캐스트(unicast)

단일 인터페이스를 지정하고, MAC 주소 기반으로 상대측 IP 주소를 목적지로 하는 일대일 통신 방식이며, 유니캐스트 주소로 전송된 패킷은 그 주소에 해당하는 인터페이스에만 전달

㉡ 멀티캐스트(multicast)

여러 노드에 속한 인터페이스의 집합을 지정하고, 멀티캐스트 주소로 전송된 패킷은 그 주소에 해당하는 모든 인터페이스에 전달되며, 하나 이상의 송신자가 네트워크의 특정 그룹에 패킷을 전송하는 다대다 통신 방식

ⓒ 브로드캐스트(broadcast)

자신의 호스트가 속해 있는 네트워크 전체를 대상으로 패킷을 전송하는 일대다 통신 방식

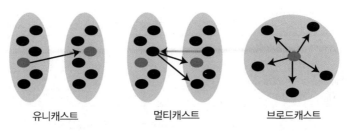

유니캐스트　　　　　멀티캐스트　　　　브로드캐스트

[유니캐스트, 멀티캐스트, 브로드캐스트]

⑤ 헤더 구조

04		8	16		32
version	Header length	Type of service	51	Total packet length	
Fragmentation Identifier			Flags	Fragmentation offset	
Time to live		Protocol identifier	Header checksum		
Source IP Address					
Destination IP Address					
Option				padding	

Version (4bit)	IP 프로토콜의 버전을 정의. IPv4는 4의 값을 가짐
Header Length (4bit)	• IP 헤드의 길이를 32비트 단위로 나타냄 • 대부분의 IP 헤더의 길이는 20바이트, 필드 값은 5
Type-of-Service Flags	• 서비스 품질에 따라 패킷의 등급을 구분 • 높은 값을 우선 처리함
Total Packet Length (16bit)	IP 패킷의 전체 바이트 수로 헤더와 페이로드▼ 길이의 합
Fragment Identifier (16bit)	분할이 발생한 경우, 조각을 재조립하기 위한 식별자로 사용
Fragmentation Flags (3bit)	• 처음 1bit는 항상 0으로 설정, 나머지 2비트의 용도는 다음과 같음 　- May Fragment : IP 라우터에 의해 분할 여부를 나타냄(플래그 0 : 분할 가능, 　　1 : 분할 방지) 　- More Fragment : 원래 데이터의 분할된 조각이 더 있는지 여부 판단(플래그 　　0 : 마지막 조각, 기본값 1 : 조각이 더 있음)
Fragmentation Offset (13bit)	• 전체 패킷에서 해당 단편의 오프셋▼을 나타내며, 8바이트 단위로 표기 • 단편의 오프셋이 100이면 800바이트에서 단편이 시작됨
Time to Live (8bit)	• 패킷이 전달될 최대 라우터(hop)의 수를 나타냄 • 근원지 호스트에서 이 값을 생성하며, 각 라우터는 이 값을 1씩 감소시키고, 　이 값이 0이 되면 패킷을 폐기함

Protocol Identifier (8bit)	• 상위 계층 프로토콜 • 1 : ICMP, 2 : IGMP, 6 : TCP, 17 : UDP
Header Checksum (16Bit)	• IP 헤더에 대한 오류 검사 • 라우터를 거칠 때마다 재계산을 하므로 속도 저하
Source IP Address (32bit)	출발지 IP 주소
Destiantion IP Address (32bit)	목적지 IP 주소
Options (가변적)	Type of Service 플래그처럼 특별한 처리 옵션을 추가로 정의할 수 있음

> **⚠ 더 알아두기 ❯**
>
> ▼ 페이로드(payload)
> • 실제 전송되는 데이터를 의미
> • 전송의 근본적인 목적이 되는 데이터의 일부분
> • 데이터와 함께 전송되는 헤더와 메타데이터는 제외
>
> ▼ 오프셋(offset)
> 두 번째 주소를 만들기 위해 기준이 되는 주소에 더해진 값을 의미

(2) MAC 주소

① 개요
  ㉠ 네트워크 인터페이스 카드(NIC)에 부여된 고유 식별자
  ㉡ 하드웨어 주소(hardware address)로, 데이터링크 계층(2계층) 프로토콜
  ㉢ 서로 다른 컴퓨터에 있는 NIC는 서로 다른 이름, 즉 서로 다른 MAC 주소를 가짐

② 주소 체계
  ㉠ 48비트(6바이트) 길이로 구성된 논리적인 주소 체계로, 0c-00-3a-c4-db-e8로 표기
  ㉡ 하이픈(-), 점[.(dot)], 콜론(:)으로 구분된 옥텟(octet) 6개를 조합하여 MAC 주소를 나타냄
  ㉢ 실제 MAC 주소는 2진수로 표기되며, 사용자가 이해하기 쉽도록 16진수 표기법을 사용하는 것
  ㉣ 앞부분 24비트는 NIC 제조업체의 정보, 뒷부분 24비트는 네트워크 인터페이스 카드(NIC)의 정보를 담고 있음

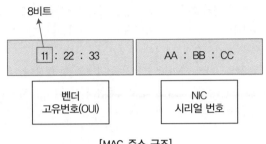

[MAC 주소 구조]

(3) IPv6

① 개요

㉠ IPv4의 주소 한계▼를 극복하기 위해 개발

㉡ IPv4의 주소 고갈 문제를 해결하기 위하여 기존의 IPv4 주소 체계를 128비트 크기로 확장한 차세대 IP 주소

> **더 알아두기**
>
> ▼ IPv4 주소의 한계
> • 주소 공간의 고갈
> • 최소 지연과 자원의 예약 불가
> • 암호화와 인증 기능은 제공하지 않음

② 주소 체계

㉠ 128비트(16바이트) 길이로 구성된 논리적인 주소체계로, 2001:0230:abcd:ffff:0000:0000:ffff:1111로 표기

㉡ 콜론(:)으로 구분된 필드(field) 8개를 조합하여 IP 주소를 나타냄

㉢ 실제 IP 주소는 2진수로 표기되며, 사용자가 이해하기 쉽도록 16진수 표기법을 사용하는 것

③ 통신 방식

㉠ 유니캐스트(unicast)

단일 인터페이스를 지정하며, MAC 주소 기반으로 상대측 IP 주소를 목적지로 하는 일대일 통신 방식이고, 유니캐스트 주소로 전송된 패킷은 그 주소에 해당하는 인터페이스에만 전달

㉡ 멀티캐스트(multicast)

여러 노드에 속한 인터페이스의 집합을 지정하고, 멀티캐스트 주소로 전송된 패킷은 그 주소에 해당하는 모든 인터페이스에 전달되며, 하나 이상의 송신자가 네트워크의 특정 그룹에 패킷 전송

㉢ 애니캐스트(anycast)

• IPv6에서 브로드캐스트의 대안으로 사용하는 통신 방식으로, 단일 송신자와 그룹 내에서 가장 가까운 곳에 있는 일부 수신자 사이의 통신

- 여러 노드에 속한 인터페이스의 집합을 지정하고, 애니캐스트 주소로 전송된 패킷은 그 주소에 해당하는 인터페이스 중 하나의 인터페이스에 전달되며, 한 호스트가 호스트 그룹을 위하여 라우팅 테이블을 효과적으로 갱신할 수 있도록 설계
- 어떤 게이트웨이가 가장 가까이 있는지를 결정할 수 있으며, 유니캐스트 통신인 것처럼 그 호스트에 패킷을 전송할 수 있고, 그 호스트는 모든 라우팅 테이블이 갱신될 때까지 그룹 내의 다른 호스트에게 차례로 애니캐스트할 수 있음

④ 헤더 구조

Version	• IP 프로토콜의 버전을 정의 • IPv6는 6의 값을 가짐
Traffic Class (8bit)	• IPv4의 서비스 유형 필드와 유사한 역할 • IP 패킷마다 서로 다른 서비스 요구사항을 구분하기 위함
Flow Label (20bit)	데이터의 특정한 흐름을 위한 특별한 처리를 제공
Payload Length (16bit)	• 기본 헤더를 제외한 IP 패킷의 길이를 정의 • 페이로드 길이(확장 헤더+상위 데이터)는 2^{16}(65,536)까지 가능하며, IPv4에서는 헤더 길이 필드와 전체 길이 필드의 2개의 필드가 있지만, IPv6는 기본 헤더의 길이가 40바이트로 고정되어 있어 페이로드의 길이만 정의하면 됨
Next Header	• 기본 헤더 다음에 위치하는 확장 헤더의 종류를 표시 • IPv4의 프로토콜 번호와 유사한 역할
Hop Limit	IPv4의 TTL 필드와 같은 목적으로 사용
Source IP Address	• 출발지 IP 주소 • 128비트(16바이트) 인터넷 주소이며, 16진수 콜론 표기법(colon hexadecimal notation)이 사용되어 주소를 8개의 필드로 나타냄 • 영역 앞에 있는 0은 생략이 가능하며, 연속되는 영역이 0으로만 구성되면 0을 모두 제거하고 더블 콜론으로 대체하는 0 압축(zero compression)을 사용
Destination IP Address	• 목적지 IP 주소 • 128비트(16바이트) 인터넷 주소이며, 16진수 콜론 표기법(colon hexadecimal notation)이 사용되어 주소를 8개의 필드로 나타냄 • 영역 앞에 있는 0은 생략이 가능하며, 연속되는 영역이 0으로만 구성되면 0을 모두 제거하고 더블 콜론으로 대체하는 0 압축(zero compression)을 사용

⑤ 확장 헤더

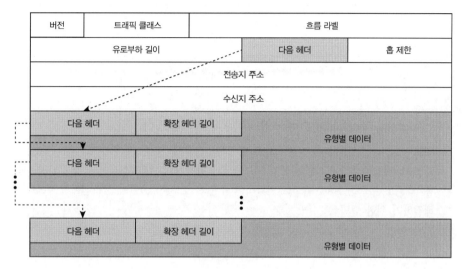

[IPv6 확장 헤더]

Hop by Hop Option	경로의 각 라우터(hop)에서 배달 또는 전달 처리 옵션을 지정하기 위해 사용
Destination Option	패킷의 목적지에서 배달 또는 전달 처리 옵션을 지정하기 위해 사용
Routing	IPv6 출발지 노드가 패킷이 목적지에 가는 동안 경유해야 할 라우터들을 지정
Fragmentation	요청한 페이로드가 MTU보다 크면 IPv6 출발지에서 페이로드를 조각내고, Fragmentation Option Header를 사용하여 재조립 정보를 제공하여 목적지 노드가 재조립
Authentication	IPSec의 인증 헤더
Encapsulating Security Payload	IPSec의 인증 및 암호화 헤더

(4) 사설 IP 주소

① 개요

    ㉠ 공인 IP 주소가 아닌 사적인 용도로 사용되는 IP 주소

    ㉡ IP 주소의 부족을 해결할 수 있으며, 자유로이 사용할 수 있음

    ㉢ NAT(Network Address Translation)▼ 기능 이용

> **더 알아두기**
>
> ▼ NAT(Network Address Translation)
> - IPv4의 주소 부족 문제를 해결하기 위한 방법으로 고려되었으며, 주로 비공인(사설) 네트워크 주소를 사용하는 망에서 외부의 공인 네트워크(인터넷)와의 통신을 위해서 네트워크 주소를 변환하는 기술
> - 내부망에서는 사설 IP 주소를 사용하여 통신하고, 외부망과의 통신 시에는 네트워크 주소 변환 기술(NAT)을 거쳐 공인 IP 주소로 변환

② 주소 범위

클래스	범위
A	10.0.0.0 ~ 10.255.255.255
B	172.16.0.0 ~ 172.31.255.255
C	192.168.0.0 ~ 192.168.255.255

(5) ARP(Address Resolution Protocol)

① 개요

TCP/IP 네트워크의 시스템이 동일 네트워크나 다른 시스템의 MAC 주소를 알고자 하는 경우에 사용. 즉, IP 주소를 MAC 주소로 변환하여 주는 프로토콜로, 여러 시스템에서 주소 지정의 차이를 해결하기 위한 규약

② 동작 원리

ㄱ 송신 시스템은 목적지 시스템의 MAC 주소를 알아내기 위하여 해당 네트워크의 모든 시스템으로 ARP 요청(request) 패킷 전송

ㄴ ARP 요청(request) 패킷을 수신한 모든 시스템은 자신의 IP 주소와 일치하는지 확인 후 일치하지 않으면 해당 패킷 폐기

ㄷ 목적지 IP 주소와 일치하는 시스템은 자신의 MAC 주소를 포함시켜, ARP 응답(reply) 패킷을 유니캐스트(unicast)로 응답

ㄹ 송신 시스템은 목적지 IP 주소에 대응하는 MAC 주소를 알아냄

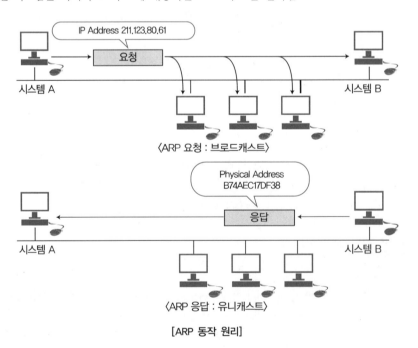

[ARP 동작 원리]

③ 헤더 구조

Hardware Type		Protocol Type	
Hard Add Len	Proto Add Len	Operation Code	
Source Hardware Address			
Source Protocol Address			
Destination Hardware Address			
Destination Protocol Address			

필드	설명
Hardware Type (2Byte)	• Hardware 주소 타입을 나타내는 필드 • 네트워크 유형 - 1(Ethernet), 2(Experimental Ethernet), 3(Amateur Radio AX.25), 4(Proteon ProNET Token Ring), 5(Chaos), 6(IEEE 802.3 Networks) - 7(ARCNET), 8(Hyperchannel), 9(Lanstar), 10(Autonet Short Address), 11(LocalTalk), 12(LocalNet(IBM PCNet or SYTEK LocalNET))
Protocol Type (2Byte)	프로토콜(IPv4, IPv6, ATM 등)의 유형 - 0x0800(IPv4)
Hard Add Len (1Byte)	하드웨어 주소(MAC)의 길이를 Byte로 나타냄 - 6(Ethernet)
Proto Add Len (1Byte)	프로토콜 주소의 길이를 Byte로 나타냄 - 4(IPv4)
Operation Code (2Byte)	ARP 패킷의 종류 - 1(ARP Request), 2(ARP Reply), 3(RARP Request), 4(RARP Reply)
Source Hardware Address (6Byte)	출발지의 MAC 주소
Source Protocol Address (4Byte)	출발지의 IP 주소
Destination Hardware Address (6Byte)	• 목적지의 MAC 주소 • ARP Request 동작 시 0으로 설정 - 이더넷 헤더의 목적지 주소가 FF:FF:FF:FF:FF:FF로 설정되어 브로드캐스팅
Destination Protocol Address (4Byte)	목적지의 IP 주소

(6) ICMP(Internet Control Message Protocol)

① 개요

㉠ TCP/IP를 이용하여 두 호스트 간 통신을 담당하는 프로토콜

㉡ 두 호스트가 통신할 때 오류 정보를 알려주거나, 상대 호스트의 통신 가능 유무를 확인하는 데 사용

② 특징
　㉠ 네트워크 계층 프로토콜로, IP 패킷의 프로세스에 관련된 오류 정보를 보고하는 메시지 제공
　㉡ 첫 번째의 IP 데이터 그램에 대해서만 오류 보고를 하며, 중간 라우터에 문제 발생 시 IP 데이터
　　그램이 전달되지 않아도 네트워크에서는 ICMP가 시작 호스트로 보내짐 : 오류 보고, 도착 가능
　　검사, 혼잡 제어, 목적지 경로 변경, 성능 측정

③ 메시지 종류

Echo Request/Reply	Type 8/0	ICMP 요청/응답 메시지
Destination Unreachable	Type 3	도달할 수 없는 목적지에 계속해서 패킷을 보낼 때 경고 역할
Source Quench	Type 4	목적지 서버가 불안정하거나 폭주했을 때 상황을 출발지에 알려서 전송을 잠시 중단하거나 전송률을 줄이는 등의 조치를 하도록 하는 역할
Redirect	Type 5	출발지로부터 패킷을 수신받은 라우터가 특정 목적지로 가는 더 짧은 경로가 있음을 알리는 역할
Time Exceeded	Type 11	목적지 시스템에 도달하기 전에 TTL▼ 값이 0에 이르렀음을 알리는 역할
Timestamp Request/Reply	Type 13/14	ICMP 질의 메시지가 두 시스템 간에 왕복하는데 소요되는 시간 또는 시간차를 파악하는 데 사용
Address Mask Request/Reply	Type 17/18	서브넷 마스크를 얻는 데 사용

❗ 더 알아두기 Q

▼ TTL(Time To Live)
• 컴퓨터나 네트워크에서 데이터의 유효기간을 나타내기 위한 방법
• 계수기나 타임스탬프의 형태로 데이터에 포함되며, 정해진 유효기간이 지나면 데이터는 폐기
• 패킷의 무한 순환을 방지하는 역할
• 라우터는 TTL 패킷을 수신하면 TTL 값을 1씩 감소시킴. 만약, TTL 값이 0인 값을 받았다면 라우터
　는 패킷을 폐기

④ 헤더 구조

Type(8bit)	Code(8bit)	Checksum(16bit)
Message Body		

[ICMP 헤더 구조]

Type	ICMP 메시지 종류
Code	Type에 대한 코드 값
Checksum	ICMP 메시지 자체(헤더+데이터)에 대한 오류를 검사하는 필드

(7) TCP(Transmission Control Protocol)

① 개요

호스트 간 신뢰성 있는 데이터 전달과 흐름 제어 및 혼잡 제어 등을 제공하는 전송 계층의 연결지향형 프로토콜

② 특징

㉠ 패킷의 순서번호(sequence number)와 순환 중복 검사(cyclic redundancy check)▼를 이용하여 신뢰성 있는 통신 수행

㉡ 상대방과 신뢰성 있는 통신을 위하여 세션을 연결하며, 논리적으로 1:1로 연결된 통신에서 가능

㉢ TCP 기반 프로토콜 : FTP, Telnet, SMTP, HTTP 등

> **더 알아두기**
>
> ▼ 순환 중복 검사(cyclic redundancy check)
> 네트워크를 통하여 데이터를 전송할 때 전송된 데이터에 오류가 있는지를 확인하기 위한 체크 값을 결정하는 방식

③ 기본 원리

세션이 생성되어 종료될 때까지 3단계를 거침(상대 소켓과의 연결 → 상대 소켓과의 데이터 전송 → 상대 소켓과의 연결 종료)

㉠ 상대 소켓과의 연결(3-Way Handshake)

> 1. 클라이언트가 서버로 [SYN](SEQ : 1000) 메시지 전송
> 2. 서버가 클라이언트로 [SYN+ACK](SEQ : 2000, ACK : 1001) 메시지 응답
> 3. 클라이언트가 [ACK](SEQ : 1001, ACK : 2001) 메시지를 전송하면 연결 확립

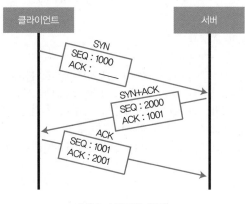

[상대 소켓과의 연결]

ⓛ 상대 소켓과의 데이터 전송

1. 클라이언트가 서버로 [SYN](SEQ : 4000) 메시지와 50바이트의 데이터 전송
2. 서버가 [ACK : 4051] 전송
3. 클라이언트가 SEQ : 4051 메시지와 80바이트 데이터를 전송하는데, 서버가 [ACK] 메시지를 수신하지 못함[이런 경우 일정 시간이 지나면 타임아웃(time out)이 일어나게 됨]
4. 클라이언트가 SEQ : 4051 메시지와 80바이트 데이터를 재전송하고, 서버가 [ACK : 4132] 메시지로 응답하면 데이터 전송 완료. 이런 과정을 통하여 데이터가 얼마만큼 전송이 되었는지, 전송이 정상적으로 되었는지를 확인할 수 있음

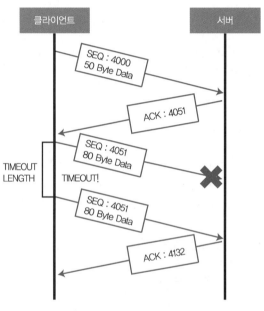

[상대 소켓과의 데이터 전송]

ⓒ 상대 소켓과의 연결 종료

1. 클라이언트가 [FIN](SEQ : 6000) 메시지를 서버로 전송
2. 서버는 [ACK](SEQ : 7000, ACK : 6001) 메시지로 응답
3. 서버가 다시 [FIN](SEQ : 7001, ACK : 6001) 메시지로 응답 : 여기에서 특징적인 것은 중간에 [ACK : 6001]이 두 번 전송된다는 점
4. [FIN] 메시지에 있는 [ACK : 6001]은 [ACK] 메시지를 전송한 후 수신하지 못하였기 때문에 재전송
5. 클라이언트가 [ACK](SEQ : 6001, ACK : 7002) 메시지로 응답하여 연결 종료

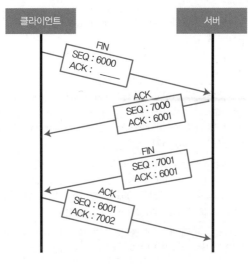

[상대 소켓과의 연결 종료]

④ 헤더 구조

Source Port Number(16bit)		Destination Port Number(16bit)
Sequence Number(32bit)		
Acknowledgement Number(32bit)		
Header Length(4bit) / Reserved(6bit) / Control Flag(6bit)		Window Size(16bit)
Checksum(16bit)		Urgent Pointer(16bit)
Option		

[TCP 헤더 구조]

Source Port(16bit)	• 출발지 포트 번호 • 출발지 호스트에서 TCP 세그먼트를 전송하는 포트의 2바이트 포트 번호 • 클라이언트가 서버로 전송할 때는 임시(클라이언트) 포트 번호를 사용하고, 서버가 클라이언트에게 응답을 전송할 때는 잘 알려진 서버 포트 번호 사용
Destination Port(16bit)	• 목적지 포트 번호 • 목적지 호스트에서 메시지의 최종 목적지인 프로세스의 포트를 나타내는 2바이트 포트 번호 • 클라이언트 요청일 경우 잘 알려진 포트 번호를 사용하고, 서버의 응답 으로는 임시 클라이언트 포트 번호 사용
Sequence Number (32bit)	• 정상적인 송신일 경우 이 세그먼트에서 전송하는 첫 번째 순서번호 • 연결요청(SYN) 메시지일 경우에는 출발지 TCP가 사용할 순서번호 • 실제로 전송할 첫 번째 데이터 바이트는 이 필드의 값+1을 순서번호로 가짐
Acknowledgement Number(32bit)	• ACK 비트가 설정되면 세그먼트는 승인기능을 가짐 • 출발지가 다음에 목적지로 전송해야 할 순서번호를 가짐
Header Length(4bit)	TCP 세그먼트에 있는 데이터를 32비트 워드(Word) 단위▼ 로 나타냄. 즉, 이 필드 값의 4배는 세그먼트에 있는 바이트 수가 되며, 따라서 세그먼트의 바이트 수는 항상 4의 배수

Reserved (6bit)	• 나중에 사용하기 위하여 예약되어 있음 • 0으로 설정
TCP Flags(6bit)	• TCP는 제어 메시지를 별도로 두지 않음 • 제어 비트를 전송할 때는 특정 비트 설정
Window(16bit)	• 세그먼트의 송신자가 수신자에게 한번에 받을 수 있는 옥텟 수를 알림 • 연결에서 발생하는 데이터를 수신하기 위하여 할당된 버퍼의 현재 크기 • 세그먼트를 전송하는 시스템의 현재 수신 Window 크기이며, 세그먼트를 수신하는 시스템의 송신 Window 크기
Checksum(16bit)	• 데이터 무결성 보호를 위하여 사용하는 16비트 체크섬 • 전체의 TCP 데이터와 특수한 가상 세그먼트 필드를 통하여 체크섬 계산 • 체크섬을 이용한 송신 중에 발생할 수 있는 오류로부터 TCP 세그먼트 보호 • 선택적으로 다른 체크섬을 사용할 수 있음
Urgent Pointer(16bit)	• 우선순위 데이터 송신을 나타내는 URG 비트와 같이 사용 • 긴급 데이터의 마지막 바이트가 가지는 순서번호
Option (32bit)	• TCP는 세그먼트로 여러 선택사항 데이터를 전송할 수 있는 일반적인 방식 사용 • 각 선택사항의 길이는 1바이트이거나 가변 길이 • 첫 번째 바이트는 선택사항 종류, 하위 비트로 선택사항 유형 명시 • 선택사항 유형으로 선택사항이 1바이트인지 또는 여러 바이트인지 알 수 있음 • 여러 바이트를 가지는 선택사항은 3개의 필드로 구성
Padding	선택사항 필드가 32비트의 배수가 아니면 0을 덧붙여 32비트의 배수가 되도록 함

 더 알아두기

▼ 워드(Word) 단위
• 비트(Bit), 바이트(Byte), 워드 (Word)는 컴퓨터의 데이터 단위 또는 메모리의 단위로 사용
• 하나의 기계어 명령어나 연산을 통해 저장된 장치로부터 레지스터에 옮겨 놓을 수 있는 데이터 단위
• 메모리에서 레지스터로 데이터를 옮기거나, 산술 논리 장치(ALU)를 통해 데이터를 조작할 때, 하나의 명령어로 실행될 수 있는 데이터 처리 단위
• 사용하는 32비트 중앙처리장치(CPU)라면 워드는 32비트가 됨

(8) UDP(User Datagram Protocol)

① **개요**

호스트간 데이터 전송과 오류검출만을 제공하는 비연결형 프로토콜

② **특징**

㉠ TCP에 비해 전송과정이 단순하므로, 고속의 안정성 있는 전송매체를 사용하며, 고속의 수행 속도를 요구하는 응용 프로그램의 경우 사용

㉡ 가상회선의 개념이 없으며, 슬라이딩 윈도우(sliding window)▼ 등의 복잡한 기술을 사용하지 않음

㉢ 데이터의 전송 단위는 블록이며, UDP의 사용자는 16비트의 포트 번호를 할당받음

㉣ 전송 중 패킷이 손실되면 수신측에서 패킷 손실의 유무를 알 수 없으므로, 신뢰성 부족

ⓜ 비연결형 프로토콜이며, 패킷 오버헤드가 적음(세그먼트당 8바이트)

ⓗ UDP 기반 프로토콜 : DNS, NFS▼, SNMP, RIP 등

> **더 알아두기** 🔍

▼ 슬라이딩 윈도우(sliding window)
- 네트워크 호스트 간 패킷의 흐름을 제어하기 위한 방법
- TCP와 같이 데이터의 전달을 보증하는 프로토콜에서는 패킷 하나하나가 정상적으로 전달되었음을 알리는 확인 신호(ACK)를 받아야 하며, 만약 패킷이 전송 도중에 잘못되었거나 분실되어 확인받지 못하는 경우, 해당 패킷을 재전송해야 할 필요가 있음
- 슬라이딩 윈도우는 일단 '윈도우(메모리 버퍼의 일정 영역)'에 포함되는 모든 패킷을 전송하고, 그 패킷들의 전달이 확인되는 대로 이 윈도우를 옆으로 옮김(slide)으로서, 그 다음 패킷들을 전송하는 방식
- 아직 확인을 받지 않고도 여러 패킷을 보내는 것이 가능하므로, 매번 전송한 패킷에 대해 확인을 받아야만 그 다음 패킷을 전송하는 방법(stop-and-wait)을 사용하는 것보다 훨씬 네트워크를 효율적으로 사용할 수 있음

▼ NFS(Network File System)
- 썬 마이크로 시스템(SUN)에서 네트워크를 통해 파일을 공유할 수 있도록 만든 프로토콜
- 하드웨어, 운영체제 또는 네트워크 구조가 달라도 파일을 공유할 수 있도록 고안
- 파일 공유 등을 비롯해 다른 부가 기능을 제공하지만, 공유된 파일들에 대한 보안 문제가 발생할 수도 있음
- 리눅스 시스템에서 윈도(Windows) 파티션을 마운트하여 사용하는 것처럼, 네트워크 파일 시스템(NFS) 서버의 특정 디렉터리를 클라이언트에서 마운트하여 자신의 영역인 것처럼 사용할 수 있음
- 그러나 위와 같은 편리한 점에도 불구하고 보안상 많은 취약점을 갖고 있어, 클라이언트인 것처럼 속여서 서버에 접속하게 되면 특정 디렉터리를 마음대로 조작할 수 있음

③ 헤더 구조

Source Port Number(16bit)	Destination Port Number(16bit)
Total Length(16bit)	Checksum(16bit)

[UDP 헤더 구조]

Source Port Number	출발지 포트 번호
Destination Port Number	목적지 포트 번호
Total Length	UDP 헤더와 데이터 길이
Checksum	데이터의 무결성 확인

(9) DNS(Domain Name System)

① **개요**

  ㉠ TCP/IP 네트워크에서 사용되는 이름 서비스의 구조로, 도메인 이름과 IP 주소의 정보를 자동으로 해석하는 시스템

  ㉡ 인터넷에서 www.mydomain.com과 같은 특정 도메인을 IP 주소로 변환해 주는 프로토콜

  ㉢ OSI 7계층의 응용 계층 프로토콜로, TCP/UDP 53번 포트를 이용하여 통신하며, 클라이언트가 운영체제 내에 내장되어 자동으로 동작

② **도메인 이름(domain name)**

  ㉠ 넓은 의미로는 네트워크에서 컴퓨터를 식별하는 호스트명을 가리키며, 좁은 의미에서는 도메인 등록기관에 등록된 이름을 의미

  ㉡ 사용 가능한 문자 : 0부터 9까지, a부터 z까지(알파벳 대소문자 구분 안함), 하이픈(-)

  ㉢ 도메인 사용 시 장점 : 숫자로 된 IP 주소에 비해 기억하기 쉬우며, 여러 IP 주소를 하나의 도메인에 대응시키거나(서브 도메인), 여러 도메인을 하나의 IP 주소로 대응시키는(가상 호스트▼) 것이 가능함

> **❗ 더 알아두기 🔍**
>
> ▼ 가상 호스트(virtual host)
> • 하나의 서버가 여러 개의 도메인을 가지고 있고, 각각의 도메인마다 다른 서비스를 제공하고자 할 때 가상 호스트를 사용하면 편리
> • 이름 기반 가상 호스트 설정

③ **기본 원리**

  ㉠ 클라이언트가 DNS 서버에게 mydomain.co.kr 주소 질의

  ㉡ DNS 서버는 mydomain.co.kr에 대한 IP 주소를 캐싱하고 클라이언트에게 IP 주소를 알려줌

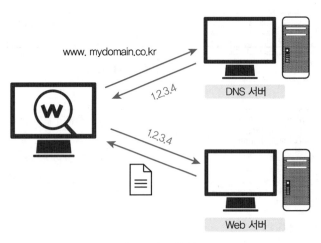

[DNS 기본 원리]

④ DNS 레코드

A (IPv4 Address Record)	• 주어진 호스트에 대한 IP 주소(IPv4)를 알려줌 • 도메인 이름을 해당하는 IP 주소(IPv4)로 변환하는 데 사용
AAAA (IPv6 Address Record)	• 주어진 호스트에 대해 IP 주소(IPv6)를 알려줌 • 도메인 이름을 해당하는 IP 주소(IPv6)로 변환하는 데 사용
CNAME (Canonical Name)	• 도메인 이름의 별칭을 만드는 데 사용하며, 도메인을 외부 도메인으로 별칭을 지정하려는 경우 유용 • 경우에 따라 CNAME 레코드를 제거하고, A 레코드로 대체하면 성능 오버헤드를 줄일 수도 있음
HINFO (Host Information)	• 호스트에 대한 일반 정보를 얻는 데 사용(CPU 및 OS 등) • 두 호스트 간 통신을 하고자 할 때, 운영체제나 특정 프로토콜을 사용할 수 있도록 함 • 하지만 일반적으로 HINFO 레코드는 보안상의 이유로 공용 서버에서 사용되지 않음
MX (Mail Exchanger)	• DNS 도메인 이름에 대한 메일 교환 서버를 알려줌 • SMTP(Simple Mail Transfer Protocol)가 전자메일을 적절한 호스트로 라우팅하는 데 사용하고, 일반적으로 DNS 도메인에 대해 2개 이상의 메일 교환 서버가 있으며, 각 도메인에 우선순위가 설정됨
NS (Name Server)	주어진 호스트에 대한 공식적인 이름 서버를 알려줌
PTR (Reverse−Lookup Pointer Record)	정방향 DNS 확인(A 및 AAAA 레코드)과 달리 PTR 레코드는 IP 주소를 기반으로 도메인 이름을 찾는 데 사용
SOA (Start of Authority)	기본 이름 서버, 도메인 관리자의 전자메일, 도메인 일련번호 및 영역 새로 고침과 관련된 여러 타이머를 포함하여 DNS 영역에 대한 핵심 정보를 지정
TXT(Text)	• 형식이 지정되지 않은 임의의 텍스트 문자열을 저장할 수 있음(파일도 가능) • 일반적으로 이 레코드는 SPF(Sender Policy Framework)▼가 가짜 전자메일을 차단하기 위해서 사용

🔔 더 알아두기 🔍

▼ SPF(Sender Policy Framework)
• DNS 레코드의 한 유형으로, 스팸메일 발송자가 전자 메일 주소를 변조하거나 도용하여 수백, 수천 또는 수백만 개의 전자메일을 불법으로 보낼 수 있는 전자 메일 시스템의 허점을 방지하기 위해 2003년에 개발
• 메일 서버 정보를 사전에 DNS에 공개 등록함으로써, 수신자로 하여금 전자메일에 표시된 발송자 정보가 실제 메일 서버의 정보와 일치하는지를 확인할 수 있도록 하는 메일 검증기술로, 메일 서버 등록제라고도 불리며, 국제표준인 RFC 7208에 정의되어 있음

(10) FTP(File Transfer Protocol)

① **개요**

ㄱ 클라이언트와 서버 간 전송을 위한 프로토콜

ㄴ Telnet이나 rlogin, rsh와 같은 원격접속 프로토콜은 파일 전송이 불가능하므로, 클라이언트와 서버 간 파일 전송을 위해 사용

ㄷ 기본적으로 FTP 서버가 동작하는 시스템이 FTP 클라이언트가 동작하고 있는 시스템으로부터 명령어를 송수신하는 클라이언트/서버 프로토콜

② **특징**

ㄱ 접속에는 계정접속과 익명(anonymous)접속▼ 두 가지가 있는데, 계정접속은 FTP 서버에 로그온하기 위한 계정이 필요하고, 익명접속은 로그온할 때 'anonymous'라는 계정 필요

ㄴ FTP 클라이언트는 대화식이며, 명령어 중심의 텍스트 위주인 인터페이스에서 동작

ㄷ OSI 7계층의 응용 계층 프로토콜, 기본적으로 TCP 21번(제어 포트)과 20번(데이터 포트) 사용

❗ 더 알아두기 🔍

▼ 익명(anonymous)접속
- Anonymous FTP 서버에 접속한 뒤 사용자 아이디로 "anonymous" 라고 입력하고, 패스워드에는 자신의 이메일 주소를 입력하면 로그인이 허용되는 방식
- 보통의 FTP 사이트들은 사용자 아이디와 패스워드를 가진 사람만이 이용할 수 있는데 반해, anonymous FTP는 해당 서버에서 부여된 사용자 아이디나 패스워드가 없더라도 작업이 가능하기 때문에 anonymous라고 부름

---

③ **기본 원리**

ㄱ FTP는 TCP 통신을 하므로, 3-웨이 핸드셰이킹(3-way handshaking) 과정을 완료 후 클라이언트가 명령을 입력하면 서버가 응답

ㄴ FTP 서버와 클라이언트 사이에 두 개의 연결이 생성됨. 하나는 데이터 전송을 제어하기 위한 신호를 주고받기 위함이고(제어 포트 : 21번 포트), 다른 하나는 실제 데이터(파일) 전송에 사용됨(데이터 포트 : 20번 포트)

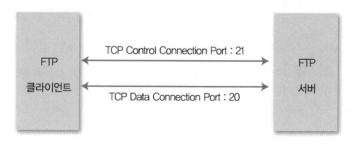

[FTP 기본 원리]

(11) SMTP(Simple Mail Transfer Protocol)

① 개요

  ㉠ 네트워크에서 메일 전송을 위한 프로토콜

  ㉡ 메일 서버 간 송·수신뿐만 아니라 메일 클라이언트에서 메일 서버로 메일을 전송할 경우에도
    사용

② 특징

  ㉠ 텍스트 기반의 프로토콜로서, 요구/응답 메시지뿐 아니라 모든 문자가 7비트 (ASCII)▼로 되어
    있어야 한다고 규정

  ㉡ OSI 7계층의 응용 계층 프로토콜로, TCP 25번 포트 사용

> **! 더 알아두기 Q**
>
> ▼ ASCII(American Standard Code for Information Interchange)
> - 아스키 또는 미국 정보 교환 표준 부호
> - 영문 알파벳을 사용하는 대표적인 문자 인코딩 형식
> - 컴퓨터와 통신장비를 비롯한 문자를 사용하는 많은 장치에서 사용되며, 대부분의 문자 인코딩이 아
>   스키 기반
> - 1967년에 표준으로 제정되어 1986년에 마지막으로 개정
> - 7비트 인코딩으로, 33개의 출력 불가능한 제어 문자들과 공백을 비롯한 95개의 출력 가능한 문자들
>   로 이루어짐
> - 제어 문자들은 역사적인 이유로 남아 있으며, 대부분은 더 이상 사용되지 않음
> - 출력 가능한 문자들은 52개의 영문 알파벳 대소문자와 10개의 숫자, 32개의 특수 문자, 그리고 하나
>   의 공백 문자로 이루어짐

③ 기본 원리

  ㉠ 사용자는 메일 클라이언트 프로그램(outlook express 등)▼을 통해서 메일을 작성한 후 SMTP
    를 사용하여 메일 데몬(mail daemon)▼으로 메시지를 전송

  ㉡ 메일 데몬은 종단 간 클라이언트의 주소를 분석하고, 인접한 메일 서버(송신자의 메일 서버)로
    메시지와 정보를 보냄

  ㉢ 송신자가 보낸 메일이 송신자의 전자우편을 관리하는 메일 서버에 전달되면, 메일 서버는 수신
    자의 메일 주소를 분석하여 인접한 메일 서버에 메일을 전달

  ㉣ 최종 수신자의 메일 서버에 도착하기까지 연속적으로 전달중계 작업이 계속됨. 즉, 서로 인접
    한 메일 서버들 간에 메일을 계속해서 중계해 나가며, 메일을 저장 후 전송(Store and
    forward)하는 서비스를 하게 됨

  ㉤ 이러한 일련의 작업이 지속적으로 이루어진 후, 송·수신자는 정확하게 메일 교환을 할 수 있게 됨

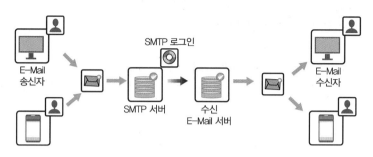

[SMTP 기본 원리]

💡 더 알아두기 🔍

▼ 메일 클라이언트 프로그램(outlook express)
Windows에서 사용하는 메일 클라이언트 프로그램

▼ 메일 데몬(mail daemon)
• 일종의 프로세스로서, 송신자의 메일과 정보를 메일 서버가 해석 가능하도록 재가공, 반대의 경우
  에도 같은 방법으로 수신자의 정확한 메시지 수신과 릴레이를 지원
• UNIX 기반 대표적인 메일 데몬으로는 sendmail, postfix 등이 있음

④ POP3와 IMAP

구분	POP3	IMAP
특징	• 사용자가 메일 서버에서 메일 수신을 위한 프로토콜로, SMTP와 함께 동작 • SMTP와 달리 기본적으로 인증 기능 지원 • OSI 7계층의 응용 계층 프로토콜, 기본적으로 TCP 110번 포트를 사용 • POP3s▼ : TCP 995번 포트를 사용	• 사용자가 메일 서버에서 메일 수신을 위한 프로토콜로 SMTP와 함께 동작 • SMTP와 달리 기본적으로 인증 기능 지원 • POP3보다 유연하고 뛰어난 성능 • OSI 7계층의 응용 계층 프로토콜, 기본적으로 TCP 143번 포트를 사용 • IMAPs▼ : TCP 993번 포트를 사용
방식	비동기화	동기화
받은 편지	읽은 후 삭제	읽은 후 저장
읽음 표시	• 불가능 • 컴퓨터와 메일 서버에서 별도 관리	• 가능 • 동기화

💡 더 알아두기 🔍

▼ POP3s
메일 수신 프로토콜로, SSL/TLS로 암호화된 POP3

▼ IMAPs
메일 수신 프로토콜로, SSL/TLS 암호화된 IMAP

(12) Telnet

① 개요

　　⑤ TCP/IP 기반의 프로토콜로 원격지 시스템을 자신의 시스템처럼 사용할 수 있게 하는 원격 터미널 접속 서비스

　　ⓛ 일종의 터미널 에뮬레이션 프로토콜로, NVT(Network Virtual Terminal)▼라고 불리는 가상 터미널의 개념 사용

　　ⓒ 터미널과 호스트와의 일대일 대칭적인 관계

② 특징

　　⑤ OSI 7계층의 응용 계층 프로토콜, 기본적으로 TCP 23번 포트 사용

　　ⓛ Gopher▼, Archie▼, WAIS▼와 같은 부가 응용 프로토콜 이용 가능

　　ⓒ 모든 데이터를 평문으로 전송하기 때문에 아이디(ID)나 패스워드(Password), 실행한 명령어와 명령어에 대한 정보가 모두 노출됨

더 알아두기

▼ NVT(Network Virtual Terminal)
- Telnet 표준 RFC 854에서 최초 정의
- 가상적이고 일반화된 양방향성 터미널 인터페이스 문자 집합
- 다양한 형태의 터미널 및 호스트 간의 호환성을 보장하는 일련의 데이터 형식

▼ Gopher
- WWW이 사용되기 전까지 텍스트 정보를 검색하기 편리하게 이용되던 서비스
- 텍스트 정보를 메뉴 방식으로 검색할 수 있으나, 그래픽을 포함하는 멀티미디어 정보를 제공하는 WWW이 사용된 이후부터 거의 사용되지 않고 있음

▼ Archie
초창기에 활발하게 사용되던 인터넷 서비스로, 자신이 필요로 하는 컴퓨터 파일이나 문서가 어느 Anonymous FTP 서버에 있는지 찾아주는 서비스

▼ WAIS(Wide Area Information Service)
주어진 주제어에 대한 정보를 전체 인터넷을 모두 검색하여 알려주는 서비스

---

③ 구성

　　⑤ Telnet 서버와 Telnet 클라이언트로 구성되며, 응용 프로그램에 속함

　　ⓛ Telnet 서버가 작동 중인 시스템에서 Telnet 클라이언트를 이용하여 접속 가능

　　ⓒ 클라이언트와 서버 간 하나의 TCP 연결이 사용되며, Telnet 클라이언트는 터미널의 사용자와 TCP/IP를 중개

④ 기본 원리

        ⊙ 클라이언트는 원격 로그온을 통하여 원격 시스템(서버)에 TCP 연결(23번 포트 사용)

        ⓒ 원격 시스템(서버)은 연결된 클라이언트로 가상의 터미널 제공

        ⓒ 클라이언트는 실제 터미널인 것처럼 원격 시스템(서버)에서 명령 실행

        ② 원격 시스템(서버)은 클라이언트의 명령을 수행하여 결과를 다시 클라이언트로 전송

[Telnet 기본 원리]

(13) SSH(Secure SHell)

① 개요

    원격 호스트에 로그온하거나 원격 호스트에서 명령을 실행하고, 다른 호스트로 파일을 복사할 수 있게 해주는 응용 프로그램 또는 프로토콜

② 특징

    ⊙ 강력한 인증 방법 및 보안상 취약한 네트워크에서 안전하게 통신할 수 있는 기능 제공(암호화 통신을 하므로, 노출되더라도 안전)

    ⓒ 기존의 rsh▼, rlogin▼, Telnet▼ 등의 대안

    ⓒ OSI 7계층의 응용 계층 프로토콜로, TCP 22번 포트 사용

> **❗ 더 알아두기 🔍**
>
> ▼ rsh(remote shell)
> - login의 간단한 버전
> - 원격 호스트에 로그온하여 단지 하나의 명령만을 수행하고 종료함
>
> ▼ rlogin(remote login)
> - Telnet과 유사하나, 주로 같은 네트워크에 있는 UNIX 시스템 간에만 사용
> - 두 호스트 간에 마치 직접 연결된 것처럼 통신
>
> ▼ Telnet
> - 특정 사용자가 인터넷을 통해 다른 컴퓨터에 접속하여 텍스트 기반의 명령어로 제어하는 것
> - 다양한 형식의 터미널과 호스트 간의 통신

③ 기본 원리

    ⊙ TCP 포트 22번으로 클라이언트가 SSH 접속 요청

    ⓒ 암호화에 어떤 버전을 사용할지 클라이언트와 서버 협상

© 클라이언트가 서버에게 비정형화된 패킷 전송(SSH 세션 설정)

② Diffie-Hellman 키 교환▼방식으로 서버와 클라이언트가 키 교환

③ SSH 암호화 통신 시작

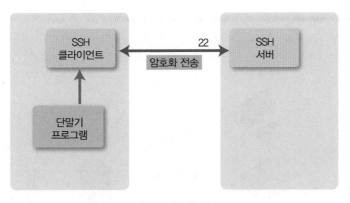

[SSH 기본원리]

💡 더 알아두기 🔍

▼ Diffie-Hellman 키 교환
- 휫필드 디피와 마틴 헬만이 1976년에 발표
- 암호키를 교환하는 하나의 방법으로, 두 사람이 암호화되지 않은 통신망을 통해 공통의 비밀키를 공유할 수 있도록 함
- 기초적인 암호학적 통신 방법을 수립

(14) DHCP(Dynamic Host Configuration Protocol)

① 개요

㉠ 클라이언트에게 IP 주소와 각종 TCP/IP 프로토콜의 기본 설정을 자동(동적 주소 할당)으로 제공해주는 프로토콜. 즉, 호스트로 네임 서버 주소, IP 주소, 게이트웨이 주소를 할당해 줌

㉡ 클라이언트에서 사용되는 IP 주소를 DHCP 서버가 중앙집중식으로 관리하는 클라이언트/서버 모델

㉢ OSI 7계층의 응용 계층 프로토콜로, UDP 67, 68번 포트 사용

㉣ DHCP를 통한 IP 주소 할당은 '임대'라는 개념을 가지고 있는데, 이는 DHCP 서버의 IP 주소를 영구적으로 클라이언트에 할당하는 것이 아니라, 임대 기간을 명시하여 지정된 기간 동안만 IP 주소를 사용하도록 하는 것

㉤ 클라이언트는 임대 기간 이후에도 계속 해당 IP 주소를 사용하고자 한다면 IP 주소 임대기간 연장(IP Address Renewal)을 DHCP 서버에 요청해야 하고, 또한 임대받은 IP 주소가 더이상 필요치 않게 되면 IP 주소 반납 절차(IP Address Release)를 수행하게 됨

② **기본 원리**

ⓐ 클라이언트가 네트워크 내에 DHCP 서버가 있는지 확인 요청(DHCP Discover)

ⓑ 클라이언트의 Discover 메시지를 받은 DHCP 서버가 응답(DHCP Offer) – DHCP 서버가 자신의 IP 주소와 할당 가능한 IP 주소를 클라이언트에게 알려줌

ⓒ 클라이언트가 DHCP 서버에게 IP 주소 할당 요청(DHCP Request)

ⓓ DHCP 서버가 IP 주소를 클라이언트에게 할당해 줌(DHCP Ack) – DHCP 서버가 IP 주소, 서브넷 마스크, 게이트웨이 주소, DNS 서버 주소를 클라이언트에게 할당해 주고, 임대 기간을 알려줌

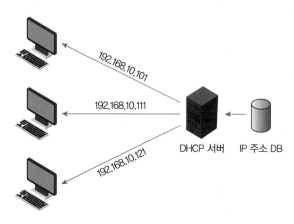

[DHCP 기본 원리]

③ **장·단점**

장점	• IP 주소 관리 편리 : DHCP 서버에서 IP 주소를 자동으로 할당해주기 때문에, IP 주소 충돌을 예방할 수 있음 • 네트워크 연결 설정 시간 단축 : 컴퓨터를 네트워크와 연결할 때 DHCP 서버에서 IP 주소를 자동으로 할당해주므로, 특별한 설정 없이 사용할 수 있음
단점	• DHCP 서버가 IP 주소를 중앙집중적으로 관리하기 때문에 서버가 다운되면 전체 호스트의 인터넷 사용이 불가능하며, 또한 악의적인 공격으로 서버의 IP 주소 자원이 고갈될 우려가 있음 • UDP 기반 프로토콜로, 네트워크 부하에 따라 IP 주소 할당이 지연되거나 실패할 수도 있음

(15) SNMP(Simple Network Management Protocol)

① **개요**

ⓐ TCP/IP 기반 네트워크상의 각 호스트로부터 정기적으로 여러 관리 정보를 자동으로 수집하거나, 실시간으로 상태를 모니터링 및 설정할 수 있는 서비스 및 프로토콜

ⓑ 네트워크 관리를 위한 목적으로, 주로 서버나 네트워크 장비에서 SNMP를 설정한 MRTG 프로그램▼을 이용하여 트래픽을 관리하는 데 사용

ⓒ 관리의 편의성은 제공하지만, 여러 취약점이 존재하여 서비스 거부 공격(DoS), 버퍼 오버플로, 비인가 접속 등 여러 가지 문제점들이 발생할 수 있음

ⓓ SNMP를 지원하는 대표적인 장치에는 라우터, 스위치, 서버, 워크스테이션, 프린터 등이 있음

ⓔ OSI 7계층의 응용 계층 프로토콜로, UDP 161, 162번 포트 사용

> **！ 더 알아두기 Q**
>
> ▼ MRTG(Multiple Router Traffic Grapher)
> - SNMP 기반 장비의 트래픽 모니터링 및 관리 도구로, 주 용도는 네트워크 트래픽 사용량 모니터링 이지만, 벤더에서 제공하는 SNMP MIB 값을 사용하여 다양한 정보를 수집할 수 있음
> - 트래픽 관리 서버(MRTG가 설치되어 운용되고 있는 서버)에서 주기적으로 실행된 결과를 gif 및 png의 그래픽 파일을 포함한 HTML 파일로 자동 생성하여 웹브라우저를 통해 네트워크 트래픽을 분석/관리할 수 있음
> - C와 Perl로 개발되었으며, 속도를 필요로 하는 루틴은 대부분 C로, HTML을 생성하는 부분은 대부분 Perl로 되어 있음

② **기본 원리**

- ⊙ Manager가 Get Request 생성
    - 사용자의 요청에 따라 필요로 하는 정보로 구성
    - Manager = Manager가 원하는 MIB 객체의 이름
- ⓛ Manager에서 Get Request 메시지 전달(Manager의 랜덤 포트에서 송신)
- ⓒ Agent에서 요청 메시지 수신 후 처리(Agent의 161번 포트로 수신)
    요청받은 MIB 객체명의 목록이 Agent가 가지고 있는 MIB 객체가 맞는지 확인 후 변수값을 읽어서 처리
- ⓔ Agent가 Response 메시지 생성(수신한 161번 포트로 응답 메시지 송신)
    요청받은 MIB 객체의 값과 오류 코드를 포함
- ⓜ Agent가 Response 메시지 전송(Manager의 랜덤 포트로 수신)
- ⓗ Manager에서 Response 수신 후 처리
- ⓢ Agent가 생성하여 송신한 메시지의 경우는 목적지가 Manager의 랜덤 포트가 아닌 162번 포트로 전송

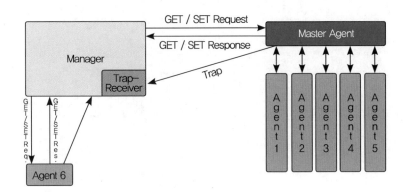

[SNMP 기본 원리]

- Get Request : 관리 시스템이 에이전트로 원하는 객체의 특정 정보를 요청
- Get Next Request : 관리 시스템이 에이전트로 이미 요청한 정보의 다음 정보를 요청
- Set Request : 관리 시스템이 에이전트로 특정한 값을 설정하기 위해 사용
- Get Response : 에이전트가 관리 시스템에 해당 변수 값을 전송
- Trap : 에이전트가 관리 시스템에 어떤 정보를 비동기적으로 알리기 위해 사용. 경보(Notify)라고도 하며, 콜백 함수와 같은 역할을 함. Trap을 제외하고는 모두 동기적으로 동작

③ SNMP 활용

　㉠ 구성관리 : 네트워크상의 호스트들이 어떤 구조를 이루고 있는지 지도를 그릴 수 있음

　㉡ 성능관리 : 각 네트워크 세그먼트(소규모 네트워크) 간의 네트워크 사용량, 오류, 처리 속도, 응답 시간 등 성능 분석에 필요한 통계 정보를 얻을 수 있음

　㉢ 장비관리 : SNMP의 주 목적이 네트워크 관리이지만, 유연한 확장성으로 시스템 정보(CPU, Memory, Disk 사용량)를 얻을 수도 있음. 이 정보는 네트워크 문제해결에 많은 도움이 됨

　㉣ 장애관리 : 비정상적인 동작을 발견하여 대처하는 기능

　㉤ 보안관리 : 정보의 통제 및 보호 기능이 있음. 최신 버전 SNMPv3는 정보보호를 위한 기능이 향상됨

제 2 장 네트워크 보안 공격

제 1 절 스니핑/스푸핑 공격 중요 ★★★

1 스니핑(Sniffing)

(1) 개요

① 사전적인 의미로 스니핑(Sniffing)이란 '코를 킁킁거리다', '냄새를 맡다'의 의미

② 네트워크에서 자신이 아닌 다른 상대방의 패킷 전송을 엿보는 것

③ 네트워크 트래픽을 도청(Eavesdropping)하는 과정으로, 스니핑할 수 있도록 하는 도구를 스니퍼(Sniffer)라 함

④ 클라이언트가 서버로 전송하는 패킷이나 서버에서 클라이언트로 전송하는 패킷을 가로채야 하므로 스위치 재밍(switch jamming), ARP 스푸핑 등 두 가지 이상의 공격 기법을 동시에 사용

[스니핑(Sniffing) 기본 원리]

(2) 스니핑 환경

① 허브 환경에서의 스니핑

허브는 모든 프레임을 브로드캐스트하기 때문에 프라미스큐어스 모드(Promiscuous Mode)를 사용하면 모든 프레임을 전송받을 수 있어 스니핑 도구로 저장·분석 가능

② 스위치 환경에서의 스니핑

㉠ 스위치는 기본적으로 매체 접근 제어(MAC) 주소▼를 이용하여 패킷을 어떤 목적지로 보낼 것인지 결정

㉡ 허브 환경에서와 달리 프레임은 실제 수신 대상에게만 전송되기 때문에 공격자가 아무리 인터페이스를 프라미스큐어스 모드(Promiscuous Mode)로 설정했다 하더라도 패킷을 도청할 수 없음

▼ **매체 접근 제어(MAC) 주소**
- 네트워크 장비의 하드웨어에 존재하는 48비트 식별자
- 소프트웨어 대신 하드웨어에 존재하기 때문에 물리적(실제) 주소라고도 함
- 01-23-45-67-89-AB와 같은 형식의 16진수로 표기
- 네트워크에서 통신할 수 있는 모든 장치에는 MAC 주소가 있음

(3) 기본 원리

① TCP/IP 프로토콜의 데이터 그램 자체가 암호화되어 전송되지 않기 때문에 네트워크로 전송되는 패킷을 수집하여 순서에 맞게 재조립하면 원래의 데이터를 얻을 수 있는데, 이러한 방법을 이용하여 스니핑을 하게 됨

② LAN 카드의 프라미스큐어스 모드(Promiscuous Mode)▼를 사용하여 로컬 네트워크에서 암호화되지 않은 모든 트래픽을 수신함으로써 패킷 도청

③ 'Promiscuous Mode' 설정 상태 확인

```
[root@kali : ~]/#ifconfig
eth0 Link encap : Ethernet HWaddr 00 : 0c : 29 : ba : aa : 33
      inet addr : 192.168.137.129 Bcast : 192.168.137.255 Mask : 255.255.255.0
      inet6 addr : fe80 : : 20c : 29ff : feba : aa33/64 Scope : Link
      UP BROADCAST RUNNING PROMISC MULTICAST MTU : 1500 Metric : 1
      RX packets : 110 errors : 0 dropped : 0 overruns : 0 frame : 0 TX packets : 29 errors :
      0 dropped : 0 overruns : 0 carrier : 0 collisions : 0 txqueuelen : 1000
      RX bytes : 9369 (9.1 KiB) TX bytes : 2437 (2.3 KiB) Interrupt : 19 Base
      address : 0x2000
```

▼ **프라미스큐어스 모드(Promiscuous Mode)**
- 이더넷에서는 여러 호스트를 대상으로 데이터를 전송하게 되며, 각 호스트는 자신에게 전송되는 데이터가 아니면 무시해버리고, 자신에게 전송되는 데이터이면 처리하게 되는데, 만약 네트워크 인터페이스가 'Promiscuous Mode'로 설정되어 있으면 모든 데이터를 수신하게 됨. 이러한 원리를 이용하여 공격자는 스니핑 공격을 수행하게 됨
- 자신의 시스템이 'Promiscuous Mode'로 설정되어 있다면 스니퍼가 작동하고 있으며, 스니핑을 당하고 있다고 의심해야 함

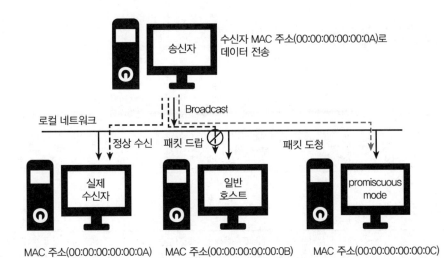

수신자 MAC 주소(00:00:00:00:00:0A)로
데이터 전송

Broadcast

로컬 네트워크

정상 수신   패킷 드랍   패킷 도청

송신자

실제
수신자

일반
호스트

promiscuous
mode

MAC 주소(00:00:00:00:00:0A)   MAC 주소(00:00:00:00:00:0B)   MAC 주소(00:00:00:00:00:0C)

[스위치 환경에서의 스니핑(Sniffing)]

(4) 공격 유형

Switch Jamming	• 스위치가 MAC 주소 테이블을 기반으로 포트에 패킷을 스위칭할 때 정상적인 스위칭을 하지 못하도록 하는 공격. MACOF 공격[▼]이라고도 함 • 공격자는 위조된 MAC 주소를 지속적으로 전송하여, MAC 주소 테이블을 오버플로되게 함으로써, 스위치가 허브처럼 동작하게 되어, 모든 네트워크 세그먼트[▼]로 이더넷 프레임을 브로드캐스팅하도록 함
ARP Spoofing	• 두 대상의 MAC 주소를 공격자 자신의 MAC 주소로 변조하여 중간에서 패킷을 가로채는 공격 • 네트워크 내에서 두 대상의 IP 주소에 대한 MAC 주소를 공격자의 MAC 주소로 변조하여 클라이언트에서 서버로 가는 패킷이나 서버에서 클라이언트로 가는 패킷이 공격자에게 전송되도록 하는 공격
ARP Redirect	• 위조된 ARP Reply를 주기적으로 브로드캐스트함으로써, 네트워크 내의 호스트들이 공격자를 라우터로 인식하도록 만들고, 외부로 전달되는 모든 패킷이 공격자를 한 번 거친 후 라우터로 전송되도록 하는 공격 • 이때 자신이 공격자임을 숨기기 위해 스니핑 후 패킷을 IP 포워딩하여 라우터로 전달해줘야 함 • 이 과정에서 공격자는 네트워크에 있는 호스트가 어떤 패킷을 라우터를 통해 통신하려 하는지 감시와 분석을 할 수 있음
ICMP Redirect	• ARP Redirect와 동일하게 공격자가 라우터로 인식되도록 하는 공격 • 여러 라우터가 존재하는 네트워크에서 최적의 경로를 찾기 위해 여러 알고리즘으로 동작하게 되는데, 공격자는 공격 대상에게 '자신이 라우터이고 최적의 경로'라고 변조된 ICMP Redirect를 보내 데이터를 전달받음 • 이때 자신이 공격자임을 숨기기 위해 스니핑 후 패킷을 IP 포워딩하여 라우터로 전달해줘야 함 • 이 과정에서 공격자는 네트워크에 있는 호스트가 어떤 패킷을 라우터를 통해 통신하려 하는지 감시와 분석을 할 수 있음
SPAN 포트 태핑 (Port Mirroring)	• 스위치의 포트 미러링 기능을 이용한 공격 • 각 포트에 전송되는 데이터를 미러링하는 포트에도 동일하게 전달하는 것으로 침입탐지시스템, 네트워크 모니터링, 로그 시스템 등에 많이 사용. 이 포트를 이용해 모든 정보를 볼 수 있음

> **더 알아두기**
>
> ▼ MACOF 공격
> MAC Flooding, Switch Jamming 공격이라고도 함
>
> ▼ 세그먼트(Segment)
> • 사전적인 의미는 분할, 단편, 구분 등의 의미
> • 물리적으로 제한되는 네트워크 구분 단위

(5) 탐지 방법

Ping을 이용하는 방법	• 공격자로 의심되는 호스트에 네트워크에 존재하지 않는 MAC 주소로 위조된 Ping을 보내면 ICMP Echo Reply를 응답하게 되는데, 만약 공격자가 아니고 정상적인 사용자라면 Ping 요청에 응답할 수 없음 • 위조된 Ping에 대한 응답을 한다는 것은 공격자가 네트워크 내에 존재한다는 것. 이 방법으로 공격자를 탐지할 수 있음
ARP를 이용하는 방법	• Ping과 유사한 방법으로, 위조된 ARP Request를 전송했을 때 ARP Response가 돌아오면, 상대방 호스트가 'Promiscuous Mode'로 설정되어 있는 것으로 추측할 수 있음 • 'Promiscuous Mode'로 설정되어 있으면 모든 ARP Request에 ARP Response를 함. 이 방법으로 공격자를 탐지할 수 있음
DNS를 이용하는 방법	• 일반적으로 스니핑 프로그램은 사용자의 편의를 위하여 스니핑한 시스템의 IP 주소를 보여주지 않고, 도메인 이름을 보여주기 위하여 Reverse DNS Lookup▼을 수행함 • 대상 네트워크로 Ping Sweep을 보내고, 돌아오는 Reverse DNS Lookup을 감시하면 스니퍼를 탐지할 수 있음
유인(Decoy) 방법	• 네트워크에 사용자 아이디(ID)와 패스워드를 지속적으로 전송함으로써, 공격자가 이 패스워드를 사용하도록 유도 • 관리자는 네트워크에 전송한 사용자 아이디와 패스워드를 이용하여 접속을 시도하는 시스템을 탐지함으로써, 스니퍼를 탐지할 수 있음
Host Method	• 호스트 단위에서 'Promiscuous Mode'를 확인하는 방법으로, ifconfig▼ 명령을 이용하여 확인할 수 있음 • 'PROMISC' 부분을 보고 'Promiscuous Mode'가 설정되어 있음을 알 수 있음

> **더 알아두기**
>
> ▼ Reverse DNS Lookup
> • 역으로 IP 주소를 도메인 이름으로 바꾸기 위한 질의
> • 모든 과정은 클라이언트가 DNS 서버에 요청하여 이루어짐
>
> ▼ ifconfig
> • 리눅스 환경에서 시스템에 장착되어 있는 네트워크 인터페이스 카드(NIC)를 설정하거나 정보를 확인하는 명령어
> • 이더넷 카드의 활성화 및 비활성화
> • 이더넷 카드의 최대 전송 단위(MTU) 등과 같은 옵션들을 변경
> • 윈도 환경의 명령 창에서 ipconfig와 유사한 역할을 하는 명령어

2 스푸핑(Spoofing)

(1) 개요

① 사전적인 의미는 '골탕 먹이다', '속이다'의 의미

② 공격자가 공격하고자 하는 호스트의 IP 주소, MAC 주소, DNS 등을 변조하는 공격 기법

(2) ARP 스푸핑

① 개요

㉠ 공격 대상과 서버 간 트래픽을 공격자의 시스템으로 우회시키는 공격

㉡ 우회한 트래픽으로부터 공격자는 사용자 아이디(ID)와 패스워드 등의 정보를 획득할 수 있음

② 공격 원리

㉠ 공격자가 호스트 Bob와 Mary 사이의 패킷을 가로채기 위해 ARP 스푸핑 공격을 시도

㉡ 공격자는 호스트 Bob와 Mary의 통신 중간에 끼어들어 Bob와 Mary에게 각각 자신의 MAC 주소를 알려줌

㉢ 호스트 Bob와 Mary는 공격자를 서로 통신하는 대상으로 인식하여 공격자에게 패킷을 전송함으로써, 호스트 Bob와 Mary의 패킷 내용을 공격자가 모두 볼 수 있게 됨

㉣ 패킷 내용을 보고 난 후 다시 패킷을 원래 목적지로 보내거나, 패킷을 일부 변조하여 보낼 수도 있음

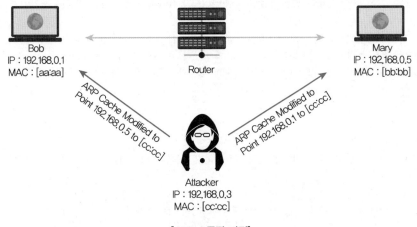

[ARP 스푸핑 과정]

③ 대응 방법

㉠ MAC 주소 테이블을 정적(Static)으로 지정

- 관리자가 명령어를 사용하여 수동으로 특정 IP 주소에 대한 MAC 주소 정보를 정적으로 등록하는 것
- ARP Reply를 통해서 전달받은 MAC 주소 정보보다 관리자가 정적으로 등록한 정보가 더 우선
- 만약 장비를 교체하는 경우 반드시 ARP 캐시(Cache) 등록 정보도 수정해야 함(유지보수 어려움)
- ARP를 정적으로 설정하기 위해서는 명령 프롬프트(cmd)를 관리자 권한으로 실행 후 'arp - s 〈IP 주소〉 〈MAC 주소〉' 명령어로 설정하면 됨

ⓛ 시스템에 ARP 스푸핑 공격 탐지 도구 사용
- ARPWatch▼, ARP-Guard▼, XArp▼, Wireshark▼와 같은 도구를 사용하여 ARP 스푸핑 공격의 발생 여부를 파악할 수 있음
- 해당 도구는 기존 ARP Cache 정보를 기억하고 있다가 해당 정보가 변경되는 경우 경고 메시지를 발생시킴(관리자가 직접 확인)

ⓒ 스위치에서 ARP 스푸핑 공격 방어 기능을 사용
Cisco 스위치의 경우 DHCP 스누핑(Snooping)▼과 DAI(Dynamic ARP Inspection)▼ 기능을 같이 구성하는 경우 ARP 스푸핑 공격에 대한 능동적인 방어가 가능함

ⓔ 중요 패킷 암호화
중요 데이터가 송수신될 때 공격자에 의해 유출되거나 변조될 수 있으므로 이러한 데이터에 대한 암호화

ⓜ 사설 VLAN▼ 기능 사용
사설 VLAN 기능을 활용하여 서로 통신할 필요가 없는 호스트들을 격리

！더 알아두기 ◯

▼ ARPwatch
- IP 주소나 MAC 주소 변경과 같은 이더넷 트래픽을 모니터링할 수 있음
- 로그를 모니터링하고 타임스탬프에 접근하여 공격이 일어난 시점을 확인함

▼ ARPGuard
- 스위치나 라우터의 트래픽을 그래픽으로 표시되는 기존 이미지를 활용
- 프로그램을 통해 네트워크에 어떤 장치가 존재하는지 확인하고, 연결 관계를 제어하는 데 필요한 규칙을 설정할 수 있음

▼ XArp
- 방화벽 아래에서 일어나는 공격을 탐지하는 데 사용
- 공격이 시작되면 즉시 알림 메시지를 전송하기 때문에 이 도구를 이용해 대응 방법을 결정할 수 있음

▼ Wireshark
네트워크에 속하는 모든 장치의 트래픽을 그래픽으로 나타낼 수 있음

▼ DHCP 스누핑(Snooping)
- 사전적 의미로 '기웃거리다, 염탐하다, 훔쳐보다'라는 의미로, 스니핑과 같이 도청하는 것을 의미
- DHCP 서버를 보호하기 위해 사용하는 기능으로, DHCP 스푸핑을 방어하기 위해 스위치가 DHCP 메시지의 내부까지 확인하는 기능. 즉 DHCP 클라이언트가 보내는 메시지를 검사하는데 이더넷 프레임의 출발지 MAC 주소와 DHCP 메시지의 클라이언트 MAC 주소를 확인하여 같으면 정상(허용), 다르면 비정상 메시지로 판단하여 차단함

▼ DAI(Dynamic ARP Inspection)
방화벽 기능과 같이 지정된 경로로만 ARP 패킷이 전송되도록 하는 기능

▼ VLAN(Virtual LAN)
• 물리적 접속과 관계없이 논리적으로 LAN을 구성할 수 있는 기술
• 라우터를 사용하지 않고, 스위치에서 여러 개의 상이한 서브넷을 구성하여 사용할 수 있는 LAN 기술

(3) IP 스푸핑

① 개요

㉠ IP 프로토콜 자체의 보안 취약성을 악용하는 공격으로, 자신의 IP 주소를 속여서 다른 시스템에 접속하는 공격 기법

㉡ 공격자가 IP 주소를 변조하거나 합법적인 사용자로 위장하여 마치 신뢰 관계에 있는 시스템인 것처럼 속이는 공격 기법

㉢ IP 스푸핑에 성공한 공격자는 신뢰 관계를 이용하기 때문에 서버로부터 패스워드 인증 없이 접근 가능

㉣ TCP 순서번호▼ 추측 공격(Sequence Number Guessing Attack) 수행 가능

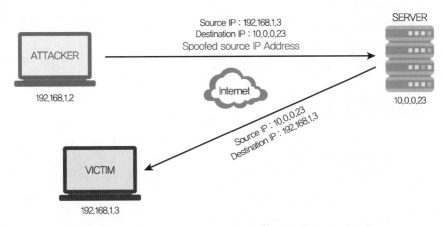

[IP 스푸핑 공격 기본 원리(1)]

더 알아두기

▼ 순서번호(Sequence Number)
TCP에서는 데이터를 전송할 때마다 각 데이터에 고유한 번호를 부여하여 전송. 이 고유한 번호가 바로 순서번호임

② **공격 원리**
　　㉠ 원격 IP Spoofing
　　　• 공격자가 세션을 탈취하고자 하는 호스트에 서비스 거부(DoS) 공격
　　　• 공격자가 호스트의 IP로 자신을 속여 서버로 SYN 패킷을 전송
　　　• 서버가 보낸 SYN/ACK 패킷을 호스트는 받지 못하고, 공격자가 무차별 대입(Brute Forcing)
　　　　으로 순서번호(Sequence Number)를 맞춰 ACK 패킷을 보냄
　　　• 세션(Session) 성립
　　㉡ 로컬 IP Spoofing
　　　• 시스템의 '/etc/host.equiv' 파일에 클라이언트의 IP 주소와 접속 가능한 아이디(ID)를 등록해
　　　　놓음으로써, 이후 패스워드 없이 IP 주소만으로 두 시스템 간의 인증이 이루어짐
　　　• 공격자는 이러한 트러스트 관계를 이용하여 '/etc/host.equiv' 파일에 등록된 IP 주소로 스푸
　　　　핑하여 인증에 성공

③ **대응 방법**
　　㉠ 신뢰 관계를 사용하지 않음
　　㉡ 신뢰 시스템의 MAC 주소를 정적으로 지정
　　㉢ 외부 유입 패킷 중 출발지 IP 주소가 내부 IP 주소로 변조된 패킷은 라우터 등에서 필터링
　　㉣ 무작위의 순서번호 생성, 암호화된 순서번호 사용
　　㉤ 암호화된 프로토콜 사용
　　㉥ 시스템에서 TCP Wrapper▼, SSH 등을 사용하고, rlogin 등과 같이 패스워드의 인증과정이 없는
　　　　서비스를 사용하지 않음
　　㉦ 로깅(Logging)과 경고 기능(Altering)을 강화하여 비정상적인 패킷을 발생시키는지 감시

더 알아두기

▼ TCP Wrapper
• 슈퍼 데몬(xinetd)에 영향을 받는 데몬들은 TCP Wrapper 프로그램에 의해 접근이 통제되며, 특정
　서비스에 대해 사용자의 호스트를 검사하여 접근을 허용 혹은 차단할 것인지 결정할 수 있음
• 대표적인 데몬으로는 telnet과 ssh, ftp, pop3 등이 있음
• /etc/hosts.allow 파일을 참조하여 접근 허가
• /etc/hosts.deny 파일을 참조하여 접근 거부

(4) DNS 스푸핑

① 개요

ⓐ DNS에서 전달되는 IP 주소를 변조하거나 DNS의 서버를 장악하여 사용자가 의도하지 않은 주소로 접속하게 만드는 공격

ⓑ 공격자가 DNS 서버를 통제함으로써, 사용자가 요청한 도메인 이름에 대한 IP 주소를 공격자가 원하는 IP 주소로 변조하는 공격 기법

ⓒ DNS 질의 요청 시 출발지와 목적지 포트, 요청처리 ID를 부여할 때, 임의의 값이 생성되는 것을 예측할 경우 캐시 조작이 가능하다는 취약점 존재

ⓓ 취약점을 포함하지 않는 DNS의 경우 강력한 난수 생성기를 사용한다고 하더라도 평균적으로 32,768번만 시도하면 요청처리 ID를 쉽게 예측할 수 있으며, 취약점을 내포한 DNS의 경우 더 적은 수의 시도만으로도 예측 가능

② 기본 원리

ⓐ 클라이언트가 DNS 서버로 접속하고자 하는 IP 주소를 질의(DNS Query)

ⓑ DNS 서버가 해당 도메인 이름에 대한 IP 주소를 클라이언트로 보내줌(DNS Response)

ⓒ 클라이언트는 DNS 서버로부터 받은 IP 주소를 바탕으로 웹서버로 접속

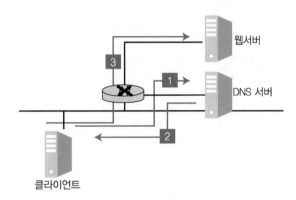

[DNS 기본 원리]

③ 공격 원리

ⓐ 클라이언트가 DNS 서버로 DNS Query 패킷을 보내는 것을 확인

ⓑ 공격자가 로컬에 존재하기 때문에 DNS 서버보다 지리적으로 가까움. 따라서, DNS 서버가 정상적인 DNS Response를 보내주기 전에 공격자가 위조된 DNS Response 패킷을 클라이언트로 보냄

ⓒ 클라이언트는 공격자가 보낸 DNS Response 패킷을 정상적인 패킷으로 인식하고 공격자가 원하는 웹서버로 접속(지리적으로 멀리 떨어진 DNS 서버가 보낸 DNS Response 패킷은 버림)

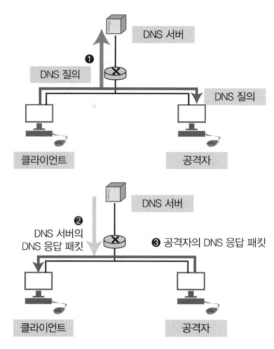

[DNS 공격 원리]

④ Hosts 파일 변조 공격
　㉠ 개요
　　• 특정 호스트(mydomain.com)를 hosts 파일에서 지정한 IP 주소로 연결시켜 주는 기능
　　• 공격자가 이 파일을 변조하면 원하는 사이트로 접속을 유도할 수 있음
　　• 파일 경로 : c:\windows\system32\drivers\etc\hosts
　　• 설정 형식 : [공격자가 원하는 사이트 IP 주소] [도메인 이름]
　　　예 192.168.10.100 www.mydomain.com
　㉡ 공격 방법

```
#Copyright (c) 1993-2009 Microsoft Corp.
#
#This is a sample HOSTS file used by Microsoft TCP/IP for Windows.
#
#This file contains the mappings of IP addresses to host names.
#Each entry should be kept on an individual line.
#The IP address should be placed in the first column followed by the corresponding
host # name.
#The IP address and the host name should be separated by at least one space.
#
#Additionally, comments (such as these) may be inserted on individual lines or
following the machine name denoted by # a'#' symbol.
#
```

```
#For example:
#
#102.54.94.97 rhino.acme.com # source server
#38.25.63.10 x.acme.com # x client host
#localhost name resolution is handled within DNS itself.
#127.0.0.1 localhost
#::1 localhost

192.168.10.100 www.mydomain.com
```

⑤ 대응 방법

　　㉠ hosts 파일에 주요 URL과 IP 주소 등록해 두면, DNS 스푸핑 공격을 방어할 수 있음

　　㉡ hosts 파일 변조 불가능하게 보호

　　㉢ 모든 서버의 IP 주소를 등록하는 것은 불가능함(DNS 스푸핑 방어의 한계)

(5) 메일 스푸핑

① 개요

　　㉠ 메일 발송 시 송신자의 주소를 위조하는 공격 기법

　　㉡ 스팸메일▼이나 바이러스가 감염된 메일을 존재하지 않는 주소나 다른 사용자의 메일주소로 변조하여 전송하는 공격 기법

　　㉢ 메일 프로토콜에 인증 메커니즘이 없기 때문에 메일 스푸핑이 가능함

💡 더 알아두기 🔍

▼ 스팸메일
- 전자우편, 게시판, 문자 메시지, 전화, 인터넷 포털 사이트의 쪽지 기능 등을 통하여 불특정 다수의 사용자들에게 보내는 광고성 편지 또는 메시지를 말함
- 일방적이고 다량으로 전송되는 전자메일의 속칭. 정크(junk, 쓰레기)메일이라고도 함

② 공격 방법

　　㉠ 전자메일 송신자 From 필드에 별칭(Alias) 필드를 사용

　　㉡ 전자메일 발송 시 별칭을 설정한 경우에는 별칭 주소로 발송됨

　　㉢ 전자메일 수신자는 실제 전자메일 송신자가 아닌 별칭 필드만을 확인하고, 별칭 주소에서 발송된 것으로 알게 됨

③ 대응 방법

　　메일 주소 확인 및 스팸메일 오픈 자제

제 2 절 네트워크 스캐닝 공격 중요 ★★★

1 개요

(1) 공격 대상의 시스템이나 서비스(Telnet, SSH, HTTP 등) 및 활성화 상태를 확인하기 위한 절차

(2) 스캐닝에 사용되는 프로토콜은 ICMP, TCP, UDP가 있음

(3) 얻을 수 있는 정보
　① 시스템에서 실행되고 있는 TCP/UDP 서비스
　② 시스템과 운영체제의 종류
　③ IP 주소, 포트, 도메인 이름 등 네트워크 정보

2 종류

(1) TCP 포트 스캔
　① Open 스캔
　　㉠ TCP Connect 스캔
　　㉡ TCP 프로토콜의 3-Way Handshaking을 이용하여, 각 포트에 완전한 TCP 연결 확립 후 대상 포트로 SYN 패킷 전송
　　㉢ 속도가 느리고, 상대 시스템에 로그 기록 남음
　　㉣ 스캔 결과
　　　• 열린 포트 : SYN/ACK 패킷 응답
　　　• 닫힌 포트 : RST/ACK 패킷 응답

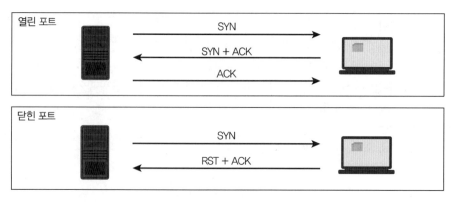

[TCP Open 스캔 원리]

② Half Open 스캔

㉠ SYN 스캔

㉡ 완전한 TCP 연결을 하지 않고, Half-Open 연결을 통하여 포트의 Open/ Close 상태를 확인하기 때문에 TCP Connect( ) 스캔과 달리 시스템에 로그 기록 남지 않음

㉢ 스캔 속도가 TCP Connect( ) 스캔보다 빠르므로 많이 사용

㉣ 스캔 결과

• 열린 포트 : SYN/ACK 패킷 응답

• 닫힌 포트 : RST/ACK 패킷 응답

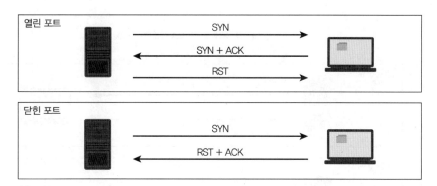

[TCP Half Open 스캔 원리]

③ Stealth 스캔

㉠ FIN 스캔 : TCP Flag▼의 FIN을 활성화하여 대상 포트로 패킷 전송

㉡ NULL 스캔 : TCP Flag를 모두 비활성화하여 대상 포트로 패킷 전송

㉢ X-MAS 스캔 : TCP Flag의 URG, PSH, FIN을 활성화하여 대상 포트로 패킷 전송

㉣ ACK 스캔 : 대상 시스템에 SYN 패킷 대신 ACK 패킷 전송. 다수의 패킷 필터링 장비가 네트워크에 연결된 세션은 허용한다는 점을 이용. 방화벽 정책을 설계 및 차단 유무를 확인하는데 사용

㉤ 스캔 결과

• 열린 포트 : 무응답

• 닫힌 포트 : RST/ACK 패킷 응답

더 알아두기

▼ TCP Flag

URG	긴급을 알리는 플래그
ACK	응답 플래그
PSH	버퍼를 모두 채우지 않고 바로 전송하라는 플래그
RST	강제 연결 초기화 플래그
SYN	연결 요청 플래그
FIN	연결 종료 플래그

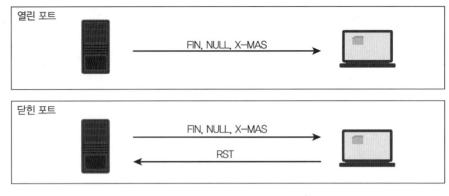

[FIN, NULL, X-MAS 스캔 원리]

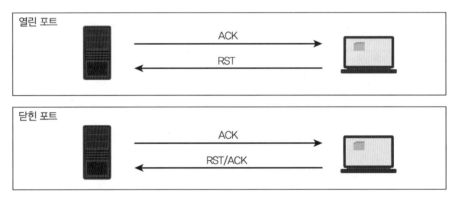

[ACK 스캔 원리]

(2) UDP 포트 스캔

① 공격 대상 시스템 포트로 UDP 패킷 전송

② 스캔 결과
- 열린 포트 : 무응답
- 닫힌 포트 : ICMP Unreachable 메시지 응답

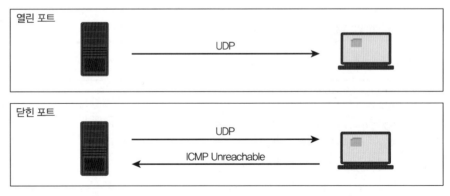

[UDP 포트 스캔 원리]

제 3 절 DoS/DDoS 공격 중요 ★★★

1 서비스 거부(DoS) 공격

(1) 개요

① 특정한 시스템이나 네트워크, 웹서비스에 정상적인 사용자가 접근하지 못하도록 방해하는 것. 즉, 다량의 트래픽을 통해 특정 대상에 과부하를 주거나, 악의적인 요청을 지속적으로 수행하여, 시스템이나 네트워크 서비스를 비정상적으로 동작하게 함으로써 가용성을 저하시키는 공격

② 시스템이나 네트워크 자원(네트워크 대역폭, 디스크, 프로세스 등)을 고갈시켜, 해당 시스템과 네트워크가 정상적인 서비스를 제공하지 못하도록 만드는 모든 공격

③ 주로 소프트웨어/프로토콜 구현상의 버그(소프트웨어/프로토콜 취약점)나 시스템의 설정 오류 등의 허점을 이용함

(2) 기본 원리

공격자   TCP   UDP   ICMP   공격대상

[DoS 공격의 기본 원리]

(3) 특징

① TCP/IP 프로토콜의 취약성을 이용한 공격이 가장 많음

② 루트 권한 획득의 목적 없음

③ 데이터 파괴, 변조, 유출의 목적 없음

④ 공격 원인과 공격자 추적이 어려움

⑤ 매우 다양한 공격 방법을 이용함으로써, 대응책 마련이 어려움

⑥ 다른 공격을 위한 사전 공격으로 이용될 수 있음

⑦ 사용자의 실수로 발생할 수도 있음

⑧ 즉효성이 높음

⑨ 공격의 결과는 피해 시스템의 구현과 매우 밀접한 관계가 있으므로 시스템에 따라 다른 결과를 발생시킬 수 있음

2 분산 서비스 거부(DDoS) 공격

(1) 개요

① 공격 대상에 많은 패킷이 전송될 수 있도록 서비스 거부(DoS) 공격용 프로그램(바이러스나 파일)을
일반 사용자 컴퓨터에 설치한 다음(사용자 PC가 좀비 PC로 변함) 공격자의 명령이나 프로그램 자체
알고리즘에 의하여 공격 대상 서버로 다량의 패킷을 전송함으로써, 성능 저하 및 시스템 마비를 발
생시키는 공격 기법

② 네트워크에서 다수의 시스템이 동시다발적으로 하나의 공격 대상 시스템을 공격함으로써, 정상적인
서비스를 하지 못하도록 하는 공격

③ 공격자가 직접 공격하는 것이 아니라, 마스터(Master)와 슬레이브(Slave)의 관계에서 슬레이브
(Slave)를 이용하여 공격

(2) 기본 원리

① 공격에 취약한 PC를 좀비 PC로 만듦. 이후 인터넷에서 활용 가능한 크래킹 도구를 다수(수천 대
이상)의 시스템에 설치

② 시스템 내의 취약점을 악용하여 DDoS 마스터로 만듦

③ 마스터 시스템을 이용하여 연합할 수 있는 다른 시스템을 인식하고 정보를 주고받음

④ 공격자가 특정 서버를 공격하기 위해 마스터에게 명령을 내림

⑤ 마스터는 슬레이브 시스템에 여러 호스트를 제어할 수 있는 명령을 내림. 이 하나의 명령으로 제어
할 수 있는 모든 시스템으로 공격 명령을 내림으로써, 공격 대상에게 다량의 패킷이 전송되어 정상
적인 서비스를 제공하지 못하게 함

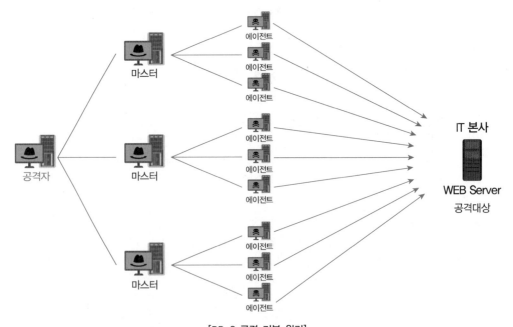

[DDoS 공격 기본 원리]

(3) 구성요소

① **공격자(Attacker)** : 공격을 주도하고 마스터에게 명령을 내리는 역할
② **마스터(Master)** : 공격자로부터 직접 명령을 받는 시스템으로, 여러 개의 에이전트를 관리하며, 마스터에서 수행하는 프로그램을 핸들러(Handler) 프로그램이라고 함
③ **슬레이브(Slave)** : 공격 대상에게 직접 공격을 수행하는 시스템으로, 에이전트라고도 함
④ **공격대상(Victim)** : 공격을 당하는 시스템

(4) 특징

① 공격 대상 시스템의 성능 저하 및 시스템을 마비시킬 목적으로 수행하는 공격
② 공격자의 위치 및 근원지 파악이 불가능한 경우가 대부분
③ 공격의 특성상 대부분이 자동화된 도구 사용
④ 공격을 증폭시켜주는 슬레이브(에이전트) 존재
⑤ 다수의 슬레이브로 짧은 시간 내에 많은 공격이 가능하고 즉효성이 있음
⑥ 공격자는 마스터, 슬레이브 시스템을 이용하여 좀비 컴퓨터로 명령을 내려 공격하기 때문에 추적이 어려움

(5) 공격 기법

① Trinoo
   ⊙ 공격자가 하나 혹은 그 이상의 마스터에 접속하여 여러 에이전트(슬레이브)에게 특정 시스템을 일시에 공격하도록 명령을 내리면 공격 대상 시스템에 다량의 패킷을 전송하여 공격 대상 시스템을 마비시킴
   ⓛ 주로 SYN Flooding, UDP Flooding, ICMP Flooding 공격을 이용함

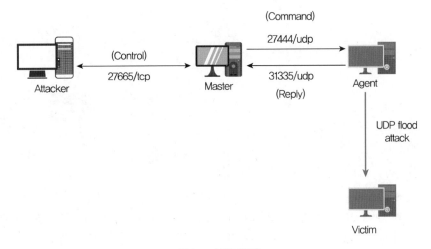

[Trinoo 공격 원리]

② TFN(Tribe Flood Network)

㉠ Trinoo의 발전형

㉡ UDP Flooding, SYN Flooding, ICMP Echo, Smurf 공격 등 다양한 기능을 포함

㉢ 공격자가 마스터에게 TCP 27665번 포트를 통해 공격 명령을 내림. 이때 패스워드를 요구함

㉣ 명령을 받은 마스터는 UDP 27444번 포트를 통해, 실행 가능하다고 확인된 모든 데몬들에게 브로드캐스트 주소로 요청을 보낼 것을 명령할 수 있음

㉤ 지정된 TCP 포트에 백도어(Backdoor)▼를 실행시킬 수 있음

㉥ UDP 패킷 헤더가 실제 UDP 패킷보다 3바이트 더 큼

㉦ TCP 패킷의 길이는 항상 0(정상적인 패킷이라면 0이 될 수 없음)

> **더 알아두기 Q**
>
> ▼ 백도어(Backdoor)
> - 시스템 개발자나 관리자에 의하여 고의로 남겨진 시스템의 보안 취약점으로, 응용 프로그램이나 운영체제에 삽입된 프로그램 코드
> - 시스템 접근에 대한 사용자 인증 등 정상적인 절차를 거치지 않고, 응용 프로그램 또는 시스템에 접근할 수 있도록 하는 보안 허점
> - 보안 허점을 남겨두는 이유가 항상 악의적인 것은 아님

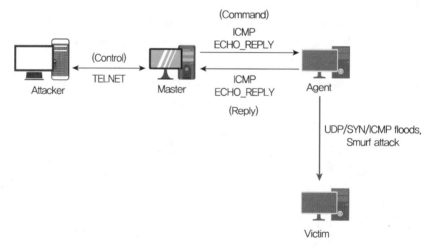

[TFN 공격 원리]

③ Stacheldraht

㉠ TFN이나 TFN2K처럼 ICMP Flooding, SYN Flooding, UDP Flooding과 Smurf 등의 공격을 이용함으로써, 분산 서비스 거부(DDoS) 공격을 할 수 있는 기능을 가짐

㉡ TFN 도구에 공격자, 마스터, 에이전트 간 통신에 암호화 기능만 추가된 도구

㉢ 암호화를 위해서 공격자가 직접 사용하는 Telnet과 비슷한 프로그램(Telnetc)을 제공하는데 이 프로그램이 공격자와 마스터 간 암호화를 보장함

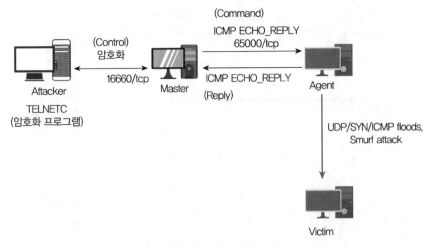

[Stacheldraht 공격 원리]

④ TFN2K
ㄱ TFN의 발전형으로, Targa▼를 제작한 Mixter에 의하여 개발되었고, Targa가 기본적으로 제공하는 서비스 거부(DoS) 공격 외에 5개의 공격이 추가되어 다양한 서비스 거부 공격을 할 수 있음

ㄴ TEN2K에서 제공하는 공격은 Change IP Antispoof-Level, Change Packet Size, Binf Root-Shell, UDP Flooding, TCP SYN Flooding, ICMP Flooding, Smurf, MIX Flooding, Targa3 Flooding 등이 있음

ㄷ 공격 시 특정 포트를 사용하지 않고 임의 결정됨

ㄹ 지정된 TCP 포트에 백도어(backdoor)를 실행시킬 수 있음

ㅁ 모든 명령은 CAST-256▼ 알고리즘으로 암호화

ㅂ 지정된 TCP 포트에 백도어 실행 가능

ㅅ 분산 모드로 작동하여 서버 모듈, 클라이언트 모듈로 구분 : 클라이언트 모듈은 서버 모듈을 제어하는 모듈로서, 서버에게 어떤 공격을 누구에게 할 것인지를 지시

ㅇ TCP 패킷 헤더의 길이는 항상 0

> 🔍 더 알아두기 Q

▼ Targa
- 여러 종류의 서비스 거부 공격을 수행할 수 있도록 만든 공격 도구로서, Mixter에 의해 만들어짐. 즉, 이미 존재하는 여러 서비스 거부(DoS) 공격 소스들을 사용하여 통합된 공격 도구를 만든 것
- Targa에서 지원하는 공격 기법 : bonk, jolt, land, nestea, newtear, syndrop, teardrop, winnuke 등이 있음

▼ CAST-256
- 대칭키 암호 알고리즘
- CAST-128의 확장판으로, 256비트 키와 128비트 블록을 가짐

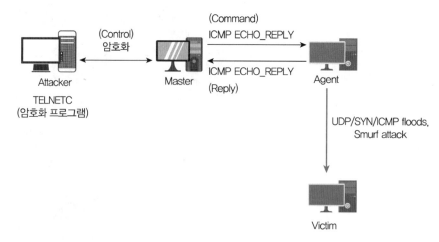

[TFN2K 공격 원리]

(6) 대응 방법

① **입력 소스 필터링 기법** : SYN 패킷을 이용한 공격의 경우 출발지 IP 주소가 변조된 것이기 때문에 공격자를 알아내는 것은 어려움. 네트워크에서 패킷의 목적지 IP 주소만을 이용하여 전송하기 때문에, 공격 근원지를 검증하는 유일한 방법은 입력 소스 필터링

② **적절한 라우터 설정 및 블랙홀 필터링(blackhole filtering)▼ 처리** : IPv4에서는 IP 스푸핑의 방어 방법이 없음(완전한 해결책이 없음). 네트워크 트래픽 관리를 철저히 하여 공격 가능성을 감소시켜야 함

③ **위장한 IP 주소 필터링** : 자신의 네트워크에서 출발지 IP 주소가 변조되어 전송되는 패킷 차단

④ **라우터의 Ingress 필터링 기능 적용** : 지정된 IP 주소로부터 들어오는 패킷만 라우터를 통과하도록 필터링

⑤ **방화벽, 침입탐지시스템 활용** : 방화벽과 침입탐지시스템을 설치·운영하고 안정적인 네트워크 설계. 시스템 소프트웨어 최신 버전 패치

⑥ **전용 솔루션 도입** : DoS, DDoS 공격 방지 전용 솔루션 도입

⑦ **DNS 싱크홀(DNS Sink Hole)** : 악성 봇에 감염된 PC를 공격자가 조종하지 못하도록 악성 봇과 공격자의 명령/제어 서버(C&C 서버)간 연결을 차단하는 서비스

🔔 **더 알아두기** 🔍

▼ 블랙홀 필터링/널 라우팅(blackhole filtering, null routing)
• 블랙홀과 거의 비슷한 특징을 가지는 라우팅를 말하며, 패킷을 받으면 지정된 경로로 보내는 것이 아니라 그대로 소멸시키는 라우팅을 의미
• Null0 라우팅이라고도 불리며, 원리는 리눅스의 널 장치(null device)와 비슷하게 Null0라는 가상 인터페이스로 트래픽을 포워딩하여 패킷을 소멸시키는 방식

3 분산 반사 서비스 거부(DRDoS) 공격

(1) 개요

① 공격 대상에게 공격 트래픽을 전송 시 라우터나 웹서버와 같은 제3자(third party)를 이용함으로써, 출발지가 어디인지 알지 못하게 하는 데 목적이 있으며, 이때 공격에 사용되는 제3자를 반사자(reflector)라고 함

② 유입되는 패킷에 응답하는 모든 장비는 잠재적인 반사자가 될 수 있음

(2) 기본 원리

① 공격자는 출발지 IP 주소를 공격 대상 IP 주소로 변조하여 SYN 패킷을 공격 경유지 서버로 전송

② SYN 패킷을 받은 경유지 서버는 변조된 공격 대상 IP 주소로 SYN/ACK 패킷을 전송

③ 공격 대상 서버는 수많은 SYN/ACK 패킷을 수신하게 되어 서비스 마비

④ DRDoS라는 프로그램을 유포하고, 공격 대상을 지정하면 자동으로 공격할 수 있도록 구성

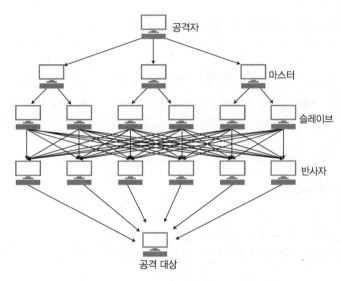

[분산 반사 서비스 거부(DRDoS) 공격 기본 원리]

(3) 특징

① BGP 취약성▼, 3-Way Handshake 취약점 이용

② 공격자의 IP 주소를 스푸핑하여 전송하기 때문에 대규모의 네트워크 불필요

③ 공격 대상은 클라이언트 접속지별로 서비스 포트를 제한하거나, 해당 포트의 서비스를 중단시켜 다른 서비스를 계속 유지하는 것이 최상의 방법

④ 분산 서비스 거부(DDoS) 공격과 비교할 때 분산 반사 서비스 거부(DRDoS) 공격에서의 트래픽은 제3자(Third Party)를 이용함으로써, 더욱 분산되며 트래픽 증가

⑤ 봇 감염 불필요

⑥ 경유지 서버 목록 활용

> **더 알아두기**
>
> ▼ BGP의 취약성
> - Peer 사이의 BGP 통신에서 사용하는 메시지에 대해 무결성, Peer 간의 상호 인증 등을 지원하는 강력한 내부 메커니즘을 가지고 있지 않음
> - NLRI(Network Layer Reachability Information)를 광고하는 AS의 권한을 증명할 어떠한 메커니즘도 정의되어 있지 않음
> - AS에 의해 Announce되는 경로의 속성이 확실하고, 신뢰할 수 있는지 확인할 수 있는 어떠한 메커니즘도 정의되어 있지 않음
> - BGP의 보안 위협 요소로는 무결성 위반, 메시지 재전송, 메시지 삽입, 메시지 삭제, 메시지 변형, MITM 공격, 서비스 거부, 네트워크 운영자의 설정 실수 등 매우 다양함

4 봇넷(Bot Net)을 이용한 공격

(1) 개요

① 악성 소프트웨어인 봇(Bot)에 감염된 다수의 컴퓨터가 네트워크로 연결되어 있는 형태

② 봇(Bot)을 자유자재로 통제하는 권한을 가진 봇마스터에 의해 원격 조종되며, 각종 악성 행위를 수행할 수 있는 수천에서 수십만 대의 악성 프로그램인 봇(Bot)▼에 감염된 컴퓨터들이 네트워크로 연결된 형태

> **더 알아두기**
>
> ▼ 봇(Bot)
> - 소프트웨어 로봇(Robot)을 의미
> - 넓은 범주의 바이러스 범위에 포함

(2) 특징

웜/바이러스, 백도어, 스파이웨어, 루트킷 등 다양한 악성코드들의 특성을 복합적으로 지니며, 봇넷을 통해 분산 서비스 거부(DDoS) 공격, 애드웨어(adware)▼, 스파이웨어(spyware)▼, 스팸메일 발송, 정보 불법 수집 등 대부분의 사이버 공격 가능

> **❗ 더 알아두기 Q**
>
> ▼ 애드웨어(adware)
> 특정 소프트웨어를 실행할 때 또는 설치 후 자동으로 광고가 표시되는 프로그램
>
> ▼ 스파이웨어(spyware)
> • 스파이와 소프트웨어의 합성어로, 다른 사람의 시스템에 잠입하여 중요한 개인정보를 유출하는 프로그램
> • 소프트웨어 회사들이 정품 프로그램을 무료로 배포하기 위한 마케팅 수단으로 설치하는 경우가 많음

제 4 절 무선 네트워크 공격 중요 ★★★

1 무선 LAN(Wireless LAN)

(1) 개요

① 무선으로 인터넷을 사용할 수 있는 환경
② Wi-Fi, 3G(HSDPA)▼, WLAN, LTE 등

> **❗ 더 알아두기 Q**
>
> ▼ HSDPA(High Speed Downlink Packet Access)
> • 고속 하향 패킷 접속
> • 화상통화, 고속 데이터 등을 제공하는 3세대 이동통신인 WCDMA의 속도를 더욱 발전시킨 기술로, '고속 인터넷 이동전화'라고도 함
>
> ▼ 3G(3 Generation)
> • WCDMA, HSDPA 방식 등이 대표적
> • 사용 주파수는 2GHz로, 전 세계 공통 주파수이기 때문에 자동으로 국제 로밍 서비스 가능
> • HSDPA 기술(업로드 속도보다 다운로드 속도가 빠름)로 인해 영상통화가 가능하며, 무선인터넷도 기존 2세대보다 빠름
> • 다운로드 속도 : 144K ~ 2.5M

(2) 무선 LAN 구성도

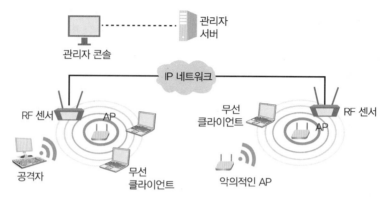

[무선 LAN 구성도]

(3) 구성 요소

① **접근 지점(AP)** : 무선 LAN에서 네트워크와 사용자 간 중계 장비
② **무선 LAN 카드** : W-NIC(Wireless NIC)
③ **인증 서버** : 사용자 인증을 수행하는 서버

(4) 접속 방식

① **인프라스트럭처(infrastructure) 방식**
　　㉠ 접근 지점(AP) 장치를 통해서 외부 네트워크와 통신하는 구조
　　㉡ 모든 통신은 반드시 접근 지점(AP) 장치를 통해서 이루어짐
② **애드혹(ad_hoc) 방식**
　　㉠ 접근 지점(AP) 장치 없이 내부 단말기로만 구성되어 상호 통신할 수 있는 구조
　　㉡ 외부 네트워크와는 통신 불가능
　　㉢ 보안에 취약하므로 권장하지 않음

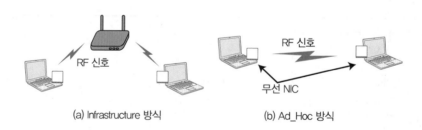

(a) Infrastructure 방식　　　　　　(b) Ad_Hoc 방식

(5) 장·단점

① 장점

㉠ 편의성 : 가정이나 사무실에서 무선 네트워크 장비가 있는 곳이라면 쉽게 사용할 수 있음

㉡ 휴대성 : 공공장소에서도 사용할 수 있음

㉢ 생산성 : 장소를 옮겨 다니며 원하는 네트워크의 접속을 유지할 수 있음

㉣ 배치 : 하나 이상의 접근 지점(AP) 장치 지원

㉤ 확장성 : 기존의 장비를 사용하여 수많은 사용자를 수용할 수 있음

② 단점

㉠ 보안 : 인증 암호의 취약성, 물리적 특성에 의한 취약성(도난, 불법 설치, 불법 도청 등)

㉡ 지원 범위의 제한적 : 일반적으로 쓰이는 802.11b/g/n은 수십 미터의 거리를 지원

㉢ 신뢰성 : 가전기기와 주파수 대역이 같기 때문에 전파간섭의 영향을 받을 수 있고, 유선보다 품질이 낮음

㉣ 속도 : 유선 네트워크에 비해 느림

(6) 무선 LAN의 취약점

① **물리적인 취약성**

㉠ 강한 전파로 인하여 서비스 범위를 초과하여 전송

㉡ 불법 장비 설치 및 도청 가능성

㉢ 접근 지점(AP) 장치의 도난

② **인증 및 암호화 메커니즘 취약성**

㉠ 취약한 보안 기능

㉡ 낮은 암호화 수준(WEP)

㉢ 기본 패스워드 설정 및 사용

㉣ 접근 지점(AP) 장치에 대한 서비스 거부(DoS) 공격

(7) 무선 LAN 공격 유형

① **악의적 접속**

공격자는 사용자를 잘못된 무선 네트워크에 접속하도록 하거나 사용자 단말기의 구성을 변경하여 애드혹 모드(ad_hoc mode)로 운영되도록 할 수 있음

② **인증 우회 공격**

허가된 SSID(Service Set Identifier)▼와 MAC 주소를 이용하여 무선 네트워크에 접속하여 대역폭을 도용하고, 파일을 손상시키거나 다운로드함

③ **패킷 스니핑 공격**

공격 대상자의 단말기와 접근 지점(AP) 사이에 악의적인 단말기를 삽입하여 허가된 단말기와 접근 지점(AP) 간 무선 네트워크에 침투함으로써, 전송되는 메시지를 가로채거나 훔쳐볼 수 있음

④ **워 드라이빙(war driving)**

건물 주변이나 외부 공원 등을 자동차로 배회하면서 무선 네트워크 트래픽을 가로채는 것을 말함

⑤ **접근 지점(AP) 서비스 거부 공격**

특정 사용자 단말기가 통신할 수 없게 하거나 특정 접근 지점(AP)이 단말기와 연결되지 못하게 함. 또는 전체 네트워크 장치를 대상으로 공격하여 모든 무선 네트워크를 중단시킴

(8) 무선 LAN 공격 대응 방법

① **SSID 설정을 통한 접속 제한** : 보안을 위한 AP의 SSID 브로드캐스팅 제한 설정

② **폐쇄적 시스템 운영** : 접근 지점(AP) 장치의 SSID를 NULL▼로 설정하여 사용자의 인증요청 차단

③ **MAC 주소 인증** : MAC 주소 필터링 기능 사용

④ **동적 WEP 인증 및 EAP 인증**

　㉠ WEP에서의 고정된 공유키 취약점을 보완한 동적 WEP 사용

　㉡ WEP 인증방식 자체가 단방향 인증이기 때문에 패킷 도청 공격에 취약

⑤ **패킷 도청 방지** : WEP/EAP 기능을 이용한 데이터 암호화

⑥ **접근 지점(AP) 장치 보안 설정**

　㉠ 관리계정의 패스워드 설정

　㉡ 물리적 접근 차단

　㉢ 전파출력을 조정하여 건물 내부 한정

　㉣ DHCP 기능 정지

　㉤ SSID(Service Set Identifier), WEP(Wired Equivalent Privacy), WPA(Wi-Fi Protected Access) 설정

⑦ **인증 서버 이용 802.1x와 RADIUS▼ 서버를 이용한 인증**

❗ 더 알아두기 🔍

▼ SSID(Service Set Identifier)
- 무선 네트워크를 확인하는 장치 이름
- 네트워크상의 모든 장치는 무선 네트워크의 SSID를 알아야 하며 그렇지 않을 경우에는 상호 통신이 불가능
- 일반적으로 무선 네트워크는 SSID를 브로드캐스트하여 영역 내의 무선 장치를 연결하며, 보안상의 이유로 SSID가 브로드캐스트되지 않는 경우도 있음
- SSID에는 영숫자 32자까지 사용할 수 있음

▼ NULL
- 알 수 없는 값, 정의되지 않은 값을 의미
- 0, 공백, ' ' 값과는 다른 값을 의미

> ▼ RADIUS(Remote Authentication Dial In User Service)
> • 사용자가 네트워크에 연결하고 네트워크 서비스를 받기 위한 중앙 집중화된 인증, 인가, 회계 관리
> • 1991년 서버 접근 인증. 회계 프로토콜로써, Livingston Enterprises, Inc에서 개발했고, 후에 IETF 표준으로 등재됨
> • 지원 범위가 넓고 유비쿼터스 환경에서도 사용이 가능하기 때문에 ISP와 기업들이 인터넷이나 인트라넷 접근을 관리하거나 무선 네트워크 인증 등에 자주 쓰임
> • 응용 계층에서 작동하는 클라이언트 및 서버 프로토콜이며, 사용자 데이터그램 프로토콜을 통해서 전송

제 5 절 기타 네트워크 공격 중요 ★★

1 세션 하이재킹(Session Hijacking)

(1) 개요

① 사전적인 의미로 '세션 가로채기'

② 서버에 접속할 정상적인 사용자 아이디와 패스워드를 모를 경우 공격 대상(클라이언트)이 이미 서버에 연결된 세션을 가로채는 공격

③ 공격자가 서버와 클라이언트 간의 통신에서 세션▼을 탈취하여, 정상적으로 세션이 형성된 클라이언트인 것처럼 위장함으로써, 인증을 회피하는 공격 기법

④ 클라이언트와 서버 간의 통신 시 TCP의 순서번호(sequence number) 제어의 문제점을 이용하는 공격

⑤ 클라이언트와 서버 간 트래픽을 스니핑할 수 있을 뿐만 아니라 신뢰 관계를 이용한 세션은 물론, 텔넷이나 FTP 등 TCP를 이용한 거의 모든 세션을 탈취 가능

⑥ 일회용 패스워드(one time password), 토큰 기반 인증(token based authentication, kerberos)▼을 이용할 경우에도 세션의 탈취 가능

> 💡 더 알아두기 Q
>
> ▼ 세션(session)
> • 클라이언트와 웹서버 간 네트워크 연결이 지속적으로 유지되고 있는 상태를 말함
> • 클라이언트가 웹서버에 요청하여 접속하면 서버는 요청한 클라이언트에 유일한 아이디(ID)를 부여하게 되는데, 이 ID를 세션이라 함
> • 세션 ID를 임시로 저장하여 페이지 이동 시 이용하거나, 클라이언트가 재접속했을 때 클라이언트를 구분할 수 있는 유일한 수단

> ▼ 토큰 기반 인증(token based authentication)
> • 쿠키와 세션은 사용하지 않고, 서버로의 모든 요청에 대해 사용자를 인증하기 위해 토큰을 사용함
> • 서버는 클라이언트가 요청하면 DB를 질의하여 사용자를 검증. 만약 요청이 유효하면 토큰을 생성하고, 토큰 정보를 응답 헤더에 포함시켜 반환함

(2) 정상적인 TCP 세션 연결

① 클라이언트는 서버에 접속을 요청하는 SYN 패킷을 보냄. 이때 클라이언트는 SYN 패킷을 보내고, SYN/ACK 응답을 기다리는 SYN_SENT 상태가 됨

② 서버는 SYN 패킷을 받고 클라이언트에게 요청을 수락한다는 ACK와 SYN Flag가 설정된 패킷을 전송하고, 클라이언트가 다시 ACK로 응답하기를 기다림. 이때 서버는 SYN_RECEIVED 상태가 됨

③ 클라이언트는 서버에게 ACK를 보냄. 서버가 ACK를 받으면 연결이 이루어지고 데이터를 주고받게 됨. 이때의 서버는 ESTABLISHED 상태가 됨

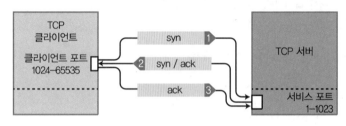

[정상적인 TCP 세션 연결]

(3) 공격 방법

① **현재 서버와 클라이언트 간 세션이 연결된 상태(established)**

ㄱ 공격자는 스니핑하여 세션을 확인, 적절한 순서번호 획득

ㄴ 공격자는 클라이언트로 RST 패킷▼을 전송하여 서버와의 연결 상태를 폐쇄 상태(close state)로 만들고, 클라이언트는 연결 확립(established) 상태가 유지되도록 함

ㄷ 공격자가 새로운 순서번호를 생성하여 서버로 전송하면 서버는 해당 순서번호를 받아들임

ㄹ 공격자를 정상적인 클라이언트로 인식하고 세션을 확립하게 됨

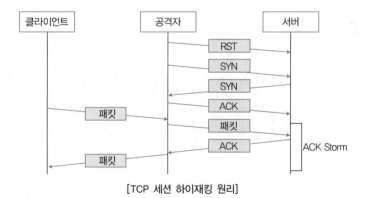

[TCP 세션 하이재킹 원리]

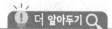

▼ RST(reset) 패킷
- TCP 플래그(flag) 중의 하나
- 재설정(reset) 과정이며, 양방향에서 동시에 일어나는 중단 작업
- 비정상적인 세션 연결 끊기
- 현재 접속하고 있는 대상과 즉시 연결을 끊고자 할 때 사용

(4) 탐지 방법

① 비동기화 상태 탐지
서버와 순서번호를 주기적으로 검사하여 비동기화 상태▼인지 탐지

② Ack 스톰(storm) 탐지
전송 중 윈도우 크기(window size)▼와 순서번호가 맞지 않는 상태가 되면, 교정 패킷이 정상적으로
작동하지 못하기 때문에 무한루프에 빠져 ACK 패킷의 비율 급증

③ 패킷 유실 및 재전송 증가 탐지
공격자가 중간에 끼어있기 때문에 패킷의 유실과 재전송 발생, 서버와의 응답 시간 증가

④ 기대하지 않은 접속의 재설정(reset)
접속 초기에 예상치 못한 세션의 재설정(reset)이 발생할 수 있음. 만약, 세션을 탈취당하거나, 탈취
당하지 않았다 하더라도 공격이 실패할 경우에는 세션이 멈추거나 초기화

▼ 비동기화 상태(asynchronous state)
정상적인 접속이 유지되기 위해서는 서버와 클라이언트가 서로의 순서번호를 올바르게 알고 있어야
하는데, 이것을 무너뜨리게 되면 정상적인 데이터를 전송할 수 없게 되고, 세션 또한 불안정한 상태가
되는데 이런 상태를 비동기화 상태라고 함

▼ 윈도우 크기(window size)
- 한 번에 받을 수 있는 데이터의 양
- 통신하고자 할 때 상대방에게 자신의 윈도우 크기(window size)를 알려주면 상대방은 그 만큼의
  양을 한 번에 전송하고 모두 처리했는지 확인 후 다음 데이터를 전송함

(5) 대응 방법

① 전송 데이터의 암호화
스니핑에 대한 대응 방법과도 같음. 스니핑 기술의 일종이라고 생각할 수 있음

② 지속적인 인증을 통한 세션 유효성 확인
대부분의 시스템이 로그인 시 패스워드를 한 번 입력 후 재인증 과정을 거치지 않는데, 어떤 특정한

행동을 하거나 일정 시간이 지나면 다시 패스워드 등을 확인함으로써, 접속자가 정당한 인증을 받은 사용자인지 확인하는 것

2 APT(Advanced Persistent Threat) 공격

(1) 개요

① 2006년 미국 공군사령부에서 최초로 사용한 데서 비롯됨

② 특정 기업 또는 기관을 목표로 한 장기적이고 정교한 공격

③ NIST(National Institute of Standard and Technology)▼는 APT 공격을 다음과 같이 정의하고 있음

> 지능형 지속 위협(Advanced Persistent Threat)은 정교한 수준의 전문기술 또는 방대한 자원을 가진 공격자가 여러 공격 경로(사이버, 물리적 경로 및 교란)를 통하여 공격의 목표를 달성할 수 있는 기회를 창출하는 것이다. 공격 목표는 일반적으로 조직의 정보 기술 인프라 내에 발판을 마련하고 확장하여, 지속적으로 정보를 빼내거나 미션, 프로그램 또는 조직의 중요한 측면을 약화 또는 방해하거나 향후 그렇게 할 수 있는 입지를 획득하는 것이다. 또한, 방어자의 저항에 적응하고, 목표를 실행하는 데 필요한 수준의 상호작용을 끈질기게 유지하면서 긴 시간 동안 반복적으로 이러한 목표를 추구한다.

(2) 용어 정의

① **Advanced(지능형)**

㉠ 표적의 취약점을 악용할 수 있는 정도의 탁월한 기술적 능력을 가지고 있음

㉡ 취약한 대규모 데이터베이스에 접근할 수 있는 능력, 정보 탈취 및 코딩 능력뿐만 아니라 잘 알려지지 않은 취약점을 파악하고 이용할 수 있는 능력까지 포함

② **Persistent(지속)**

㉠ 장기간에 걸쳐 이루어지는 경우가 많으며, 한시적인 기회를 이용하는 단기 공격과 달리 수년 동안 일어날 수 있음

㉡ 인터넷 기반 공격에서 사회공학적(social engineering) 공격▼까지 총망라한 여러 공격방법이 사용될 수 있으며, 중요한 데이터에 접근하기 위하여 가벼운 보안 침해로 위장한 공격을 여러 차례 조합하여 시도할 수도 있음

③ **Threat(위협)**

위협이 있는 곳에는 항상 공격의 동기와 공격에 성공할 수 있는 능력을 가지고 있는 공격자가 존재

> **더 알아두기** Q
>
> ▼ NIST(National Institute of Standards and Technology)
> - 미국 국립표준기술연구소
> - 1901년부터 1988년까지 국립표준국(NBS, National Bureau of Standard)이라고 알려진 측정 표준 실험실로 미국 상무부 산하의 비규제 기관
>
> ▼ 사회공학적(social engineering) 공격
> - 컴퓨터 보안에서 인간 상호 작용의 깊은 신뢰를 바탕으로 사람들을 속여 정상 보안 절차를 깨뜨리기 위한 비기술적 침입 수단
> - 우선 통신망 보안 정보에 접근 권한이 있는 담당자와 신뢰를 쌓고, 전화나 이메일을 통해 그들의 약점과 도움을 이용하는 것
> - 상대방의 자만심이나 권한을 이용하는 것. 정보의 가치를 몰라서 보안을 소홀히 하는 무능에 의존하는 것과 도청 등이 일반적인 사회공학적 기술
> - 이 수단을 이용하여 시스템 접근 코드와 비밀번호를 알아내어 시스템에 침입하는 것으로, 물리적, 네트워크 및 시스템 보안에 못지않게 인간적 보안이 중요함

(3) 공격 단계

1단계	목표설정	• 공격자는 우선 공격 대상인 표적을 정함 • 성공적인 공격 수행을 위하여 표적을 분석하고, 실효적인 공격 방법에 대하여 연구 • 공격 대상은 정치적인 목적으로 설정될 수도 있고, 경제적인 목적으로 설정될 수도 있음
2단계	정보수집	• 공격 대상인 표적을 정하면 침입에 필요한 자료나 공격 기법을 탐색 • 침입에 필요한 자료는 공격 대상의 위치, 연혁, 인적 조직, 서버 위치, 보안용역을 담당하는 업체 등의 기업에 관한 자료부터 임직원의 성향 및 기호, 사회적 관계 등의 구성원에 관한 자료까지 망라하고, 이 과정에서 취약점이나 공격 포인트를 찾게 되며, 이 정보를 근거로 공격 기법을 선택
3단계	공격침투	직접 방화벽을 통과하거나 서버에 침투하는 기술적인 방법을 사용하기보다는 공격 대상의 임직원으로 하여금 악성코드를 내부에 침투시키는 등의 사회 공학적 방법을 활용 예 악성링크나 악성코드를 삽입하여 동창회 메일 또는 회사 리크루팅 메일 등으로 속여 전송하는 방법 등이 많이 쓰임[스피어 피싱(spear phishing)▼] 예 악성코드는 아직 발견되지 않은 보안 취약점을 이용하거나(제로데이 공격), 기존 APT 공격 방어를 위한 보안 솔루션에서 탐지하지 못한 것을 사용
4단계	세력확산	• 일단 공격 침투에 성공하게 되면 백도어(Back Door)를 통하여 원격통제 • 공격자는 은닉상태로 정보수집과 모니터링 활동을 통하여 수집 가능한 모든 정보를 수집하면서 방어시스템을 회피하거나 관리자 권한의 아이디나 패스워드를 획득 • 수집된 정보를 통하여 권한 상승에 성공하면, 중요 데이터에 접근할 수 있는 방법이나 정보를 유출할 수 있는 구체적인 방법, 방어시스템을 회피할 수 있는 방법, 공격이 탐지된 경우에 대응할 수 있는 방법 등을 연구
5단계	정보수집	• 4단계까지 성공하게 되어 공격자가 중요 데이터 접근에 성공하면, 데이터를 파괴하거나 경유 서버를 활용하여 피해자의 추적을 회피하면서 공격자의 근거지로 중요 데이터를 유출시킴 • 이때 지속적으로 쌓이는 데이터를 그때마다 유출시킬 수도 있지만, 단기간에 유출시킬 수도 있음

> **! 더 알아두기 Q**
>
> ▼ 스피어 피싱(spear phishing)
> - 불특정 다수가 아닌 특정 기관이나 기업의 내부직원을 표적으로 삼아 집중적으로 공격하는 행위를 말함
> - 정부기관이나 기업조직 등 특정 목표의 내부 사용자를 은밀히 염탐하고 해당 조직의 기밀정보를 빼내기 위하여 신뢰할 수 있는 내용처럼 위장한 악성 이메일을 관련자들에게 전송하여 감염시키며, 이후 원격제어 및 데이터 탈취 등을 시도하는 대표적인 지능형 표적 공격

(4) 공격 방법

① 공격자는 공격 대상에 대하여 스피어 피싱을 위한 직원을 찾아냄. 회사의 주요 간부, 연구원, 관리자 등 중요한 정보에 접근할 수 있는 직원을 찾음

② 신뢰하는 사람으로부터 발송된 악성코드가 포함된 메일이나 메신저를 이용하여 전송하고, 제로데이 취약점이 있는 첨부파일이나 링크를 포함하여 MS 오피스나 어도비 리더 취약점을 공격

③ 시스템 접근 기반을 만든 후 접근 권한 상승을 시도함. 이때 패스워드를 알아내기 위하여 무차별 대입 공격을 수행한 후 네트워크 접근 권한 및 시스템 접근 권한 획득

④ 데이터를 유출시킨 다음 유출 정보를 회사 내부의 서버에 암호화하여 저장하거나 압축 파일(.zip)로 저장. 이 파일을 작은 파일로 분할하여 비정기적으로 유출

(5) 목표와 표적

① **정치적 조작** : 정부 기관

② **군사적 스파이 활동** : 군사・방위 조직 및 업체, 기술적 스파이 활동, 금전의 부정 취득

③ **경제적 스파이 활동** : 중요 인프라 시스템, 공공시설, 통신 및 교통시스템

④ **기술적 스파이 활동** : 기술회사

⑤ **금전적 스파이 활동** : 금융기관

(6) APT 공격과 일반 공격의 차이점

① APT 공격이 일반적인 공격과 가장 다른 점은 한 조직을 확실한 표적으로 삼는다는 것

② 일반적인 공격에서는 경계 방어 및 표준 보안 제어 기능을 사용하여 조직을 보호할 수 있지만, 이러한 기술로 APT 공격을 차단하기에는 충분하지 않음

③ 공격자는 새로운 취약점이 발견될 때까지 기다린 후 약점을 이용하거나, 작은 취약점을 여러 개 조합하여 막대한 손해를 끼치는 대규모 공격으로 만들 수 있음

(7) 대응 방법

① 공격자가 원하는 정보에 접근하기까지 소요 시간을 지연시킴

② 공격자가 원하는 정보에 접근하기 이전 단계에서 탐지 · 차단

③ 알려지지 않은 악성코드(zero day attack) 탐지

④ 모든 네트워크 트래픽 저장 및 모니터링

(8) 피해 사례

① 국내

농협 해킹사고, 현대캐피탈 정보 유출 사고, SK컴즈 정보 유출 사고

② 국외

영국 RBS 월드 페이 해킹사고, 다국적 석유회사 해킹(일명 Night Dragon), 미국 국립오크리지연구소 해킹사고, 모건 스탠리 해킹사고(일명 오로라 작전)

제 3 장 네트워크 보안 강화

제 1 절 침입차단시스템(방화벽, Firewall) 중요 ★★★

1 개요

(1) 외부와 내부 네트워크를 경유하는 패킷을 규칙에 따라 차단하는 하드웨어(H/W) 또는 소프트웨어(S/W)를 총칭

(2) 주로 외부의 공격들로부터 내부 네트워크를 안전하게 보호하기 위해 사용

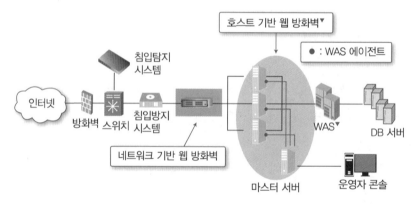

[방화벽의 구성]

> **더 알아두기** Q
>
> ▼ 웹 방화벽(Web Firewall)
> - 웹서버로 전송되는 모든 HTTP 요청 패킷(request packet)을 검사하여 웹 애플리케이션에 의도하지 않은 내용들은 전송되지 못하도록 하는 역할. 또한, 웹서버에서 통과하는 HTTP 응답 패킷(replay packet) 내용을 감시하여 특정 정보의 유출을 막는 역할도 함
> - 웹 방화벽의 기본 역할은 SQL 인젝션(Injection), 크로스 사이트 스크립트(XSS) 등과 같은 웹 공격을 탐지하고 차단하는 것인데, 직접적인 웹 공격 대응 이외에도 정보유출 방지 솔루션, 부정 로그인 방지 솔루션, 웹사이트 위변조방지 솔루션 등으로 활용이 가능

▼ WAS(Web Application Server)
- 인터넷상에서 HTTP를 통해 사용자 컴퓨터나 장치에 애플리케이션을 수행해 주는 미들웨어
- 동적 서버 콘텐츠를 수행하는 것으로 일반 웹 서버와 구별이 되며, 주로 데이터베이스 서버와 같이 수행됨

2 특징

(1) 외부와 내부 간 패킷 전송에 대한 처리 및 제어

(2) 외부 네트워크와 연결된 유일한 통로 역할 수행

(3) 서비스 접속 및 차단, 사용자 인증

(4) 명백히 차단되지 않은 것은 허용

(5) 명백히 허용되지 않은 것은 차단

(6) 로깅(Logging)▼과 감사 기능 제공

더 알아두기

▼ 로깅(Logging)
- 운영체제나 응용 프로그램이 발생시키는 이벤트를 조사하기 위하여 기록하는 모든 절차
- 대부분의 유닉스와 리눅스 시스템에서는 로그 정보를 표준 출력장치나 공유 로그 파일로 출력
- 로그 파일을 이용하여 시스템 버그의 원인을 발견하거나 침입자의 출처를 확인하고, 해킹 피해의 범위를 알 수 있음
- 리눅스를 포함한 유닉스 시스템은 로그의 종류 및 로그의 위치가 시스템마다 다소 차이가 있음

3 동작 원리

(1) 외부로부터 들어오는 모든 접근 시도는 방화벽 내부에 사전에 설정한 보안 규칙인 접근제어목록(ACL) 을 참조하여 허용/차단 여부를 결정

(2) 모든 접근을 거부(Deny)한 후 허용할 접근만 단계적으로 허용(Permit)하는 방식

(3) 외부로부터 접근하는 IP 주소나 특정 프로그램에 따라 허용/차단 여부를 결정. 또한, 네트워크를 통해 패킷이 전송되는 통로를 포트라 하는데, 기본적으로 65,000여 개의 포트로 접근통제

(4) 접근제어목록(ACL)은 관리자가 직접 설정하며, 설정이 쉽도록 직관적인 형태로 출력되고, 적용 즉시 결과를 확인할 수 있도록 제공

4 기능

(1) 접근통제

패킷 헤더에 포함되어 있는 IP 주소, 포트 번호 등을 기초로 패킷 흐름 제어

(2) 트래픽

암호화 통신 중의 데이터를 암호화하여 데이터의 노출 차단

(3) 기록 및 감사

접근하는 모든 접속요구를 기록하며, 이에 대한 감사 수행

(4) 네트워크 주소

변환 내부 네트워크 은닉 및 다양한 네트워크 구성 가능

제 2 절　침입탐지시스템/침입방지시스템 중요 ★★★

1　침입탐지시스템(IDS)

(1) 개요
① 기존의 방화벽이 탐지할 수 없는 모든 종류의 악의적인 네트워크 패킷 및 공격 시스템 탐지
② 탐지 대상 시스템이나 네트워크의 모니터링으로, 비인가되거나 비정상적인 행동 탐지

(2) 구성도

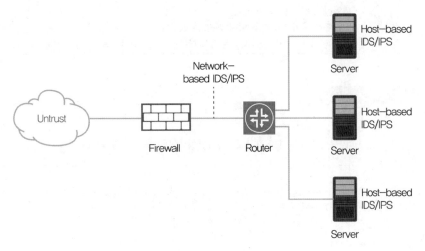

[침입탐지시스템(IDS)의 구성도]

(3) 특징
① 공격에 대한 경고를 관리자에게 알려주는 역할
② 직접적인 차단 기능 없음
③ 일반적으로 침입차단시스템(Firewall)과 결합하여 사용

(4) 기능
① 시스템 자원 보호 및 정보 유출 방지
② 공격 대응 및 복구, 증거수집 및 역추적
③ 기록 및 통계적인 상황분석 보고
④ 보안정책에 대한 검증 제공
⑤ 탐지 오류 가능성이 있으므로 문자 메시지(SMS)나 메일과 연계되어 실시간 관리자 통보 기능 제공

(5) 침입 탐지 방법

① 오용 탐지(Unused Detection)
  ㉠ 사전에 정해진 공격패턴과 비교하여 일치하는 경우 침입으로 판단
  ㉡ 규칙 기반, 지식 기반
  ㉢ 장·단점

장점	• 침입에 사용된 특정 도구와 기술에 대한 분석 가능 • 신속하고 정확한 침해 사고 대응 • 관리 및 보고 용이(탐지 내용 확실, 참고 자료 많음) • 설치 즉시 사용 가능 • 오탐률▼ 낮음
단점	• 새로운 공격 유형에 취약(지속적 업데이트 필요) • 다양한 우회 가능성 존재 • 오탐률을 줄이기 위한 세밀한 패턴 정의 필요 • 공격에 대한 정보수집이 어려우며, 취약점에 대한 최신 정보 유지 어려움

더 알아두기

▼ 오탐률(False Positive)
비정상 패킷이라고 탐지했는데 실제로는 비정상이 아닌 비율을 말함

② 이상 탐지(Anomaly Detection)
  ㉠ 사전에 정해진 정상 패턴과 비교하여 벗어난 경우 침입으로 판단
  ㉡ 비정상 행위 기반
  ㉢ 장·단점

장점	• 새로운 공격 유형에 대한 탐지 가능 • 취약점을 사용하지 않는 권한 남용형 공격 탐지 가능 • 이론상 완전한 침입 탐지 가능
단점	• 주기적인 행동 프로파일▼ 재학습 필요 • 실제 학습 환경을 만드는 그 자체가 어려움 • 구축과 관리 어려움 • 구현하는 데 고비용 • 오탐률 높음

더 알아두기

▼ 행동 프로파일(Behavior Profile)
공격자의 공격 패턴

(6) 침입탐지시스템의 배치

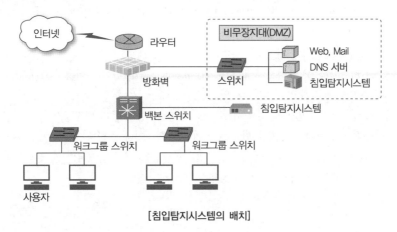

[침입탐지시스템의 배치]

2 침입방지시스템(IPS)

(1) 개요

① 넓은 범주의 통합위협관리시스템(UTM)에 속함

② 공격에 대한 탐지만을 하는 침입탐지시스템의 한계성을 극복한 보안 시스템

③ 공격 시그니처(Signature)를 탐지하여, 네트워크에 연결된 시스템에서 비정상 행위가 발생하는지를 감시하고, 자동으로 중단시키는 보안 솔루션

④ 시스템 및 네트워크에 대한 다양한 불법 침입행위를 실시간으로 탐지하고 분석하여 비정상적인 패킷인 경우 자동으로 차단하는 시스템

(2) 구성도

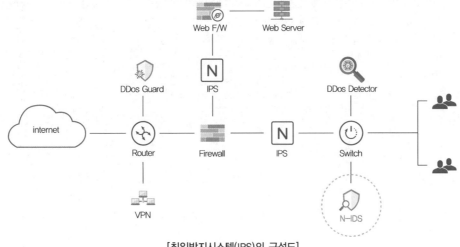

[침입방지시스템(IPS)의 구성도]

(3) 기능

① 네트워크에서 탐지하지 못하는 알려지지 않은 공격까지도 방어할 수 있는 실시간 침입방지시스템으로, 운영체제 레벨에서 실시간 탐지와 방어기능 제공

② 급속한 증가가 예상되는 제로데이 공격(zero day attack)의 위협에 대한 능동적 대응기법과 알려진 공격(known attack), 알려지지 않은 공격(unknown attack)이나 비정상 트래픽(anomaly traffic)을 효율적으로 탐지하고 방어할 수 있는 정확한 분석 기능

③ 바이러스 웜, 불법 침입이나 분산 서비스 거부(DDoS) 공격 등의 비정상적인 이상 신호를 발견 즉시 인공지능적으로 적절한 조치를 한다는 점에서 방화벽이나 침입탐지시스템(IDS)과는 차이가 있음

④ 현재 침입방지시스템은 허니팟(honeypot) 기능을 내장하여 침입에 취약한 것처럼 침입을 유도하고, 이에 대한 실시간 대응을 하도록 구성

(4) 특징

① 손실이 발생하기 전에 대응 가능
② 독립된 에이전트를 가지고 있음
③ 시스템 자원에 접근 어려움
④ 보안 이벤트는 메일, 메시지, 자식 프로세스▼ 형태로 발생
⑤ SNMP 트랩 데이터▼ 이용 가능

> **! 더 알아두기 Q**
>
> ▼ 자식 프로세스(Child Process)
> • 부모 프로세스의 복제로서, 부모 프로세스의 자원을 일부 공유하는데, 부모 프로세스가 종료되면 더 이상 존재할 수 없게 됨
> • 트리 구조로, 부모와 자식 프로세스의 관계가 나타남
>
> ▼ SNMP 트랩 데이터(Trap Data)
> Agent에서 통보해야 할 어떤 정보가 발생했을 때(임계치를 넘는 네트워크 자원 사용 등), Manager에게 해당 상황을 알리기 위해서 사용

제 3 절 가상사설망(VPN) 중요 ★★★

1 등장 배경

(1) 기업은 다양한 내부 네트워크(IP, IPX▼, AppleTalk▼, SNA▼)를 구축하여 사용하고 있으며, 네트워크를 상호 연결하기 위하여 NSP(Network Service Provider)의 전용회선이나 F/R(Frame-Relay)▼망을 이용함으로써, 제한된 영역 내에서 안전하게 데이터를 송·수신하고 있음

(2) 인터넷의 활성화로 인하여 기업의 비즈니스 영역을 전 세계로 확대하고 있으며, 저렴한 비용으로 효율적인 원격 접속이 가능하게 되었음

(3) 개방성과 확장성을 가지고 있어, 외부의 공격으로 인한 정보의 유출·변조·도용 등의 보안상 심각한 취약점이 있으므로, TCP/IP를 기반으로 한 인터넷에서 사설망의 기능을 제공하기 위하여 도입된 기술

(4) 전자상거래 및 해외지점 간 거래 등 가상 사설망 구축의 범위가 확대되면서, 강력한 사용자 인증과 키 관리 및 분배를 자동화하기 위하여 공개키 기반의 공인인증 서비스를 적용한 VPN 구축 필요

> **❗ 더 알아두기 🔍**
>
> **▼ IPX(Internetwork Packet Exchange)**
> - 클라이언트와 서버를 사용하는 네트워크를 상호 연결하는 노벨의 네트워킹 프로토콜
> - 데이터 그램 또는 패킷 프로토콜이며, 네트워크 계층에서 동작하며, 패킷 교환 중 연결이 계속 유지될 필요가 없는 비연결형 프로토콜
> - 패킷 수신통보는 노벨의 또 다른 프로토콜인 SPX에 의해 관리됨
>
> **▼ AppleTalk**
> - 애플사가 컴퓨터 네트워킹을 위해 개발한 프로토콜
> - 1984년에 초기 매킨토시에 포함되었으며, TCP/IP 네트워킹의 선호로 인해 잘 쓰이지 않게 됨
> - 구조적 측면에서 보면 애플의 매킨토시뿐만 아니라 IBM 호환 PC와 같은 애플이 아닌 컴퓨터와 서로 통신할 수 있으며, 프린터나 서버 등의 자원을 주고받을 수 있게 되어 있음
>
> **▼ SNA(System Network Architecture)**
> - 1974년에 만들어진 IBM의 사유 네트워크 아키텍처
> - 컴퓨터와 자신의 자원 간 상호 연결을 위한 완전한 프로토콜 스택
> - 포맷과 프로토콜을 기술하며, 그 자체가 소프트웨어의 일종은 아님
> - SNA 구현을 통해 다양한 통신 패키지(SNA 통신용 메인프레임 패키지인 VTAM)의 형태를 취함

> ▼ F/R(Frame-Relay)
> • LAN을 연결하는 고속 통신 기술
> • 적은 비용으로 전용회선처럼 사용 가능
> • 기업이 원하는 망을 구축하여 사용 가능
> • 가상회선인 VC(Virtual Circuit)를 구성하여 사용
> • 연결지향형 서비스

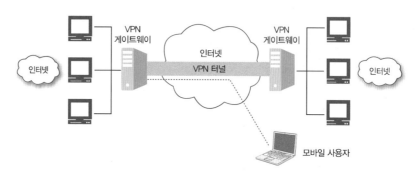

[VPN 기본 구성도]

2 주요 적용 기술

(1) 터널링▼ 프로토콜(Tunneling Protocol)

VPN에서는 보안 기능을 제공하기 위하여 여러 요소기술을 적용하는데, 그 중에서 가장 기본이 되는 것이 터널링 기술

(2) 기본 원리

송신측은 소스 패킷을 터널링을 통하여 IP 패킷 내에 캡슐화하며, 네트워크를 통하여 전송된 패킷은 수신측에서 터널링을 해제하고, IP 헤더를 제거 후 목적지로 전송

> **더 알아두기** Q
>
> ▼ 터널링(Tunneling)
> • 송신자와 수신자 사이의 전송로에 외부로부터의 침입을 막기 위해 일종의 파이프를 구성하는 것으로, 파이프는 터널링을 지원하는 프로토콜을 사용하여 구현하고 있으며, 사설망과 같은 보안 기능을 지원
> • 터널링되는 데이터를 페이로드(Payload)라고 하며, 터널링 구간에서 터널링 프로토콜을 통해 페이로드는 캡슐화되어 전송

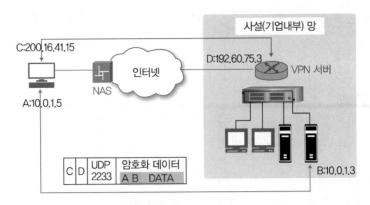

[터널링을 통한 패킷 전달]

3 특징

(1) 강력한 중앙집중형 관리 시스템

(2) 다중 프로토콜 지원(IP, IPX)

(3) 사용 암호 알고리즘

① **암호화(40/128비트)** : RC2 알고리즘
② **인증(512비트)** : RSA 알고리즘▼
③ **키 교환(512비트)** : Diffie-Hellman 알고리즘
④ **무결성** : MD5 알고리즘▼

> **더 알아두기**
>
> ▼ RSA 알고리즘
> • 1978년 Ron Rivest, Adi Shamir, Leonard Adleman의 연구에 의해 체계화되었으며, RSA라는 이름은 이들 3명의 이름 앞 글자를 딴 것
> • 공개키 암호시스템의 하나로, 암호화뿐만 아니라 전자서명이 가능한 최초의 알고리즘
> • RSA가 갖는 전자서명 기능은 인증을 요구하는 전자상거래 등에 RSA의 광범위한 활용을 가능하게 하였음
>
> ▼ MD5 알고리즘
> • 주로 프로그램이나 파일이 원본 그대로 인지를 확인하는 무결성 검사 등에 사용
> • 1996년에 MD5의 설계상 결함이 발견되어 해시 용도로 SHA-1과 같은 다른 안전한 알고리즘을 사용할 것을 권장

4 **터널링 프로토콜 종류 및 특징**

(1) PPTP 프로토콜

① PPP(Point to Point Protocol)의 패킷을 IP 패킷으로 캡슐화하여 IP 네트워크에서 전송하기 위한 터널링 기법

② 하나의 터널에 하나의 연결만을 지원하여 일대일 통신만 가능

③ PPP 데이터 터널링 형성을 위하여 TCP 기반으로 하는 GRE(Generic Routing Encapsulation)▼ 헤더 사용

④ 데이터 암호화를 위하여 PPTP의 MPPE(Microsoft Point－to－Point Encryption) 128비트 암호화를 하려면 운영체제의 기본 암호화를 128비트 수준으로 하여야 함

⑤ Windows 2000 기반의 VPN 서버와 클라이언트에서는 PPTP 연결인 경우에도 인증 프로토콜로 MS －CHAPv2▼만을 지원함으로써 보안을 강화할 수 있으며, EAP(Extensible Authentication Protocol)를 지원하여 스마트카드 로그온 허용

⑥ 스마트카드▼라는 사용자 인증 정보를 1차로 요구하며, 이 카드를 사용하기 위한 PIN(Personal Identification Number)을 2차로 요구

> ### 💡 더 알아두기 🔍
>
> **▼ GRE(Generic Routing Encapsulation)**
> • 통신 내용을 캡슐화하여 전송
> • 캡슐화를 실시하기 때문에 멀티캐스트 및 브로드캐스트를 유니캐스트로 전송할 수 있음
> • OSPF와 같은 라우팅 프로토콜을 이용한 라우팅 업데이트 및 홉 수가 많은 패킷을 캡슐화하여 IPSec 환경으로 전송 가능
>
> **▼ MS－CHAP(Challenge Handshake Authentication Protocol)**
> • PPP 등에서 사용하는 인증용 프로토콜 중의 하나
> • 기존 PAP 방식의 보안상 취약점을 개선함
> • 동작 방식 : 3－way handshaking(3단계 핸드셰이킹) 방식을 사용
>
> **▼ 스마트카드(smart card)**
> • 일반적인 신용카드와 동일한 재질과 사이즈인 플라스틱 카드의 표면에 자체 연산기능이 있는 8비트 또는 32비트 마이크로프로세서(MPU)와 운영체제(COS) 그리고 안전한 저장영역으로서의 EEPROM 이 내장되어 있는 집적 회로(IC) 칩이 표면에 부착된 전자식 카드
> • 접촉식 혹은 비접촉식 카드로 나눌 수 있음
> • 개인 식별, 인증, 자료 저장 등에 사용됨

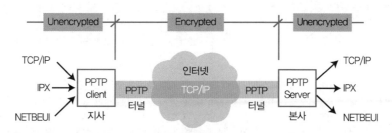

[PPTP 터널링 흐름도]

(2) L2F(Layer 2 Forwarding)

① Cisco 제안 프로토콜

② 원격지의 ISP 장비에서 접근 서버의 터널 서버로 L2F 터널을 생성시키며, 이 가상 터널은 Direct Dial PPP/RAS 세션을 생성함

③ 원격 사용자의 Home Site에서 주소를 할당하며, Home Site의 게이트웨이에서 사용자 인증을 함

④ 하나의 터널에 여러 개의 연결을 지원하여 다자간 통신을 가능하도록 함

⑤ PPP 프로토콜 사용

(3) L2TP 프로토콜

① 개요

㉠ 마이크로소프트의 PPTP와 시스코의 L2F 기술이 결합된 것으로, 향상된 보안 서비스를 위하여 IPSec 프로토콜의 암호화와 인증 부분을 적용하여 사용

㉡ 마이크로소프트와 시스코 등이 제안한 Layer 2의 표준

㉢ IPSec 보안 프로토콜은 물론 Appletalk▼이나 IPX▼와 같은 비 IP 프로토콜 등도 지원

🔔 더 알아두기 🔍

▼ Appletalk
- 애플사가 애플컴퓨터를 위하여 개발한 일련의 근거리 통신망 프로토콜로, ISO/OSI 모델과 비슷한 계층화된 구조
- 최종 사용자 서비스 계층
- 고신뢰성 데이터 전송 계층
- 네임드 엔티티 계층(Named Entity Layer)
- 종단 간 데이터 흐름 계층
- 데이터링크 계층
- 물리 계층

▼ IPX(InterNetwork Packet eXchange)
- 노벨사에서 개발한 네트웨어 라는 파일서버와 클라이언트 간 통신에서 사용하는 프로토콜
- IPX 프로토콜과 TCP/IP를 비교하면 LAN 구간에서는 IPX의 성능이 우수하고, WAN 구간, 즉 외부로 접속할 경우에는 TCP/IP의 성능이 우수. 따라서 내부에서는 IPX를 외부와의 통신을 위해서는 TCP/IP를 주로 사용

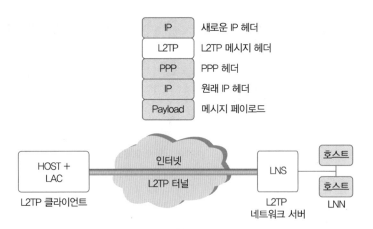

[L2TP의 터널링 흐름도]

② **특징**

    ㉠ 주로 네트워크 장비(RAS 및 라우터)에 소프트웨어 추가로 구현 가능

    ㉡ 사용자 인증은 사용자 아이디(ID)와 도메인을 결합한 형태(user@domain.com)로 검증

    ㉢ 기본적으로 PPP 인증을 사용하며, 별도로 RADIUS나 TACACS+ 지원

    ㉣ 패킷 암호화는 IETF에서 규정한 IPSec의 암호화 방식을 적용하도록 권장

    ㉤ L2TP 자체는 PPP 데이터를 위한 암호화 메커니즘을 가지고 있지 않기 때문에, 데이터 암호화와 무결성을 유지하기 위하여 IPSec의 AH(Authentication Header)와 ESP(Encapsulation Security Payload) 사용

    ㉥ PPP의 터널링 형성을 위하여 UDP 사용

    ㉦ L2TP 터널링을 이용한 원격 연결은 IPSec의 ESP에 의하여 데이터가 암호화되고, AH에 의하여 데이터의 무결성 유지

③ **동작 원리**

    ㉠ 클라이언트와 RAS(Remote Access Server)▼ 간 다이얼업 접속을 위하여 PPP 프로토콜 사용

    ㉡ PPP를 통하여 연결이 완료되면 L2TP는 네트워크 서버가 사용자를 확인하고, 터널을 통하여 사용자에게 서비스를 제공할 것인지를 결정하게 되며, 터널이 생성되면 네트워크를 통하여 전송되는 PPP 패킷을 캡슐화하는 역할 수행

🔔 더 알아두기 🔍

▼ RAS(Remote Access Server : 원격 접속 서버)
- NT4.0의 네트워킹을 활용하는 데 가장 많이 이용되고 있는 원격 접속 서비스
- 원격지에서 전화 접속이나 X.25, 널 모뎀 케이블 등을 사용하여 컴퓨터 상호 간에 접속할 수 있도록 해주는 서비스
- NetBEUI, IPX/SPX, TCP/IP 프로토콜을 PPP(Point to Point Protocol)나 SLIP(Serial Line Interface Protocol)을 통하여 연결
- 결과적으로 RAS 서버는 종단 간을 연결하는 게이트웨이 용도로 사용

(4) IPSec(Internet Protocol Security)

① 개요
　　⑦ 인터넷 표준화 그룹인 IETF에서 규정한 프로토콜

　　⑥ IPv4 및 IPv6에 대하여 네트워크 계층에서 보안 서비스 제공

　　⑥ IPSec에서 제공하는 보안 서비스로는 접근제어, 데이터 인증, 응답 보호, 무결성, 암호화 및 키 관리 기능을 포함하고 있으므로 VPN 터널링을 위한 보안 서비스에 가장 적절

② AH(Authentication Header)
　　⑦ IP 데이터 그램에 대하여 무결성, 인증, 재전송 공격 방지 등 세 가지 보안 서비스 제공

　　⑥ AH 데이터 형식에 포함된 인증 데이터 필드의 값을 계산하기 위하여 사용되는 암호 알고리즘은 SA(Security Association)▼를 생성할 때 결정되는데, DES와 같은 대칭키 암호 알고리즘을 기반으로 한 MAC(Message Authentication Code)▼나 MD5 또는 SHA−1 등과 같은 해시함수 사용

　　⑥ IP 헤더와 페이로드▼ 위에 위치하며, 페이로드에 어떠한 변경 없이 IP 패킷 전체에 대하여 인증 수행

　　⑧ 다음 그림과 같이 각각 32비트의 SPI(Security Parameter Index)와 SN(Sequence Number) 그리고 가변길이의 ICV(Integrity Check Value)▼로 구성

🔅 더 알아두기 🔍

▼ SA(Security Association)
- IPSec 구현에 있어 매우 중요한 개념으로, 두 장비 간 보안성 있는 데이터를 교환하기 위해서는 암호 알고리즘, 키 교환방법, 키 변경 주기 등에 대한 사전 합의가 필요하며, 이러한 합의 사항들은 IPSec의 SA가 담고 있음
- 송신측과 수신측 간 보안 통신에는 적어도 1개 이상 SA가 필요하며, 패킷 인증에 1개의 SA가 요구되며, 동일 패킷의 암호화에도 별도의 SA 1개 필요
- 또한 패킷 인증과 암호화에 동일 알고리즘을 사용하더라도 SA는 각기 다른 키를 사용하기 때문에 SA는 2개 필요

▼ MAC(Message Authentication Code)
- 메시지 인증 코드는 메시지의 인증에 쓰이는 작은 크기의 정보
- MAC 알고리즘은 비밀키를 입력받고, 임의 길이의 메시지를 인증하고, 출력으로써 MAC 값을 출력
- MAC 값은 검증자(비밀키를 소유한 사람)의 허가에 의해서 메시지의 데이터 인증과 무결성을 보호함

▼ 페이로드(payload)
패킷이나 프레임 등에서 헤더를 제외한 실제 데이터가 들어가는 부분

▼ ICV(Integrity Check Value)
ESP에서의 무결성 점검 값(MAC)

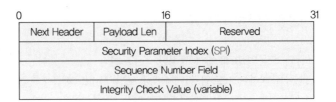

[AH 헤더]

SPI	목적지 주소와 더불어 SN과 ICV에 대한 특정 IPsec 처리방식을 지시하며, 이러한 정보는 SAD에 저장되어 있음
SN	재전송 공격을 방지하기 위하여 동일 패킷이 중복되어 수신되었는지 여부와 일정한 타임 윈도우(time window) 내에 도착하였는지를 검사하는 데 사용
ICV	패킷 전체에 대해 해시함수(MD5, SHA-1)를 이용하여 계산한 MAC(Message Authentication Code) 값으로, 키를 알고 있는 사용자가 해시 값을 알아낼 수 있고, 수신된 패킷이 중간 경로상에서 위·변조되었는지를 검사

③ ESP(Encapsulating Security Payload)

　　㉠ 암호화를 위한 데이터를 페이로드 필드에 위치시킴

　　㉡ 암호 알고리즘은 대칭키 알고리즘이 사용되며, 일반적으로 패딩(padding) 부분은 알고리즘이 요구하는 평문 길이를 조정하기 위하여 사용

　　㉢ ICV ESP 헤더(Header), 페이로드(Payload), ESP 트레일러(Trailer)에 대한 MAC 값을 의미하며, ESP를 적용할 경우 암호와 인증이 동시에 널(NULL)이 되어서는 안 됨

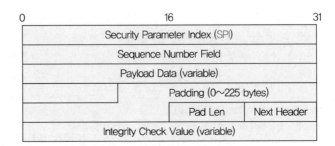

[ESP 헤더]

④ IKE 수행 모드

　　㉠ 보안 솔루션의 안정성은 선택된 암호 알고리즘의 세밀한 실행보다 암호화키를 얼마나 잘 유지하느냐에 달려있으며, IPSec에서는 IKE의 안정적인 작동을 위하여 2단계로 구분

　　　• 1단계 : IKE 실행을 수행하기 위한 보안 채널 설정

　　　• 2단계 : SA 협상

　　㉡ IPSec의 구성요소의 하나로 SA를 성립, 유지, 보수하는데 필요한 데이터들을 안전하게 전달하기 위해 사용

ⓒ IPSec에서는 ISAKMP(Internet Security Association and Key Management Protocol)을 프로토콜로 사용

ⓓ 키 분배 알고리즘은 Diffie-Hellman 알고리즘의 향상 버전이라고 볼 수 있는 Oakley 프로토콜 사용

ⓜ ISAKMP와 Oakley 프로토콜을 결합한 형태를 IKE라고 부름

⑤ **SA(Security Association)**

데이터 송수신자 간에 비밀 데이터(인증되었거나, 암호화된 데이터)를 교환할 때 사전에 암호 알고리즘, 키 교환방법, 키 교환 주기 등에 대한 합의가 이루어져야 하는데, 데이터 교환 전에 이러한 요소들을 IPSec에서는 SA로 정의

⑥ **IPSec의 모드**

㉠ 전송 모드(transport mode)

• IPSec Header 필드가 IP와 TCP header 사이에 위치

• IP 헤더를 제외한 IP 패킷 페이로드만을 보호

• 종단 대 종단 전송 모드

• 종단에 IPSec 에이전트(프로토콜 해석기)가 설치되어야 동작하므로, Peer to Peer를 원하는 경우에 유용

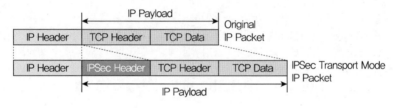

[전송 모드 패킷 구조]

㉡ 터널 모드(tunnel mode)

• IP 패킷 전체(IP 헤더 + IP 페이로드)를 보호

• 새로운 IPSec 헤더가 IP 패킷 전체(IP 헤더 + IP 페이로드) 앞에 추가

• 라우터에서 IPSec 헤더를 판단한 후 제거하여 기존 패킷을 그대로 하위 단말에 전달하는 구조. 즉, IPSec 해석기가 단말에 설치되지 않고 라우터에 설치되어 있음

• 모든 Original IP 패킷 전체가 암호화되어 보호됨

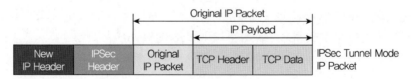

[터널 모드 패킷 구조]

제 4 절 기타 보안장비 중요 ★★★

1 역추적 시스템

(1) 공격자가 IP 주소 우회 기법을 이용하여 접속하는 경우 블랙리스트 데이터베이스(BlackList DB)와 프로토콜 분석을 통하여, 공격자의 IP 주소가 우회 IP 주소인지 아닌지 여부를 실시간 추적하는 시스템

(2) iTrace▼와 Traceroute 등을 연계하여 라우터(Hop) 구간 결과를 조회하도록 함

> **더 알아두기**
>
> ▼ iTrace(ICMP Traceback)
> • 역추적 기법
> • 라우터에서는 일반적으로 1/20,000의 확률로 패킷을 샘플링하여 iTrace 메시지를 생성하고 이를 패킷의 목적지 IP 주소로 전송
> • iTrace 메시지는 일반적인 ICMP 메시지와 유사하게 이전 단계 라우터 정보와 다음 단계 라우터 정보를 포함하고 있으며, 패킷의 Payload 정보 등을 포함하여 전달
> • 생성 시 TTL(Time to Live) 필드값은 255로 설정되어 전달
> • 목적지에서는 TTL 값을 보고 네트워크에서의 홉 정보로 활용하여 공격 경로의 재구성에 사용
> • 해킹 공격이 발생하였을 경우 피해 시스템에서 해킹 트래픽 연결에 대한 공격 경로를 홉 단계로 추적해 나가는 방식

2 ESM(Enterprise Security Management)

(1) 개요

① 네트워크를 통하여 들어오는 모든 위험요소를 총체적으로 분석하여 사전에 예방할 수 있도록 운영자에게 알려주는 시스템

② 네트워크 운영자 및 서버 운영자는 ESM을 통하여 수집된 위험정보를 바탕으로 네트워크에서 발생할 위기상황을 미리 파악하고 대처할 준비를 함으로써, 시스템 운용을 원활하게 할 수 있음

③ 접근 권한을 모니터링하고, 접근하는 객체를 관리할 수 있도록 구성

④ 제로데이(Zero-Day) 공격 방지를 위한 대책으로, 네트워크 시스템의 접근 권한을 분리할 목적으로 사용하는 시스템

(2) 구성

① 매니저(Manager)/에이전트(Agent)의 계층적 구조
② 쉽게 사용할 수 있는 그래픽 사용자 인터페이스(GUI) 제공

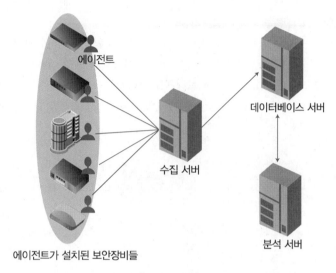

[ESM의 구성]

(3) 구성요소

① **에이전트**
  방화벽이나 침입방지시스템 등의 장비에서 정보를 수집하여 실시간으로 수집 서버에 전송하는 시스템

② **수집 서버**
  에이전트를 통하여 수신한 정보를 수집 및 정리하여 데이터베이스 서버 및 분석 서버에 전송하는 시스템

③ **데이터베이스 서버**
  수집 서버에서 수집된 정보를 데이터베이스에 저장하는 시스템

④ **분석 서버**
  수집 서버에서 수신한 데이터 및 데이터베이스에 저장된 정보를 바탕으로, 네트워크의 상태 및 위기 상황을 분석하고 정리하여 그 결과를 사용자에게 알려주고 데이터베이스에 저장하는 시스템

(4) 기능

① 로그 수집 기능
② 보안정책 관리
③ 이벤트 분석 기능
④ 통합 보고서 기능
⑤ 보안사고 징후 탐지

3 NAC(Network Access Control)

(1) 개요

① 사용자 컴퓨터 및 네트워크 단말기가 네트워크에 접근하기 전에 보안정책을 준수했는지 여부를 검사하여 네트워크 접속을 통제하는 기술

② 네트워크 접근제어 기술을 이용하여 내부 네트워크의 자원을 관리하고, 네트워크 내의 장애 및 사고 원인을 예방·탐지하고 제거함으로써, 안정적인 네트워크 운영·관리가 가능하도록 해줌

③ 접근 권한을 모니터링하고, 접근하는 객체를 관리할 수 있도록 구성

④ 제로데이(Zero−Day) 공격 방지를 위한 대책으로, 네트워크 시스템의 접근 권한을 분리할 목적으로 사용하는 시스템

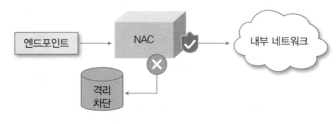

[NAC의 구성]

(2) 주요 기능

① 내부 네트워크에 접근하는 사용자 및 단말기 제어 : 사용자 인증, IP 주소 관리, 소프트웨어 패치 등

② 네트워크의 안정성 확보 : 비인가 장비 및 서비스 탐지, 네트워크 우회경로 탐지

③ 정책 기반 네트워크 관리 : 내부 사용자의 보안정책 준수 통제

④ 비정상 트래픽 탐지 및 차단 : 내부 네트워크 악성 트래픽 탐지

4 UTM(Unified Threat Management)

(1) 개요

① 하나의 장비에 여러 보안 기능을 탑재한 장비를 통칭하며, 통합위협관리시스템을 의미

② 기존의 다양한 보안 솔루션(방화벽, IDS, IPS, VPN, 바이러스 필터링, 콘텐츠 필터링 등)의 보안 기능을 하나로 통합한 기술과 장비

③ 최근에 구축되는 보안장비는 대부분 통합위협관리시스템(UTM)에 속함

(2) UTM의 구성

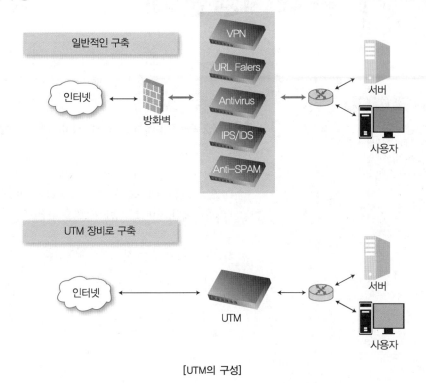

[UTM의 구성]

(3) 기능

① 침입방지시스템(IPS)

② 침입탐지시스템(IDS)

③ 침입차단시스템(Firewall)

④ 가상사설망(VPN)

⑤ 안티바이러스(Anti-Virus)

⑥ 안티스팸(Anti-Spam)

⑦ 웹 콘텐츠 필터링(Web Contents Filtering)

⑧ 무선 랜 보안(Wireless LAN Security)

checkpoint　해설 & 정답

01 • SNMP : IP 네트워크상의 장치로부터 정보를 수집 및 관리하며, 또한 정보를 수정하여 장치의 동작을 변경하는 데에 사용되는 인터넷 표준 프로토콜이다.
• SMTP : 메일 전송 서비스를 제공한다.

01 응용 계층 프로토콜에서 동작하는 서비스에 대한 설명으로 옳지 <u>않은</u> 것은?

① FTP : 파일 전송 서비스를 제공한다.
② DNS : 도메인 이름과 IP 주소 간 변환 서비스를 제공한다.
③ POP3 : 메일 서버로 전송된 메일을 확인하는 서비스를 제공한다.
④ SNMP : 메일 전송 서비스를 제공한다.

02 보안 프로토콜
• 2계층 : PPTP, L2F, L2TP
• 3계층 : IPSec
• 4계층 : SSL/TLS

02 OSI 7계층과 이에 대응하는 계층에서 동작하는 보안 프로토콜을 각각 올바르게 연결한 것은?

㉠ 2계층	A. SSL/TLS
㉡ 3계층	B. L2TP
㉢ 4계층	C. IPSec

	㉠	㉡	㉢
①	A	B	C
②	A	C	B
③	B	C	A
④	B	A	C

정답　01 ④　02 ③

03 네트워크의 각 계층별 보안 프로토콜로 옳지 <u>않은</u> 것은?

① 네트워크 계층(Network Layer) : IPSec
② 네트워크 계층(Network Layer) : FTP
③ 응용 프로그램 계층(Application Layer) : SSH
④ 응용 프로그램 계층(Application Layer) : S/MIME

03 FTP는 응용 계층 프로토콜이며, 파일 전송 프로토콜이다. 모든 데이터를 평문으로 전송하여 보안에 취약하다.

04 다음의 공격은 각각 OSI 7계층의 어느 계층에 속하는가?

> ㉠ 버퍼 오버플로우 공격
> ㉡ IP 스푸핑 공격

	㉠	㉡
①	세션 계층	트랜스포트 계층
②	응용 계층	전송 계층
③	응용 계층	네트워크 계층
④	데이터링크 계층	네트워크 계층

04 • 버퍼 오버플로우 공격 : 프로그램 버그(취약 함수 사용)로 발생되는 공격이므로 응용 계층 공격에 해당한다.
• IP 스푸핑 공격 : 네트워크 계층의 프로토콜인 IP 주소를 변조하는 공격이므로 네트워크 계층 공격에 해당한다.

05 사용자가 무선 랜 보안을 위하여 취할 수 있는 방법이 <u>아닌</u> 것은?

① MAC 주소 필터링의 적용
② SSID(Service Set IDentifier) 브로드캐스팅의 금지
③ 무선 장비 관련 패스워드의 주기적인 변경
④ WPA, WPA2, WEP 중에서 가장 안전한 보안 방법인 WEP를 이용한 무선 랜의 통신 보호

05 무선 랜 암호 프로토콜인 WPA, WPA2, WEP 중에서 가장 안전한 보안 방법은 WPA2를 이용한 무선 랜의 통신 보호이다.

정답 03 ② 04 ③ 05 ④

06 무선 랜 보안을 위해 AP에 대한 DHCP를 비활성화하여 AP 검색 시 SSID가 검색되지 않도록 설정해야 한다.

06 무선 랜의 보안 대응책으로 옳지 **않은** 것은?

① AP에 접근이 가능한 기기의 MAC 주소를 등록하고, 등록된 기기의 MAC 주소만 AP 접속을 허용한다.

② AP에 기본 계정의 패스워드를 재설정한다.

③ AP에 대한 DHCP를 활성화하여 AP 검색 시 SSID가 검색되도록 설정한다.

④ 802.1x와 RADIUS 서버를 이용해 무선 사용자를 인증한다.

07 ① 블루 스나프(Blue Snarf) : 보안 상의 위협이 되는 해킹방법으로, 스마트폰에 저장된 개인 정보, 연락처, 개인 일정표, 문자메시지에 접근할 수 있고, 일부 블루투스 기기는 프로토콜 간의 인가되지 않은 접근을 허용한다. 공격자는 주소록과 캘린더 정보획득이 가능하다.

② 블루 프린팅(Blue Printing) : 블루투스 장치를 검색하는 공격이다. 장치 종류를 식별하기 위해 서비스 발견 프로토콜(service discovery protocol)을 보내어 블루투스 장치를 검색하고 모델을 확인할 수 있다.

③ 블루 버그(Blue Bug) : 보안상의 위협이 되는 해킹방법으로, 휴대폰을 해킹하여 원격 조정, 통화 내용을 엿듣는 것도 가능하다. 공격자가 기기를 이용하여 전화 걸기, 문자 보내기 등 다양한 작업이 가능하다.

④ 블루 재킹(Blue Jacking) : 스팸 메시지를 뿌리는 수준으로 불편하지만 보안상의 위협을 주는 수준은 아니다. 연결요청 메시지를 통한 스팸 발송이 가능하다. 보안 위험도 낮다.

07 다음 설명에 해당하는 블루투스 공격방법은?

> 블루투스의 취약점을 이용하여 장비의 임의파일에 접근하는 공격방법이다. 이 공격방법은 블루투스 장비끼리 인증 없이 정보를 간편하게 교환하기 위하여 개발된 OPP(OBEX Push Profile) 기능을 사용하여, 공격자가 블루투스 장치로부터 주소록 또는 달력 등의 내용을 요청하여 이를 열람하거나 취약한 장치의 파일에 접근하는 공격방법이다.

① 블루 스나프(Blue Snarf)

② 블루 프린팅(Blue Printing)

③ 블루 버그(Blue Bug)

④ 블루 재킹(Blue Jacking)

정답 06 ③ 07 ①

08 보안 공격 유형 중 소극적 공격으로 옳은 것은?

① 트래픽 분석(Traffic Analysis)

② 재전송(Replaying)

③ 변조(Modification)

④ 신분 위장(Masquerading)

09 보안 침해 사고에 대한 설명으로 옳은 것은?

① 크라임웨어는 온라인상에서 해당 소프트웨어를 실행하는 사용자가 알지 못하게 불법적인 행동 및 동작을 하도록 만들어진 프로그램을 말한다.

② 스니핑은 적극적 공격으로 백도어 등의 프로그램을 사용하여 네트워크상의 남의 패킷 정보를 도청하는 해킹 유형의 하나이다.

③ 파밍은 정상적으로 사용자들이 접속하는 도메인 이름과 철자가 유사한 도메인 이름을 사용하여 위장 홈페이지를 만든 뒤 사용자로 하여금 위장된 사이트로 접속하도록 한 후 개인 정보를 빼내는 공격 기법이다.

④ 피싱은 해당 사이트가 공식적으로 운영하고 있던 도메인 자체를 탈취하는 공격 기법이다.

10 무차별대입(Brute Force) 공격에 대한 설명으로 옳은 것은?

① 암호문을 풀기 위하여 모든 가능한 암호키 조합을 적용해 보는 시도이다.

② 다량의 트래픽을 유발하여 네트워크 대역폭을 점유하는 형태의 공격이다.

③ 네트워크상의 패킷을 가로채어 내용을 분석함으로써, 정보를 알아내는 행위이다.

④ 공개 소프트웨어를 통하여 다른 사람의 컴퓨터에 침입한 후 개인정보를 빼내는 행위이다.

11 스니핑에 대한 설명이다. Spoofing은 IP 주소, 호스트 이름, MAC 주소 등을 속이는 공격을 말한다.

11 네트워크 공격에 대한 설명으로 옳지 <u>않은</u> 것은?

① Spoofing : 네트워크에서 송·수신되는 트래픽을 도청하는 공격이다.

② Session Hijacking : 현재 연결 중인 세션을 가로채는 공격이다.

③ Teardrop : 네트워크 프로토콜 스택의 취약점을 이용한 공격 방법으로 시스템에서 패킷을 재조립할 때, 비정상 패킷이 정상 패킷의 재조립을 방해함으로써 네트워크를 마비시키는 공격이다.

④ Denial of Service : 시스템 및 네트워크의 취약점을 이용하여 사용 가능한 자원을 소비함으로써, 실제 해당 서비스를 사용하려고 요청하는 사용자들이 자원을 사용할 수 없도록 하는 공격이다.

12 접근통제에 대한 설명이다.

12 ARP(Address Resolution Protocol) 스푸핑(Spoofing) 기법을 이용한 스니핑(Sniffing) 공격의 대응책으로 적절하지 <u>않은</u> 것은?

① 데이터를 암호화하여 전송한다.

② 라우터에 패킷 필터를 설정하여 서로 다른 LAN 간에 전송되는 패킷들을 검열하고 차단한다.

③ ARP 테이블 내의 MAC 주소 값을 정적(Static)으로 설정한다.

④ 주기적으로 프러미스큐어스(Promiscuous) 모드에서 동작하는 기기들이 존재하는지 검사함으로써 스니핑 중인 공격자를 탐지한다.

정답 11 ① 12 ②

13 Spoofing 공격에 대한 설명으로 옳지 <u>않은</u> 것은?

① ARP Spoofing : MAC 주소를 속임으로써 통신 흐름을 왜곡시킨다.

② IP Spoofing : 다른 이가 쓰는 IP를 강탈해 특정 권한을 획득한다.

③ DNS Spoofing : 공격대상이 잘못된 IP 주소로 웹 접속을 하도록 유도하는 공격이다.

④ ICMP Redirect : 공격자가 클라이언트의 IP 주소를 확보하여 실제 클라이언트처럼 패스워드 없이 서버에 접근한다.

14 다음 설명에 해당하는 하는 스니퍼 탐지방법에 이용되는 것은?

> • 스니핑 공격을 하는 공격자의 주요 목적은 사용자 ID와 패스워드의 획득에 있다.
> • 보안 관리자는 이 점을 이용하여 가짜 ID와 패스워드를 네트워크에 계속 흘려보내고, 공격자가 이 ID와 패스워드를 이용하여 접속을 시도할 때 스니퍼를 탐지한다.

① ARP

② DNS

③ Decoy

④ ARP Watch

15 스위칭 환경에서 스니핑(Sniffing)을 수행하기 위한 공격으로 옳지 <u>않은</u> 것은?

① ARP 스푸핑(Spoofing)

② ICMP 리다이렉트(Redirect)

③ 메일 봄(Mail Bomb)

④ 스위치 재밍(Switch Jamming)

13 ICMP Redirect : 보통의 네트워크는 라우터나 게이트웨이가 하나다. 하지만 하나의 라우터로 이를 감당할 수 없을 때는 라우터나 게이트웨이를 두 개 이상 운영해서 로드 밸런싱(Load Balancing)을 해야 할 것이다. 로드 밸런싱을 하는 방법은 다양하다. 시스템의 라우팅 테이블에 라우팅 엔트리를 하나 더 넣어 주는 방법도 있으나, ICMP 리다이렉트를 사용하기도 한다. ICMP 공격은 이러한 경우를 강제적으로 만들어주게 된다. 공격자가 네트워크에 존재하는 또 다른 라우터임을 각 호스트에게 알리게 된다. ARP 스푸핑과 다른 점은 ARP 스푸핑은 모든 트래픽에 대한 리다이렉트를 가능하게 하지만, ICMP 리다이렉트는 특정한 목적지 주소를 가진 패킷만을 리다이렉트하게 된다.

14 ARP Watch
• ARP 트래픽을 모니터링하여 IP 주소와 MAC 주소 매칭을 감시하는 프로그램이다.
• 초기에 설정된 네트워크의 ARP 엔트리를 검사하여 저장하며, 이 ARP 엔트리가 변하게 되면 이를 탐지하여 관리자에게 메일로 통보하여 준다.
• 대부분의 공격 기법이 위조된 ARP를 사용하기 때문에 이를 쉽게 탐지할 수 있다. 관리자는 메일을 통하여 ARP를 이용한 공격을 탐지하고 대응할 수 있다.

15 메일 봄(Mail Bomb)은 상대방에게 피해를 줄 목적으로 한꺼번에 또는 지속적으로 전자우편을 보내는 수법을 말한다.

정답 13 ④ 14 ③ 15 ③

checkpoint 해설 & 정답

16 Land 공격은 출발지와 목적지의 IP 주소를 동일하게 설정하여, IP 프로토콜 스택에 장애를 유발하는 공격이다.

16 서비스 거부(DoS : Denial of Service) 공격에 대한 설명으로 옳지 <u>않은</u> 것은?

① Smurf 공격은 공격대상의 IP 주소를 근원지로 다량의 ICMP 응답패킷을 전송하여, 서비스 거부를 유발시키는 공격이다.

② SYN Flooding 공격은 TCP 3-Way Handshaking 과정에서 Half-Open 연결 시도가 가능하다는 취약성을 이용한 공격이다.

③ Land 공격은 출발지와 목적지의 IP 주소를 상이하게 설정하여, IP 프로토콜 스택에 장애를 유발하는 공격이다.

④ Ping of Death 공격은 비정상적인 ICMP 패킷을 전송하여, 시스템의 성능을 저하시키는 공격이다.

17 SYN Flooding을 기반으로 하는 공격은 SYN 패킷을 지속적으로 전송하여 공격 대상 서버의 백로그 큐(backlog queue)를 가득 채워 정상적인 사용자가 접속할 수 없도록 하는 공격 기법이다.

17 SYN Flooding을 기반으로 하는 DoS 공격에 대한 설명으로 옳지 <u>않은</u> 것은?

① 향후 연결요청에 대한 피해 서버에서 대응 능력을 무력화시키는 공격이다.

② 공격 패킷의 소스 주소로 네트워크에서 사용되지 않는 주소를 주로 사용한다.

③ 운영체제에서 수신할 수 있는 SYN 패킷의 수를 제한하지 않은 것이 원인이다.

④ 다른 DoS 공격에 비하여 작은 수의 패킷으로 공격이 가능하다.

18 ① Ping of Death : Ping을 이용하여 ICMP 패킷을 정상적인 크기보다 아주 크게 만들어 전송하는 공격 기법이다.
③ Teardrop : 패킷을 정상 크기보다 아주 작게 분할하거나 겹치게 하여 전송하는 공격기법이다.
④ Smurf : 공격대상인 컴퓨터를 마비시킬 목적으로, 컴퓨터의 출발지 IP 주소를 위조한 ICMP 패킷을 목적지 IP 주소를 브로드캐스트 IP 주소로 하여 보내면 수신한 컴퓨터들이 다량의 Echo Reply를 유발시켜, 해당 컴퓨터 및 네트워크가 서비스 거부 상태로 만드는 공격 기법이다.

18 네트워크에서 서비스를 제공하는 서버 혹은 시스템은 동시 접속할 수 있는 사용자 수를 제한한다. 이러한 특성을 이용하여 다수의 존재하지 않는 사용자가 시스템에 접속한 것처럼 속여 다른 사용자가 서비스를 받지 못하게 하는 공격으로 옳은 것은?

① Ping of Death

② SYN Flooding

③ TearDrop

④ Smurf

정답 16 ③ 17 ③ 18 ②

해설 & 정답 checkpoint

19 서버 관리자가 해커의 공격이 발생하고 있음을 감지하고 tcpdump 프로그램으로 네트워크 패킷을 캡처하였다. 다음의 요약된 캡처 정보가 나타내는 공격으로 옳은 것은?

> 13:07:13. 639870 192.168.1.73.2321
> 〉 192.168.1.73.http ...
> 13:07:13. 670484 192.168.1.73.2321
> 〉 192.168.1.73.http ...
> 13:07:13. 685593 192.168.1.73.2321
> 〉 192.168.1.73.http ...
> 13:07:13. 693481 192.168.1.73.2321
> 〉 192.168.1.73.http ...
> 13:07:13. 712833 192.168.1.73.2321
> 〉 192.168.1.73.http ...

① Smudge 공격
② LAND 공격
③ Ping of Death 공격
④ Smurf 공격

19 ※ 제시문에서 출발지 IP 주소(192.168.1.73)와 목적지 IP 주소(192.168.1.73)가 동일한 것으로 보아 LAND 공격을 수행하고 있음을 알 수 있다.
② LAND 공격 : 공격자가 임의로 자신의 IP 주소와 포트를 공격대상의 호스트 IP 주소와 포트와 같게 하여 서버에 접속함으로서 실행 속도가 느려지거나 마비되게 하는 공격을 말한다.
① Smudge 공격 : 주로 패턴 기반 사용자인증 소프트웨어를 사용하는 안드로이드 기반 스마트폰에서 스크린에 흔적이 남은 패턴 정보를 공격자가 취득하여 비밀 정보를 추정하는 공격 기법이다.
③ Ping of Death 공격 : 정상적인 크기 이상의 ICMP 패킷으로 공격대상 네트워크를 마비시키는 해킹기법 중 하나이다.
④ Smurf 공격 : 여러 호스트가 특정 대상에게 다량의 ICMP Echo Request 를 보내게 하여 서비스 거부(DoS)를 유발시키는 보안 공격이며, 전체 IP 브로드캐스트 주소를 대상으로 실행된다.

20 DDoS(Distributed Denial of Service)에 대한 설명으로 옳지 않은 것은?

① 특정 서버에 침입하여 자료를 훔쳐가거나 위조시키기 위한 것이다.
② 좀비 컴퓨터(PC)가 되면 자신도 모르게 특정 사이트를 공격하는 수단으로 이용될 수 있다.
③ 공격을 당하는 서버에는 서비스가 중지될 수 있는 큰 문제가 발생한다.
④ 좀비 컴퓨터(PC)는 악성코드의 흔적을 지우기 위하여 스스로 하드디스크를 손상시킬 수도 있다.

20 DDoS 공격은 시스템이나 네트워크의 가용성에 영향을 주어 정상적인 서비스를 하지 못하도록 하는 공격으로, 특정 서버에 침입하여 자료를 유출하거나 위조시키기 위한 공격은 아니다.

정답 19 ② 20 ①

21
- 피싱 : 정상적으로 사용자들이 접속하는 도메인 이름과 유사한 도메인 이름을 사용하여 위장 홈페이지를 만든 뒤 사용자로 하여금 위장된 사이트로 접속하도록 한 후 개인정보를 빼내는 공격 기법이다.
- 파밍 : 해당 사이트가 공식적으로 운영하고 있던 도메인 자체를 탈취하는 공격 기법이다.
- 스미싱 : 문자 메시지로 신뢰할 수 있는 사람이 보낸 것처럼 가장하여, 링크 접속을 유도한 뒤 주소록, 연락처 등 개인정보를 빼내거나 소액결제를 유도하는 공격 기법이다.

21 사이버 공격유형과 그에 대한 설명을 바르게 연결한 것은?

> ㉠ 피싱(Phishing)
> ㉡ 파밍(Pharming)
> ㉢ 스미싱(Smishing)

> A. 공격자가 도메인을 탈취하여 사용자가 정확한 사이트 주소를 입력해도 가짜 사이트로 연결되도록 하는 방법이다.
> B. 이메일 또는 메신저를 사용해서 신뢰할 수 있는 사람 또는 기업이 보낸 메시지인 것처럼 가장하여 신용정보 등의 기밀을 부정하게 얻으려는 사회공학 기법이다.
> C. 문자 메시지로 신뢰할 수 있는 사람이 보낸 것처럼 가장하여, 링크 접속을 유도한 뒤 개인정보를 빼내는 방법이다.

	㉠	㉡	㉢
①	A	B	C
②	A	C	B
③	B	A	C
④	B	C	A

22 APT(Advanced Persistent Threat) 공격 : 지능적인 방법을 사용해서 지속적, 집단적으로 특정 대상을 공격하는 것을 말한다.

22 APT(Advanced Persistent Threat) 공격에 대한 설명 중 옳지 않은 것은?

① 사회공학적 방법을 사용한다.
② 공격대상이 명확하다.
③ 가능한 방법을 총동원한다.
④ 불분명한 목적과 동기를 가진 해커 집단이 주로 사용한다.

정답 21 ③ 22 ④

23 방화벽(Firewall)에 대한 설명으로 옳지 <u>않은</u> 것은?

① 허가되지 않은 외부의 공격에 대비하여 시스템을 보호하기 위한 하드웨어와 소프트웨어를 말한다.

② IP 필터링을 통하여 내부 네트워크로 들어오는 IP를 차단할 수 있다.

③ 방화벽을 구축해도 내부에서 일어나는 정보유출은 막을 수 없다.

④ 방화벽을 구축하면 침입자의 모든 공격을 완벽하게 대처할 수 있다.

23 방화벽의 구축으로 침입자의 모든 공격을 완벽하게 대처할 수 없으며, 특히 내부에서의 공격은 방어할 수 없다.

24 방화벽(Firewall)에 대한 설명으로 옳지 <u>않은</u> 것은?

① 패킷 필터링 방화벽은 패킷의 출발지 및 목적지 IP 주소, 서비스의 포트 번호 등을 이용한 접속제어를 수행한다.

② 패킷 필터링 기법은 응용 계층(Application Layer)에서 동작하며, WWW와 같은 서비스를 보호한다.

③ NAT 기능을 이용하여 IP 주소자원을 효율적으로 사용함과 동시에 보안성을 높일 수 있다.

④ 방화벽 하드웨어 및 소프트웨어 자체의 결함에 의하여 보안상 취약점을 가질 수 있다.

24 응용 레벨 게이트웨이에 대한 설명이다. 패킷 필터링 기법은 OSI 7계층의 네트워크 계층과 전송 계층에서 동작한다.

25 침입차단시스템 설치 시 일반적으로 DMZ를 구현한다. DMZ를 구성하는 가장 중요한 이유는 무엇인가?

① 외부 네트워크 트래픽 제어

② 내부 네트워크 트래픽 제어

③ 내부를 외부 네트워크로부터 독립시켜 침입차단시스템 정책에 제한을 받지 않기 위한 접근제어

④ 외부의 직접적인 접근으로부터 내부 네트워크에 대한 접근제어

25 DMZ는 외부에 공개해야만 하는 시스템(웹 서버, 메일 서버 등)을 내부의 시스템과 분리하여 외부로부터 내부 시스템을 보호하기 위한 것이다.

정답 23 ④ 24 ② 25 ③

26 ① 배스천 호스트(Bastion Host) :
내부 네트워크와 외부 네트워크
사이에 위치하는 게이트웨이이다.
보통 강력한 로깅과 모니터링 정
책이 구현되어 있으며, 접근을 허
용하거나 차단하는 등 방화벽의
일반 기능을 한다.
② 듀얼 홈드 게이트웨이(Dual Homed
Gateway) : 외부 네트워크에 대한
네트워크 카드와 내부 네트워크에
대한 네트워크 카드를 구분하여 운
영. 내부 네트워크에서 인터넷을 이
용하거나, 인터넷에서 내부 네트워
크가 제공하는 서비스를 이용하려
면 이중 홈 게이트웨이를 반드시 지
나야 한다.
③ 패킷 필터링(Packet Filtering) :
OSI 7 모델의 3, 4계층에서 처리
되기 때문에 다른 방식에 비해 처
리속도가 빠르며, 사용자에게 투
명성을 제공한다.

27 이상탐지 기법에 대한 설명이다. 오
용탐지 기법에는 조건부 확률, 전문
가 시스템, 상태전이 분석, 패턴 매칭
기법 등이 있다.

28 침입방지시스템(IPS)에 대한 설명이다.

26 다음 설명에 해당하는 방화벽으로 옳은 것은?

> • 다단계 보안을 제공하기 때문에 강력한 보안을 제공한다.
> • DMZ(DeMilitarization Zone)라는 완충 지역 개념을 이용
> 한다.
> • 설치와 관리가 어렵고 서비스 속도가 느리다는 단점이 있다.

① 배스천 호스트(Bastion Host)
② 듀얼 홈드 게이트웨이(Dual Homed Gateway)
③ 패킷 필터링(Packet Filtering)
④ 스크린드 서브넷 게이트웨이(Screened Subnet Gateway)

27 침입탐지시스템(Intrusion Detection System)에 대한 설명
으로 옳지 **않은** 것은?

① 호스트기반과 네트워크기반으로 나눌 수 있다.
② 침입탐지기법은 크게 오용탐지(Misuse Detection) 기법과 이
상탐지(Anomaly Detection) 기법으로 나눌 수 있다.
③ 데이터의 효과적인 필터링(Filtering)과 축약(Reduction)을
수행해야 한다.
④ 오용탐지 기법에는 정량적인 분석과 통계적인 분석 등이 포함
된다.

28 침입탐지시스템(IDS)에 대한 설명으로 옳지 **않은** 것은?

① IDS를 이용하면 공격시도를 사전에 차단할 수 있다.
② 기존 공격의 패턴을 이용하여 공격을 감지하기 위하여 Signature
기반 감지 방식을 사용한다.
③ 알려지지 않았지만 비정상적인 공격행위를 감지하여 경고하
기 위하여 Anomaly 기반 감지방식을 사용한다.
④ 방화벽과 상호보완적으로 사용될 수 있다.

정답 26 ④ 27 ④ 28 ①

29 침입탐지시스템(IDS)의 탐지기법 중 하나인 비정상행위(Anomaly) 탐지 기법의 설명으로 옳지 <u>않은</u> 것은?

① 이전에 알려지지 않은 방식의 공격도 탐지가 가능하다.
② 통계적 분석방법, 예측 가능한 패턴 생성방법, 신경망 모델을 이용하는 방법 등이 있다.
③ 새로운 공격유형이 발견될 때마다 지속적으로 해당 시그니처(Signature)를 갱신하여 주어야 한다.
④ 정상행위를 가려내기 위한 명확한 기준을 설정하기 어렵다.

29 오용탐지 기법에 대한 설명이다.

30 다음은 오용탐지(Misuse Detection)와 이상탐지(Anomaly Detection)에 대한 설명이다. 이상탐지에 해당되는 것을 모두 고르면?

> ㉠ 통계적 분석방법 등을 활용하여 급격한 변화를 발견하면 침입으로 판단한다.
> ㉡ 미리 축적한 시그너처와 일치하면 침입으로 판단한다.
> ㉢ 제로데이 공격탐지에 적합하다.
> ㉣ 임계값을 설정하기 쉽기 때문에 오탐률이 낮다.

① ㉠, ㉢
② ㉠, ㉣
③ ㉡, ㉢
④ ㉡, ㉣

30 ㉡, ㉣ : 오용탐지(Misuse Detection)에 대한 설명이다.

31 침입탐지시스템(IDS)에서 알려지지 않은 공격을 탐지하는 데 적합한 기법은?

① 규칙 기반의 오용탐지
② 통계적 분석에 의한 이상(Anomaly) 탐지
③ 전문가 시스템을 이용한 오용탐지
④ 시그니처 기반(Signature Based) 탐지

31 침입탐지시스템(IDS)에서 알려지지 않은 공격의 방어는 일반적으로 통계적 분석에 의한 이상탐지를 이용한다.

정답 29 ③ 30 ① 31 ②

32 허니팟(Honeypot)은 공격자를 유인하기 위한 시스템이므로, 쉽게 노출되는 위치에 설치해야 한다.

33 방화벽(firwall)에 대한 설명이다.

34 • 가상사설망(VPN) : 인터넷과 같은 공중 네트워크를 마치 전용회선처럼 사용할 수 있게 해주는 기술 혹은 네트워크를 통칭한다.
• SSH(Secure SHell) : Telnet 보안 취약성의 대안으로 제공되는 응용 계층 프로토콜로, 안전하게 네트워크상의 다른 컴퓨터에 로그인하거나 원격 시스템에서 명령을 실행하고 다른 시스템으로 파일을 복사할 수 있도록 해준다.

32 허니팟(Honeypot)에 대한 설명으로 옳지 <u>않은</u> 것은?

① 공격자를 유인하기 위한 시스템이므로 쉽게 노출되지 않는 곳에 두어야 한다.
② 공격자를 중요한 시스템에 접근하지 못하게 유인한다.
③ 공격자의 행동 패턴에 관한 정보를 수집한다.
④ 공격자가 가능한 오랫동안 허니팟에 머물도록 하고, 그 사이에 관리자는 필요한 대응을 준비한다.

33 보안 시스템에 대한 설명으로 옳지 <u>않은</u> 것은?

① SSO(Single Sign On) : 하나의 시스템에서 인증에 성공하면 등록된 모든 시스템에 대한 인증을 획득하는 방식이다.
② IDS(Intrusion Detection System) : 네트워크를 통한 공격을 탐지하는 시스템으로, 침입탐지, 접근 권한 제어, 인증 등의 기능을 제공한다.
③ IPS(Intrusion Prevention System) : 침입탐지시스템과 방화벽의 조합으로, 침입탐지 모듈로 패킷을 분석하고 비정상적인 패킷일 경우 차단 모듈에 의하여 패킷을 제거하는 기능을 제공한다.
④ DRM(Digital Rights Management) : 문서열람·편집·인쇄까지의 접근 권한을 설정하여 통제하는 기능을 제공한다.

34 가상사설망(VPN)에 대한 설명으로 옳지 <u>않은</u> 것은?

① 공중망을 이용하여 사설망과 같은 효과를 얻기 위한 기술로서, 별도의 전용선을 사용하는 사설망에 비해 구축비용이 저렴하다.
② 사용자들 간의 안전한 통신을 위하여 기밀성, 무결성, 사용자 인증의 보안 기능을 제공한다.
③ 네트워크 종단점 사이에 가상터널이 형성되도록 하는 터널링 기능은 SSH와 같은 OSI 모델 4계층의 보안 프로토콜로 구현해야 한다.
④ 인터넷과 같은 공공 네트워크를 통해서 기업의 재택근무자나 이동 중인 직원이 안전하게 회사 시스템에 접근할 수 있도록 해준다.

정답 32 ① 33 ② 34 ③

35 다음 중 IPsec에 대한 설명으로 옳지 <u>않은</u> 것은?

① IPsec 정책 설정 과정에서 송·수신자의 IP 주소를 입력한다.

② AH(Authentication Header) 프로토콜은 무결성을 제공한다.

③ 트랜스포트(Transport) 모드에서는 IP 헤더도 암호화된다.

④ IKE(Internet Key Exchange) 프로토콜로 세션키를 교환한다.

≫ 🔍

Transport 모드	• 원래의 IP 헤더는 그대로 이용, 나머지 데이터 부분만 암호화하는 방식 • 호스트-호스트 간에 주로 사용
Tunnel 모드	• 패킷 전체를 암호화하고 새로운 IP 헤더를 추가하는 방식 • 게이트웨이 – 게이트웨이 간에 주로 사용. 즉, IPSec VPN

35 [문제 하단 표 참조]

36 IPSec에서 두 컴퓨터 간의 보안 연결 설정을 위해 사용되는 것은?

① Authentication Header

② Encapsulating Security Payload

③ Internet Key Exchange

④ Extensible Authentication Protocol

36 ① Authentication Header : IP 데이터 그램에 데이터 인증, 무결성 및 재생 보호 기능을 제공한다.
② Encapsulating Security Payload : AH에서 제공하는 보안 서비스 외에 기밀성(Confidentiality)을 추가로 제공한다.
④ Extensible Authentication Protocol : 무선 네트워크와 점대점 연결에 자주 사용되는 인증 프레임워크이다. EAP 방식들이 만들어내는 키 요소와 매개변수의 전송 및 이용을 제공하기 위한 인증 프레임워크이다.

정답   35 ③   36 ③

37　③ TFTP : FTP와 마찬가지로 파일을 전송하기 위한 프로토콜이지만, FTP보다 더 단순한 방식으로 파일을 전송한다.

① L2F : Cisco사에서 제안한 터널링 프로토콜이다.

② PPTP : MS사가 어센드사와 함께 설계한 VPN 프로토콜로, Window NT4.0에서 처음으로 제공되었다. PPTP의 기본은 PPP의 패킷을 IP 패킷으로 캡슐화하여 IP 네트워크에서 전송하기 위한 터널링 기법이다.

④ L2TP : MS사와 Cisco사에서 제안한 L2F에 기반을 두고, PPTP와의 호환성을 고려하여 만들어진 터널링 프로토콜의 표준이다. IP, IPX, Appletalk 프로토콜에 대해 지원되며, X.25, ATM, Frame Relay, SONET과 같은 WAN 기술도 지원한다.

01

[정답] 표현 계층(presentation layer)

[해설] OSI 7계층에서 데이터의 압축과 복원, 암호화와 복호화, 부호화와 복호화 등을 수행하는 계층은 표현 계층이다.

02

[정답] • 데이터를 암호화하여 전송한다.
• ARP 테이블 내의 MAC 주소 값을 정적(Static)으로 설정한다.
• 주기적으로 프러미스큐어스(promiscuous) 모드에서 동작하는 기기들이 존재하는지 검사함으로써 스니핑 중인 공격자를 탐지한다.

37　가상사설망에서 사용되는 프로토콜이 아닌 것은?

① L2F
② PPTP
③ TFTP
④ L2TP

✔ 주관식 문제

01　다음 설명에 해당하는 OSI 7계층이 무엇인지 쓰시오.

> 데이터를 표준 포맷으로 교환하고 정확히 데이터를 전송하며, 데이터의 압축과 복원, 암호화와 복호화 등을 수행하는 계층

02　ARP(address resolution protocol) 스푸핑(spoofing) 기법을 이용한 스니핑(sniffing) 공격의 대응책을 3가지 이상 쓰시오.

[정답] 37 ③

03 다음 설명에 해당하는 스니퍼 탐지방법에 이용되는 것이 무엇인지 쓰시오.

> • 스니핑 공격을 하는 공격자의 주요 목적은 사용자 ID와 패스워드의 획득에 있다.
> • 보안 관리자는 이 점을 이용하여 가짜 ID와 패스워드를 네트워크에 계속 흘려보내고, 공격자가 이 ID와 패스워드를 이용하여 접속을 시도할 때 스니퍼를 탐지한다.

03
정답 Decoy
해설 [문제 하단 표 참조]

>>>◯

Ping을 이용하는 방법	• 공격자로 의심되는 호스트에 네트워크에 존재하지 않는 MAC 주소로 위조된 Ping을 보내면 ICMP Echo Reply를 응답하게 되는데, 만약 공격자가 아닌 정상적인 사용자라면 Ping 요청에 응답할 수 없음 • 위조된 Ping에 대한 응답을 한다는 것은 공격자가 네트워크 내에 존재한다는 것. 이 방법으로 공격자를 탐지할 수 있음
ARP를 이용하는 방법	• Ping과 유사한 방법으로, 위조된 ARP Request를 전송했을 때 ARP Response가 돌아오면 상대방 호스트가 'Promiscuous Mode'로 설정되어 있는 것으로 추측할 수 있음 • 'Promiscuous Mode'로 설정되어 있으면 모든 ARP Request에 ARP Response를 함. 이 방법으로 공격자를 탐지할 수 있음
DNS를 이용하는 방법	• 일반적으로 스니핑 프로그램은 사용자의 편의를 위하여 스니핑한 시스템의 IP 주소를 보여주지 않고, 도메인 이름을 보여주기 위하여 Reverse DNS Lookup을 수행함 • 대상 네트워크로 ping sweep을 보내고, 돌아오는 Reverse DNS lookup을 감시하면 스니퍼를 탐지할 수 있음
유인 (decoy) 방법	• 네트워크에 사용자 ID와 패스워드를 지속적으로 전송함으로써, 공격자가 이 패스워드를 사용하도록 유도 • 관리자는 네트워크에 전송한 사용자 ID와 패스워드를 이용하여 접속을 시도하는 시스템을 탐지함으로써, 스니퍼를 탐지할 수 있음

Host Method	• 호스트 단위에서 'Promiscuous Mode'를 확인하는 방법으로, 'ifconfig' 명령을 이용하여 확인할 수 있음 • 'PROMISC' 부분을 보고 'Promiscuous Mode'가 설정되어 있음을 알 수 있음

04

정답 ㉠ 스니핑(sniffing)
㉡ 세션 하이재킹(session hijacking)
㉢ 티어드롭(teardrop)
㉣ 서비스 거부 공격(DoS)

04 네트워크 공격에 대한 설명에서 괄호 안에 들어갈 내용을 순서대로 쓰시오.

- (㉠) : 네트워크에서 송·수신되는 트래픽을 도청하는 공격이다.
- (㉡) : 현재 연결 중인 세션을 가로채는 공격이다.
- (㉢) : 네트워크 프로토콜 스택의 취약점을 이용한 공격방법으로 시스템에서 패킷을 재조립할 때, 비정상 패킷이 정상 패킷의 재조립을 방해함으로써 네트워크를 마비시키는 공격이다.
- (㉣) : 시스템 및 네트워크의 취약점을 이용하여 사용 가능한 자원을 소비함으로써, 실제 해당 서비스를 사용하려고 요청하는 사용자들이 자원을 사용할 수 없도록 하는 공격이다.

05 다음은 **침입탐지시스템의 탐지과정**이다. 순서대로 배열하시오.

> ㉠ 정보수집
> ㉡ 침입분석 및 탐지
> ㉢ 정보가공 및 축약
> ㉣ 보고 및 조치

05

정답 ㉠ → ㉢ → ㉡ → ㉣

해설 [문제 하단 표 참조]

데이터 수집 (raw data collection)	침입탐지 시스템이 대상 시스템에서 제공하는 시스템 사용 내역, 패킷 등과 같은 탐지대상으로부터 생성되는 데이터를 수집하는 감사 데이터(audit data) 수집 단계
데이터 가공 및 축약 (data reduction and filtering)	수집된 감사데이터가 침입 판정이 가능할 수 있도록 의미 있는 정보로 전환하는 단계
분석 및 침입탐지 (analysis and detection)	시스템의 핵심 단계이며, 데이터를 분석하여 침입 여부를 판정하는 단계
보고 및 대응 (reporting and response)	침입탐지 시스템이 시스템의 침입 여부를 판정한 결과, 침입으로 판단된 경우 이에 대한 적절한 대응을 자동으로 취하거나, 보안관리자에게 침입 사실을 보고하여 보안관리자에 의해 조치를 취하는 단계

06

정답 ㉠ AH, ㉡ ESP

해설 [문제 하단 표 참조]

06 다음 설명에서 괄호 안에 들어갈 용어를 순서대로 쓰시오.

> IPSec은 네트워크 계층의 보안을 위하여 (㉠) 프로토콜과 (㉡) 프로토콜을 사용하여 보안연계 서비스를 제공한다.

AH (Authentication Header)	IP 데이터그램에 데이터 인증, 무결성 및 재생 보호 기능을 제공
ESP (Encapsulation Security Payload)	AH가 제공하는 서비스 외에도 기밀성을 제공

07 다음은 APT 공격의 단계이다. 순서대로 배열하시오.

> ⓐ 검색
> ⓑ 수집
> ⓒ 침투
> ⓓ 유출

07

정답 ⓒ → ⓐ → ⓑ → ⓓ

해설 [문제 하단 표 참조]

>>>○

침투	공격자 취약한 시스템들을 악성코드로 감염시켜 네트워크 내부로 침투
검색	침투한 내부 시스템 및 인프라 구조에 대한 정보를 수집한 후 다음 단계를 계획
수집	보호되지 않은 시스템상의 데이터 수집 또는 시스템 운영 방해
유출	공격자의 근거지로 데이터 전송. 시스템 운영 방해 또는 장비 파괴

08

정답 IPS(Intrusion Prevention System)

해설 IPS 주요 기능
- 네트워크에서 탐지하지 못하는 알려지지 않은 공격까지도 방어할 수 있는 실시간 침입 방지 시스템으로, 운영체제 레벨에서 실시간 탐지와 방어기능 제공
- 급속한 증가가 예상되는 제로데이 공격(zero day attack)의 위협에 대한 능동적 대응 기법과 알려진 공격(known attack), 알려지지 않은 공격(unknown attack)이나 비정상 트래픽(anomaly traffic)을 효율적으로 탐지하고 방어할 수 있는 정확한 분석 기능
- 바이러스 웜, 불법 침입이나 분산 서비스 거부(DDoS) 공격 등의 비정상적인 이상 신호를 발견 즉시 인공지능적으로 적절한 조치를 취한다는 점에서 방화벽이나 IDS와는 차이가 있음
- 현재 침입 방지시스템은 허니팟(honeypot) 기능을 내장하여 침입에 취약한 것처럼 침입을 유도하고, 이에 대한 실시간 대응을 하도록 구성

08 다음 설명에 해당하는 보안 시스템이 무엇인지 쓰시오.

- 패킷을 버리거나 또는 의심이 가는 트래픽을 감지함으로써, 공격 트래픽을 방어하는 기능을 가지고 있다.
- 모든 트래픽을 수신하는 스위치의 포트를 모니터하고, 특정 트래픽을 막기 위하여 적합한 명령어를 라우터(Router)나 침입차단시스템(Firewall)에 전송할 수 있다.
- 호스트(Host) 기반의 이 보안 시스템은 공격을 감지하기 위하여 서명이나 비정상 감지기술을 사용한다.

제5편

웹 보안

단원 개요

1. 웹 개요
   - HTTP 프로토콜
   - HTML
   - 웹서비스 기본구조
2. 웹 공격
   - OWASP Top 10
   - 구글 해킹
3. 웹 보안 강화
   - OWASP 보안 대응책
   - SSL
   - 웹방화벽

출제 경향 및 수험 대책

1. HTTP, HTML 및 웹서비스 기본 구조는 웹을 이해하는데 기본이 됨으로 기본적인 학습이 필요하다.
2. 웹 보안 공격은 대부분 출제된다는 전제하에 학습을 해야 하며, 기본 원리, 공격 방법, 대응 방법 등을 설명하고, 필답할 수 있을 정도로 학습해야 한다.
3. 웹 보안 강화 부분은 대부분 출제된다는 전제하에 학습을 해야 하며, OWASP 대응책이나, SSL 프로토콜의 특징 및 활용, 웹 방화벽의 기능 및 특징을 이해하고 암기해야 한다.

 혼자 공부하기 힘드시다면 방법이 있습니다.
SD에듀의 동영상강의를 이용하시면 됩니다.
www.sdedu.co.kr ➜ 회원가입(로그인) ➜ 강의 살펴보기

제 1 장

웹 이해

제 **1** 절 HTTP 프로토콜 중요 ★★

1 개요

(1) 웹 서버와 웹 브라우저 간 통신을 위하여 사용되고, 요청과 응답의 메커니즘으로 작동하는 프로토콜

(2) 웹에서 하이퍼텍스트 문서(HTML)를 송수신하는데 사용되는 통신규약으로, HTTP(Hyper Text Transfer Protocol) 프로토콜을 사용하여 멀티미디어 데이터 전송

(3) OSI 7계층의 응용 계층 프로토콜, 기본적으로 TCP 80번 포트 사용

2 특징

(1) 비연결성(connectionless)

클라이언트와 서버가 한 번 연결한 후, 클라이언트 요청에 대해 서버가 응답하고, 맺었던 연결을 해제하는 성질

(2) 무상태(stateless)

① 비연결성(connectionless)으로 인해 서버는 클라이언트를 식별할 수가 없는데, 이를 무상태(stateless)라고 함
② 클라이언트의 상태를 알지 못하기 때문에 매번 인증해야 함

(3) 헤더 구조

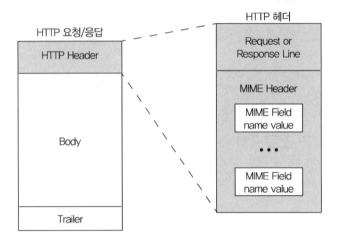

[HTTP 헤더 구조]

3 HTTP 연결 메커니즘

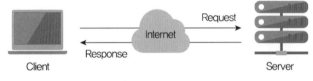

[HTTP 연결 메커니즘]

(1) HTTP 요청 방식

① GET 방식

㉠ 클라이언트에서 서버로 전송된 자료가 URL에서 모두 노출될 수 있으므로, 패스워드와 같은 보안 정보를 GET 방식으로 보내는 것은 위험

㉡ 쿼리 스트링(query string)▼인 GET 방식으로 전송할 수 있는 자료의 양은 한계가 있으므로, 많은 데이터를 전송하는 경우 일정 크기에서 잘릴 수 있음

㉢ 정적인 HTML 파일의 경우에는 파일 내용을 화면에 보여줌

㉣ 동적인 ASP▼, JSP▼, PHP▼ 파일의 경우 명령을 실행하고, 그 처리 결과를 요청한 웹 브라우저로 전송하여 보여줌

▼ 쿼리 스트링(query string)
- 사용자가 웹프로그램으로 입력 데이터를 전달하는 가장 단순하고 널리 사용되는 방법
- URL 주소 뒤에 입력 데이터를 함께 제공하는 방법

▼ ASP(Active Server Page)
마이크로소프트사에서 동적으로 웹 페이지들을 생성하기 위해 개발한 서버 측 스크립트 엔진

▼ JSP(Java Server Page)
HTML 내에 자바 코드를 삽입하여 웹 서버에서 동적으로 웹 페이지를 생성하여 웹 브라우저에 돌려주는 언어

▼ PHP(Personal Home Page Tool)
- 서버에서의 동작 기술 또는 언어
- 동적 웹 페이지를 만들기 위해 설계되었으며, 이를 구현하기 위해 PHP로 작성된 코드를 HTML 안에 넣으면 PHP 처리 기능이 있는 웹 서버에서 해당 코드를 인식하여 작성자가 원하는 웹 페이지를 생성

② POST 방식
  ㉠ 입력 자료는 URL 뒷부분에 추가하여 전송하는 것이 아니라, HTTP 헤더 안에 포함하여 전송
  ㉡ Submit 버튼을 클릭하는 순간 폼의 자료는 인코딩되어 전송되며, URL에는 보이지 않음
  ㉢ 서버는 보호된 정보를 수신하게 되고 서버에서 동작하도록 요청

(2) HTTP 상태 코드

① 트랜잭션이 성공한 경우(2xx)

코드	상태	설명
200	OK	요청이 성공적으로 완료
201	Created	요청이 POST이며, 성공적으로 완료
202	Accepted	요청이 서버에 전달되었으나, 처리결과를 알 수 없음
203	Non Authoritative Information	GET 요청이 실행되었으며, 부분적인 정보를 리턴하였음
204	Not Content	요청이 실행되었으나, 클라이언트에게 전송할 데이터가 없음

② 트랜잭션의 리다이렉션(3xx)

코드	상태	설명
300	Multiple Choice	요청이 여러 위치에 존재하는 자원을 필요로 하므로 응답은 이에 대한 정보 전송
301	Moved Permanently	요청 데이터는 영구적으로 새로운 URL로 옮겨짐
302	Found	요청 데이터를 발견하였으나, 실제 다른 URL에 존재
303	Not Modified	If Modified Since 필드를 포함한 GET 메소드를 수신했으나, 문서는 수정되지 않음

③ 오류 메시지(4xx) - Client

코드	상태	설명
400	Bad Request	요청 문법 오류
401	Unauthorized	요청이 서버에게 Authorization 필드를 사용하였으나, 값을 지정하지 않았음
403	Forbidden	요청이 허용되지 않은 자원 요구
404	Not Found	서버는 요구된 URL을 찾을 수 없음

④ 오류 메시지(5xx) - Server

코드	상태	설명
500	Internal Server Error	서버 내부에 오류가 발생하여 더 이상 진행할 수 없음
501	Not Implemented	요청은 합법적이나, 서버는 요청된 메소드(method)▼를 지원하지 않음
503	Service Unavailable	서버 과부하로 서비스를 할 수 없음
504	Gateway Timeout	보조 서버의 응답이 너무 오래 지체되어 처리 실패

더 알아두기

▼ 메소드(Method)
- 클래스에서 정의된 여러 종류의 변수들을 사용하여 정해진 기능들을 실행할 수 있도록 코드를 선언한 것
- 다른 곳에서 인자를 주어 호출할 수 있고, 정해진 자료형을 반환할 수 있음

제 **2** 절   HTML 중요 ★

1   개요

(1) Hyper Text Markup Language 약어로, 하이퍼텍스트(hypertext)▼ 기능을 가진 문서를 만드는 언어. 즉 구조를 설계할 때 사용되는 언어로, 하이퍼링크(hyper link)▼ 시스템을 가지고 있으며, 웹 페이지 (web page)▼를 위한 마크업 언어

(2) .htm, .html 확장자 포맷을 가짐

(3) 단순히 텍스트 파일에 불과하고 웹 브라우저가 해석하여 화면에 렌더링해주게 됨

> **더 알아두기**
>
> ▼ **하이퍼텍스트(hypertext)**
> 웹 페이지(web page)에서 다른 페이지로 이동할 수 있도록 하는 것
>
> ▼ **하이퍼링크(hyper link)**
> • 하이퍼텍스트 문서 안에서 직접 모든 형식의 자료를 연결하고 가리킬 수 있는 참조 고리. 이를테면 동영상, 음악, 그림, 프로그램, 파일, 글 등의 특정 위치를 지정할 수 있음
> • 하이퍼텍스트의 핵심 개념이며, HTML을 비롯한 마크업 언어에서 구현함
>
> ▼ **웹 페이지(web page)**
> • 월드 와이드 웹(world wide web)에 있는 개개의 문서를 가리킴
> • 월드 와이드 웹(world wide web)은 인터넷에 연결된 컴퓨터들을 통해 사람들이 정보를 공유할 수 있는 전 세계적인 정보 공간을 말함

2 HTML의 구조

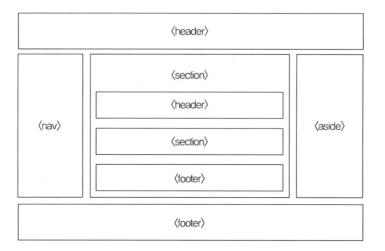

3 HTML의 요소

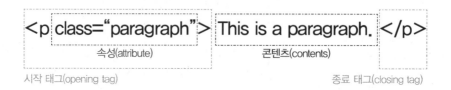

4 HTML5 기본 문서 유형

```
〈!DOCTYPE html〉
〈html lang="ko"〉
〈head〉
    〈meta http-equiv="Content-Type" content="text/html; charset=utf-8"〉
    〈meta http-equiv="Content-Script-Type" content="text/javascript"〉
    〈meta http-equiv="Content-Style-Type" content="text/css"〉
    〈title〉HTML 5.0 문서유형〈/title〉
    〈link rel="stylesheet" type="text/css" href="css/service_name.css"〉
〈/head〉
〈body〉

〈/body〉
〈/html〉
```

(1) 위와 같이 최상단에 DTD를 지정하고, 여기서 Public은 DTD가 모든 사용자에게 공개되어 있으며, 문서 유형에 따른 W3C(world wide web consortium)▼ 표준안의 URI(uniform resource identifier)▼을 작성함. 또한 URI를 생략하더라도 웹 페이지는 쿼크모드(quirk mode)▼로 렌더링(rendering)▼됨

(2) HTML이 어떤 버전으로 작성되었는지 미리 선언하여, 웹 브라우저가 내용을 정상적으로 표시할 수 있도록 해주는 것이 문서 유형임. 그리고 바로 다음에 HTML 태그가 오고 HTML 태그 안에는 헤드(head)와 본문(body)으로 구성됨

(3) 태그는 일반적으로 시작 태그와 종료(끝) 태그로 이루어져 있으며, 예외적인 태그들도 있음. 또한 HTML 태그의 속성으로 문서에서 다룰 언어를 지정해야 함. 언어 설정은 필수 속성으로 이 속성이 생략되면 안 됨

(4) 헤드(head) 안에는 콘텐츠를 표현하는 내용은 없지만, 콘텐츠를 표현하기 위한 내용들을 포함

(5) 메타 태그(meta tag)는 문서 자체를 설명하는 정보로, 문서 정보를 웹 브라우저와 검색 엔진에 알려주는 것을 명시함. 즉, 그 문서의 핵심 키워드, 누가 만들었는지, 언어 설정(문자 셋) 등은 어떤 것을 사용하고 있는지 등의 정보를 담고 있는 태그

(6) 제목(title)은 문서의 정보를 웹 브라우저에 표시하는 역할을 함

(7) 링크(link)는 외부 자원(external file)과의 연결을 말함

(8) 문서의 본문 영역 즉, 콘텐츠 영역을 의미하는 본문 태그(body tag)에 웹 페이지에 표현되는 콘텐츠를 작성하게 됨

> 🔔 **더 알아두기** Q
>
> ▼ W3C(world wide web consortium)
> 월드 와이드 웹을 위한 표준을 개발하고 장려하는 조직
>
> ▼ URI(uniform resource identifier)
> 인터넷 자원을 나타내는 고유 식별자
>
> ▼ 쿼크모드(quirk mode)
> 오래된 웹 브라우저를 위하여 디자인된 웹 페이지의 하위 호환성을 유지하기 위해, W3C나 IETF의 표준을 엄격히 준수하는 표준 모드(standard mode)를 대신하여 쓰이는 웹 브라우저 기술
>
> ▼ 렌더링(rendering)
> 서버로부터 HTML 파일을 받아 브라우저에 출력해주는 과정

제 3 절   웹 서비스 기본 구조 중요 ★

1 웹(web)

월드 와이드 웹(world wide web)이란 인터넷에 연결된 사용자들이 서로의 정보를 공유할 수 있는 공간을 의미. WWW나 W3라고도 부르며, 간단히 웹(web)이라고도 불림

2 기본 원리

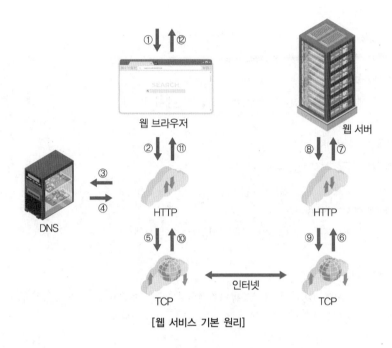

[웹 서비스 기본 원리]

3 웹(web)의 특징

(1) 인터넷에서 텍스트나 그림, 소리, 영상 등과 같은 멀티미디어 정보를 하이퍼텍스트(hypertext)▼ 방식으로 연결하여 제공. 이때 문서 내부에서 또 다른 문서로 연결되는 참조를 하이퍼링크(hyperlink)라고 부름

(2) HTML이라는 언어를 사용하여 누구나 자신만의 문서를 작성할 수 있음. 또한, 이렇게 작성된 문서는 HTTP라는 프로토콜로 누구나 검색하고 접근할 수 있음

> **더 알아두기**
>
> ▼ 하이퍼텍스트(hypertext)
> 문서 내부에 또 다른 문서로 연결되는 참조를 추가함으로써, 웹에 존재하는 여러 문서끼리 서로 참조할 수 있는 기술

4 웹(web)의 구성

(1) 웹 페이지(web page)

웹에서는 HTML을 사용하여 작성된 하이퍼텍스트 문서

(2) 웹 사이트(web site)

웹 페이지 중에서 서로 관련된 내용으로 작성된 웹 페이지들의 집합

(3) 하이퍼링크(hyperlink)

수많은 웹 페이지를 서로 연결하여 주는 것

(4) 웹 브라우저(web browser)

웹 서버에서 웹 페이지를 검색하거나 웹 서버로 정보를 보낼 때 사용하는 프로그램

(5) 웹 서버(web server)

사용자가 요청하는 웹 페이지나 프로그램을 실행하여 해당 파일이나 그 결과를 사용자에게 제공하는 프로그램

제 2 장 웹 공격

제 1 절 웹 공격 개요 중요 ★★★

1 개요

(1) 웹 클라이언트의 취약점을 이용한 공격과 웹 서버의 취약점을 이용한 공격으로 나누며, 웹 서버에 대한 공격은 네트워크의 방화벽을 우회하여 내부 네트워크를 공격하는 시작점이 될 수 있으므로 주의하여야 함

(2) 웹 서비스 관련 공격은 최신 해킹 경향에 따라 끊임없이 새로운 공격 기법이 발견되므로, 항상 최신 보안 경향에 관심을 가지고 있어야 하며, 매년 발표되는 OWASP Top 10에 대하여 이해하고 있어야 함

2 웹 공격 유형

(1) 웹 서버 버그 공격

① 서버의 버전 정보가 가지는 의미

② 아파치 서버에 존재하는 최신 취약점 정보

③ IIS▼ 서버에 존재하는 최신 취약점 정보 : IIS 서버 공격을 응용한 인터넷 웜 공격 기법 (Codered▼, Nimda▼ 등)

❗ 더 알아두기 🔍

▼ IIS(Internet Information Sevice)
- Windows를 사용하는 서버들을 위한 인터넷 기반 서비스들의 모임
- FTP, SMTP, NNTP, HTTP/HTTPS를 포함하고 있음

▼ Codered
- 2001년 7월 13일 처음 관찰된 웜 바이러스로, 마이크로소프트 인터넷 정보서비스(IIS)의 버퍼 오버플로 취약점을 이용
- 감염된 후 20일~27일 동안 잠복한 후 미국 백악관 홈페이지 등 몇몇 IP 주소에 서비스 거부 공격을 위한 루틴도 포함되어 있었음

▼ Nimda
- 2001년 9월에 발생한 컴퓨터 바이러스
- 미국, 유럽, 라틴아메리카에서 동시에 발생하였고, 단 22분 만에 인터넷에 가장 넓게 확산된 악성 바이러스로 막대한 경제적 손실을 발생시킴

(2) 부적절한 파라미터 조작

① 개요
　㉠ 클라이언트와 서버 사이에서 주고받는 파라미터 값을 조작
　㉡ 파라미터는 매개변수라고 하며, 웹 페이지에서 요청(request)에 대한 값을 가지고 있는 변수

② 공격 방법
　㉠ HTTP 요청 값(URL parameter, cookie, referer, form 변수, hidden field, user-agent 등)을 조작하여 보안 메커니즘 우회
　㉡ 인수를 조작하여 시스템 명령어 실행 및 접근 권한이 없는 정보를 검색/변경할 수 있음
　㉢ 펄(perl)▼이나 셸 스크립트(shell script) 등의 스크립트 기반 언어로 작성된 웹 애플리케이션의 경우, 일반 변수에 특정 문자열을 삽입하여 사용하면 이를 적절히 처리하지 못하고 시스템의 명령어 실행

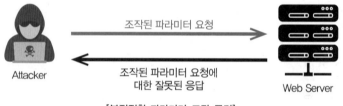

[부적절한 파라미터 조작 공격]

💡 더 알아두기 🔍

▼ 펄(perl)
- 래리 월(Larry Wall)이 만든 인터프리터 방식의 프로그래밍 언어 혹은 인터프리터 소프트웨어
- 유닉스 계열의 운영체제에서 사용하는 스크립트 프로그래밍 언어

③ 대응 방법
　㉠ 데이터 유형, 허용된 문자 셋, 중복 허용 여부, 널(null)값 허용 여부 검증
　㉡ 최대/최소 길이, 숫자의 범위 검증
　㉢ 타당한 것으로 지정된 값이나 패턴 검증
　㉣ 필수 함수와 그렇지 않은 함수 검증

(3) 명령어 인젝션(command injection) 취약점

① 개요

    ㉠ 웹 애플리케이션에서 system(), exec()와 같은 시스템 명령어를 실행할 수 있는 함수를 제공하며 사용자 입력값에 필터링이 제대로 이루어지지 않을 경우 공격자가 시스템 명령어를 호출할 수 있는 취약점

    ㉡ 시스템 계정 정보 유출, 백도어 설치, 관리자 권한 탈취 등의 공격을 수행

    ㉢ 취약한 함수

언어	취약 함수
JAVA(Servlet, JSP)	system.*(특히 system.runtime)
PHP	exec(), system(), passthru(), popen(), rquire(), include(), eval(), preg_replace()
Perl	open(), sysopen(), system(), glob()

② 공격 방법

게시판 소스 코드 중 Include 문을 이용하여 Passthru나 System과 같이 원격에서 명령 실행이 가능한 함수를 추가함으로써 원격지에서 명령 실행

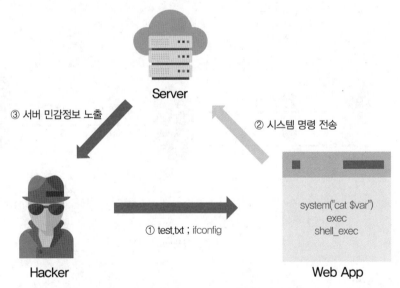

③ 서버 민감정보 노출

② 시스템 명령 전송

Server

Hacker

① test.txt ; ifconfig

system("cat $var")
exec
shell_exec

Web App

[명령어 인젝션(command injection)의 기본 원리]

③ 대응 방법

PHP의 경우 php.ini 파일에서 allow_url_fopen 옵션을 Off 값으로 설정. Off되어 있으면 fopen, include, require, file_get_contents 함수 등에서 URL로 파일을 읽어올 수 없게 되므로 원격지 파일의 명령을 실행할 수 없음

(4) SQL Injection 취약점

① 개요

　㉠ 코드 인젝션(code injection)의 한 기법으로, 클라이언트의 입력값을 조작하여 서버의 데이터베이스를 공격할 수 있는 취약점

　㉡ 악의적인 사용자가 보안상의 취약점을 이용하여, 임의의 SQL 문을 삽입하고 실행되게 하여 데이터베이스가 비정상적인 동작을 하도록 조작하는 공격

　㉢ 주로 사용자가 입력한 데이터를 제대로 필터링, 이스케이핑(escaping)하지 못했을 경우에 발생

② 공격 방법

　㉠ 공격자가 입력값을 조작하여 원하는 SQL▼ 구문을 실행하는 기법

　㉡ 잠재적인 SQL 구문의 구조 확인 후 적절히 실행되는 문자의 결합을 찾을 때까지 입력을 조작하는 기법

　㉢ 부적절한 입력값을 전달하여 오류를 발생시키고, SQL 구문을 확인하는 방법

　㉣ MS-SQL에서의 시스템 명령어 실행 : xp_cmdshell 저장 프로시저(stored procedure)를 이용한 시스템 명령어 실행

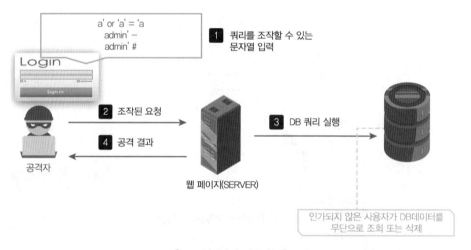

[SQL 인젝션의 기본 원리]

③ 대응 방법

　㉠ 사용자 입력값 및 입력값에 특수문자가 포함되어 있는지 검증

　㉡ SQL 서버의 오류 메시지를 숨기거나 적절한 오류 처리

　㉢ 일반 사용자 권한으로 시스템 저장 프로시저에 접근 차단

　㉣ 침입탐지시스템이나 웹 방화벽 구축

> **🖐 더 알아두기 🔍**
>
> ▼ SQL(Structured Query Language)
> • 구조적 질의 언어를 말함
> • 데이터베이스의 데이터를 질의하거나 처리하는 데 사용
> • 모든 데이터베이스에서 ANSI 표준 SQL 언어가 기본으로 지원되고 있으며, 추가로 각 데이터베이스 업체들이 확장된 SQL 문들을 제공하기도 함
> • Microsoft SQL Server에서 사용하는 SQL 문은 Transaction−SQL 혹은 TSQL이라 부름

(5) 파일 업로드(File Upload) 취약점

① 개요

㉠ 웹 서비스 첨부 파일, 환경 설정 미흡을 이용하여 악의적인 스크립트가 포함된 파일을 업로드한 후에 웹 서버에 침투를 하는 공격

㉡ 게시판 첨부 파일, 이력서 첨부 파일, 이미지 첨부 파일, 웹 채팅방 파일 공유 기능 등에서 발생

② 공격 방법

㉠ 공격자는 서버 사이드 스크립트(PHP, JSP, .NET 등)를 이용하여 웹셸(webshell)을 제작

㉡ 게시판에서 파일 업로드가 가능한 경우 게시판의 웹 애플리케이션과 같은 언어의 스트립트 파일을 업로드한 후, 이를 SSI(Server Side Include)▼ 특성을 이용하여 실행시킴으로써, 웹 서버의 내부 명령어를 실행하는 공격

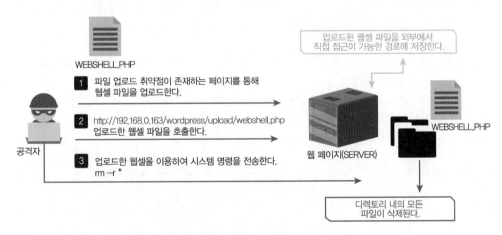

[파일 업로드(file upload) 공격 기본 원리]

③ 대응 방법

㉠ 소스 코드에 include, require 등의 구문/함수가 존재하는지 검증

㉡ php 설정 파일인 php.ini 파일에서 allow url fopen을 off로 설정

㉢ 파일이 업로드되는 디렉터리가 사용자에게 노출되지 않도록 조치

㉣ 업로드 파일의 유형, 크기, 개수 제한

㉤ 업로드 파일의 전체 파일명 및 확장자 검증

ⓑ 업로드 파일 및 디렉터리의 실행 권한 제한

ⓢ 첨부파일에 대한 검사는 서버에서 구현

> **더 알아두기**

▼ SSI(Server Side Include)
- 서버가 생성한 혹은 저장된 HTML 파일을 사용자에게 보내기 직전에 포함할 수 있는 변수값을 치환하는 것을 말함
- HTML 문서는 웹 브라우저에 전송되어 해석되지만, SSI는 서버에서 먼저 해석된 후에 웹 브라우저로 전송됨
- 서버가 많은 양의 데이터를 처리하기 때문에 서버에 과부하를 주게 됨

(6) 파일 다운로드(File Download) 취약점

① 개요

ⓐ 안전한 코드를 작성하지 않아 다운로드 파일이 위치한 디렉터리를 벗어나 다른 경로에 있는 파일까지 접근 가능한 취약점이 있음

ⓑ 웹 서버에서 파일 다운로드 시 파일의 경로 및 파일명을 파라미터로 받아 처리하는 경우 적절히 필터링하지 않으면 이를 공격자가 조작하여 허용되지 않은 파일을 다운로드받을 수 있는 취약점이 있음

ⓒ 공격자는 취약점을 이용하여 시스템 환경설정 파일, 소스 코드 파일, DB 연동 파일 등 중요한 파일을 다운로드받을 수 있음

② 공격 방법

ⓐ 게시판이나 자료실 등에서 cgi, jsp, php 등의 프로그램을 이용하여 파일을 다운로드받는 페이지가 있는지 검사

ⓑ 다운로드를 위한 게시판의 파일을 이용하여 임의의 문자나 주요 파일명을 입력함으로써, 웹 서버의 홈 디렉터리를 벗어나 시스템 내부의 파일에 접근

ⓒ '../' 등의 문자를 이용해서 웹 서버 루트 디렉터리까지 접근

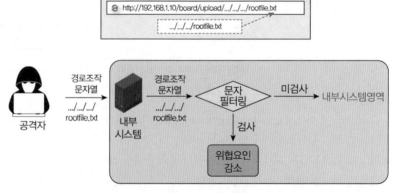

[파일 다운로드(File Download) 공격의 기본 원리]

③ 대응 방법

㉠ 파일 다운로드 시 절대 경로 사용 대신 특정 파일을 이용하여 다운로드하도록 설정

㉡ 파일 다운로드 시 지정된 파라미터 값이 모두 입력되었는지 검증

㉢ 외부 입력값에 대해 파일 경로를 변경할 수 있는 문자열을 필터링하도록 설정

㉣ php로 개발된 경우 php.ini의 내용 중 magic_quotes_gpc 항목을 on으로 설정하여 '.₩'와 './' 입력 시 치환되도록 설정

(7) 쿠키/세션 위조 취약점

① 개요

㉠ 클라이언트가 서버로 접속요청을 하면 서버는 세션 아이디(ID)를 생성하고 저장 후 세션 아이디를 포함한 쿠키 정보를 클라이언트로 보내면 클라이언트는 쿠키를 저장

㉡ 클라이언트의 다음 요청 시 이 세션 아이디(ID)가 서버로 전송되며 서버는 저장되어 있던 세션 정보와 비교하여 해당 클라이언트를 식별

㉢ 세션은 서버와 클라이언트에 동시에 저장되는 쿠키이며, 이 쿠키는 변조될 수 있으며, 이는 결국 세션의 변조를 통해 유효한 사용자가 아니라 해도 서버에 접속할 수 있게 됨

② 공격 방법

㉠ 서버와 클라이언트 간 통신 과정에서 공격자의 세션 탈취가 성공적으로 이루어지고, 아직 세션 ID가 활성화되어 있을 경우, 공격을 수행할 수 있음

㉡ 공격자는 탈취한 세션 정보를 쿠키에 입력하여 전송하면 서버는 정상적인 사용자로 판단하고, 요청한 정보를 응답하게 됨

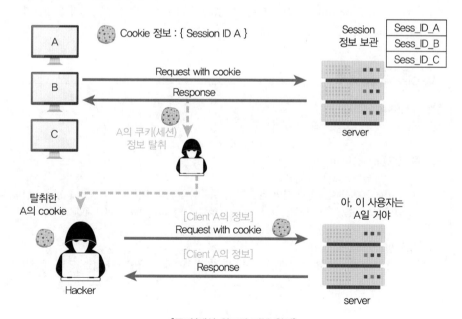

[쿠키/세션 위조의 기본 원리]

③ 대응 방법
　　㉠ 전송 중 자격 증명 보호
　　㉡ 쿠키(Cookie) 대신 서버 사이드 세션(server side session) 사용

(8) 크로스사이트 스크립트(XSS)

① 개요
　　㉠ 게시판, 웹 메일 등에 삽입된 악의적인 스크립트에 의해 웹 페이지 오류가 발생하거나 다른 사용자의 사용을 방해하고, 쿠키 및 기타 개인정보를 특정 사이트로 전송시키는 공격 기법
　　㉡ 게시판의 글에 원본과 함께 악성코드를 삽입하고, 해당 글을 읽으면 악성코드가 실행되도록 함으로써, 클라이언트의 정보를 유출하는 공격 기법
　　㉢ 웹 페이지가 사용자로부터 입력받은 데이터를 필터링하지 않고, 동적으로 생성된 웹 페이지에 포함함으로써, 잘못된 데이터를 사용자에게 재전송할 때 발생

② 반사(Reflective) XSS
　　㉠ 공격자가 악성 스크립트가 포함된 URL(Uniform Resource Locator)을 클라이언트에게 노출시켜 클릭하도록 유도하여 쿠키 정보를 탈취하거나, 피싱 사이트, 불법 광고 사이트로 이동하게 함
　　㉡ JSP나 서블릿(servlet)▼ 코드에서 사용자의 입력값을 검증하지 않고 그대로 웹 브라우저로 출력하는 경우 발생
　　㉢ 텍스트 필드에 <script>alert('xss') ; </script>를 입력하여 전송 버튼을 눌렀을 때, Alert 창이 뜨게 된다면 해당 텍스트 필드는 반사(reflective) XSS에 취약점을 가지게 됨
　　㉣ XSS 공격을 방어하는 최선의 방법은 HTTP 헤더(header), 쿠키 쿼리 스트링(cookie query string), 폼 필드(form field)▼, 히든 필드(hidden field)▼ 등의 모든 인자에 대하여 허용된 유형의 데이터만을 입력받도록 입력값 검증을 해야 함

> **더 알아두기**
>
> **▼ 서블릿(servlet)**
> 자바를 기반으로 만드는 웹 프로그래밍 기술
>
> **▼ 폼 필드(form field)**
> • 폼(form)의 범위를 표시
> • 사용자 입력을 위한 다양한 형식의 컨트롤(W3C는 입력 필드, 버튼 등의 폼을 구성하는 입력 요소를 컨트롤이라고 부름)로 구성되는 영역이며, 이 영역의 시작과 종료 지점은 FORM 요소에 의해 정의
>
> **▼ 히든 필드(hidden field)**
> 사용자가 입력하거나 선택하는 정보는 아니지만 폼 전송과 같이 전송해야 하는 정보를 담기 위해 사용

ⓜ 공격 방법

> 1. 공격자는 먼저 A 사이트에 XSS 취약점이 있는 것을 발견
> 2. 민감한 정보를 획득할 수 있는 공격용 악성 URL을 생성
> 3. 공격자는 이 URL을 전자메일 메시지에 포함하여 배포
> 4. 피해자가 URL을 클릭하면, 바로 공격 스크립트가 사용자에게 반사되어 A 사이트에 관련된 민감한 정보(ID/패스워드, 세션 정보)를 공격자에게 전송

[반사(Reflective) XSS]

③ **저장(Stored) XSS**
   ㉠ 웹 애플리케이션 취약점이 있는 웹 서버에 악성 스크립트를 영구적으로 저장해 놓는 방법
   ㉡ 서버를 이용하는 사용자가 해당 스크립트를 실행하게 하여 사용자의 쿠키 정보를 탈취하거나, 피싱 사이트 또는 불법 광고 사이트로 이동하게 됨
   ㉢ 공격 방법

> 1. 공격자는 웹 사이트의 게시판, 사용자 프로필 및 코멘트 필드 등에 악성 스크립트를 삽입해 놓음
> 2. 다시 공격자는 악성 스크립트가 있는 URL을 사용자에게 전송
> 3. 사용자가 사이트를 방문하여 저장되어 있는 페이지에 정보를 요청할 때, 서버는 악성 스크립트를 사용자에게 전달하여 사용자 브라우저에서 스크립트가 실행되면서 공격

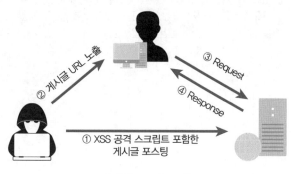

[저장(Stored) XSS]

④ **DOM XSS**

　㉠ HTML, XML을 다루기 위한 프로그래밍 API▼로, AJax▼ 프로그램에서 사용되는 자바스크립트를 이용하여 웹 브라우저로부터 수신된 데이터를 다시 분할하여 문서(Document)에 쓰기 작업을 수행하는 경우 XSS 공격이 가능하게 됨

　㉡ 가능한 애플리케이션은 DOM▼ 데이터를 처리하기 위한 클라이언트의 스크립트 사용을 자제해야 함

　㉢ 저장 XSS 및 반사 XSS 공격의 악성 페이로드가 서버의 애플리케이션 취약점으로 인해 응답 페이지에 악성 스크립트가 포함되어 브라우저로 전달되면서 공격하는 반면, DOM 기반 XSS는 서버와 관계없이 브라우저에서 발생하는 것이 차이점

　㉣ 공격 방법

> 1. 공격자는 DOM 기반 XSS 취약점 있는 브라우저를 대상으로 조작된 URL을 이메일을 통해 전송
> 2. 사용자가 이 URL 링크를 클릭하면 공격 스크립트가 DOM 생성의 일부로 실행되면서 공격. 페이지 자체는 변하지 않으나, 페이지에 포함된 웹 브라우저 코드가 DOM 환경에서 악성 코드로 실행

！ 더 알아두기 Q

▼ **API(Application Programing Interface)**
- 응용 프로그램에서 사용할 수 있도록 운영체제나 프로그래밍 언어가 제공하는 기능을 제어할 수 있게 만든 인터페이스
- 주로 파일 제어, 창 제어, 화상 처리, 문자 제어 등을 위한 인터페이스를 제공

▼ **Ajax**
대화식 웹 애플리케이션의 제작을 위해 DHTML, LAMP, JAVA Script, XML 등의 조합을 이용하는 웹 개발 기법

▼ **DOM(Document Object Model)**
- W3C 표준으로, HTML 및 XML 문서에 접근 방법을 표준으로 정의하는 문서 객체 모델
- W3C9에서는 DOM을 '프로그램 및 스크립트가 문서의 콘텐츠, 구조 및 형식을 동적으로 접근 및 업데이트할 수 있도록 하는 언어 중립적인 인터페이스이다'라고 정의되어 있음
- HTML 문서를 계층적으로 보면서 콘텐츠를 동적으로 변경할 수 있음

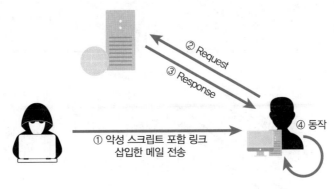

[DOM XSS]

⑤ 공격 결과
　　㉠ 쿠키/세션 아이디(ID) 정보 탈취
　　㉡ 시스템 관리자 권한 탈취
　　㉢ 악성코드 다운로드

⑥ 대응 방법
　　㉠ 스크립트 등 해킹에 사용될 수 있는 코딩에 사용되는 입력 및 출력값에 대해서 검증하고 무효화
　　　시킴
　　㉡ 입력값에 대한 유효성 검사는 데이터가 입력되기 전에 입력 데이터에 대한 길이, 문자, 형식 및
　　　규칙 유효성 검사

(9) 크로스사이트 요청 변조(CSRF)

① 개요
　　㉠ 웹 애플리케이션에서 정상적인 요청과 비정상적인 요청을 서버가 구분하지 못할 경우 공격자가
　　　스크립트 구문을 이용하여 정상적인 사용자로 하여금 조작된 요청을 전송하도록 하여 게시판 설
　　　정 변경, 회원 정보 변경 등의 문제가 발생할 수 있는 취약점이 있음
　　㉡ 공격자가 공격을 당한 사용자의 권한을 그대로 사용하므로, 피해자의 권한 수준에 따라 피해 범
　　　위가 달라짐
　　㉢ 악성 사이트로 유도하지 않고 공격 가능
　　㉣ 사용자가 자신의 의지와는 무관하게 공격자가 의도한 행위(수정, 삭제, 등록 등)를 특정 웹 사이
　　　트에 요청하게 하는 취약점이 있음
　　㉤ 저장(Stored) XSS 방식, 반사(Reflective) XSS 방식 모두 가능

② 공격 방법
　　㉠ 로그인한 피해자의 웹 브라우저가 취약한 웹 애플리케이션에 피해자의 세션 쿠키와 공격자의 변
　　　조된 HTTP 요청을 강제로 전송하도록 함
　　㉡ 정형화된 수법이 있기보다는 웹에 요청을 보낼 수 있는 모든 방법이 공격 방법이 된다고 할 수 있음
　　㉢ javascript와 ajax를 이용한 방법, 전통적인 form 방법, img 태그를 이용한 방법 등 요청을 보낼
　　　수 있으면 그 어떤 방법으로도 가능함

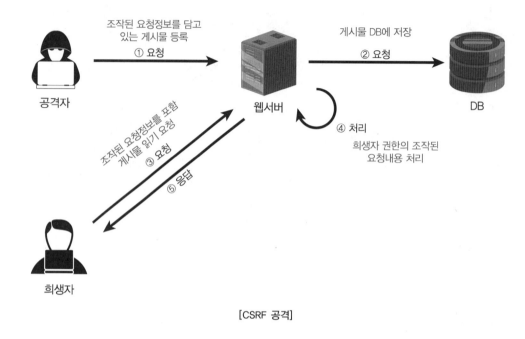

[CSRF 공격]

③ **대응 방법**

ㄱ 중요 정보는 쿠키에 저장하지 않음

ㄴ XSS 취약점 및 referer 확인

ㄷ GET/POST 방식을 구분하고, FORM 대신 AJAX를 통한 JSON API만 사용

ㄹ CAPCHA▼나 재인증 기능 사용

> 💡 **더 알아두기** 🔍
>
> ▼ CAPCHA
> - Completely Automated Public Turing test to tell Computers and Humans Apart
> - 완전 자동화된 사람과 컴퓨터 판별
> - 어떤 사용자가 실제 사람인지 컴퓨터 프로그램인지를 구별하기 위해 사용되는 방법
> - 흔히 웹 사이트 회원가입 시 사용하는 자동 가입 방지 프로그램에 사용됨

(10) **HULK(HTTP Unbearable Load King) DoS**

① **개요**

ㄱ 웹 서버의 가용자원을 모두 사용함으로써, 정상적인 서비스가 불가능하도록 유도하는 GET Flooding 공격

ㄴ GET Flooding과 다른 점은 GET 요청(request) 값의 파라미터가 계속 변경하면서 공격을 한다는 것

② **공격 방법**

㉠ 공격 대상 웹 서버 주소(URL)를 지속적으로 변경하여 DDoS 공격 차단 정책 우회하며, 웹 서버의 자원을 소진시킴

㉡ 요청(request) URL에는 아이디, 패스워드와 같은 정보를 포함하여 전송 가능한데, 이때 요청 URL 뒤에 '?' 기호와 함께 임의의 문자열을 포함할 수 있음

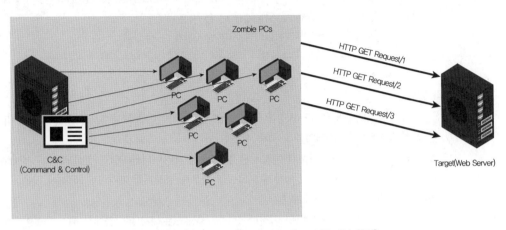

[HULK(HTTP Unbearable Load King) DoS의 기본 원리]

③ **대응 방법**

㉠ 접속 임계치 설정을 통한 차단

- 특정 출발지 IP 주소에서 동시접속 수에 대한 절대값을 설정하여 하나의 IP 주소에서 다량의 연결을 시도하는 공격 차단
- 유닉스나 리눅스 계열의 운영체제를 운영한다면 운영체제의 방화벽 설정 도구인 iptables를 이용하여 차단

㉡ HTTP 요청(Request)의 HOST 필드 값에 대한 임계치 설정을 통한 차단

URL이 아닌 HTTP 요청(Request)에 포함된 HOST 필드 값을 카운트하여 임계치 이상인 경우 차단

㉢ 302-Redirect를 이용한 차단

대부분의 DDoS 공격 도구는 302-Redirect 요청(request)에 반응하지 않음. 그러므로 웹 서버에 대한 Redirect 처리를 통해 자동 차단

(11) Hash DoS 공격

① **개요**

㉠ 해시 충돌(hash collision)을 이용한 공격 기법으로, 클라이언트에 전송되는 각종 파라미터 값을 관리하는 해시 테이블(hash table)▼의 인덱스 정보를 유도하여 사전에 저장된 정보 조회 시 많은 자원을 소모하도록 하는 공격 기법

㉡ 많은 매개변수를 전송하면 매개변수를 저장하는 해시 테이블에서 해시 충돌이 발생하여 해시 테이블에 접근하는 시간이 증가함

> **!** 더 알아두기 **Q**
>
> ▼ 해시 테이블(hash table)
> * 해시함수를 사용하여 변환한 값을 색인(index)으로 삼아 키(key)와 데이터(value)를 저장하는 자료 구조
> * 웹 서버는 GET, POST 방식으로 전송되는 HTTP 메시지에 포함된 매개변수의 효과적인 관리(정보 접근을 쉽고 빠르게 수행)를 위해 해시(Hash) 구조를 사용
> * POST 메시지는 전달되는 파라미터의 길이와 개수에 제한을 두지 않음

② **공격 방법**

㉠ 웹 서버는 클라이언트 HTTP 요청을 통해 전달되는 파라미터를 효율적으로 저장하고 검색하기 위한 자료구조로 해시 테이블을 주로 사용함

㉡ 공격자는 이러한 특성을 악용하여 조작된 많은 수의 파라미터를 POST 방식으로 웹 서버로 전달하면 다수의 해시 충돌이 발생하게 되고 결과적으로 정상적인 파라미터 조회 시 많은 중앙처리장치(CPU) 자원을 소모하게 됨

㉢ 많은 수의 매개 정보를 전달하면 이러한 정보를 저장하는 해시 테이블에서 해시 충돌이 발생하여 정보 조회를 위한 처리시간이 급속도로 증가하여 중앙처리장치(CPU) 사용량이 100%에 도달하게 되어 정상적인 서비스를 제공할 수 없음

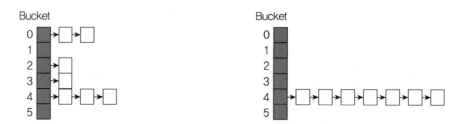

Figure 1 : Normal operation of a hash table   Figure 2 : Worst-case hash table collisions

[Hash DoS 공격의 기본 원리]

③ **대응 방법**

㉠ HTTP POST 파라미터 제한 : 특정 출발지 IP 주소로 연결할 수 있는 최대값 설정

㉡ POST 메시지 크기 제한 : POST 메시지 크기 제한 설정

㉢ PHP에서 Hash DoS 차단 : php.ini 파일에서 max_input_var로 HTTP POST 파라미터 개수 설정

(12) HTTP GET Flooding 공격

① 개요

  ㉠ 정상적인 TCP 연결 후 정상적인 HTTP Transaction 과정을 수행하는 방식으로 공격

  ㉡ 지속적인 HTTP GET 요청을 하여 HTTP 연결 및 처리 과정에서의 과부하를 유발함

  ㉢ TCP 3-Way Handshaking을 거친 후 공격을 수행하기 때문에 IP 주소를 변조하지 않음

② 공격 방법

  ㉠ 공격자는 동일한 URL을 반복 요청하여 웹 서버가 해당 클라이언트에게 응답하기 위해 서버 자원을 사용하도록 하는 공격

  ㉡ 웹 서버는 한정된 HTTP 처리 연결(Connection) 용량을 가지기 때문에 용량 초과 시 정상적인 서비스가 어려워짐

  ㉢ HTTP 요청을 반복적으로 수행하는 간단한 공격으로, 쉽게는 사용자가 웹 브라우저에서 '새로 고침'을 반복적으로 클릭해도 됨

[HTTP GET Flooding 공격의 기본 원리]

③ 대응 방법

  ㉠ IP 주소 차단

    TCP 연결 임계값과 HTTP GET의 임계값을 모니터링한 후 비정상적인 트래픽 차단. 연결 기반 공격이므로, IP 주소를 변조할 수 없는 특성을 이용함

  ㉡ 콘텐츠 요청 한계값 설정

    특정 콘텐츠를 다량으로 요청하는 공격이므로, IP 주소마다 콘텐츠 요청 횟수의 한계치 설정

  ㉢ 방화벽 설정

    시간대별 임계값을 설정하여 임의의 시간 안에 설정한 임계값 이상의 요청이 들어오는 경우 해당 IP 주소를 차단

(13) GET Flooding with Cache-Control(CC Attack) 공격

① 개요

  ㉠ 보통 브라우저에서는 웹 서버의 부하를 감소시키기 위해 캐싱 서버를 이용함

  ㉡ 이때 많이 요청받는 데이터는 웹 서버가 아닌 캐싱 서버가 응답하므로, 공격자의 목적 달성이 어려워짐

  ㉢ 그러나, HTTP 메시지의 캐시 옵션[no-store(캐시 저장 금지)▼, must-revalidate(캐시 검증)▼] 을 조작하여 웹 서버가 직접 처리하도록 유도함으로써 부하를 증가시킬 수 있음

> **⚠️ 더 알아두기 🔍**
>
> **▼ no-store(캐시 저장 금지)**
> 클라이언트로부터 요청받은 데이터를 디스크나 메모리, 별도의 시스템(캐싱 서버)에 저장하는 것을 방지
>
> **▼ must-revalidate(캐시 검증)**
> - 별도의 시스템(캐싱 서버)를 운영하는 경우 웹 서버는 캐싱 서버에 저장된 캐시 데이터에 대한 검증을 요구할 수 있음
> - 웹 서버 내에 캐시를 운영하는 경우에는 must-revalidate를 사용하지 않음
> - 캐싱 서버는 웹 서버의 원본 데이터와 비교하여 최신 데이터로 업데이트함
> - 클라이언트가 서버에게 보내는 HTTP 메시지에서 사용되는 정보가 아님

② **공격 방법**

　㉠ 일반적으로 웹 서버의 부하를 감소시키기 위해 캐싱 서버를 운영하여 많이 요청받는 데이터는 웹 서버가 아닌 캐싱 서버를 통해 응답하도록 구축하는 경우, HTTP 메시지의 헤더 정보에 포함된 Cache-Control 값을 no-store, must-revalidate로 지정하여 캐싱 장비가 응답하지 않고 웹 서버가 직접 응답하도록 유도하여 웹 서버의 자원을 고갈시킴

　㉡ Cache-Control 옵션을 제외하고는 Get Flooding과 동일한 형태임

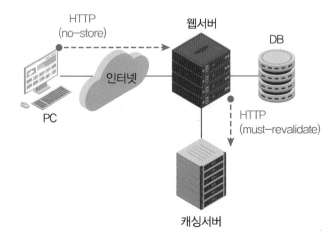

[GET Flooding with Cache-Control 공격의 기본 원리]

③ **대응 방법**

　㉠ HTTP Get Flooding과 마찬가지로 일반적인 방어 기법인 임계치 기반의 DDoS 공격 방어가 효과적임. 즉, TCP 세션 요청과 HTTP 요청에 대한 임계치 기법으로 방어가 가능

　㉡ 하지만 이 공격은 Cache-Control이라는 HTTP 헤더 옵션을 사용하는 공격이므로, HTTP Cache-Control 헤더 옵션별 임계치 정책으로 방어해야지만 큰 효과를 얻을 수 있음

ⓒ 방화벽에 캐싱 공격 문자열을 포함한 IP 주소 차단. 즉, HTTP 요청 메시지를 분석(Parsing)하여 캐싱 공격에 해당하는 문자열(no-store, must-revalidate)을 포함하는 경우, 문자열을 포함한 IP 주소를 차단

② L7 스위치를 이용한 캐싱 공격 차단. 즉, L7 스위치를 이용하면 좀 더 세분화된 차단 정책을 적용할 수 있음

(14) Slow HTTP GET DoS 공격

① 개요

ㄱ TCP 및 UDP 기반 공격으로, 변조 IP 주소가 아닌 정상 IP 주소 기반 공격이며 탐지가 어려움

ㄴ 소량의 트래픽과 세션 연결을 이용한 공격

ㄷ 애플리케이션 대상 공격 서비스의 취약점을 이용한 공격

② 공격 방법

ㄱ 클라이언트와 서버 간 TCP 세션 확립 후 HTTP GET 요청(request)을 보내면 웹 서버는 응답함

ㄴ 이때 HTTP 요청 헤더(request header)의 종결자로 줄바꿈(CRLF) 문자가 2회 사용되는데, 이 요청 종결자를 보내지 않거나 1회만 보내면 서버는 클라이언트가 더 보낼 요청 헤더가 있는 것으로 알고 세션을 계속 유지하게 됨

ㄷ 이런 점을 이용하면 많은 요청을 특정 서버로 전송하게 되면 세션 자원을 모두 소진하게 되고, 더 이상의 세션을 맺지 못하게 되어 정상적인 서비스를 제공하지 못하게 됨

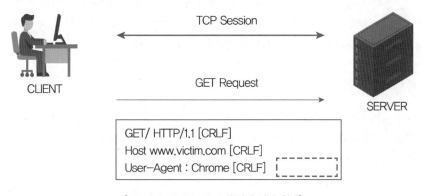

[Slow HTTP GET DoS 공격의 기본 원리]

③ 대응 방법

ㄱ 접속 임계값 설정

특정 출발지 IP 주소에서 연결할 수 있는 최대값 설정

ㄴ 연결 타임아웃(connection timeout)

연결 타임아웃(connection timeout) 설정으로, 클라이언트와 서버 간에 데이터 전송이 없을 경우 연결 종료

ㄷ 유지 시간((keepalivetime) 설정

웹 서버의 유지 시간((keepalivetime) 설정으로, 세션 유지 시간 제한

ㄹ 방화벽(iptables) 설정

현재 연결 수 제한(20개 이상일 경우 차단)[예 iptables -A INPUT -p tcp -dport 80 -m connlimit -above 20 -j DROP]

(15) Slow HTTP POST DoS 공격

① 개요

ㄱ RUDY(R-U-Dead-Yet) 공격이라고도 함

ㄴ POST 메소드로 대량의 데이터를 장시간에 걸쳐 분할 전송하여 연결을 장시간 유지시킴

ㄷ 서버가 POST 데이터를 모두 수신하지 않았다고 판단하면 전송이 완료될 때까지 연결을 유지하는 취약점을 이용하여 다른 클라이언트의 정상적인 서비스를 방해하는 공격

② 공격 방법

ㄱ 클라이언트(웹 브라우저)가 HTTP 요청을 통해 데이터를 서버로 전달하고자 할 때 POST 방식을 사용함

ㄴ 메시지의 유형과 크기 정보를 전달하기 위해 Content-Type 헤더 필드와 Content-Length▼ 헤더 필드를 사용하는데, 기본적으로 웹 서버는 Content-Type 헤더 필드를 참고해서 데이터의 유형을 파악하고, Content-Length 헤더 필드를 참고하여 데이터의 길이를 파악한 후 해당 데이터의 길이만큼 읽어들이는 작업을 수행함. 공격자는 이 취약점을 이용함

ㄷ 공격자는 Content-Length를 비정상적으로 크게 설정한 후 매우 소량의 지속적으로 천천히 전송하면 웹 서버는 Content-Length 헤더 필드에 명시된 크기만큼 데이터를 수신하기 위해 연결 상태를 유지하게 됨. 이런 방식으로 다수의 연결을 지속시키게 되면 웹 서버의 연결 자원이 모두 고갈되어 정상적인 요청을 처리할 수 없는 상태가 됨

> **❗ 더 알아두기 🔍**
>
> ▼ Content-Length 헤더
> HTTP 요청 패킷을 보낼 때, 내용(body)의 크기를 지정하는 헤더

[Slow HTTP POST DoS 공격의 기본 원리]

③ 대응 방법

　㉠ 접속 임계값 설정

　　특정 출발지 IP 주소에서 연결할 수 있는 최대값 설정

　㉡ 연결 타임아웃(connection timeout)

　　연결 타임아웃(connection timeout) 설정으로, 클라이언트와 서버 간에 데이터 전송이 없을 경우 연결 종료

　㉢ 유지 시간((keepalivetime) 설정

　　웹 서버의 유지 시간((keepalivetime) 설정으로, 세션 유지 시간 제한

　㉣ 방화벽(iptables) 설정

　　현재 연결 수 제한(20개 이상일 경우 차단)[예 iptables -A INPUT -p tcp -dport 80 -m connlimit -above 20 -j DROP]

(16) Slow HTTP Header DoS 공격

① 개요

　㉠ Slowloris 공격이라고도 함

　㉡ HTTP 헤더 정보를 비정상적으로 조작하여 웹 서버가 온전한 헤더 정보가 도착할 때까지 기다리도록 함

　㉢ 서버가 연결 상태를 유지할 수 있는 가용자원은 한계가 있으므로, 임계치를 넘어가면 다른 정상적인 접근을 거부하게 되는데 이를 이용하는 공격

② 공격 방법

　㉠ HTTP 헤더(header)와 본문(body)은 개행문자(/r/n/r/n)로 구분함

　㉡ 개행문자(/r/n)만을 포함하여 불완전한 헤더를 전송함

　㉢ 서버는 헤더 정보가 아직 전송 중이라고 인식하고 연결을 계속 유지함

　㉣ 공격자는 연결을 유지하여 가용자원을 소진되게 만듦

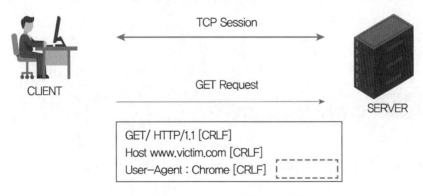

[Slow HTTP Header DoS 공격의 기본 원리]

③ 대응 방법

㉠ 공격자가 동시에 많은 세션을 유지하므로 방화벽 등을 통하여 세션 임계치 제한을 설정한다.

㉡ 공격자가 헤더를 천천히 전송하며 연결 시간을 지속시키므로, 연결 타임아웃 시간을 적절히 짧게 설정하여 의심되는 연결이 종료되도록 함. 단, 너무 짧게 설정할 경우 일부 느린 네트워크의 정상적인 연결에 대해서도 가용성을 해칠 수 있음

(17) Slow HTTP Read DoS 공격

① 개요

㉠ TCP의 흐름 제어 기능인 슬라이딩 윈도우(sliding window)▼ 기능을 이용한 공격

㉡ 정상 패킷이라면 윈도우 크기(window size)가 가변적이지만 공격 패킷은 '0'으로 일정함

> **더 알아두기**
>
> ▼ 슬라이딩 윈도우(sliding window)
> 수신 측과 송신 측이 수신 가능한 버퍼의 크기를 TCP 패킷 전송 시 같이 전송하여 그만큼의 데이터만 보내도록 유도하는 파라미터

② 공격 방법

㉠ 공격자가 서버와의 연결 시 윈도우 크기를 매우 작은 수치로 설정하여 서버로 전달하게 되면 서버는 클라이언트의 윈도우 크기가 정상으로 환원될 때까지 무한 대기(Pending) 상태에 빠지게 되며 연결을 유지시킴

㉡ 공격자는 자신의 TCP 윈도우 크기가 '0'바이트임을 서버로 전달(ACK)하면 서버는 공격자의 윈도우 크기가 '0'바이트임을 인지한 후 더 이상 데이터를 전송하지 않고(pending 상태) 공격자의 윈도우 크기를 점검하는 프로브(probe) 패킷을 응답(ACK)으로 전송하며, 대기 상태에 빠지게 되어 다른 클라이언트의 정상적인 서비스를 방해하게 됨

제 2 절   OWASP Top 10 중요 ★★★

1 OWASP Top 10 2021

(1) 개요

OWASP(Open Web Application Security Project)에 따라 악용 가능성, 탐지 가능성 및 영향에 대해 빈도수가 높고, 보안상 영향을 크게 줄 수 있는 10가지 웹 애플리케이션 보안 취약점 목록

(2) OWASP Top 10

① **A01** : Broken Access Control(접근 권한 취약점)

접근제어는 사용자가 권한을 벗어나 행동할 수 없도록 정책을 시행. 만약 접근제어가 취약하면 사용자는 주어진 권한을 벗어나 모든 데이터를 무단으로 열람, 수정 혹은 삭제 등의 행위로 이어질 수 있음

② **A02** : Cryptographic Failures(암호화 오류)

민감 데이터 노출(sensitive data exposure)의 명칭이 2021년 암호화 오류(cryptographic failures)로 변경되었음. 적절한 암호화가 이루어지지 않으면 민감 데이터가 노출될 수 있음

③ **A03** : Injection(인젝션)

SQL, NoSQL, OS 명령, ORM(Object Relational Mapping), LDAP, EL(Expression Language) 또는 OGNL(Object Graph Navigation Library) 인젝션 취약점은 신뢰할 수 없는 데이터가 명령어나 질의문의 일부분으로써, 인터프리터로 보내질 때 취약점이 발생함

④ **A04** : Insecure Design(안전하지 않은 설계)

안전하지 않은 설계(insecure design)는 누락되거나 비효율적인 제어 설계로 표현되는 다양한 취약점을 나타내는 카테고리. 안전하지 않은 설계와 안전하지 않은 구현에는 차이가 있지만, 안전하지 않은 설계에서 취약점으로 이어지는 구현 결함이 있을 수 있음

⑤ **A05** : Security Misconfiguration(보안 설정 오류)

애플리케이션 스택의 적절한 보안 강화가 누락되었거나 클라우드 서비스에 대한 권한이 적절하지 않게 구성되었을 때, 불필요한 기능이 활성화되거나 설치되었을 때, 기본계정 및 암호화가 변경되지 않았을 때, 지나치게 상세한 오류 메시지를 노출할 때, 최신 보안 기능이 비활성화되거나 안전하지 않게 구성되었을 때 발생함

⑥ **A06** : Vulnerable and Outdated Components(취약하고 오래된 요소)

취약하고 오래된 요소는 지원이 종료되었거나 오래된 버전을 사용할 때 발생함. 이는 애플리케이션뿐만 아니라, DBMS, API 및 모든 구성요소 들이 포함됨

⑦ **A07** : Identification and Authentication Failures(식별 및 인증 오류)

취약한 인증(broken authentication)으로 알려졌던 해당 취약점은 식별 실패(identification failures)까지 포함하여 더 넓은 범위를 포함할 수 있도록 변경되었음. 사용자의 신원확인, 인증 및 세션 관리가 적절히 되지 않을 때 취약점이 발생할 수 있음

⑧ **A08** : Software and Data Integrity Failures(소프트웨어 및 데이터 무결성 오류)

2021년 새로 등장한 카테고리로, 무결성을 확인하지 않고 소프트웨어 업데이트, 중요 데이터 및 CI/CD 파이프라인과 관련된 가정을 하는데 중점을 둠

⑨ **A09** : Security Logging and Monitoring Failures(보안 로깅 및 모니터링 실패)

불충분한 로깅 및 모니터링(insufficient logging & monitoring) 명칭이었던 카테고리가 보안 로깅 및 모니터링 실패(security logging and monitoring failures)로 변경되었음. 로깅 및 모니터링 없이는 공격 활동을 인지할 수 없음. 이 카테고리는 진행 중인 공격을 감지 및 대응하는데 도움이 됨

⑩ **A10** : Server-Side Request Forgery(서버 측 요청 위조)

2021년 새로 등장한 카테고리로, SSRF 결함은 웹 애플리케이션이 사용자가 제공한 URL의 유효성을 검사하지 않고 원격 자원을 가져올 때마다 발생함. 이를 통해 공격자는 방화벽, VPN 또는 다른 유형의 네트워크 접근 제어 목록(ACL)에 의해 보호되는 경우에도 응용프로그램이 조작된 요청을 예기치 않은 대상으로 보내도록 강제할 수 있음

제 3 절   구글 해킹(google hacking) 중요 ★★

1 개요

(1) 웹 사이트가 사용하는 구성과 컴퓨터 코드에 보안 취약점을 찾기 위해 Google 검색 및 기타 Google 응용 프로그램을 사용하는 컴퓨터 해킹 기술

(2) 구글 해킹의 구글 봇(Google Bot)이 수집하는 데이터를 서버에 캐시 상태로 저장하기 때문에, 해당 사이트가 삭제되거나, 수정된 후에도 오랫동안 검색 결과에 노출되기 때문에 이전 페이지가 그대로 노출될 수 있으며, 이 데이터를 모으면 손쉽게 보안 취약점을 찾을 수 있음

2 구글 검색

구글(Google) 검색은 검색창에 찾고자 하는 정보를 가장 잘 설명하는 단어나 구문으로 이루어진 하나 이상의 검색어를 입력하고, Enter 키를 치거나 Google 검색 버튼을 클릭하면 Google은 해당 검색어와 관련된 웹 페이지 목록이 나열되는 결과 페이지를 제공하며, 이 목록에는 가장 관련성 높은 검색 결과 순으로 출력해 줌

(1) 기본 규칙

① 개요
  ㉠ 아주 단순하지만 강력한 검색을 할 수 있는 여러 규칙이 있음
  ㉡ 부울 연산자 OR와 NOT은 각각 OR(또는 | 기호)와 마이너스(-) 기호로 표현되며, 기본적으로는 AND 연산자가 자동으로 적용됨
② 검색어 규칙
  ㉠ 검색어는 구체적으로 입력하는 것이 효과적임
    예를 들어 '서울'보다는 '서울 남산'으로 입력하는 것이, 이것보다는 '서울 남산 타워'라는 단어로 검색하는 것이 구체적인 검색 결과를 얻을 수 있음
  ㉡ 대·소문자를 구분하지 않음
    모두 소문자로 인식하여 검색 결과를 출력
  ㉢ 와일드카드(wildcard) 문자를 사용
    일반적으로 와일드카드는 한 문자나 문자열을 대체하는 것(*)을 의미하지만, 구글의 와일드카드 문자(*)는 검색어의 단일 단어를 의미함. 즉, 특정 단어의 앞이나 뒤에 와일드카드 문자를 붙이는 것은 그 단어 자체만을 사용하는 것과 동일한 결과를 출력
  ㉣ 자동 단어 확장 기능
    구글은 필요한 경우에 단어를 자동으로 확장함으로 예기치 못한 검색 결과가 나올 수 있음. 예를 들어 'stateful'이라는 검색어를 입력했을 경우 'state'가 포함된 'stateful', 'stateless' 등도 포함하여 출력

  ◎ 일반적인 단어 자동 제외

   매우 일반적인 단어인 'who', 'where', 'what', 'how'와 같은 일반적인 단어와 문자 및 특정한 단일 숫자와 문자를 무시. 일반적인 단어가 원하는 결과를 얻는 데 중요한 역할을 할 경우 앞에 "+" 기호를 넣어 해당 단어를 포함시킬 수 있음

  ◎ 10단어 제한

   구글은 검색어를 10단어로 제한함. 10단어의 제한을 효과적으로 해결하려면 구글이 무시하는 단어를 와일드카드(*) 문자로 대체하면 됨

  ◎ 따옴표("")를 활용하여 구문 검색

   특정 구문과 정확히 일치하는 결과가 필요할 경우에 사용함. 예를 들어 "GNU is not Unix"라고 입력하면 해당 구문과 일치하는 검색 결과를 출력

  ◎ 부정형 용어 사용

   검색어에 여러 가지 의미가 있는 경우(예 화장 – 분장 또는 장례의 의미가 있음) 피하려는 의미와 관련된 단어 앞에 마이너스 기호(–)를 추가해 검색의 초점을 맞출 수 있음. 예를 들어 '화장 –장례'라고 입력하면 장례와 관련된 결과를 제외하고 출력

  ◎ OR 검색

   두 검색어 중 하나라도 포함된 페이지를 검색하려면 두 검색어 사이에 대문자 "OR"를 사용. 예를 들어, 대한민국에 있는 서울이나 대전을 검색하려면 "대한민국 서울 OR 대전"이라고 입력하면 됨

  ◎ 도메인 검색

   특정한 웹 사이트에서만 검색을 수행하려는 경우 찾고 있는 검색어를 입력하고 다음에 "site"라는 단어를 입력한 다음 콜론(:)과 도메인 이름을 차례로 입력하면 됨. 예를 들어, "입학 site:www.harvard.edu"라고 입력하면 됨

  ◎ Numrange 검색

   특정 범위의 숫자를 포함하는 검색 결과를 출력. 검색창에 검색어와 함께 두 숫자를 공백 없이 두 개의 마침표로 구분하여 입력하면 됨. 예를 들어, 1000~1500 달러 정도의 컴퓨터를 검색하려면 "computer · 1000.. · 1500"라고 입력하면 됨

  ◎ I'm Feeling Lucky 기능 활용

   검색어를 입력한 다음 I'm Feeling Lucky 버튼을 클릭하면 Google에서 사용자의 검색어에 대해 가장 관련성이 높은 것으로 판단한 페이지로 바로 연결됨. 예를 들어 '하버드대학교' 홈페이지를 검색할 경우 '하버드'라고 입력하고 'I'm Feeling Lucky'를 클릭하면 바로 하버드대학교 홈페이지로 연결됨

(2) 고급 연산자 규칙

① 개요

  ㉠ 구글은 기본 검색 외에 좀 더 상세한 정보 검색을 위한 고급 연산자를 제공

  ㉡ 고급 연산자를 활용하면 불필요한 정보를 제외하고 원하는 정보만을 정확히 찾을 수 있음

  ㉢ 검색어에 고급 연산자가 포함되어 있지 않으면 검색어를 웹 페이지 모든 부분(URL, 제목, 텍스트 등)에서 찾음

  ㉣ 일반 검색어 형식은 자유로운데, 고급 연산자의 규칙은 매우 엄격함

② **고급 연산자**

 ㉠ filetype

  - 지정한 확장자로 끝나는 파일 검색
  - filetype:pdf 해킹 – 확장자가 'pdf'인 문서 중에서 '해킹' 검색어를 포함한 문서를 찾음

 ㉡ site

  - 해당 사이트로 검색 범위를 제한
  - site:google.com "cve eternalblue" – 'google.com' 사이트 내에서 'cve eternalblue' 검색어가 포함된 문서를 찾음

ⓒ intitle, alltitle
- 제목에 검색어가 포함된 내용 검색(alltitle : 2개 중 1개만 일치해도 검색)
- intitle:"index of" – 제목에 'index of'라는 구문이 포함된 페이지를 찾음

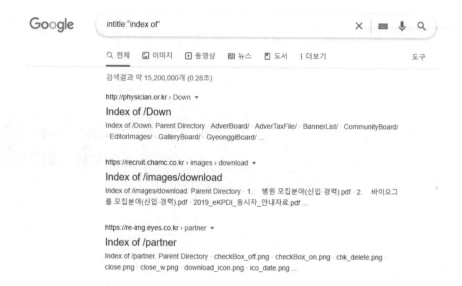

ⓓ inurl, allinurl
- URL에 검색어가 포함된 내용 검색(allinurl: 2 개중 1개만 일치해도 검색)
- inurl:google.com – 'google.com' 사이트가 포함된 내용을 찾음

ⓜ intext, allintext
- 본문에 검색어가 포함된 내용 검색
- intext:"해킹" – 본문에 '해킹' 검색어가 포함된 내용 검색

ⓗ inanchor
- 링크를 검색한다는 점에서 'link' 연산자와 유사하나, 'inanchor' 연산자는 실제 URL이 아니라 텍스트로 표시된 형태의 페이지를 검색
- inanchor:v3 다운로드 – 'v3'나 '다운로드'가 포함된 페이지를 찾음

ⓢ link
- 해당 주소가 링크된 페이지를 검색
- link:google.com - 'google.com' 사이트가 링크된 페이지를 찾음

제 3 장

웹 보안 강화

제 1 절   OWASP 보안 대응책 중요 ★★★

1 OWASP Top 10 대응책

(1) A01 : Broken Access Control(접근 권한 취약점)

① 취약한 접근 통제를 해결하려면 신뢰할 수 있는 서버측 코드 또는 서버가 없는 API에서 접근 통제를 수행해야 함. 이렇게 하면 공격자가 접근 통제 검사 또는 메타데이터를 수정할 수 없음

② **대응 방법**

㉠ 공용 자원 제외(기본적으로 접근 제한)

㉡ 웹 서버 디렉터리 목록 비활성화

㉢ 파일 메타데이터(예 .git) 및 백업 파일이 웹 루트 내에 존재하지 않도록 해야 함

(2) A02 : Cryptographic Failures(암호화 오류)

① 민감 데이터 노출(sensitive data exposure)의 명칭이 2021년 암호화 오류(cryptographic failures)로 변경되었음. 적절한 암호화가 이루어지지 않으면 민감 데이터가 노출될 수 있음

② **대응 방법**

㉠ 애플리케이션에서 처리, 저장 또는 전송하는 데이터를 분류

㉡ 개인정보보호법, 규제 요구사항 또는 비즈니스 요구사항에 따라 민감 데이터를 식별. 민감한 데이터는 불필요하게 저장하지 않고, 저장된 모든 민감 데이터는 안전하게 암호화해야 함

㉢ 최신의 강력한 표준 알고리즘, 프로토콜 및 암호화 키가 제대로 설정되어 있는지 확인하는 것

(3) A03 : Injection(인젝션)

① SQL, OS, XXE, LDAP 인젝션 취약점은 신뢰할 수 없는 데이터가 전달될 때 나타남

② 공격자의 악의적인 데이터로 인해 예상하지 못하는 명령을 실행하거나 적절한 권한 없이 데이터에 접근하여 피해를 입을 수 있음. 이로 인해서 ID, PW, 개인정보 등의 유출 위험 존재

③ **대응 방법**

㉠ 주입 결함을 방지하는 주요 방법은 데이터베이스의 데이터를 명령 및 질의, 즉 웹 애플리케이션 로직과 분리해야 함

㉡ 인터프리터를 사용하지 않거나 매개 변수화된 질의를 사용하는 안전한 API 사용

ⓒ 긍정적인 서버 측 입력 유효성 검사 도입(화이트리스트)

ⓔ 응용 프로그램에 일부 특수문자 입력 차단. 특수문자가 필요한 경우 특정 인터프리터의 이스케이프(escape) 구문을 통해 특수문자를 피해야 함

ⓜ SQL 서버 오류 메시지 출력 숨김, 일반 사용자 권한으로 시스템 저장 프로시저 접근 차단

(4) A04 : Insecure Design(안전하지 않은 설계)

① 위협 모델링, 보안 설계의 중요성을 강조. 보안 설계, 즉 설계부터 보안을 고려하는 시큐어코딩은 위협을 지속적으로 평가하고 알려진 공격 방법을 방지하기 위해 코드가 견고하게 설계 및 테스트되었는지 확인하는 환경 및 방법론

② **대응 방법**

안전한 보안 설계를 위해서는 보안 개발 생명 주기, 보안 설계 패턴 또는 위협 모델링 등이 필요함

(5) A05 : Security Misconfiguration(보안 설정 오류)

① OWASP는 보안 설치 프로세스의 구현을 권고

② 애플리케이션, 프레임워크, 애플리케이션 서버, 데이터베이스 서버 플랫폼 등에 보안을 적절하게 설정하고 최적화된 값을 유지하며, 소프트웨어는 최신 업데이트 상태로 유지해야 함

③ 보안 구성 오류는 수동 또는 안전하지 않은 기본 구성, 잘못 구성된 HTTP 헤더, 민감정보가 포함된 오류 메시지, 패치되지 않은 시스템, 프레임워크 종속성, 컴포넌트를 적시에 업그레이드하지 않는 것이 일반적임

④ **대응 방법**

ⓐ 불필요한 기능, 구성요소를 최소화

ⓑ 불필요한 애플리케이션은 설치하지 않거나, 사용하지 않는 기능 및 프레임워크는 비활성화

ⓒ 모든 보안 노트, 업데이트 및 패치, 특히 클라우드 스토리지 권한의 구성 검토 및 업데이트

ⓓ 모든 환경에서 보안 구성의 효율성에 대한 모니터링 및 검증 자동화

(6) A06 : Vulnerable and Outdated Components(취약하고 오래된 요소)

① 관리되지 않은 구성요소를 사용하거나 사용하고 있는 구성요소의 버전을 모르는 경우에 취약점이 있음

② 운영체제, 웹/애플리케이션 서버, 데이터베이스관리시스템(DBMS), API 및 라이브러리 등이 취약하거나, 더 이상 유지관리가 지원되지 않거나 오래된 경우에 취약점이 있음

③ **대응 방법**

ⓐ 보안 취약점에 대한 식별 목록(CVE▼, NVD▼ 등)을 지속적 모니터링

ⓑ 구성요소. 소프트웨어 구성 분석 도구를 사용하여 프로세스를 자동화

ⓒ 유지 관리되지 않거나 이전 버전에 대한 보안 패치를 생성하지 않는 라이브러리 및 구성요소를 모니터링하고, 보안 패치를 적용할 수 없는 경우 가상 패치를 배포하여 발견된 취약점을 모니터링하고 보호해야 함

> **더 알아두기** 🔍
>
> ▼ CVE(Common Vulnerabilities and Exposures)
> • 공개적으로 알려진 컴퓨터 보안 결함 목록
> • 공개적으로 알려진 보안 취약성 및 노출에 대한 참조 방법을 제공
>
> ▼ NVD(National Vulnerability Database)
> • SCAP(Security Content Automation Protocol)를 사용하여 대표되는 표준 기반 취약성 관리 데이터의 미국 정부 저장소
> • 자동화된 취약성 처리를 위해 표준화되고 일관된 모델을 제공하기 위한 것
> • 다양한 종류의 보안 위협 및 사이버 보안의 다른 요인에 대한 정보가 포함되어 있음

(7) A07 : Identification and Authentication Failures(식별 및 인증 오류)

① 기본 암호, 취약하거나 잘 알려진 암호를 허용하는 경우나, 안전할 수 없는 지식 기반 답변을 허용하는 경우(예 qwer 또는 admin/admin 등)에 취약점이 있음

② 취약하거나 비효율적인 인증 방법을 사용하거나 다중 인증을 사용하지 않는 경우에 취약점이 있음

③ **대응 방법**

㉠ 취약하거나 이미 사용된 계정 정보 재사용을 막기 위해 다중 인증을 구현

㉡ 상위 10,000개 최악의 비밀번호 목록에 대해서는 새 비밀번호 또는 변경된 비밀번호를 테스트하는 등 보안에 취약한 비밀번호 검사 시스템을 구현

(8) A08 : Software and Data Integrity Failures(소프트웨어 및 데이터 무결성 오류)

① 무결성 위반으로부터 보호하지 않는 코드 및 인프라와 관련된 취약점, 즉 공격자가 보고 수정할 수 있는 구조로 개체 또는 데이터가 인코딩되거나 암호화되지 않은 경우에 취약점이 있음

② 많은 애플리케이션이 충분한 무결성 검증 없이 업데이트되기 때문에 공격자는 악의적인 코드로 작성된 파일을 업로드하여 배포하고 실행할 수 있음

③ **대응 방법**

㉠ 서명되지 않았거나 암호화되지 않은 데이터가 무결성 검사 또는 디지털 서명 없이 신뢰할 수 없는 클라이언트로 전송되지 않도록 해야 함

㉡ 코드의 무결성을 보장하기 위해 지속적 통합/지속적 배포(CI/CD)▼ 파이프라인에 적절한 구성 및 접근 제어가 있는지 확인

> **더 알아두기**
>
> ▼ 지속적 통합/지속적 배포(CI/CD)
> • 새 버전의 소프트웨어를 제공하기 위해 수행해야 할 일련의 단계
> • 지속적 통합과 지속적 전달 또는 지속적 배포가 결합된 방식
> • 애플리케이션 구축, 테스트 및 배포에 자동화를 적용하여 개발 및 운영 활동과 팀 간의 격차를 해소
> • DevOps 또는 사이트 신뢰성 엔지니어(SRE) 방식을 통해 더 효과적으로 소프트웨어를 제공하는 데 초점을 맞춘 방법

(9) A09 : Security Logging and Monitoring Failures(보안 로깅 및 모니터링 실패)

① 데이터들이 많아짐에 따라 한 곳에서 데이터를 시계열로 기록(로깅)하고, 모니터링할 필요성이 높아지고 있음. 적절한 로깅 및 모니터링이 이뤄지지 않는다면 악의적인 활동이 언제 일어났는지 확인하기 어려움

② **대응 방법**

㉠ 악의적인 활동을 감지하고 신속하게 대응할 수 있도록 효과적인 모니터링 및 경고 시스템을 설정해야 함

㉡ 로깅 및 모니터링 시스템에 대한 공격을 방지하기 위해 로그 데이터가 올바르게 인코딩되었는지 확인

(10) A10 : Server-Side Request Forgery(서버 측 요청 위조)

① CSRF(Cross Site Request Forgery)와는 달리 클라이언트 측의 요청을 변조시키는 것이 아닌 서버 측의 요청을 변조하여 공격자가 원하는 형태의 악의적 행위를 서버에 전송하면, 서버가 이를 검증 없이 그대로 받아 응답하도록 하는 취약점

② **대응 방법**

㉠ 네트워크 계층에서 필수 인트라넷 트래픽을 제외한 모든 트래픽을 차단하기 위해 방화벽 정책을 적용하거나 네트워크 접근제어 규칙을 적용해야 함

㉡ 애플리케이션 계층 측면에서는 HTTP 리디렉션을 비활성화하고, 클라이언트가 제공한 모든 데이터를 삭제하고 검증해야 함

제 2 절 SSL(Secure Socket Layer) 중요 ★★★

1 개요

(1) 넷스케이프(Netscape)사에서 웹 서버와 웹 브라우저 간의 보안을 위해 처음 제안

(2) 1999년 IETF(Internet Engineering Task Force)에 의해 TLS(Transport Layer Security)로 표준화 (RFC 2246 – TLS 1.0)

(3) 인증기관(CA)이라 불리는 서드 파티(third party)로부터 서버와 클라이언트 간의 인증을 위해 사용

(4) 비밀키 공유를 위하여 공개키 알고리즘 사용(X.509 인증서 지원)

(5) OSI 7계층의 전송 계층과 응용 계층 사이에서 동작, 기본적으로 TCP 443포트 사용

(6) 주로 HTTP에 응용되며, SSL – Enabled HTTP를 HTTPS로 표기

2 HTTP와 HTTPS의 비교

[HTTP와 HTTPS의 비교]

3 SSL 핸드셰이크(handshake)

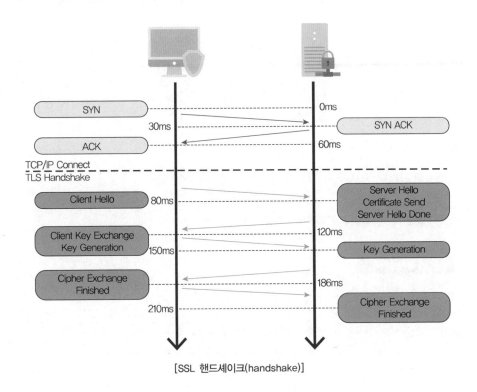

[SSL 핸드셰이크(handshake)]

(1) TCP 3 Way Handshake 수행

(2) Client Hello

클라이언트는 랜덤한 데이터(nonce)를 생성하여 서버로 전송. 이때 클라이언트가 SSL 통신을 하기 위해 지원 가능한 암호화 방식을 서버로 전송

(3) Server Hello

클라이언트 헬로(client hello)에 대한 응답으로 서버가 서버 헬로(server hello)를 클라이언트로 전송. 이때 서버에서 생성한 랜덤한 데이터(nonce)와 클라이언트가 지원 가능한 암호화 방식에 맞춰 서버가 제공할 수 있는 가장 안전한 암호화 방식을 클라이언트로 전송. 또한 서버가 클라이언트로 인증서를 전달

(4) 클라이언트는 서버가 보내준 인증서가 어떤 인증기관(CA)에 의해서 발급된 것인지 확인하기 위해 클라이언트에 있는 인증기관(CA) 목록을 확인 후 클라이언트에 내장된 인증기관(CA)의 공개키를 이용해서 복호화. 복호화가 성공했다면 인증서를 통해서 서버가 신뢰할 수 있는 서버인지 인증. 또한 클라이언트는 2단계에서 받은 서버의 랜덤 데이터와 클라이언트가 생성한 랜덤 데이터를 조합하여 프리마스터 시크릿키(pre master secret key)를 생성. 이 프리마스터 시크릿키(pre master secret key)를 서버로 전송하는 데 공개키로 암호화하여 전송

(5) 서버는 클라이언트가 전송한 프리마스터 시크릿키(pre master secret key)를 자신의 개인키로 복호화. 이렇게 서버와 클라이언트 모두 프리마스터 시크릿키(pre master secret key)를 얻게 되었고, 서버와 클라이언트는 이를 마스터키(master key)로 생성. 이 마스터키(master key)를 이용해서 세션키 (session key)를 만들게 되고 이후 데이터를 주고받을 때 세션키(session key)를 대칭키 방식으로 암호화하여 통신. 통신이 끝나면 세션키를 폐기

4 특징

(1) TCP 계층과 HTTP, LDAP▾, IMAP 등의 응용 계층 사이에서 동작

(2) 제어 프로토콜과 레코드 프로토콜의 2계층으로 구성

> **더 알아두기**
>
> ▼ LDAP(Lightweight Directory Access Protocol)
> • 경량 디렉터리 액세스 프로토콜
> • TCP/IP에서 디렉터리 서비스를 검색하고 수정하는 응용 프로토콜

5 SSL의 구조 및 기능

(1) 제어 프로토콜(control protocol)
  ① Handshake
    ㉠ 서버와 클라이언트 간 상호 인증
    ㉡ 협상 및 세션 확립을 위한 정보 교환
    ㉢ 키 교환, 암호화, 메시지 인증 코드(HMAC), 압축 방식 등의 보안 속성 협상
  ② Change Cipher Spec
    ㉠ 협상된 암호규격과 암호키 등의 보안 정보 결정
    ㉡ 보안 매개변수를 상대방에게 신속한 전송을 위해 사용
  ③ Alert
    상대방이 제시한 암호 방식을 지원할 수 없는 경우 등의 오류 발생 시 오류 메시지 전달

(2) 레코드 프로토콜(record protocol)

　① 주요 기능

　　㉠ 상위 계층 프로토콜들인 Handshake, Change Cipher Spec, Alert 프로토콜 등의 제어 메시지
　　및 응용 메시지들을 수납하여, 레코드 단위(TLS Record)로 전송하는 프로토콜

　　㉡ 메시지 분할, 압축, 무결성, 인증, 암호화

　② 보안 서비스 : 기밀성, 무결성

　③ 계층 위치 : TCP 위에 위치

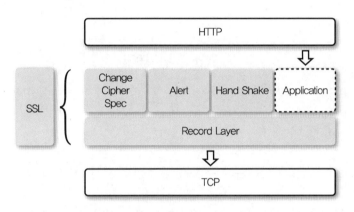

[SSL의 구조]

제 **3** 절　**웹 방화벽(WAF)** 중요 ★★★

1　개요

(1) 웹 방화벽(Web Application Firewall)은 일반적인 네트워크 방화벽(firewall)과는 달리 웹 애플리케이
션 보안에 특화된 솔루션임

(2) 웹 서버로 전송되는 모든 HTTP 요청 패킷(request packet) 내용을 검사하여 악의적인 패킷을 전송하
지 못하도록 막는 역할을 함. 또한 웹 서버로 통과하는 HTTP 응답 패킷(reply packet) 내용을 감시하
여 특정 정보의 유출을 막는 역할도 함

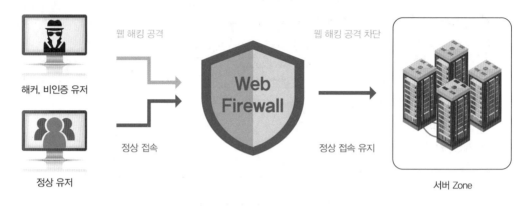

[웹 방화벽]

2 기능

(1) SQL Injection, Cross-Site Scripting(XSS) 등과 같은 웹 공격을 탐지하고 차단함

(2) 직접적인 웹 공격 대응 이외에도 정보 유출 방지 솔루션, 부정 로그인 방지 솔루션, 웹 사이트 위변조 방지 솔루션 등으로 활용이 가능

3 유형

(1) 하드웨어형 웹 방화벽

① 웹 및 애플리케이션 서버와 가까운 LAN(Local Area Network) 내에 설치됨

② 보통 하드웨어에는 운영체제(OS)가 설치되어 있고, 운영체제는 소프트웨어 구성 및 업데이트를 지원함

③ **장점**

㉠ 빠른 속도와 높은 성능

㉡ 물리적으로 서버와 인접하여 웹 사이트로 전송되는 패킷을 빠르게 추적하고 필터링할 수 있음

④ **단점**

㉠ 하드웨어를 구입하고 설치, 유지보수 등에 필요한 비용이 많이 듦

㉡ 소프트웨어형 웹 방화벽보다 유연성이 떨어짐

(2) 소프트웨어형 웹 방화벽

① 하드웨어 기기 없이 가상 머신(virtual machine)▼에 설치하여 사용

② 기본적으로 하드웨어형 웹 방화벽과 동일하지만, 차이점이 있다면 사용자가 가상 머신을 실행하기 위해 하이퍼바이저(hypervisor)▼가 필요함

> **❗ 더 알아두기 🔍**
>
> ▼ **가상 머신(virtual machine)**
> 물리적 하드웨어 시스템에 설치되어, 자체 CPU, 메모리, 네트워크 인터페이스 및 스토리지를 갖춘 컴퓨터 시스템으로 작동하는 가상 환경을 말함
>
> ▼ **하이퍼바이저(hypervisor)**
> 하드웨어에서 가상 머신의 자원을 분리하고, 적절히 프로비저닝하여 가상 머신(VM)에서 사용할 수 있도록 하는 프로그램

③ **장점**

    ⊙ 유연성이 높음

       사내 시스템에 활용할 수 있을 뿐만 아니라, 클라우드 기반 웹 및 애플리케이션 서버에도 연결할 수 있음

    ⓛ 하드웨어형 웹 방화벽보다 저렴한 비용으로 도입할 수 있음

④ **단점**

    가상 머신에서 실행되기 때문에 모니터링 및 필터링 과정에서 하드웨어형 웹 방화벽보다 속도가 느림

4 웹 방화벽의 세대별 특징

(1) 1세대 웹 방화벽

① 블랙리스트(black list)▼ 방식과 더불어 안전한 접근에 대한 허용 리스트인 화이트리스트(white list)를 병행하는 방식을 사용

② 자동으로 온라인 업데이트 서비스를 제공하는 블랙리스트와는 달리 화이트리스트▼는 사용자 환경에 따라 다르게 적용이 되기 때문에 관리자가 직접 생성 및 관리할 수밖에 없고, 블랙리스트 역시 최종 적용을 위한 검토는 관리자의 일이기 때문에 이는 관리자에게 부담을 줌

③ 공격 유형이 다양해짐에 따라 등록된 시그니처(signature)의 수가 늘어날수록 성능이 저하되는 문제점이 있음

> **💡 더 알아두기 🔍**
>
> ▼ 블랙리스트(black list)
> 기본 정책이 모두 허용인 상황에서 예외적으로 차단하는 대상을 지정하는 방식 또는 그 지정된 대상들을 말함
>
> ▼ 화이트리스트(whtie list)
> 기본 정책이 모두 차단인 상황에서 예외적으로 접근이 가능한 대상을 지정하는 방식 또는 그 지정된 대상들을 말함

(2) 2세대 웹 방화벽

① 보호 대상 웹 애플리케이션을 몇 주간의 모니터링을 통해 분석하여 화이트리스트 생성을 자동으로 처리해주는 것이 특징임. 하지만 이는 빠르게 변화하는 웹 환경에 적합하지 않음

② 생성된 화이트리스트 또한 적용을 위한 최종 검토 및 관리가 필요하기 때문에 관리자의 부담은 여전히 존재함

③ 다양한 웹 공격 유형을 파악하지 못하기 때문에 많은 성능 저하 및 오탐이 발생

(3) 3세대 웹 방화벽

① 웹 공격 유형 별로 블랙리스트 탐지, 화이트리스트 탐지 및 웹 트래픽 콘텐츠 분석 등의 기법을 결합하여 공격을 탐지하는 방식

② 1, 2세대 웹 방화벽 비해 많은 오탐을 줄일 수 있음

③ 특정 공격 유형의 새로운 변종 공격이 발생할 경우 로직 기반으로 판단하므로 최소한의 시그니처 추가만으로 변종 공격의 방어가 가능

④ 1, 2세대의 지속적인 시그니처 등록으로 인한 성능 저하 문제를 해결할 수 있음

⑤ 관리자가 리스트 관리보다는 공격 유형별 정책 관리에 집중할 수 있어 효율적인 관리가 가능

제 4 절   기타 웹 보안 강화 기술 중요 ★★★

1 Modsecurity

(1) 개요

① Ivan Ristic이 개발한 Apache 웹 서버를 위한 오픈 소스 웹 방화벽임

② PHP Injection 공격 등 Apache 웹 서버의 주요 공격을 차단하는 기능을 포함하고 있음

③ 설치 및 차단 규칙 설정 인터페이스가 불편하다는 점은 있지만, 공격 차단 기능은 매우 우수함

(2) 동작

① 웹 공격에 대한 침입탐지 및 침입방지 기능을 추가해 주는 아파치 웹 서버와 하나의 모듈로 동작

② 웹 클라이언트와 아파치 웹 서버 사이에 위치하여 클라이언트로부터 악의적인 접속요청이 발견되면 차단, 로깅 등의 기능을 수행

③ 다른 아파치 모듈과 마찬가지로 아파치의 한 부분으로 설치할 수 있다. 정상적으로 설치되었을 경우 처리 과정으로부터 발생되는 부하는 거의 없음

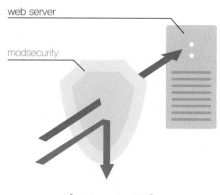

[Modsecurity 동작]

(3) 기능

① **요청(request) 필터링**

클라이언트로부터 웹 요청이 있을 때 웹 서버 또는 다른 모듈들이 처리하기 전에 ModSecurity가 요청 내용을 분석하여 사전에 필터링함

② **우회 방지 기술**

㉠ 경로와 파라미터를 분석하기 전에 정규화시켜 우회 공격을 차단

㉡ "//", "\/", ".", "%00" 등 우회 공격용 문자열을 제거하고, 인코딩된 URL을 디코딩함

③ **정밀한 필터링**

엔진이 HTTP 프로토콜을 이해하기 때문에 아주 전문적이고 미세한 필터링을 수행

④ **POST 페이로드(payload) 분석**

GET 방식뿐만 아니라 POST 메소드를 사용해서 전송되는 콘텐츠도 가로채어 분석

⑤ **감사 로깅**

㉠ POST를 포함하여 모든 요청의 모든 상세한 부분들까지 추후 분석을 위해서 로깅함

㉡ 차단 기능을 비활성화시킨 후 로깅 기능만으로 침입탐지시스템 역할을 함

⑥ **HTTPS 필터링**

엔진이 웹 서버에 탑재되어 있기 때문에 복호화한 후에 요청 데이터에 접근하여 HTTPS를 통한 공격도 필터링할 수 있음

(4) 장·단점

① **장점**

    ㉠ 유연한 정책 설정이 가능하고 입력 값 검증 기능이 매우 우수함

    ㉡ 널리 사용되는 공개용 웹 방화벽으로, 낮은 비용으로 웹 서버에 대한 보안 수준을 강화할 수 있음

② **단점**

    텍스트(CLI) 기반으로, 설치 및 규칙 설정이 다소 불편함

실제예상문제

01 HTTP에 대한 설명으로 옳지 <u>않은</u> 것은?

① TCP 프로토콜을 이용하여 HTML 문서를 전송하는 프로토콜이다.

② 웹 브라우저에서 URL을 입력하여 접속한다.

③ 기본 포트는 433번 포트를 이용한다.

④ 클라이언트와 서버 간에 연결 상태를 유지하지 않는 프로토콜이다.

01 HTTP은 80번, SSL은 443번 포트를 이용한다.

02 웹 브라우저와 웹 서버 간 통신에 이용되는 프로토콜은?

① MIME

② SMTP

③ HTTP

④ FTP

02 ① MIME : 메일에 사용된 MIME Type을 표현해주는 부분이다.
② SMTP : 인터넷에서 이메일을 보내기 위해 이용되는 프로토콜이다. 사용하는 TCP 포트번호는 25번이다.
④ FTP : TCP/IP 프로토콜을 사용하여 서버와 클라이언트 사이의 파일 전송을 하기 위한 프로토콜이다.

03 HTTP의 요청방식에 대한 설명으로 옳지 <u>않은</u> 것은?

① GET은 요청받은 정보를 다운로드하는 메소드이다.

② POST는 서버가 전송된 정보를 받아들이고 서버에서 동작하도록 하는 메소드이다.

③ PUT은 내용이 주어진 리소스에 저장되기를 원하는 요청과 관련된 메소드이다.

④ TRACE는 요청받은 리소스에서 가능한 통신 옵션에 대한 정보를 요청하는 메소드이다.

03 원격지 서버에 루프백(loopback) 메시지를 호출하기 위해 사용된다.

정답 01 ③ 02 ③ 03 ④

04
· 100번 코드 : 정보
· 400번 코드 : 클라이언트 오류
· 500번 코드 : 서버 오류

05 201 : Request가 처리되었고 그 결과로 새로운 자원이 생성되었다.

06
① S-HTTP : 웹에서 네트워크 트래픽을 암호화하는 방법 중 하나이다. S-HTTP는 클라이언트와 서버간에 전송되는 모든 메시지를 암호화한다. S-HTTP에서 메시지 보호는 HTTP를 사용한 애플리케이션에 대해서만 가능하다.
③ RSA : Rivest, Shamir, Adleman 등이 개발. 암호화와 사용자 인증을 동시에 수행하는 공개키(public key) 방식이며, 일반에 공개되는 공개키(public key)와 비밀키(private key)로 이루어져, 데이터 암호화 및 수신된 데이터의 부인방지(non-repudiation) 기능을 갖춘 암호화 방식이다.
④ PGP : 1991년 필립 짐머만이 개발하였으며, 데이터를 암호화하고 복호화하는 프로그램이다. 현재 전 세계적으로 이메일 보안의 표준이다.

정답 04 ② 05 ② 06 ②

04 웹에서 사용하는 HTTP 프로토콜 중 HTTP 응답(Response) 코드에 대한 설명으로 옳은 것은?

① 100번 코드 : 정보 전송
② 200번 코드 : 성공
③ 400번 코드 : 서버 측 에러
④ 500번 코드 : 재전송

05 웹에서 사용하는 HTTP 프로토콜 중 HTTP 트랜젝션이 성공한 경우에 대한 설명으로 틀린 것은?

① 200 : 요청(Request)이 성공적으로 완료되었음
② 201 : 요청(Request)이 POST Method이었으며 성공적으로 완료되었음
③ 202 : 요청(Request)이 서버에 전달되었으나 처리결과를 알 수 없음
④ 204 : 요청(Request)이 실행되었으나 클라이언트에게 보낼 데이터가 없음

06 다음 설명에 해당하는 것은 무엇인가?

> WWW의 보안방법 중의 하나로, 네트워크 계층 암호화 방식을 이용하며, HTTP, NNTP, FTP 등에서도 사용이 가능한 보안방식

① S-HTTP
② SSL
③ RSA
④ PGP

07 SSL 프로토콜에 대한 설명으로 옳지 <u>않은</u> 것은?

① 전송 계층과 네트워크 계층 사이에서 동작한다.
② 인증, 기밀성, 무결성 서비스를 제공한다.
③ Handshake Protocol은 보안 속성 협상을 담당한다.
④ Record Protocol은 메시지 압축 및 암호화를 담당한다.

07 SSL은 전송 계층과 응용 계층 사이에서 동작한다.

08 SSL(Secure Socket Layer)에서 메시지에 대한 기밀성을 제공하기 위해 사용되는 것은?

① MAC(Message Authentication Code)
② 대칭키 암호 알고리즘
③ 해시함수
④ 전자서명

08 ① MAC(Message Authentication Code) : 메시지의 기밀성, 무결성, 인증을 보장하는데 사용되는 작은 크기의 정보이다.
③ 해시함수 : 임의의 길이의 데이터를 고정된 길이의 데이터로 출력하는 함수이다. 주로 데이터의 무결성 보장에 이용된다.
④ 전자서명 : 서명자를 확인하고 서명자가 당해 전자문서에 서명했음을 나타내는 데 이용하기 위하여 당해 전자문서에 첨부되거나 논리적으로 결합된 전자적 형태의 정보를 말한다.

09 S-HTTP에 대한 설명으로 옳지 <u>않은</u> 것은?

① EIT사의 HTTP에 보안 요소를 추가한 확장판으로 설계되었다.
② S-HTTP를 수용하기 위해서는 별도의 웹 서버와 웹 브라우저 프로그램이 불필요하다.
③ 보안 프로토콜인 SSL의 대안으로 설계되었다.
④ 웹 브라우저와 서버간의 HTTP 정보를 캡슐화한다.

09 S-HTTP를 수용하기 위해서는 별도의 웹 서버와 웹 브라우저 프로그램이 필요하다.

정답 07 ① 08 ② 09 ②

10 웹 애플리케이션은 SQL 삽입 공격에 취약하다.

10 웹 서버 보안에 대한 설명으로 옳지 <u>않은</u> 것은?

① 웹 애플리케이션은 SQL 삽입공격에 안전하다.

② 악성 파일 업로드를 방지하기 위하여 필요한 파일 확장자만 업로드를 허용한다.

③ 웹 애플리케이션의 취약점을 방지하기 위하여 사용자의 입력 값을 검증한다.

④ 공격자에게 정보 노출을 막기 위하여 웹 사이트의 맞춤형 오류 페이지를 생성한다.

11 ② 크로스사이트 스크립팅 : 웹 애플리케이션에서 많이 나타나는 취약점의 하나로 웹 사이트 관리자가 아닌 사용자가 웹 페이지에 악성 스크립트를 삽입할 수 있는 취약점이다. 주로 여러 사용자가 보게 되는 전자 게시판에 악성 스크립트가 담긴 글을 올리는 형태로 이루어진다. 이 취약점은 웹 애플리케이션이 사용자로부터 입력받은 값을 제대로 검사하지 않고 사용할 경우 나타난다. 이 취약점으로 해커가 사용자의 정보(쿠키, 세션 등)를 탈취하거나, 자동으로 비정상적인 기능을 수행하게 할 수 있다. 주로 다른 웹 사이트와 정보를 교환하는 식으로 작동하므로 사이트 간 스크립팅이라고 한다.

③ SQL 인젝션 : 응용 프로그램 보안상의 허점을 의도적으로 이용하여 개발자가 생각지 못한 SQL문을 실행함으로써, 데이터베이스를 비정상적으로 조작하는 코드 인젝션 공격 방법이다.

④ 비트 플리핑 공격 : 하드웨어 해킹기법의 하나로, D램이 점점 더 고집적화될수록 메모리 구조상 내부 영역 간 간섭현상이 발생할 가능성이 높아진다는 것이다. D램을 구성하는 메모리의 특정 영역에 데이터를 주입하면 오류가 나는 '비트 플리핑(Bit Flipping)'이라는 현상을 이용하여, D램이 탑재된 기기의 관리자 권한을 확보할 수 있다.

11 다음 설명은 웹 사이트와 웹 브라우저에 대한 주요 공격유형 중 무엇에 해당하는가?

> 웹 페이지가 웹 사이트를 구성하는 방식과 웹 사이트가 동작하는 데 필요한 기본 과정을 공략하는 공격으로, 웹 브라우저에서 사용자 몰래 요청이 일어나게 강제하는 공격이다. 다른 공격과 달리 특별한 공격 포인트가 없다. 즉, HTTP 트래픽을 변조하지도 않고, 문자나 인코딩 기법을 악의적으로 사용할 필요도 없다.

① 크로스사이트 요청 위조

② 크로스사이트 스크립팅

③ SQL 인젝션

④ 비트 플리핑 공격

정답 10 ① 11 ①

12 다음 설명에 해당하는 공격은 무엇인가?

> 웹 사이트에서 입력을 검증하지 않는 취약점을 이용하는 공격으로, 사용자로 위장한 공격자가 웹 사이트에 프로그램 코드를 삽입하여, 이 사이트를 방문하는 다른 사용자의 웹 브라우저에서 해당 코드가 실행되도록 한다.

① 클릭 탈취(Click Jacking)
② 피싱(Phishing)
③ 사이트 간 스크립팅(Cross-Site Scripting : XSS)
④ 파밍(Pharming)

13 다음 설명에 해당하는 웹 공격은 무엇인가?

> 공격자는 서버로 전달할 HTTP 메시지의 Header 정보를 비정상적으로 조작하여 웹 서버가 헤더 정보를 완전히 수신할 때까지 연결을 유지하도록 하여 가용 자원을 소모시키므로 다른 클라이언트의 정상적인 서비스를 방해함

① Slow HTTP POST DoS
② Slow HTTP Header DoS(Slowloris)
③ Slow HTTP Read DoS
④ CC Attack

12 ① 클릭 탈취(Click Jacking) : 마우스 클릭(Click)과 항공기 불법탈취 또는 납치를 의미하는 하이재킹(Hijacking)의 합성어로, 사용자는 어떤 웹 페이지를 클릭하지만 실제로는 다른 페이지의 콘텐츠를 클릭하게 되는 것이다.
② 피싱(Phishing) : 정상적으로 사용자들이 접속하는 도메인 이름과 도메인 이름을 사용하여 위장 홈페이지를 만든 뒤 사용자로 하여금 위장된 사이트로 접속하도록 한 후 개인 정보를 빼내는 공격 기법이다.
④ 파밍(Pharming) : 해당 사이트가 공식적으로 운영하고 있던 도메인 자체를 탈취하는 공격 기법이다.

13 ① Slow HTTP POST DoS : 공격자는 HTTP POST 지시자를 이용하여 서버로 전달할 대량의 데이터를 장시간에 걸쳐 분할 전송하며, 서버는 POST 데이터가 모두 수신하지 않았다고 판단하여 연결을 장시간 유지하므로 가용량을 소비하게 되어 다른 클라이언트의 정상적인 서비스를 방해한다.
③ Slow HTTP Read DoS : 정상 트래픽이라면 Window Size가 가변적이지만 공격 트래픽은 Window Size가 '0'으로 고정되어 전송한다. 매우 작은 윈도우 크기로 서버에 응답을 보내면 서버는 더 이상 데이터를 전송하지 못하고 연결만 유지한 상태로 대기하여 정상적인 사용자에게 서비스 제공을 방해한다.
④ CC Attack : 일반적으로 웹 서버의 부하를 감소시키기 위해 캐싱 서버를 운영하여 많이 요청받는 데이터(예 : 사진 파일)는 웹 서버가 아닌 캐싱 서버를 통해 응답하도록 구축하는 경우, 공격자는 HTTP 메시지의 캐시 옵션을 조작하여 캐싱 서버가 아닌 웹 서버가 직접 처리하도록 유도하여 캐싱 서버의 기능을 무력화하고 웹 서버의 자원을 소진시키는 공격이다.

정답 12 ③ 13 ②

14 ① 업로드 취약점 : 파일 업로드 기능이 존재하는 웹 사이트의 확장자 필터링이 미흡할 경우, 공격자가 악성 파일을 업로드하여 시스템을 장악할 수 있는 취약점이다.

② Cross Site Request Forgery : 로그인된 피해자의 웹 브라우저가 취약한 웹 애플리케이션에 피해자의 세션 쿠키와 어떤 다른 작동으로 포함되어 인증정보를 가지고 변조된 HTTP 요청을 전송하도록 강제한다.

③ Cross Site Scripting : 적절한 확인이나 제한 없이 애플리케이션이 신뢰할 수 없는 데이터를 가지고, 그것을 웹 브라우저에 전송할 때 발생한다.

15 ② intitle : 제목에 검색어가 포함된 내용을 검색할 때 사용하는 연산자이다.

③ inurl : URL에 검색어가 포함된 내용을 검색할 때 사용하는 연산자이다.

④ intext : 본문에 검색어가 포함된 내용을 검색할 때 사용하는 연산자이다.

01
정답 SSL/TLS, S-HTTP 등

정답 14 ④ 15 ①

---

14 다음 설명에 해당하는 웹 서비스 공격은?

> 공격자가 사용자의 명령어나 질의어에 특정한 코드를 삽입하여, DB 인증을 우회하거나 데이터를 조작한다.

① 업로드 취약점
② Cross Site Request Forgery
③ Cross Site Scripting
④ SQL Injection

15 구글 해킹 시 지정한 확장자로 끝나는 파일을 검색하는 연산자는?

① filetype
② intitle
③ inurl
④ intext

✓ **주관식 문제**

01 웹 보안 프로토콜을 2가지 이상 쓰시오.

02 다음 설명에서 괄호 안에 들어갈 용어를 순서대로 쓰시오.

> XSS 취약점을 이용한 공격방법은 3가지로 분류된다.
> (㉠)은/는 접속자가 많은 웹 사이트를 대상으로 공격자가 XSS 취약점이 있는 웹 서버에 공격용 스크립트를 입력시켜 놓으면, 방문자가 악성 스크립트가 삽입되어 있는 페이지를 읽는 순간 방문자의 브라우저를 공격하는 방식이다.
> (㉡)(으)로 악성 스크립트가 포함된 URL을 사용자가 클릭하도록 유도하여 URL을 클릭하면 클라이언트를 공격하는 것이다.
> (㉢)은/는 DOM 환경에서 악성 URL을 통하여 사용자의 브라우저를 공격하는 것이다.

02
정답 ㉠ 저장 XSS, ㉡ 반사 XSS, ㉢ DOM 기반 XSS

03 다음 설명에 해당하는 웹 공격이 무엇인지 쓰시오.

> • 클라이언트의 입력값을 조작하여 서버의 데이터베이스를 공격할 수 있는 취약점
> • 악의적인 사용자가 보안상의 취약점을 이용하여, 임의의 SQL 문을 삽입하고 실행되게 하여 데이터베이스가 비정상적인 동작을 하도록 조작하는 공격
> • 주로 사용자가 입력한 데이터를 제대로 필터링, 이스케이핑(escaping)하지 못했을 경우에 발생

03
정답 SQL Injection

04

정답 modsecurity

해설 modsecurity 동작
- 웹 공격에 대한 침입탐지 및 침입 방지 기능을 추가해 주는 아파치 웹 서버와 하나의 모듈로 동작
- 웹 클라이언트와 아파치 웹 서버 사이에 위치하여 클라이언트로부터 악의적인 접속요청이 발견되면 차단, 로깅 등의 기능을 수행
- 다른 아파치 모듈과 마찬가지로 아파치의 한 부분으로 설치할 수 있음. 정상적으로 설치되었을 경우 처리 과정으로부터 발생되는 부하는 거의 없음

04 다음 설명에 해당하는 것이 무엇인지 쓰시오.

- Ivan Ristic이 개발한 Apache 웹 서버를 위한 오픈 소스 웹 방화벽이다.
- PHP Injection 공격 등 Apache 웹 서버의 주요 공격을 차단하는 기능을 포함하고 있다.
- 설치 및 차단 규칙 설정 인터페이스가 불편하다는 점은 있지만, 공격 차단 기능은 매우 우수하다.

제6편

정보보호 및
개인정보보호 관리체계

단원 개요

1. 정보보호 정책, 조직
2. ISMS-P
3. 관련 법률

출제 경향 및 수험 대책

1. 정보보호 정책, 조직, ISMS-P는 이해보다는 암기해야할 내용들이므로 내용 정리 후 시험에 임박해서 여러 번 읽고 암기해야한다.
2. 관련 법률은 「정보통신망 이용촉진 및 정보보호 등에 관한 법률」과 「개인정보 보호법」을 학습해야 하고, 책에 포함된 법률 조문을 위주로 학습해야 한다.

혼자 공부하기 힘드시다면 방법이 있습니다.
SD에듀의 동영상강의를 이용하시면 됩니다.
www.sdedu.co.kr ➜ 회원가입(로그인) ➜ 강의 살펴보기

제 1 장 정보보호 관리체계

제 1 절 정보보호 정책, 조직 등 중요★★

1 정보보호 정책의 개념 및 유형

(1) 개념

① 조직의 정보보호에 대한 방향과 전략, 그리고 정보보호 프로그램의 근거를 제시하는 매우 중요한 문서이기 때문에 정책의 의미, 유형, 수립과정, 포함될 내용을 이해해야 함

② 정보보호 프로그램이 조직 내에서 효과적으로 수행되기 위하여 정보보호에 대한 책임과 역할이 명확히 규명되어야 하고, 이것이 조직체계로서 구현되어야 하므로, 정보보호를 위한 조직의 유형과 역할, 구성 등에 대한 이해 필요

③ 어떤 조직의 기술과 정보자산에 접근하려는 사람이 따라야 하는 규칙의 형식적인 진술이며, 정보보호 임무를 관리하기 위한 수단

(2) 정책, 표준, 지침, 절차의 정의 및 특성

① **정책(Policy)**
  ㉠ 정보보호에 대한 상위 수준의 목표 및 방향 제시
  ㉡ 조직의 경영목표를 반영하고, 정보보호 관련 상위정책과 일관성 유지
  ㉢ 정보보호를 위하여 관련된 모든 사람이 반드시 지켜야 할 요구사항을 전반적이며 개략적으로 규정

② **표준(Standard)**
  ㉠ 정보보호 정책과 마찬가지로 반드시 지켜야 하는 요구사항에 대한 규정이지만, 정책의 만족을 위하여 반드시 준수해야 할 구체적인 사항이나 양식 규정
  ㉡ 조직의 환경 또는 요구사항에 따라 관련된 모든 사용자가 준수하도록 요구되는 규정

③ **지침(Guideline)**
  ㉠ 반드시 지켜야 하는 것이 아니라 선택적이거나, 권고적인 내용이며, 융통성 있게 적용할 수 있는 사항 설명
  ㉡ 정보보호 정책에 따라 특정 시스템 또는 특정 분야별로 정보보호 활동에 필요한 세부 정보 설명

④ **절차(Procedure)**
  ㉠ 정책을 만족하기 위하여 수행해야 하는 사항을 순서에 따라 단계적으로 설명
  ㉡ 정보보호 활동의 구체적인 적용을 위하여 필요한 적용 절차 등의 구체적이고 세부적인 방법 기술

2 정보보호 정책의 목표, 필요성과 특징

(1) 목표

① 조직의 고위 경영진이 생각하는 신념과 지향하는 목표 그리고 달성하고자 하는 내용의 성명서 (Statement)로, 내용상 간단하나 강력한 시행을 요구하는 의무사항

② 정책은 문서화해야만 법률상의 문제 발생 시 법정에서 법적 인정을 받을 수 있으며, 총괄적인 내용을 나타내는 청사진으로, 1년을 주기로 검토하여 조직 구성이나 책임의 변동에 따른 변화를 반영해야 함

③ 조직에서 정보보호 정책의 목표를 설정하려면 조직이 달성하고자 하는 목표와 달성 방법(전략), 그리고 목표 달성을 위한 정책을 조직의 각 단계 및 사업 단위 또는 부서별로 정의해야 함. 또한, 효율적인 정보보호 정책을 위하여 각각의 조직 수준과 사업 단위별로 다양한 목표, 전략, 정책을 수립해야 함

(2) 필요성

① 정보보호와 관련된 결정은 대부분 정보보호 관리자가 네트워크의 안전 여부, 제공기능, 편의성에 관하여 결정하였을 때 만들어짐

② 정보보호 정책의 목표를 결정하지 않고, 보안에 관한 적절한 결정을 할 수 없음

③ 정보보호 목표를 결정할 때까지는 무엇을 점검하고 무엇을 제한할 것인지를 전혀 알지 못하기 때문에, 어떤 보안 도구도 효과적으로 사용할 수 없음

(3) 특징

① 수용 가능한 지침 또는 다른 적절한 방법을 수립하고, 시스템 관리 절차를 통한 구현이 가능해야 함

② 예방이 기술적으로 불가능한 경우에는 인가를 통하여 보안 도구가 적절하게 실행되어야 함

③ 사용자, 관리자, 기술 요원에 대한 책임 영역이 명확하게 정의되어야 함

3 조직체계와 역할·책임

(1) 주요 임무

① 사고 대응팀과 정보보호 위원회
   ㉠ 전략적 보안 계획과 관련하여 IT 운영위원회에 조언
   ㉡ 조직의 IT 정보보호 정책을 수립하고, IT 운영위원회로부터 승인 획득
   ㉢ IT 정보보호 정책을 IT 보안 프로그램으로 전환
   ㉣ IT 보안 프로그램 실행을 모니터링
   ㉤ IT 보안 정책의 유효성 검토
   ㉥ IT 보안 문제 인식 촉진
   ㉦ 계획 프로세스를 지원 및 IT 보안 프로그램 수행을 지원하는 데 필요한 자원(인력, 예산 등)을 토대로 조언

② **정보시스템 관리 책임자**
　　㉠ IT 보안 프로그램 수행 감독
　　㉡ 정보보호 관리팀 및 정보보호 임원에 대한 연락 및 보고
　　㉢ IT 보안 정책과 지침 유지
　　㉣ 사고 조사 조정
　　㉤ 조직의 전반적인 보안 인식 프로그램 관리
　　㉥ IT 프로젝트 및 시스템 보안 담당의 권한 결정

③ **프로젝트 보안 담당자와 시스템 보안 담당자**
　　㉠ 정보보호 관리팀 및 IT 보안 담당에 대한 연락 및 보고
　　㉡ IT 프로젝트 및 시스템 보안 정책 수립·유지
　　㉢ 정보보호 계획을 개발·구현
　　㉣ IT 프로젝트 및 시스템 보안 대책의 구현 및 모니터링
　　㉤ 사고 조사의 착수·지원

(2) 구성원별 책임

① **최고 경영자** : 정보보호를 위한 총괄 책임
② **정보시스템 정보보호 관리자** : 조직의 정보보호 정책·표준·대책·실무 절차를 설계·구현·관리·조사할 책임
③ **데이터 관리자** : 정보시스템에 저장된 데이터의 정확성과 무결성을 유지하고, 데이터의 중요성 및 분류를 결정할 책임
④ **프로세스 관리자** : 정보시스템에 대한 조직의 정보보호 정책에 따라 적절한 보안을 보증할 책임
⑤ **기술지원 인력** : 보안대책의 구현에 대하여 조언할 책임
⑥ **정보시스템 감사자** : 보안목적이 적절하고, 정보보호 정책·표준·대책·실무 및 절차가 조직의 보안목적에 따라 적절하게 이루어지고 있음을 독립적인 입장에서 관리자에게 보증할 책임
⑦ **사용자** : 조직의 정보보호 정책에 따라 수립된 절차를 준수할 책임

제 2 절 위험관리 중요 ★★★

1 개요

(1) 위험을 평가하고, 피해자가 수용할 수 있는 수준까지 위험을 감소시키기 위한 조치를 마련하여 위험을 수용할 수 있는 수준으로 유지하는 것

(2) 위험의 측정과 관리를 통하여 다양한 위협 요소로부터 피해를 최소화하거나 막기 위함

(3) 조직문화와 정보자산에 적절한 위험관리 전략과 계획을 수립하기 위하여, 위험을 분석하고 평가하여 대응이 필요한 위험과 우선순위 결정

(4) 위험을 수용 가능한 수준으로 감소시키기 위해 적절한 정보보호 대책을 선택하고, 이들을 구현할 계획 수립

2 위험의 정의

(1) 손실을 끼치는 사건 발생 가능성과 발생 손실의 정도에 비례

위험 = 발생 가능성 × 손실의 정도

(2) 자산, 위협, 취약성의 함수로서 정의

위험 = f(자산, 위협, 취약성)

3 위험의 구성 요소

(1) 자산(asset)

① 조직이 보호해야 할 대상으로 정보, 하드웨어, 소프트웨어, 시설 등을 말하며 관련 인력, 기업 이미지 등의 무형자산을 포함하기도 함

② 자산의 유형에 따라 위협과의 관계, 즉 취약성이 분류될 수 있으므로, 이런 측면에서 자산을 분류하여 파악하는 것이 위험을 평가하는 데 효과적

③ 일반적으로 데이터 자산, 문서 자산, 소프트웨어 자산, 하드웨어 자산, 시설이나 장비 등의 물리적 자산, 인적 자산 등으로 구분되며, 이 외에 기업의 이미지 또는 평판, 직원의 사기 등을 무형자산으로 평가하기도 함

④ 자산의 가치산정을 정확하게 하기는 매우 어려우나 이러한 측면을 모두 고려하고, 단기적 손실과 장기적 영향을 포함하여 자산의 중요도 또는 사고 발생 시 미칠 수 있는 영향의 규모를 파악하는 것이 필요

(2) 위협(threat)

① 자산에 손실을 초래할 수 있는 원치 않는 사건의 잠재적 원인(source)이나 행위자(agent)

② 방법론에 따라 '비인가된 노출'과 같은 위협이 발생했을 때 나타나는 결과로 표현되기도 하고, '패킷의 IP 주소 변조(ip spoofing) 위협'과 같은 위협 사건이 일어나는 방식으로 표현

③ 위협과 관련하여 파악해야 할 속성은 발생 가능성(likelyhood, frequency)이며, 이것은 연간 발생 횟수 또는 발생 정도로 표현

④ 위협이 발생하였다고 하여 반드시 피해가 발생하는 것은 아니며, 자산이 그 위협에 취약한지, 그리고 그 취약성을 보호할 대책이 있는지에 따라 결과는 달라짐

(3) 취약성(vulnerability)

① 자산의 잠재적 속성이며, 위협의 이용 대상으로 정의하나, 때로는 정보보호 대책의 미비로 정의되기도 함

② 자산에 취약성이 없다면 위협이 발생해도 손실이 발생하지 않는다는 점에서, 취약성은 자산과 위협 사이의 관계를 맺어 주는 특성으로 파악할 수 있음

③ 자산과 위협 간 어느 정도의 관계가 있는지 즉, 특정 위협이 발생할 때 특정 자산에 자산의 가치와 관련하여 어느 정도의 피해가 발생할지를 취약성, 노출 정도(exposure grade) 또는 효과(effectiveness factor)라는 값으로 나타냄

④ 이러한 관계를 나타내는 값이 없다면 특정 위협의 발생은 이에 취약한 특정 자산의 전면적 피해, 즉 자산 가치 전액의 완전한 손실로 파악될 수 있으므로, 이러한 가정은 현실적이지 않아 위협이 자산에 영향을 미칠 가능성을 취약성 값 또는 정도(grade)로 표현

4 위험 구성요소 간의 관계

(1) 위험을 구성하는 요소인 자산, 위협, 취약성, 보호 대책 등의 요소는 서로 영향을 주고받음

(2) 위협은 취약성을 공격하여 이용하며, 취약성은 자산을 노출시키고, 자산은 가치를 보유하는데, 이러한 위협, 취약성, 자산 가치는 위험을 증가시킴

(3) 위험을 파악함으로써 보안 요구사항을 파악할 수 있고, 보안 요구사항을 만족시키는 정보보호 대책을 선정하여 구현함으로써 위협을 방어할 수 있음

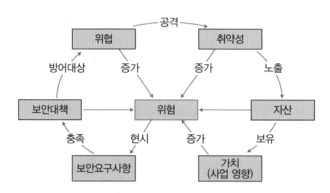

[위험 구성요소 간의 관계]

4 위험처리 전략

(1) 개요

① 조직은 자기 조직의 위험에 대한 태도에 따라 서로 다른 처리 전략을 가질 수 있으며, 자신의 위험처리 전략을 개발하거나, 제시된 전략을 적절히 변경하여 활용할 수 있음

② 각 위험을 경영진이 결정한 수용 가능한 목표위험 수준과 비교하여, 위험도가 목표위험 수준과 같거나, 그 이하인 위험은 수용, 즉 아무런 조처도 하지 않음

③ 목표위험 수준보다 위험도가 높은 경우 위험을 목표위험 수준까지 감소시킬 수 있는 대책이 있는지 알아보고, 대책의 구현 및 유지비용과 감소된 위험을 비교하여 구현 비용을 감수할 가치가 있는지를 개략적으로 평가

④ 위험처리 전략은 조직의 특성에 따라 각 처리방안의 고려 순서와 선택 기준이 달라질 수 있음

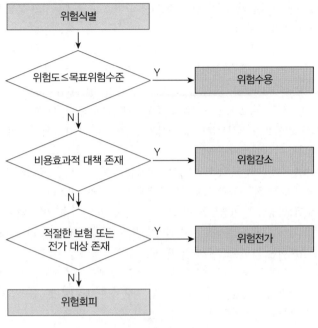

[위험처리 전략]

(2) 위험처리 방법

① 위험수용▼(risk acceptance)

㉠ 현재의 위험을 받아들이고, 잠재적 손실 비용을 감수하는 것

㉡ 어떠한 대책을 도입하더라도 위험을 완전히 제거할 수는 없으므로, 일정 수준 이하의 위험은 감수하고 사업을 진행하는 것

> **❗ 더 알아두기 🔍**
>
> ▼ 위험수용(risk acceptance)
> - 적극적 수용 : 위험이 발생하려 하거나 발생한 경우, 어떤 방식으로 대처하겠다는 비상계획을 개발하여 놓는 것
> - 소극적 수용 : 특정 위험이 발생할 가능성과 목표에 미치는 영향력이 낮으므로, 해당 위험에 대해서는 어떠한 조치도 취하지 않고, 그대로 내버려 두는 것

② 위험감소(risk reduction)

㉠ 위험을 감소시킬 수 있는 대책을 채택하여 구현하는 것으로, 대책의 채택 시에는 이에 따른 비용이 소요되기 때문에 비용과 실제 감소하는 위험의 크기를 비교하는 비용효과 분석이 필요

㉡ 정보보호 대책의 효과 = 기존 ALE − 대책구현 후 ALE − 연간 대책 비용

㉢ 분석을 통하여 양(+)의 효과를 가지는 정보보호 대책을 선택

ⓔ 수용 가능한 한계선(위험허용 한계 수준)까지 위험 발생 가능성과 목표에 미치는 영향력의 수준을 낮추는 방법을 의미

ⓜ 예시 : 테스트를 반복적으로 수행하는 것, 경험이 많고 더 안정적인 협력업체를 선택하는 것, 프로토타입(prototype)을 개발하는 방법 등을 통해 위험을 감소시킬 수 있는 대책을 채택하여 구현

③ **위험회피(risk avoidance)**

ⓐ 위험이 존재하는 프로세스나 사업을 수행하지 않고 포기하는 것

ⓑ 위험 발생 원인을 제거하는 것, 즉 위험의 영향으로부터 프로젝트 목표를 보호하기 위하여 프로젝트 자체를 수정하는 것

ⓒ 프로젝트를 수정하여 프로젝트의 일부 범위를 수행하지 않는 것이라고 볼 수 있지만, 프로젝트 일부 범위를 제거하는 것은 프로젝트 위험뿐만 아니라, 비즈니스 위험에도 영향을 미칠 수 있으며, 프로젝트 영역을 변경하면 비즈니스 상황도 변경될 수 있기 때문

ⓓ 수행 규모가 축소된 프로젝트는 수익이나 비용 절감의 기회가 더 적을 수도 있음

ⓔ 위험이 존재하는 프로세스나 사업 포기

ⓕ 예시 : 고위험 활동을 회피하기 위해 프로젝트 범위를 줄이거나, 새로운 기술이 너무 위험성이 많은 경우라면 신기술을 배제하고 기존의 기술을 채택하는 것, 협력업체가 영향을 미치는 위험이 너무 크다면 하위 계약자를 배제하는 것 등

④ **위험전가(risk transfer)**

ⓐ 보험이나 외주 등으로 잠재적 비용을 제3자에게 이전하거나 할당하는 것

ⓑ 위험의 발생 결과 및 대응의 주체를 제3자에게 이동시키는 것

ⓒ 유의할 점은 위험에 대한 관리 책임을 제3자에게 전가하는 것이 위험 자체를 제거하는 것이 아니라는 것

ⓓ 주로 재무적인 위험을 처리하는 경우에 많이 사용하며, 보통 위험에 대하여 책임을 지는 제3자에게 위험 프리미엄(risk premium)을 지불

ⓔ 예시 : 협력업체가 수행하려는 업무의 범위가 명확하다면 일반적으로 확정금액 계약(fixed price contract) 유형으로 계약하는데, 이와 같은 확정금액 계약을 활용하여 일정 및 원가에 대한 위험을 협력업체에 이전하는 것 등

제 3 절 위험분석 중요 ★★★

1 개요

(1) 위험관리에서 가장 중요한 역할을 하는 부분으로, 정보시스템과 그 자산의 기밀성, 무결성, 그리고 가용성에 영향을 미칠 수 있는 다양한 위협에 대하여, 정보시스템의 취약성을 인식하고 이로 인하여 발생할 수 있는 예상 손실 분석

(2) 식별된 정보자산에 영향을 줄 수 있는 모든 위협과 취약성, 위험을 식별하고 분류해야 하며, 이 정보자산의 가치와 위험을 고려하여 잠재적 손실에 대한 영향을 식별·분석

2 위험분석 방법론

(1) 베이스라인 접근법(baseline approach)

① 모든 시스템에 대하여 표준화된 보호 대책의 항목들을 체크리스트 형태로 제공

② 체크리스트에 있는 보호 대책이 현재 구현되어 있는지를 조사하여 구현되지 않은 보호 대책 식별

③ 장·단점

   ⊙ 장점

     분석 비용과 시간 절약

   ⓒ 단점

     • 과보호 또는 부족한 보호가 될 가능성이 있음

     • 조직에 적합한 체크리스트가 존재하는 경우가 아니라면 위험분석을 하지 않는 것과 유사한 상태가 될 수 있음

     • 조직의 자산변동이나 새로운 위협·취약성의 발생 또는 위협 발생률의 변화 등 보안 환경의 변화를 적절하게 반영하지 못함

     • 담당자가 보안상태 자체보다 체크리스트를 통하여 나타나는 점수에 집착하게 함으로써, 보안 요구사항에 따른 우선순위보다는 구현 용이성에 따라 정보보호 대책을 구현하는 경향이 나타날 수 있음

(2) 비정형 접근법(informal approach)

① 구조적인 방법론에 의하지 않고, 경험자의 지식을 사용하여 위험분석 수행

② 특정 위험분석 방법론과 기법을 선정하여 수행하지 않고, 수행자의 경험에 따라 중요 위험 중심으로 분석

③ 장·단점

   ⊙ 장점

     상세 위험분석보다 빠르고 비용 절약

   ⓒ 단점

     • 작은 규모의 조직에는 적합할 수 있으나, 새롭게 나타나거나 수행자의 경험이 적은 위험영역을 놓칠 가능성이 있음

     • 논리적이고 검증된 방법론이 아닌 검토자의 개인적 경험에 지나치게 의존하기 때문에, 사업 분야 및 보안에 전문성이 높은 인력이 참여하여 수행하지 않으면 실패할 가능성이 있음

(3) 상세 위험분석(detailed risk analysis)

① 자산 분석, 위협 분석, 취약성 분석의 각 단계를 수행하여 위험평가

② 방법론에 따라 취약성 분석과 별도로 설치된 정보보호 대책에 대한 분석을 수행하기도 함

③ 장·단점

ㄱ 장점
- 조직의 자산 및 보안 요구사항을 구체적으로 분석하여 가장 적절한 대책을 수립할 수 있음
- 자산·위협·취약성 목록을 작성 및 검토했기 때문에 이후 변경이 발생했을 때, 해당 변경에 관련된 사항만을 추가·조정·삭제함으로써, 보안 환경의 변화에 적절히 대처할 수 있음

ㄴ 단점
- 분석에 시간과 노력이 많이 소요
- 채택한 위험분석 방법론을 잘 이해해야 하므로, 비정형 접근법과 마찬가지로 고급의 인적 자원 필요

(4) 복합 접근법(combined approach)

① 고위험(high risk) 영역을 식별하여 상세위험 분석을 수행하고, 그 외의 다른 영역은 베이스라인 접근법을 사용하는 방식

② 장·단점

ㄱ 장점
- 비용과 자원을 효과적으로 사용할 수 있음
- 고위험 영역을 빠르게 식별하고, 적절하게 처리할 수 있음

ㄴ 단점
고위험 영역을 잘못 식별했을 경우, 위험분석 비용이 낭비되거나 부적절한 대응이 될 수 있음

3 위험분석 방법

(1) 정량적 위험분석

① 개요

ㄱ 손실 및 위험의 크기를 금액으로 나타냄. 즉, 위험을 손실액과 같은 숫자로 표현

ㄴ 주로 미국에서 사용하는 방식으로, 연간 예상 손실액(ALE)을 계산하기 위하여 관련된 모든 값을 정량화시켜 표현

② 종류

ㄱ 연간 예상 손실(ALE)
- 단일 예상 손실(SLE) = 자산 가치 × 노출 계수
- 연간 예상 손실(ALE) = 단일 예상 손실 × 연간 발생률

ⓛ 과거 자료 분석법
- 과거의 자료를 통하여 위험 발생 가능성을 예측하는 방법
- 과거에 일어났던 사건이 미래에도 일어난다는 가정이 필요
- 장점 : 위협에 대한 과거 자료가 많을수록 분석의 정확도가 높아짐
- 단점 : 과거의 사건 중 발생빈도가 낮은 자료에 대한 적용이 어려움

ⓒ 수학 공식 접근법
- 위협의 발생빈도를 계산하는 식을 이용하여 위험을 계량하는 방법
- 장점 : 과거 자료의 획득이 어려운 경우 위험 발생빈도를 추정하여 분석하는 데 유용하며, 위험을 정량화하여 매우 간결하게 나타낼 수 있음
- 단점 : 기대손실을 추정하는 자료의 양이 적음

ⓔ 확률 분포법
- 미지의 사건을 추정하는 데 사용되는 방법
- 장점 : 미지의 사건을 확률적(통계적) 편차를 이용하여 최저, 보통, 최고의 위험평가를 예측할 수 있음
- 단점 : 확률적으로 추정하는 방법이기 때문에 정확성이 낮음

③ 장·단점
ⓙ 장점
- 비용·가치 분석이 수행될 수 있음
- 예산계획에 활용할 수 있으며, 평가된 값이 의미하는 것이 분명하다는 점에서 유용
ⓛ 단점
- 분석에 필요한 시간과 비용이 많이 듦
- 분석을 통한 값이 실제 자산의 가치를 정확히 반영할 수 없음

(2) 정성적 위험분석

① 개요
ⓙ 손실이나 위험을 개략적인 크기로 비교
ⓛ 위험은 조직의 연간 예상 손실액(annual loss expectancy)과 같이 금액으로 표현할 수도 있지만, 특정 사건에 대한 위험의 정도로 표현될 수도 있음
ⓒ 주로 유럽지역에서 사용(예 CRAMM)되었으며, 구체적인 값보다는 등급이나 설명을 사용하여 상황 묘사
ⓔ 위험을 어떤 상황에 대한 설명(descriptive variable)으로 묘사. 즉, '정보시스템의 기술적 장애'라든가, '외부인에 의한 사용자 ID 도용'과 같은 표현으로 위험을 분류하며, 그 정도는 '매우 높음(Very High)', '높음(High)', '중간(Medium)', '낮음(Low)' 등으로 표현하거나, 5점 척도 혹은 10점 척도로 점수화하여 사용하기도 함

② **종류**
　　㉠ 델파이법
　　　　• 시스템에 관한 전문적인 지식을 가진 전문가 집단을 구성하고, 위험을 분석 및 평가하여 정보시스템이 직면한 다양한 위협과 취약성을 토론을 통하여 분석하는 방법
　　　　• 장점 : 위험분석을 짧은 기간에 도출할 수 있으므로, 시간과 비용을 절약할 수 있음
　　　　• 단점 : 추정의 정확도가 낮음
　　㉡ 시나리오법
　　　　• 어떤 사건도 예상대로 발생하지 않는다는 사실에 근거하여, 일정 조건하에서 위협 발생이 가능한 결과를 추정하는 방법
　　　　• 장점 : 적은 정보를 가지고 전반적인 가능성을 추론할 수 있고, 위험분석팀과 관리층 간의 원활한 의사소통을 가능하게 함
　　　　• 단점 : 발생 가능한 사건이 이론적인 추측에 불과하고, 정확도, 완성도, 이용기술의 수준 등이 낮음
　　㉢ 순위 결정법
　　　　• 비교우위 순위 결정표로, 위험항목의 서술적 순위를 결정하는 방법
　　　　• 각각의 위협을 상호 비교하여, 최종 위협요인의 우선순위를 도출하는 방법
　　　　• 장점 : 위험분석 소요시간과 분석해야 하는 자원의 양이 적음
　　　　• 단점 : 위험추정의 정확도가 낮음
③ **장 · 단점**
　　㉠ 장점
　　　　• 금액으로 평가하기 어려운 정보자산의 평가 가능
　　　　• 분석 시간이 상대적으로 짧고, 이해가 쉬움
　　㉡ 단점
　　　　표현이 주관적이기 때문에 사람에 따라 그 이해가 달라질 수 있음

제 4 절　업무연속성계획과 재해복구계획　중요 ★★

1　업무연속성계획(BCP)

(1) 개요
① 각종 재해 발생을 대비하기 위하여 핵심 시스템의 가용성과 신뢰성을 회복하고 사업의 연속성을 유지하기 위한 일련의 업무연속성계획과 절차
② 데이터의 복구나 신뢰도를 유지하며, 나아가 기업의 전체적인 신뢰성 유지와 가치를 극대화하는 방법과 절차

(2) 업무연속성계획(BCP)의 5단계 방법론

① 범위 설정 및 기획

○ 조직의 독특한 사업경영과 정보시스템의 지원 서비스를 조사하여, 다음 활동 단계로 나아가기 위한 프로젝트 계획을 수립하는 단계

○ 명확한 범위, 조직, 시간, 인원 등을 정의하여야 함

○ 프로젝트의 근본 취지나 요구사항이 조직 전체 및 업무연속성계획(BCP) 개발에 가장 중요한 역할을 수행할 부서나 직원에게 명료하게 전달되어야 함

② 사업영향평가(BIA)

시스템이나 통신 서비스의 심각한 중단 사태에 따라 각 사업 단위가 받게 될 재정적 손실의 영향도 파악

③ 복구전략 개발

○ 사업영향평가 단계에서 수집된 정보를 활용하여, 시간 임계적(time critical) 사업 기능을 지원하는 데 필요한 복구자원 추정

○ 또한, 여러 가지 복구방안에 대한 평가와 이에 따른 예상 비용에 대한 자료를 경영자에게 제시하는 것도 이 단계에서 해야 할 일임

④ 복구계획 수립

○ 사업을 지속하기 위한 실제 복구계획을 수립하는 단계

○ 효과적인 복구과정을 수행하기 위하여 명시적인 문서화가 이루어지며, 여기에는 반드시 경영 자산목록 정보와 상세한 복구팀 행동계획을 포함해야 함

⑤ 프로젝트의 수행 테스트 및 유지보수

마지막 단계로, 테스트와 유지보수 활동 현황을 포함하여, 후에 수행할 엄격한 테스트 및 유지보수 관리 절차 수립

2 재해복구계획(DRP)

(1) 개요

정보시스템의 재해나 재난 발생에 대비하여 실제 상황이 발생하였을 때 취해야 할 행동 또는 절차를 미리 준비하는 것

(2) 종류 및 특징

① 미러 사이트(mirror site)

○ 주 센터와 동일한 구성의 백업 센터를 구축하고, 주 센터와 백업 센터 간 실시간 데이터 동기화를 유지하여, 주 센터 재해 발생 즉시 백업 센터에서 업무 대행을 실시간으로 처리하게 함

○ 주 센터와 동일한 수준의 정보 기술 자원을 원격지에 구축하고, 주 센터와 재해복구센터가 모두 운용 상태로 서비스하는 방식(active/active 방식)

○ RTO(복구소요시간)는 이론적으로 0

② **핫 사이트(hot site)**
  ㉠ 재난 발생으로 영향을 받는 업무기능을 즉시 복구할 수 있도록, 주 센터와 동일한 모든 설비와 자원을 보유한 안전한 시설
  ㉡ 자원을 대기 상태로 사이트에 보유하면서 동기적 또는 비동기적 방식으로, 실시간 미러링을 통하여 데이터를 최신 상태로 유지(active/standby 방식)
  ㉢ 주 센터와 동일한 H/W, S/W, 부대설비를 준비하고, 실시간 DB Log 전송 및 DB 이미지 백업(image backup)을 준비하여, 주 센터 재해 발생 시 데이터 복구 작업을 실시
  ㉣ RTO(복구소요시간)는 수 시간 이내

③ **웜 사이트(warm site)**
  ㉠ 주 센터와 동일한 수준의 정보기술 자원을 보유하는 대신, 중요성이 높은 기술 자원만 부분적으로 보유하는 방식
  ㉡ 주 센터 장비 일부 및 데이터 백업만을 준비하여 재해 발생 시 주요 업무 데이터만 복구하는 시설
  ㉢ 실시간 미러링을 수행하지 않음
  ㉣ RTO(복구소요시간)는 데이터 백업 주기가 수 시간 ~ 1일 정도

④ **콜드 사이트(cold site)**
  ㉠ 재난 발생 시 새로운 정보시스템을 설치할 수 있는 전산실을 미리 준비하여 둔 것으로, 별다른 장비는 갖추고 있지 않음
  ㉡ 데이터만 원격지에 보관하고 서비스를 위한 정보자원은 확보하지 않거나, 최소한으로만 확보하는 유형
  ㉢ RTO(복구소요시간)는 주 센터의 데이터를 주기적으로 수 일 ~ 수 주로 원격지에 백업

⑤ **상호 백업 협정**
  서로 비슷한 시스템을 갖추고 있는 기업 간 재난 발생 시 상호간 백업을 해주기로 협정

⑥ **백업 서비스**
  일부 응용 서비스를 회선을 통하여 해당 응용 서비스를 제공하는 기관에서 업무처리 대행을 받을 수 있음

제 5 절 **정보보호 및 개인정보보호 관리체계 인증(ISMS-P)** 중요 ★★★

1 개요

(1) 정보보호 및 개인정보보호를 위한 일련의 조치와 활동이 인증기준에 적합함을 인터넷진흥원 또는 인증기관이 증명하는 제도

(2) 정보보호 및 개인정보보호 관리체계 인증기준은 크게 '관리체계 수립 및 운영', '보호대책 요구사항', '개인정보 처리 단계별 요구사항'의 3개의 영역에서 총 102개의 인증기준으로 구성되어 있음

(3) 정보보호 관리체계(ISMS) 인증을 받고자 하는 신청기관은 '관리체계 수립 및 운영', '보호대책 요구사항'의 2개 영역에서 80개의 인증기준을 적용받게 되며, 정보보호 및 개인정보보호 관리체계(ISMS-P) 인증을 받고자 하는 신청기관은 '개인정보 처리 단계별 요구사항'을 포함하여 102개의 인증기준을 적용받게 됨

2 인증기준

(1) 정보보호 및 개인정보보호 관리체계 인증기준

영역	분야	적용 여부	
		ISMS	ISMS-P
관리체계 수리 및 운영 (16개)	관리체계 기반 마련	○	○
	위험관리	○	○
	관리체계 운영	○	○
	관리체계 점검 및 개선	○	○
보호대책 요구사항 (64개)	정책, 조직, 자산 관리	○	○
	인적 자원	○	○
	외부자 보안	○	○
	물리 보안	○	○
	인증 및 권한관리	○	○
	접근통제	○	○
	암호화 적용	○	○
	정보시스템 도입 및 개발 보안	○	○
	시스템 및 서비스 운영관리	○	○
	시스템 및 서비스 보안관리	○	○
	사고 예방 및 대응	○	○
	재해복구	○	○
개인정보 처리 단계별 요구사항 (22개)	개인정보 수집 시 보호조치	-	○
	개인정보 보유 및 이용 시 보호조치	-	○
	개인정보 제공 시 보호조치	-	○
	개인정보 파기 시 보호조치	-	○
	정보주체 권리보호	-	○

(2) 관리체계 수립 및 운영 인증기준

① 개요

ⓐ 관리체계 기반 마련, 위험관리, 관리체계 운영, 관리체계 점검 및 개선의 4개 분야, 16개 인증기
준으로 구성

ⓑ 정보보호 및 개인정보보호 관리체계를 운영하는 동안 Plan, Do, Check, Act의 사이클에 따라
지속적이고, 반복적으로 실행되어야 함

② 관리 주기

ⓐ 계획(plan) : 명확한 목표를 정하고 전략을 세우는 계획수립 단계

ⓑ 실행(do) : 수립된 계획을 실행하는 단계

ⓒ 검토(check) : 수립 결과를 계획에 대비하여 검토하는 단계

ⓓ 반영(act) : 검토 결과를 차기 계획에 반영하는 단계

[관리 주기]

③ 관리체계 수립 및 운영 인증기준

영역	분야	적용 여부
관리체계 수립 및 운영 (16개)	관리체계 기반 마련	경영진의 참여
		최고책임자의 지정
		조직 구성
		범위 설정
		정책 수립
		자원 할당
	위험관리	정보자산 식별
		현황 및 흐름분석
		위험평가
		보호 대책 선정
	관리체계 운영	보호 대책 구현
		보호 대책 공유
		운영현황 관리

		법적 요구사항 준수 검토
	관리체계 점검 및 개선	관리체계 점검
		관리체계 개선

(3) 보호대책 요구사항

① 12개 분야, 64개 인증기준으로 구성
② 보호대책 요구사항에 따라 신청기관은 관리체계 수립 및 운영과정에서 수행한 위험평가 결과와 조직의 서비스 및 정보시스템 특성 등을 반영하여 체계적으로 보호대책을 수립·이행하여야 함

[보호대책 요구사항]

영역	분야	항목
보호대책 요구사항 (64개)	정책, 조직, 자산 관리	정책의 유지관리
		조직의 유지관리
		정보자산 관리
	인적 자원	주요 직무자 지정 및 관리
		직무 분리
		보안 서약
		인식제고 및 교육훈련
		퇴직 및 직무변경 관리
		보안 위반 시 조치
	외부자 보안	외부자 현황 관리
		외부자 계약 시 보안
		외부자 보안 이행 관리
		외부자 계약 변경 및 만료 시 보안
	물리 보안	보호구역 지정
		출입통제
		정보시스템 보호
		보호설비 운영
		보호구역 내 작업
		반출입 기기 통제
		업무환경 보안
	인증 및 권한관리	사용자 계정 관리
		사용자 식별
		사용자 인증
		비밀번호 관리
		특수 계정 및 권한 관리
		접근권한 검토

보호대책 요구사항 (64개)	접근통제	네트워크 접근
		정보시스템 접근
		응용 프로그램 접근
		데이터베이스 접근
		무선 네트워크 접근
		원격접근 통제
		인터넷 접속 통제
	암호화 적용	암호정책 적용
		암호키 관리
	정보시스템 도입 및 개발 보안	보안 요구사항 정의
		보안 요구사항 검토 및 시험
		시험과 운영 환경 분리
		시험 데이터 보안
		소스 프로그램 관리
		운영환경 이관
	시스템 및 서비스 운영관리	변경관리
		성능 및 장애관리
		백업 및 복구관리
		로그 및 접속기록 관리
		로그 및 접속기록 점검
		시간 동기화
		정보자산의 재사용 및 폐기
	시스템 및 서비스 보안관리	보안시스템 운영
		클라우드 보안
		공개서버 보안
		전자거래 및 핀테크 보안
		정보전송 보안
		업무용 단말기기 보안
		보조저장매체 관리
		패키지 관리
		악성코드 통제
	사고 예방 및 대응	사고 예방 및 대응체계 구축
		취약점 점검 및 조치
		이상행위 분석 및 모니터링
		사고 대응 훈련 및 개선
		사고 대응 및 복구
	재해복구	재해·재난 대비 안전조치
		재해복구 시험 및 개선

(4) 개인정보 처리단계별 요구사항

① 5개 분야, 22개의 인증기준으로 구성
② 대부분 법적 요구사항과 직접적으로 관련되어 있으므로, 개인정보 흐름 분석을 바탕으로 조직이 적용받는 법규 및 세부 조항을 명확히 파악하여 이를 준수할 수 있도록 하여야 함

[개인정보 처리단계별 요구사항]

영역	분야	항목
개인정보 처리 단계별 요구사항 (22개)	개인정보 수집 시 보호조치	개인정보의 수집 제한
		개인정보의 수집 동의
		주민등록번호 처리 제한
		민감정보 및 고유식별번호의 처리 제한
		간접수집 보호조치
		영상정보처리기기 설치·운영
		홍보 및 마케팅 목적 활용 시 조치
	개인정보 보유 및 이용 시 보호조치	개인정보 현황관리
		개인정보 품질보장
		개인정보 표시제한 및 이용 시 보호조치
		이용자 단말기 접근 보호
		개인정보 목적 외 이용 및 제공
	개인정보 제공 시 보호조치	개인정보 제3자 제공
		업무 위탁에 따른 정보주체 고지
		영업의 양수 등에 따른 개인정보의 이전
		개인정보의 국외이전
	개인정보 파기 시 보호조치	개인정보의 파기
		처리목적 달성 후 보유 시 조치
		휴면 이용자 관리
	정보주체 권리보호	개인정보처리방침 공개
		정보주체 권리보장
		이용내역 통지

3 인증체계 및 ISMS-P 인증심사 절차

(1) 인증체계

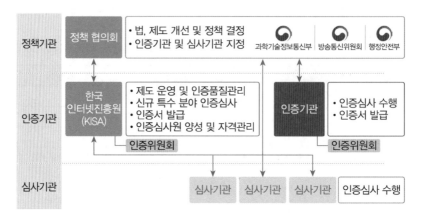

[인증체계]

(2) ISMS-P 인증심사 절차

① **신청단계** : 신청 공문 + 인증 신청서, 관리체계 운영 명세서, 법인/개인 사업자 등록증

② **계약단계** : 수수료 산정 → 계약 → 수수료 납부

③ **심사단계** : 수수료 산정 → 계약 → 수수료 납부

④ **인증단계** : 최초/갱신심사 심의 의결(인증위원회), 유지(인증기관)

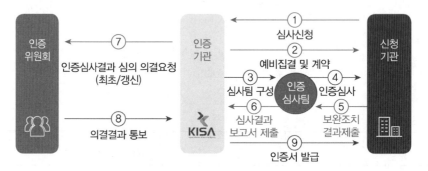

[인증심사 절차]

(3) 인증범위

① **정보보호 및 개인정보보호 관리체계 인증(ISMS-P)**

　㉠ 정보서비스의 운영 및 보호에 필요한 조직, 물리적 위치, 정보자산

　㉡ 개인정보 처리를 위한 수집·보유·이용·제공·파기에 관여하는 개인정보처리 시스템, 취급자를 포함

② **정보보호 관리체계 인증(ISMS)**

정보서비스의 운영 및 보호에 필요한 조직, 물리적 위치, 정보자산을 포함

(4) 심사 종류

① **최초심사**

㉠ 인증을 처음으로 취득할 때 진행하는 심사이며, 인증의 범위에 중요한 변경이 있어 다시 인증을
신청할 때에도 실시

㉡ 최초심사를 통해 인증을 취득하면 3년의 유효기간이 부여

② **사후심사**

인증을 취득한 이후 정보보호 관리체계가 지속적으로 유지되고 있는지 확인하는 것을 목적으로, 인
증 유효기간 중 매년 1회 이상 시행하는 심사

③ **갱신심사**

정보보호 관리체계 인증 유효기간 연장을 목적으로 시행하는 심사

[심사 종류]

(5) 인증대상

① **자율 신청자**

의무 대상자 기준에 해당하지 않으나 자발적으로 정보보호 및 개인정보보호 관리체계를 구축·운영
하는 기업·기관은 임의 신청자로 분류되며, 임의 신청자가 인증취득을 희망할 경우 자율적으로 신
청하여 인증심사를 받을 수 있음

② **ISMS 인증 의무 대상자(「정보통신망법」 제47조 2항)**

「전기통신사업법」 제2조 제8호에 따른 전기통신사업자와 전기통신사업자의 전기통신역무를 이용하
여 정보를 제공하거나 정보의 제공을 매개하는 자로서, 다음 표에서 기술한 의무 대상자 기준에 하
나라도 해당되는 자

③ ISMS, ISMS-P 인증 중 선택 가능

④ 의무 대상자가 인증을 최초로 신청하는 경우 다음 해 8월 31일까지 인증 취득

구분	인증 대상자 기준
ISP	「전기통신사업법」 제6조 제1항에 따른 허가를 받은 자로서, 서울특별시 및 모든 광역시에서 정보통신망서비스를 제공하는 자
IDC	정보통신망법 제46조에 따른 집적정보통신시설 사업자
다음 조건 중 하나라도 해당되는 자	연간 매출액 또는 세입이 1,500억원 이상인 자 중에서 다음에 해당되는 경우 • 「의료법」 제3조의4에 따른 상급종합병원 • 직전연도 12월 31일 기준으로, 재학생 수가 1만명 이상인 「고등교육법」 제2조에 따른 학교
	정보통신서비스 부문 전년도(법인인 경우에는 전 사업연도를 말한다) 매출액이 100억 원 이상인 자
	전년도 직전 3개월간 정보통신서비스 일일평균 이용자 수가 100만 명 이상인 자

제 6 절 　관련 법률 중요 ★★

1 　정보통신망 이용촉진 및 정보보호 등에 관한 법률
[시행 2021. 12. 9.] [법률 제18201호, 2021. 6. 8., 일부개정]

제1조(목적)

이 법은 정보통신망의 이용을 촉진하고 정보통신서비스를 이용하는 자를 보호함과 아울러 정보통신망을 건전하고 안전하게 이용할 수 있는 환경을 조성하여 국민생활의 향상과 공공복리의 증진에 이바지함을 목적으로 한다.

제2조(정의)

① 이 법에서 사용하는 용어의 뜻은 다음과 같다.

1. "정보통신망"이란 「전기통신사업법」 제2조 제2호에 따른 전기통신설비를 이용하거나 전기통신설비와 컴퓨터 및 컴퓨터의 이용기술을 활용하여 정보를 수집·가공·저장·검색·송신 또는 수신하는 정보통신체제를 말한다.
2. "정보통신서비스"란 「전기통신사업법」 제2조 제6호에 따른 전기통신역무와 이를 이용하여 정보를 제공하거나 정보의 제공을 매개하는 것을 말한다.
3. "정보통신서비스 제공자"란 「전기통신사업법」 제2조 제8호에 따른 전기통신사업자와 영리를 목적으로 전기통신사업자의 전기통신역무를 이용하여 정보를 제공하거나 정보의 제공을 매개하는 자를 말한다.
4. "이용자"란 정보통신서비스 제공자가 제공하는 정보통신서비스를 이용하는 자를 말한다.
5. "전자문서"란 컴퓨터 등 정보처리능력을 가진 장치에 의하여 전자적인 형태로 작성되어 송수신되거나 저장된 문서형식의 자료로서 표준화된 것을 말한다.
6. 삭제
7. "침해사고"란 다음 각 목의 방법으로 정보통신망 또는 이와 관련된 정보시스템을 공격하는 행위로 인하여 발생한 사태를 말한다.
   가. 해킹, 컴퓨터바이러스, 논리폭탄, 메일폭탄, 서비스거부 또는 고출력 전자기파 등의 방법
   나. 정보통신망의 정상적인 보호·인증 절차를 우회하여 정보통신망에 접근할 수 있도록 하는 프로그램이나 기술적 장치 등을 정보통신망 또는 이와 관련된 정보시스템에 설치하는 방법
8. 삭제
9. "게시판"이란 그 명칭과 관계없이 정보통신망을 이용하여 일반에게 공개할 목적으로 부호·문자·음성·음향·화상·동영상 등의 정보를 이용자가 게재할 수 있는 컴퓨터 프로그램이나 기술적 장치를 말한다.
10. "통신과금서비스"란 정보통신서비스로서 다음 각 목의 업무를 말한다.
    가. 타인이 판매·제공하는 재화 또는 용역(이하 "재화 등"이라 한다)의 대가를 자신이 제공하는 전기통신역무의 요금과 함께 청구·징수하는 업무

나. 타인이 판매·제공하는 재화 등의 대가가 가목의 업무를 제공하는 자의 전기통신역무의 요금과 함께 청구·징수되도록 거래정보를 전자적으로 송수신하는 것 또는 그 대가의 정산을 대행하거 나 매개하는 업무

11. "통신과금서비스제공자"란 제53조에 따라 등록을 하고 통신과금서비스를 제공하는 자를 말한다.

12. "통신과금서비스이용자"란 통신과금서비스제공자로부터 통신과금서비스를 이용하여 재화 등을 구입·이용하는 자를 말한다.

13. "전자적 전송매체"란 정보통신망을 통하여 부호·문자·음성·화상 또는 영상 등을 수신자에게 전자문서 등의 전자적 형태로 전송하는 매체를 말한다.

② 이 법에서 사용하는 용어의 뜻은 제1항에서 정하는 것 외에는 「지능정보화 기본법」에서 정하는 바에 따른다.

제4조(정보통신망 이용촉진 및 정보보호 등에 관한 시책의 마련)

① 과학기술정보통신부장관 또는 방송통신위원회는 정보통신망의 이용촉진 및 안정적 관리·운영과 이용자 보호 등(이하 "정보통신망 이용촉진 및 정보보호 등"이라 한다)을 통하여 정보사회의 기반을 조성하기 위한 시책을 마련하여야 한다.

② 제1항에 따른 시책에는 다음 각 호의 사항이 포함되어야 한다.

1. 정보통신망에 관련된 기술의 개발·보급

2. 정보통신망의 표준화

3. 정보내용물 및 제11조에 따른 정보통신망 응용 서비스의 개발 등 정보통신망의 이용 활성화

4. 정보통신망을 이용한 정보의 공동 활용 촉진

5. 인터넷 이용의 활성화

6. 삭제

6의2. 삭제

7. 정보통신망에서의 청소년 보호

7의2. 정보통신망을 통하여 유통되는 정보 중 인공지능 기술을 이용하여 만든 거짓의 음향·화상 또는 영상 등의 정보를 식별하는 기술의 개발·보급

8. 정보통신망의 안전성 및 신뢰성 제고

9. 그 밖에 정보통신망 이용촉진 및 정보보호 등을 위하여 필요한 사항

③ 과학기술정보통신부장관 또는 방송통신위원회는 제1항에 따른 시책을 마련할 때에는 「지능정보화 기본법」 제6조에 따른 지능정보사회 종합계획과 연계되도록 하여야 한다.

제5조(다른 법률과의 관계)

정보통신망 이용촉진 및 정보보호 등에 관하여는 다른 법률에서 특별히 규정된 경우 외에는 이 법으로 정하는 바에 따른다. 다만, 제7장의 통신과금서비스에 관하여 이 법과 「전자금융거래법」의 적용이 경합하는 때에는 이 법을 우선 적용한다.

제5조의2(국외행위에 대한 적용)

이 법은 국외에서 이루어진 행위라도 국내 시장 또는 이용자에게 영향을 미치는 경우에는 적용한다.

제22조의2(접근권한에 대한 동의)

① 정보통신서비스 제공자는 해당 서비스를 제공하기 위하여 이용자의 이동통신단말장치 내에 저장되어 있는 정보 및 이동통신단말장치에 설치된 기능에 대하여 접근할 수 있는 권한(이하 "접근권한"이라 한다)이 필요한 경우 다음 각 호의 사항을 이용자가 명확하게 인지할 수 있도록 알리고 이용자의 동의를 받아야 한다.
　　1. 해당 서비스를 제공하기 위하여 반드시 필요한 접근권한인 경우
　　　가. 접근권한이 필요한 정보 및 기능의 항목
　　　나. 접근권한이 필요한 이유
　　2. 해당 서비스를 제공하기 위하여 반드시 필요한 접근권한이 아닌 경우
　　　가. 접근권한이 필요한 정보 및 기능의 항목
　　　나. 접근권한이 필요한 이유
　　　다. 접근권한 허용에 대하여 동의하지 아니할 수 있다는 사실
② 정보통신서비스 제공자는 해당 서비스를 제공하기 위하여 반드시 필요하지 아니한 접근권한을 설정하는 데 이용자가 동의하지 아니한다는 이유로 이용자에게 해당 서비스의 제공을 거부하여서는 아니 된다.
③ 이동통신단말장치의 기본 운영체제(이동통신단말장치에서 소프트웨어를 실행할 수 있는 기반 환경을 말한다)를 제작하여 공급하는 자와 이동통신단말장치 제조업자 및 이동통신단말장치의 소프트웨어를 제작하여 공급하는 자는 정보통신서비스 제공자가 이동통신단말장치 내에 저장되어 있는 정보 및 이동통신단말장치에 설치된 기능에 접근하려는 경우 접근권한에 대한 이용자의 동의 및 철회방법을 마련하는 등 이용자 정보 보호에 필요한 조치를 하여야 한다.
④ 방송통신위원회는 해당 서비스의 접근권한의 설정이 제1항부터 제3항까지의 규정에 따라 이루어졌는지 여부에 대하여 실태조사를 실시할 수 있다.
⑤ 제1항에 따른 접근권한의 범위 및 동의의 방법, 제3항에 따른 이용자 정보 보호를 위하여 필요한 조치 및 그 밖에 필요한 사항은 대통령령으로 정한다.

제23조의2(주민등록번호의 사용 제한)

① 정보통신서비스 제공자는 다음 각 호의 어느 하나에 해당하는 경우를 제외하고는 이용자의 주민등록번호를 수집·이용할 수 없다.
　　1. 제23조의3에 따라 본인확인기관으로 지정받은 경우
　　2. 삭제
　　3. 「전기통신사업법」 제38조 제1항에 따라 기간통신사업자로부터 이동통신서비스 등을 제공받아 재판매하는 전기통신사업자가 제23조의3에 따라 본인확인기관으로 지정받은 이동통신사업자의 본인확인 업무 수행과 관련하여 이용자의 주민등록번호를 수집·이용하는 경우
② 제1항 제3호에 따라 주민등록번호를 수집·이용할 수 있는 경우에도 이용자의 주민등록번호를 사용하지 아니하고 본인을 확인하는 방법(이하 "대체수단"이라 한다)을 제공하여야 한다.

제23조의3(본인확인기관의 지정 등)

① 방송통신위원회는 다음 각 호의 사항을 심사하여 대체수단의 개발·제공·관리 업무(이하 "본인확인업무"라 한다)를 안전하고 신뢰성 있게 수행할 능력이 있다고 인정되는 자를 본인확인기관으로 지정할 수 있다.

1. 본인확인업무의 안전성 확보를 위한 물리적·기술적·관리적 조치계획
2. 본인확인업무의 수행을 위한 기술적·재정적 능력
3. 본인확인업무 관련 설비규모의 적정성

② 본인확인기관이 본인확인업무의 전부 또는 일부를 휴지하고자 하는 때에는 휴지기간을 정하여 휴지하고자 하는 날의 30일 전까지 이를 이용자에게 통보하고 방송통신위원회에 신고하여야 한다. 이 경우 휴지기간은 6개월을 초과할 수 없다.

③ 본인확인기관이 본인확인업무를 폐지하고자 하는 때에는 폐지하고자 하는 날의 60일 전까지 이를 이용자에게 통보하고 방송통신위원회에 신고하여야 한다.

④ 제1항부터 제3항까지의 규정에 따른 심사사항별 세부 심사기준·지정절차 및 휴지·폐지 등에 관하여 필요한 사항은 대통령령으로 정한다.

제23조의4(본인확인업무의 정지 및 지정취소)

① 방송통신위원회는 본인확인기관이 다음 각 호의 어느 하나에 해당하는 때에는 6개월 이내의 기간을 정하여 본인확인업무의 전부 또는 일부의 정지를 명하거나 지정을 취소할 수 있다. 다만, 제1호 또는 제2호에 해당하는 때에는 그 지정을 취소하여야 한다.

1. 거짓이나 그 밖의 부정한 방법으로 본인확인기관의 지정을 받은 경우
2. 본인확인업무의 정지명령을 받은 자가 그 명령을 위반하여 업무를 정지하지 아니한 경우
3. 지정받은 날부터 6개월 이내에 본인확인업무를 개시하지 아니하거나 6개월 이상 계속하여 본인확인업무를 휴지한 경우
4. 제23조의3 제4항에 따른 지정기준에 적합하지 아니하게 된 경우

② 제1항에 따른 처분의 기준, 절차 및 그 밖에 필요한 사항은 대통령령으로 정한다.

제45조(정보통신망의 안정성 확보 등)

① 다음 각 호의 어느 하나에 해당하는 자는 정보통신서비스의 제공에 사용되는 정보통신망의 안정성 및 정보의 신뢰성을 확보하기 위한 보호조치를 하여야 한다.

1. 정보통신서비스 제공자
2. 정보통신망에 연결되어 정보를 송·수신할 수 있는 기기·설비·장비 중 대통령령으로 정하는 기기·설비·장비(이하 "정보통신망연결기기 등"이라 한다)를 제조하거나 수입하는 자

② 과학기술정보통신부장관은 제1항에 따른 보호조치의 구체적 내용을 정한 정보보호조치에 관한 지침(이하 "정보보호지침"이라 한다)을 정하여 고시하고 제1항 각 호의 어느 하나에 해당하는 자에게 이를 지키도록 권고할 수 있다.

③ 정보보호지침에는 다음 각 호의 사항이 포함되어야 한다.

1. 정당한 권한이 없는 자가 정보통신망에 접근·침입하는 것을 방지하거나 대응하기 위한 정보보호시스템의 설치·운영 등 기술적·물리적 보호조치

2. 정보의 불법 유출·위조·변조·삭제 등을 방지하기 위한 기술적 보호조치

3. 정보통신망의 지속적인 이용이 가능한 상태를 확보하기 위한 기술적·물리적 보호조치

4. 정보통신망의 안정 및 정보보호를 위한 인력·조직·경비의 확보 및 관련 계획수립 등 관리적 보호조치

5. 정보통신망연결기기 등의 정보보호를 위한 기술적 보호조치

④ 과학기술정보통신부장관은 관계 중앙행정기관의 장에게 소관 분야의 정보통신망연결기기 등과 관련된 시험·검사·인증 등의 기준에 정보보호지침의 내용을 반영할 것을 요청할 수 있다.

제45조의3(정보보호 최고책임자의 지정 등)

① 정보통신서비스 제공자는 정보통신시스템 등에 대한 보안 및 정보의 안전한 관리를 위하여 대통령령으로 정하는 기준에 해당하는 임직원을 정보보호 최고책임자로 지정하고 과학기술정보통신부장관에게 신고하여야 한다. 다만, 자산총액, 매출액 등이 대통령령으로 정하는 기준에 해당하는 정보통신서비스 제공자의 경우에는 정보보호 최고책임자를 신고하지 아니할 수 있다.

② 제1항에 따른 신고의 방법 및 절차 등에 대해서는 대통령령으로 정한다.

③ 제1항 본문에 따라 지정 및 신고된 정보보호 최고책임자(자산총액, 매출액 등 대통령령으로 정하는 기준에 해당하는 정보통신서비스 제공자의 경우로 한정한다)는 제4항의 업무 외의 다른 업무를 겸직할 수 없다.

④ 정보보호 최고책임자의 업무는 다음 각 호와 같다.

1. 정보보호 최고책임자는 다음 각 목의 업무를 총괄한다.

가. 정보보호 계획의 수립·시행 및 개선

나. 정보보호 실태와 관행의 정기적인 감사 및 개선

다. 정보보호 위험의 식별 평가 및 정보보호 대책 마련

라. 정보보호 교육과 모의 훈련 계획의 수립 및 시행

2. 정보보호 최고책임자는 다음 각 목의 업무를 겸할 수 있다.

가. 「정보보호산업의 진흥에 관한 법률」 제13조에 따른 정보보호 공시에 관한 업무

나. 「정보통신기반 보호법」 제5조 제5항에 따른 정보보호책임자의 업무

다. 「전자금융거래법」 제21조의2 제4항에 따른 정보보호최고책임자의 업무

라. 「개인정보 보호법」 제31조 제2항에 따른 개인정보 보호책임자의 업무

마. 그 밖에 이 법 또는 관계 법령에 따라 정보보호를 위하여 필요한 조치의 이행

⑤ 정보통신서비스 제공자는 침해사고에 대한 공동 예방 및 대응, 필요한 정보의 교류, 그 밖에 대통령령으로 정하는 공동의 사업을 수행하기 위하여 제1항에 따른 정보보호 최고책임자를 구성원으로 하는 정보보호 최고책임자 협의회를 구성·운영할 수 있다.

⑥ 정부는 제5항에 따른 정보보호 최고책임자 협의회의 활동에 필요한 경비의 전부 또는 일부를 지원할 수 있다.

⑦ 정보보호 최고책임자의 자격요건 등에 필요한 사항은 대통령령으로 정한다.

제47조(정보보호 관리체계의 인증)

① 과학기술정보통신부장관은 정보통신망의 안정성·신뢰성 확보를 위하여 관리적·기술적·물리적 보호조치를 포함한 종합적 관리체계(이하 "정보보호 관리체계"라 한다)를 수립·운영하고 있는 자에 대하여 제4항에 따른 기준에 적합한지에 관하여 인증을 할 수 있다.

② 「전기통신사업법」 제2조 제8호에 따른 전기통신사업자와 전기통신사업자의 전기통신역무를 이용하여 정보를 제공하거나 정보의 제공을 매개하는 자로서 다음 각 호의 어느 하나에 해당하는 자는 제1항에 따른 인증을 받아야 한다.

1. 「전기통신사업법」 제6조 제1항에 따른 등록을 한 자로서 대통령령으로 정하는 바에 따라 정보통신망 서비스를 제공하는 자(이하 "주요정보통신서비스 제공자"라 한다)

2. 집적정보통신시설 사업자

3. 연간 매출액 또는 세입 등이 1,500억 원 이상이거나 정보통신서비스 부문 전년도 매출액이 100억 원 이상 또는 3개월간의 일일평균 이용자수 100만 명 이상으로서, 대통령령으로 정하는 기준에 해당하는 자

③ 과학기술정보통신부장관은 제2항에 따라 인증을 받아야 하는 자가 과학기술정보통신부령으로 정하는 바에 따라 국제표준 정보보호 인증을 받거나 정보보호 조치를 취한 경우에는 제1항에 따른 인증 심사의 일부를 생략할 수 있다. 이 경우 인증 심사의 세부 생략 범위에 대해서는 과학기술정보통신부장관이 정하여 고시한다.

④ 과학기술정보통신부장관은 제1항에 따른 정보보호 관리체계 인증을 위하여 관리적·기술적·물리적 보호대책을 포함한 인증기준 등 그 밖에 필요한 사항을 정하여 고시할 수 있다.

⑤ 제1항에 따른 정보보호 관리체계 인증의 유효기간은 3년으로 한다. 다만, 제47조의5 제1항에 따라 정보보호 관리등급을 받은 경우 그 유효기간 동안 제1항의 인증을 받은 것으로 본다.

⑥ 과학기술정보통신부장관은 한국인터넷진흥원 또는 과학기술정보통신부장관이 지정한 기관(이하 "정보보호 관리체계 인증기관"이라 한다)으로 하여금 제1항 및 제2항에 따른 인증에 관한 업무로서 다음 각 호의 업무를 수행하게 할 수 있다.

1. 인증 신청인이 수립한 정보보호 관리체계가 제4항에 따른 인증기준에 적합한지 여부를 확인하기 위한 심사(이하 "인증심사"라 한다)

2. 인증심사 결과의 심의

3. 인증서 발급·관리

4. 인증의 사후관리

5. 정보보호 관리체계 인증심사원의 양성 및 자격관리

6. 그 밖에 정보보호 관리체계 인증에 관한 업무

⑦ 과학기술정보통신부장관은 인증에 관한 업무를 효율적으로 수행하기 위하여 필요한 경우 인증심사 업무를 수행하는 기관(이하 "정보보호 관리체계 심사기관"이라 한다)을 지정할 수 있다.

⑧ 한국인터넷진흥원, 정보보호 관리체계 인증기관 및 정보보호 관리체계 심사기관은 정보보호 관리체계의 실효성 제고를 위하여 연 1회 이상 사후관리를 실시하고 그 결과를 과학기술정보통신부장관에게 통보하여야 한다.

⑨ 제1항 및 제2항에 따라 정보보호 관리체계의 인증을 받은 자는 대통령령으로 정하는 바에 따라 인증의 내용을 표시하거나 홍보할 수 있다.

⑩ 과학기술정보통신부장관은 다음 각 호의 어느 하나에 해당하는 사유를 발견한 경우에는 인증을 취소할 수 있다. 다만, 제1호에 해당하는 경우에는 인증을 취소하여야 한다.

1. 거짓이나 그 밖의 부정한 방법으로 정보보호 관리체계 인증을 받은 경우

2. 제4항에 따른 인증기준에 미달하게 된 경우

3. 제8항에 따른 사후관리를 거부 또는 방해한 경우

⑪ 제1항 및 제2항에 따른 인증의 방법·절차·범위·수수료, 제8항에 따른 사후관리의 방법·절차, 제10항에 따른 인증취소의 방법·절차, 그 밖에 필요한 사항은 대통령령으로 정한다.

⑫ 정보보호 관리체계 인증기관 및 정보보호 관리체계 심사기관 지정의 기준·절차·유효기간 등에 필요한 사항은 대통령령으로 정한다.

제48조(정보통신망 침해행위 등의 금지)

① 누구든지 정당한 접근권한 없이 또는 허용된 접근권한을 넘어 정보통신망에 침입하여서는 아니 된다.

② 누구든지 정당한 사유 없이 정보통신시스템, 데이터 또는 프로그램 등을 훼손·멸실·변경·위조하거나 그 운용을 방해할 수 있는 프로그램(이하 "악성프로그램"이라 한다)을 전달 또는 유포하여서는 아니 된다.

③ 누구든지 정보통신망의 안정적 운영을 방해할 목적으로 대량의 신호 또는 데이터를 보내거나 부정한 명령을 처리하도록 하는 등의 방법으로 정보통신망에 장애가 발생하게 하여서는 아니 된다.

제48조의2(침해사고의 대응 등)

① 과학기술정보통신부장관은 침해사고에 적절히 대응하기 위하여 다음 각 호의 업무를 수행하고, 필요하면 업무의 전부 또는 일부를 한국인터넷진흥원이 수행하도록 할 수 있다.

　1. 침해사고에 관한 정보의 수집·전파

　2. 침해사고의 예보·경보

　3. 침해사고에 대한 긴급조치

　4. 그 밖에 대통령령으로 정하는 침해사고 대응조치

② 다음 각 호의 어느 하나에 해당하는 자는 대통령령으로 정하는 바에 따라 침해사고의 유형별 통계, 해당 정보통신망의 소통량 통계 및 접속경로별 이용 통계 등 침해사고 관련 정보를 과학기술정보통신부장관이나 한국인터넷진흥원에 제공하여야 한다.

　1. 주요정보통신서비스 제공자

　2. 집적정보통신시설 사업자

　3. 그 밖에 정보통신망을 운영하는 자로서 대통령령으로 정하는 자

③ 한국인터넷진흥원은 제2항에 따른 정보를 분석하여 과학기술정보통신부장관에게 보고하여야 한다.

④ 과학기술정보통신부장관은 제2항에 따라 정보를 제공하여야 하는 사업자가 정당한 사유 없이 정보의 제공을 거부하거나 거짓 정보를 제공하면 상당한 기간을 정하여 그 사업자에게 시정을 명할 수 있다.

⑤ 과학기술정보통신부장관이나 한국인터넷진흥원은 제2항에 따라 제공받은 정보를 침해사고의 대응을 위하여 필요한 범위에서만 정당하게 사용하여야 한다.

⑥ 과학기술정보통신부장관이나 한국인터넷진흥원은 침해사고의 대응을 위하여 필요하면 제2항 각 호의 어느 하나에 해당하는 자에게 인력지원을 요청할 수 있다.

제48조의3(침해사고의 신고 등)

① 다음 각 호의 어느 하나에 해당하는 자는 침해사고가 발생하면 즉시 그 사실을 과학기술정보통신부장관이나 한국인터넷진흥원에 신고하여야 한다. 이 경우 「정보통신기반 보호법」 제13조 제1항에 따른 통지가 있으면 전단에 따른 신고를 한 것으로 본다.

1. 정보통신서비스 제공자
2. 집적정보통신시설 사업자

② 과학기술정보통신부장관이나 한국인터넷진흥원은 제1항에 따라 침해사고의 신고를 받거나 침해사고를 알게 되면 제48조의2 제1항 각 호에 따른 필요한 조치를 하여야 한다.

제48조의4(침해사고의 원인 분석 등)

① 정보통신서비스 제공자 등 정보통신망을 운영하는 자는 침해사고가 발생하면 침해사고의 원인을 분석하고 피해의 확산을 방지하여야 한다.

② 과학기술정보통신부장관은 정보통신서비스 제공자의 정보통신망에 중대한 침해사고가 발생하면 피해 확산 방지, 사고대응, 복구 및 재발 방지를 위하여 정보보호에 전문성을 갖춘 민·관합동조사단을 구성하여 그 침해사고의 원인 분석을 할 수 있다.

③ 과학기술정보통신부장관은 제2항에 따른 침해사고의 원인을 분석하기 위하여 필요하다고 인정하면 정보통신서비스 제공자와 집적정보통신시설 사업자에게 정보통신망의 접속기록 등 관련 자료의 보전을 명할 수 있다.

④ 과학기술정보통신부장관은 침해사고의 원인을 분석하기 위하여 필요하면 정보통신서비스 제공자와 집적정보통신시설 사업자에게 침해사고 관련 자료의 제출을 요구할 수 있으며, 제2항에 따른 민·관합동조사단에게 관계인의 사업장에 출입하여 침해사고 원인을 조사하도록 할 수 있다. 다만, 「통신비밀보호법」 제2조 제11호에 따른 통신사실확인자료에 해당하는 자료의 제출은 같은 법으로 정하는 바에 따른다.

⑤ 과학기술정보통신부장관이나 민·관합동조사단은 제4항에 따라 제출받은 자료와 조사를 통하여 알게 된 정보를 침해사고의 원인 분석 및 대책 마련 외의 목적으로는 사용하지 못하며, 원인 분석이 끝난 후에는 즉시 파기하여야 한다.

⑥ 제2항에 따른 민·관합동조사단의 구성과 제4항에 따라 제출된 침해사고 관련 자료의 보호 등에 필요한 사항은 대통령령으로 정한다.

제51조(중요 정보의 국외유출 제한 등)

① 정부는 국내의 산업·경제 및 과학기술 등에 관한 중요 정보가 정보통신망을 통하여 국외로 유출되는 것을 방지하기 위하여 정보통신서비스 제공자 또는 이용자에게 필요한 조치를 하도록 할 수 있다.

② 제1항에 따른 중요 정보의 범위는 다음 각 호와 같다.
1. 국가안전보장과 관련된 보안정보 및 주요 정책에 관한 정보
2. 국내에서 개발된 첨단과학 기술 또는 기기의 내용에 관한 정보

③ 정부는 제2항 각 호에 따른 정보를 처리하는 정보통신서비스 제공자에게 다음 각 호의 조치를 하도록 할 수 있다.
1. 정보통신망의 부당한 이용을 방지할 수 있는 제도적·기술적 장치의 설정
2. 정보의 불법파괴 또는 불법조작을 방지할 수 있는 제도적·기술적 조치
3. 정보통신서비스 제공자가 처리 중 알게 된 중요 정보의 유출을 방지할 수 있는 조치

제 2 장 개인정보보호 관리체계

제 1 절 개인정보보호 개요

1 개인정보란?

「개인정보 보호법」에서 정의하는 개인정보는 살아 있는 개인에 관한 정보를 말한다.

(1) 개인정보

① 성명, 주민등록번호 및 영상 등을 통하여 개인을 알아볼 수 있는 정보

② 해당 정보만으로는 특정 개인을 알아볼 수 없더라도 다른 정보와 쉽게 결합하여 알아볼 수 있는 정보

③ ① 또는 ②를 가명처리함으로써 원래의 상태로 복원하기 위한 추가 정보의 사용, 결합 없이는 특정 개인을 알아볼 수 없는 정보(가명정보)

④ 따라서 개인정보의 주체는 자연인(自然人)이어야 하며, 법인(法人) 또는 단체의 정보는 해당되지 않음. 즉 법인의 상호, 영업 소재지, 임원 정보, 영업실적 등의 정보는 「개인정보 보호법」에서 보호하는 개인정보의 범위에 해당되지 않음

(2) 개인정보 해당 여부 판단 기준

① 「개인정보 보호법」 등 관련 법률에서 규정하고 있는 개인정보의 개념은 다음과 같으며, 이에 해당하지 않는 경우에는 개인정보가 아님

② 개인정보는 (i) 살아있는, (ii) 개인에 관한, (iii) 정보로서, (iv) 개인을 알아볼 수 있는 정보이며, (v) 해당 정보만으로는 특정 개인을 알아볼 수 없더라도 다른 정보와 쉽게 결합하여 알아 볼 수 있는 정보를 포함. 살아있는 자에 관한 정보이어야 하므로 사망한 자, 자연인이 아닌 법인, 단체 또는 사물 등에 관한 정보는 개인정보에 해당하지 않음

③ 또한, 개인을 알아볼 수 있는 정보 또는 다른 정보와 쉽게 결합하여 알아 볼 수 있는 정보를 가명처리함으로써 원래 상태로 복원하기 위한 추가 정보의 사용, 결합 없이 특정 개인을 알아 볼 수 없는 정보인 가명정보도 개인정보에 해당

(3) 개인정보의 중요성

① 개인정보는 전자상거래, 고객관리, 금융거래 등 사회의 구성·유지·발전을 위한 필수적인 요소로
서 기능. 그러나 개인정보가 누군가에 의해 악의적인 목적으로 이용되거나 유출될 경우 개인의 사생
활에 큰 피해를 줄 뿐만 아니라 개인 안전과 재산에 피해를 줄 수 있음
② **개인정보의 범죄악용 예**
유출된 개인정보는 스팸메일, 불법 텔레마케팅 등에 악용되어 개인에게 원치 않는 광고성 정보가
끊임없이 전송되는 동시에 대량의 스팸메일 발송을 위한 계정 도용, 보이스 피싱 등 범죄행위에 악
용될 우려가 있음

2 개인정보의 종류

(1) 개인정보는 개인의 성명, 주민등록번호 등 인적 사항에서부터 사회·경제적 지위와 상태, 교육, 건강·의료, 재산, 문화 활동 및 정치적 성향과 같은 내면의 비밀에 이르기까지 그 종류가 매우 다양하고 폭넓음

(2) 또한, 사업자의 서비스에 이용자(고객)가 직접 회원으로 가입하거나 등록할 때 사업자에게 제공하는 정보뿐만 아니라, 이용자가 서비스를 이용하는 과정에서 생성되는 통화 내역, 로그기록, 구매 내역 등도 개인정보가 될 수 있음

3 개인정보의 유형

구분		내용
인적사항	일반정보	성명, 주민등록번호, 주소, 연락처, 생년월일, 출생지, 성별 등
	가족정보	가족관계 및 가족구성원 정보 등
신체적 정보	신체정보	얼굴, 홍채, 음성, 유전자 정보, 지문, 키, 몸무게 등
	의료·건강정보	건강상태, 진료기록, 신체장애, 장애등급, 병력, 혈액형, IQ, 약물테스트 등의 신체검사 정보 등
정신적 정보	기호·성향정보	도서·비디오 등 대여기록, 잡지구독정보, 물품구매내역, 웹사이트 검색내역 등
	내면의 비밀정보	도서·비디오 등 대여기록, 잡지구독정보, 물품구매내역, 웹사이트 검색내역 등
사회적 정보	교육정보	학력, 성적, 출석상황, 기술 자격증 및 전문 면허증 보유내역, 상벌기록, 생활기록부, 건강기록부 등
	병역정보	병역여부, 군번 및 계급, 제대유형, 근무부대, 주특기 등
	근로정보	직장, 고용주, 근무처, 근로경력, 상벌기록, 직무평가기록 등
	법적정보	전과·범죄 기록, 재판 기록, 과태료 납부내역 등
재산적 정보	소득정보	봉급액, 보너스 및 수수료, 이자소득, 사업소득 등
	신용정보	봉급액, 보너스 및 수수료, 이자소득, 사업소득 등
	부동산정보	소유주택, 토지, 자동차, 기타소유차량, 상점 및 건물 등
	기타 수익 정보	보험(건강, 생명 등) 가입현황, 휴가, 병가 등
기타 정보	통신정보	E-Mail 주소, 전화통화내역, 로그파일, 쿠키 등
	위치정보	GPS 및 휴대폰에 의한 개인의 위치정보
	습관 및 취미정보	흡연여부, 음주량, 선호하는 스포츠 및 오락, 여가활동, 도박성향 등

※ 출처 : 개인정보보호 포털 사이트(https://www.privacy.go.kr)

제 2 절 　관련 법률 중요 ★★★

1 　개인정보 보호법
[시행 2020. 8. 5.] [법률 제16930호, 2020. 2. 4., 일부개정]

제1조(목적)

이 법은 개인정보의 처리 및 보호에 관한 사항을 정함으로써 개인의 자유와 권리를 보호하고, 나아가 개인의 존엄과 가치를 구현함을 목적으로 한다.

제2조(정의)

이 법에서 사용하는 용어의 뜻은 다음과 같다.

1. "개인정보"란 살아 있는 개인에 관한 정보로서 다음 각 목의 어느 하나에 해당하는 정보를 말한다.
    가. 성명, 주민등록번호 및 영상 등을 통하여 개인을 알아볼 수 있는 정보
    나. 해당 정보만으로는 특정 개인을 알아볼 수 없더라도 다른 정보와 쉽게 결합하여 알아볼 수 있는 정보. 이 경우 쉽게 결합할 수 있는지 여부는 다른 정보의 입수 가능성 등 개인을 알아보는 데 소요되는 시간, 비용, 기술 등을 합리적으로 고려하여야 한다.
    다. 가목 또는 나목을 제1호의2에 따라 가명처리함으로써 원래의 상태로 복원하기 위한 추가 정보의 사용·결합 없이는 특정 개인을 알아볼 수 없는 정보(이하 "가명정보"라 한다)
1의2. "가명처리"란 개인정보의 일부를 삭제하거나 일부 또는 전부를 대체하는 등의 방법으로 추가 정보가 없이는 특정 개인을 알아볼 수 없도록 처리하는 것을 말한다.
2. "처리"란 개인정보의 수집, 생성, 연계, 연동, 기록, 저장, 보유, 가공, 편집, 검색, 출력, 정정(訂正), 복구, 이용, 제공, 공개, 파기(破棄), 그 밖에 이와 유사한 행위를 말한다.
3. "정보주체"란 처리되는 정보에 의하여 알아볼 수 있는 사람으로서 그 정보의 주체가 되는 사람을 말한다.
4. "개인정보파일"이란 개인정보를 쉽게 검색할 수 있도록 일정한 규칙에 따라 체계적으로 배열하거나 구성한 개인정보의 집합물(集合物)을 말한다.
5. "개인정보처리자"란 업무를 목적으로 개인정보파일을 운용하기 위하여 스스로 또는 다른 사람을 통하여 개인정보를 처리하는 공공기관, 법인, 단체 및 개인 등을 말한다.
6. "공공기관"이란 다음 각 목의 기관을 말한다.
    가. 국회, 법원, 헌법재판소, 중앙선거관리위원회의 행정사무를 처리하는 기관, 중앙행정기관(대통령 소속 기관과 국무총리 소속 기관을 포함한다) 및 그 소속 기관, 지방자치단체
    나. 그 밖의 국가기관 및 공공단체 중 대통령령으로 정하는 기관
7. "영상정보처리기기"란 일정한 공간에 지속적으로 설치되어 사람 또는 사물의 영상 등을 촬영하거나 이를 유·무선망을 통하여 전송하는 장치로서 대통령령으로 정하는 장치를 말한다.
8. "과학적 연구"란 기술의 개발과 실증, 기초연구, 응용연구 및 민간 투자 연구 등 과학적 방법을 적용하는 연구를 말한다.

제3조(개인정보 보호 원칙)

① 개인정보처리자는 개인정보의 처리 목적을 명확하게 하여야 하고 그 목적에 필요한 범위에서 최소한의 개인정보만을 적법하고 정당하게 수집하여야 한다.

② 개인정보처리자는 개인정보의 처리 목적에 필요한 범위에서 적합하게 개인정보를 처리하여야 하며, 그 목적 외의 용도로 활용하여서는 아니 된다.

③ 개인정보처리자는 개인정보의 처리 목적에 필요한 범위에서 개인정보의 정확성, 완전성 및 최신성이 보장되도록 하여야 한다.

④ 개인정보처리자는 개인정보의 처리 방법 및 종류 등에 따라 정보주체의 권리가 침해받을 가능성과 그 위험 정도를 고려하여 개인정보를 안전하게 관리하여야 한다.

⑤ 개인정보처리자는 개인정보 처리방침 등 개인정보의 처리에 관한 사항을 공개하여야 하며, 열람청구권 등 정보주체의 권리를 보장하여야 한다.

⑥ 개인정보처리자는 정보주체의 사생활 침해를 최소화하는 방법으로 개인정보를 처리하여야 한다.

⑦ 개인정보처리자는 개인정보를 익명 또는 가명으로 처리하여도 개인정보 수집목적을 달성할 수 있는 경우 익명처리가 가능한 경우에는 익명에 의하여, 익명처리로 목적을 달성할 수 없는 경우에는 가명에 의하여 처리될 수 있도록 하여야 한다.

⑧ 개인정보처리자는 이 법 및 관계 법령에서 규정하고 있는 책임과 의무를 준수하고 실천함으로써 정보주체의 신뢰를 얻기 위하여 노력하여야 한다.

제4조(정보주체의 권리)

정보주체는 자신의 개인정보 처리와 관련하여 다음 각 호의 권리를 가진다.

1. 개인정보의 처리에 관한 정보를 제공받을 권리
2. 개인정보의 처리에 관한 동의 여부, 동의 범위 등을 선택하고 결정할 권리
3. 개인정보의 처리 여부를 확인하고 개인정보에 대하여 열람(사본의 발급을 포함한다. 이하 같다)을 요구할 권리
4. 개인정보의 처리 정지, 정정·삭제 및 파기를 요구할 권리
5. 개인정보의 처리로 인하여 발생한 피해를 신속하고 공정한 절차에 따라 구제받을 권리

제5조(국가 등의 책무)

① 국가와 지방자치단체는 개인정보의 목적 외 수집, 오용·남용 및 무분별한 감시·추적 등에 따른 폐해를 방지하여 인간의 존엄과 개인의 사생활 보호를 도모하기 위한 시책을 강구하여야 한다.

② 국가와 지방자치단체는 제4조에 따른 정보주체의 권리를 보호하기 위하여 법령의 개선 등 필요한 시책을 마련하여야 한다.

③ 국가와 지방자치단체는 개인정보의 처리에 관한 불합리한 사회적 관행을 개선하기 위하여 개인정보처리자의 자율적인 개인정보 보호활동을 존중하고 촉진·지원하여야 한다.

④ 국가와 지방자치단체는 개인정보의 처리에 관한 법령 또는 조례를 제정하거나 개정하는 경우에는 이 법의 목적에 부합되도록 하여야 한다.

제6조(다른 법률과의 관계)

개인정보 보호에 관하여는 다른 법률에 특별한 규정이 있는 경우를 제외하고는 이 법에서 정하는 바에 따른다.

제7조(개인정보 보호위원회)

① 개인정보 보호에 관한 사무를 독립적으로 수행하기 위하여 국무총리 소속으로 개인정보 보호위원회(이하 "보호위원회"라 한다)를 둔다.

② 보호위원회는 「정부조직법」 제2조에 따른 중앙행정기관으로 본다. 다만, 다음 각 호의 사항에 대하여는 「정부조직법」 제18조를 적용하지 아니한다.

　1. 제7조의8 제3호 및 제4호의 사무

　2. 제7조의9 제1항의 심의·의결 사항 중 제1호에 해당하는 사항

제7조의2(보호위원회의 구성 등)

① 보호위원회는 상임위원 2명(위원장 1명, 부위원장 1명)을 포함한 9명의 위원으로 구성한다.

② 보호위원회의 위원은 개인정보 보호에 관한 경력과 전문지식이 풍부한 다음 각 호의 사람 중에서 위원장과 부위원장은 국무총리의 제청으로, 그 외 위원 중 2명은 위원장의 제청으로, 2명은 대통령이 소속되거나 소속되었던 정당의 교섭단체 추천으로, 3명은 그 외의 교섭단체 추천으로 대통령이 임명 또는 위촉한다.

　1. 개인정보 보호 업무를 담당하는 3급 이상 공무원(고위공무원단에 속하는 공무원을 포함한다)의 직에 있거나 있었던 사람

　2. 판사·검사·변호사의 직에 10년 이상 있거나 있었던 사람

　3. 공공기관 또는 단체(개인정보처리자로 구성된 단체를 포함한다)에 3년 이상 임원으로 재직하였거나 이들 기관 또는 단체로부터 추천받은 사람으로서 개인정보 보호 업무를 3년 이상 담당하였던 사람

　4. 개인정보 관련 분야에 전문지식이 있고 「고등교육법」 제2조 제1호에 따른 학교에서 부교수 이상으로 5년 이상 재직하고 있거나 재직하였던 사람

③ 위원장과 부위원장은 정무직 공무원으로 임명한다.

④ 위원장, 부위원장, 제7조의13에 따른 사무처의 장은 「정부조직법」 제10조에도 불구하고 정부위원이 된다.

제7조의3(위원장)

① 위원장은 보호위원회를 대표하고, 보호위원회의 회의를 주재하며, 소관 사무를 총괄한다.

② 위원장이 부득이한 사유로 직무를 수행할 수 없을 때에는 부위원장이 그 직무를 대행하고, 위원장·부위원장이 모두 부득이한 사유로 직무를 수행할 수 없을 때에는 위원회가 미리 정하는 위원이 위원장의 직무를 대행한다.

③ 위원장은 국회에 출석하여 보호위원회의 소관 사무에 관하여 의견을 진술할 수 있으며, 국회에서 요구하면 출석하여 보고하거나 답변하여야 한다.

④ 위원장은 국무회의에 출석하여 발언할 수 있으며, 그 소관 사무에 관하여 국무총리에게 의안 제출을 건의할 수 있다.

제7조의4(위원의 임기)

① 위원의 임기는 3년으로 하되, 한 차례만 연임할 수 있다.

② 위원이 궐위된 때에는 지체 없이 새로운 위원을 임명 또는 위촉하여야 한다. 이 경우 후임으로 임명 또는 위촉된 위원의 임기는 새로이 개시된다.

제7조의5(위원의 신분보장)

① 위원은 다음 각 호의 어느 하나에 해당하는 경우를 제외하고는 그 의사에 반하여 면직 또는 해촉되지 아니한다.

    1. 장기간 심신장애로 인하여 직무를 수행할 수 없게 된 경우

    2. 제7조의7의 결격사유에 해당하는 경우

    3. 이 법 또는 그 밖의 다른 법률에 따른 직무상의 의무를 위반한 경우

② 위원은 법률과 양심에 따라 독립적으로 직무를 수행한다.

제7조의6(겸직금지 등)

① 위원은 재직 중 다음 각 호의 직(職)을 겸하거나 직무와 관련된 영리업무에 종사하여서는 아니 된다.

    1. 국회의원 또는 지방의회의원

    2. 국가공무원 또는 지방공무원

    3. 그 밖에 대통령령으로 정하는 직

② 제1항에 따른 영리업무에 관한 사항은 대통령령으로 정한다.

③ 위원은 정치활동에 관여할 수 없다.

제7조의7(결격사유)

① 다음 각 호의 어느 하나에 해당하는 사람은 위원이 될 수 없다.

    1. 대한민국 국민이 아닌 사람

    2. 「국가공무원법」 제33조 각 호의 어느 하나에 해당하는 사람

    3. 「정당법」 제22조에 따른 당원

② 위원이 제1항 각 호의 어느 하나에 해당하게 된 때에는 그 직에서 당연 퇴직한다. 다만, 「국가공무원법」 제33조 제2호는 파산선고를 받은 사람으로서 「채무자 회생 및 파산에 관한 법률」에 따라 신청기한 내에 면책신청을 하지 아니하였거나 면책불허가 결정 또는 면책 취소가 확정된 경우만 해당하고, 같은 법 제33조 제5호는 「형법」 제129조부터 제132조까지, 「성폭력범죄의 처벌 등에 관한 특례법」 제2조, 「아동·청소년의 성보호에 관한 법률」 제2조 제2호 및 직무와 관련하여 「형법」 제355조 또는 제356조에 규정된 죄를 범한 사람으로서 금고 이상의 형의 선고유예를 받은 경우만 해당한다.

제7조의8(보호위원회의 소관 사무)

보호위원회는 다음 각 호의 소관 사무를 수행한다.

1. 개인정보의 보호와 관련된 법령의 개선에 관한 사항

2. 개인정보 보호와 관련된 정책·제도·계획 수립·집행에 관한 사항

3. 정보주체의 권리침해에 대한 조사 및 이에 따른 처분에 관한 사항

4. 개인정보의 처리와 관련한 고충처리·권리구제 및 개인정보에 관한 분쟁의 조정

5. 개인정보 보호를 위한 국제기구 및 외국의 개인정보 보호기구와의 교류·협력

6. 개인정보 보호에 관한 법령·정책·제도·실태 등의 조사·연구, 교육 및 홍보에 관한 사항

7. 개인정보 보호에 관한 기술개발의 지원·보급 및 전문인력의 양성에 관한 사항

8. 이 법 및 다른 법령에 따라 보호위원회의 사무로 규정된 사항

제7조의9(보호위원회의 심의·의결 사항 등)

① 보호위원회는 다음 각 호의 사항을 심의·의결한다.

1. 제8조의2에 따른 개인정보 침해요인 평가에 관한 사항

2. 제9조에 따른 기본계획 및 제10조에 따른 시행계획에 관한 사항

3. 개인정보 보호와 관련된 정책, 제도 및 법령의 개선에 관한 사항

4. 개인정보의 처리에 관한 공공기관 간의 의견조정에 관한 사항

5. 개인정보 보호에 관한 법령의 해석·운용에 관한 사항

6. 제18조 제2항 제5호에 따른 개인정보의 이용·제공에 관한 사항

7. 제33조 제3항에 따른 영향평가 결과에 관한 사항

8. 제28조의6, 제34조의2, 제39조의15에 따른 과징금 부과에 관한 사항

9. 제61조에 따른 의견제시 및 개선권고에 관한 사항

10. 제64조에 따른 시정조치 등에 관한 사항

11. 제65조에 따른 고발 및 징계권고에 관한 사항

12. 제66조에 따른 처리 결과의 공표에 관한 사항

13. 제75조에 따른 과태료 부과에 관한 사항

14. 소관 법령 및 보호위원회 규칙의 제정·개정 및 폐지에 관한 사항

15. 개인정보 보호와 관련하여 보호위원회의 위원장 또는 위원 2명 이상이 회의에 부치는 사항

16. 그 밖에 이 법 또는 다른 법령에 따라 보호위원회가 심의·의결하는 사항

② 보호위원회는 제1항 각 호의 사항을 심의·의결하기 위하여 필요한 경우 다음 각 호의 조치를 할 수 있다.

1. 관계 공무원, 개인정보 보호에 관한 전문 지식이 있는 사람이나 시민사회단체 및 관련 사업자로부터의 의견 청취

2. 관계 기관 등에 대한 자료제출이나 사실조회 요구

③ 제2항 제2호에 따른 요구를 받은 관계 기관 등은 특별한 사정이 없으면 이에 따라야 한다.

④ 보호위원회는 제1항 제3호의 사항을 심의·의결한 경우에는 관계 기관에 그 개선을 권고할 수 있다.

⑤ 보호위원회는 제4항에 따른 권고 내용의 이행 여부를 점검할 수 있다.

제15조(개인정보의 수집·이용)

① 개인정보처리자는 다음 각 호의 어느 하나에 해당하는 경우에는 개인정보를 수집할 수 있으며 그 수집 목적의 범위에서 이용할 수 있다.

1. 정보주체의 동의를 받은 경우

2. 법률에 특별한 규정이 있거나 법령상 의무를 준수하기 위하여 불가피한 경우

   3. 공공기관이 법령 등에서 정하는 소관 업무의 수행을 위하여 불가피한 경우

   4. 정보주체와의 계약의 체결 및 이행을 위하여 불가피하게 필요한 경우

   5. 정보주체 또는 그 법정대리인이 의사표시를 할 수 없는 상태에 있거나 주소불명 등으로 사전 동의를 받을 수 없는 경우로서 명백히 정보주체 또는 제3자의 급박한 생명, 신체, 재산의 이익을 위하여 필요하다고 인정되는 경우

   6. 개인정보처리자의 정당한 이익을 달성하기 위하여 필요한 경우로서 명백하게 정보주체의 권리보다 우선하는 경우. 이 경우 개인정보처리자의 정당한 이익과 상당한 관련이 있고 합리적인 범위를 초과하지 아니하는 경우에 한한다.

② 개인정보처리자는 제1항 제1호에 따른 동의를 받을 때에는 다음 각 호의 사항을 정보주체에게 알려야 한다. 다음 각 호의 어느 하나의 사항을 변경하는 경우에도 이를 알리고 동의를 받아야 한다.

   1. 개인정보의 수집·이용 목적

   2. 수집하려는 개인정보의 항목

   3. 개인정보의 보유 및 이용 기간

   4. 동의를 거부할 권리가 있다는 사실 및 동의 거부에 따른 불이익이 있는 경우에는 그 불이익의 내용

③ 개인정보처리자는 당초 수집 목적과 합리적으로 관련된 범위에서 정보주체에게 불이익이 발생하는지 여부, 암호화 등 안전성 확보에 필요한 조치를 하였는지 여부 등을 고려하여 대통령령으로 정하는 바에 따라 정보주체의 동의 없이 개인정보를 이용할 수 있다.

제16조(개인정보의 수집 제한)

① 개인정보처리자는 제15조 제1항 각 호의 어느 하나에 해당하여 개인정보를 수집하는 경우에는 그 목적에 필요한 최소한의 개인정보를 수집하여야 한다. 이 경우 최소한의 개인정보 수집이라는 입증책임은 개인정보처리자가 부담한다.

② 개인정보처리자는 정보주체의 동의를 받아 개인정보를 수집하는 경우 필요한 최소한의 정보 외의 개인정보 수집에는 동의하지 아니할 수 있다는 사실을 구체적으로 알리고 개인정보를 수집하여야 한다.

③ 개인정보처리자는 정보주체가 필요한 최소한의 정보 외의 개인정보 수집에 동의하지 아니한다는 이유로 정보주체에게 재화 또는 서비스의 제공을 거부하여서는 아니 된다.

제17조(개인정보의 제공)

① 개인정보처리자는 다음 각 호의 어느 하나에 해당되는 경우에는 정보주체의 개인정보를 제3자에게 제공(공유를 포함한다. 이하 같다)할 수 있다.

   1. 정보주체의 동의를 받은 경우

   2. 제15조 제1항 제2호·제3호·제5호 및 제39조의3 제2항 제2호·제3호에 따라 개인정보를 수집한 목적 범위에서 개인정보를 제공하는 경우

② 개인정보처리자는 제1항 제1호에 따른 동의를 받을 때에는 다음 각 호의 사항을 정보주체에게 알려야 한다. 다음 각 호의 어느 하나의 사항을 변경하는 경우에도 이를 알리고 동의를 받아야 한다.

   1. 개인정보를 제공받는 자

   2. 개인정보를 제공받는 자의 개인정보 이용 목적

   3. 제공하는 개인정보의 항목

4. 개인정보를 제공받는 자의 개인정보 보유 및 이용 기간

5. 동의를 거부할 권리가 있다는 사실 및 동의 거부에 따른 불이익이 있는 경우에는 그 불이익의 내용

③ 개인정보처리자가 개인정보를 국외의 제3자에게 제공할 때에는 제2항 각 호에 따른 사항을 정보주체에게 알리고 동의를 받아야 하며, 이 법을 위반하는 내용으로 개인정보의 국외 이전에 관한 계약을 체결하여서는 아니 된다.

④ 개인정보처리자는 당초 수집 목적과 합리적으로 관련된 범위에서 정보주체에게 불이익이 발생하는지 여부, 암호화 등 안전성 확보에 필요한 조치를 하였는지 여부 등을 고려하여 대통령령으로 정하는 바에 따라 정보주체의 동의 없이 개인정보를 제공할 수 있다.

제18조(개인정보의 목적 외 이용·제공 제한)

① 개인정보처리자는 개인정보를 제15조 제1항 및 제39조의3 제1항 및 제2항에 따른 범위를 초과하여 이용하거나 제17조 제1항 및 제3항에 따른 범위를 초과하여 제3자에게 제공하여서는 아니 된다.

② 제1항에도 불구하고 개인정보처리자는 다음 각 호의 어느 하나에 해당하는 경우에는 정보주체 또는 제3자의 이익을 부당하게 침해할 우려가 있을 때를 제외하고는 개인정보를 목적 외의 용도로 이용하거나 이를 제3자에게 제공할 수 있다. 다만, 이용자(「정보통신망 이용촉진 및 정보보호 등에 관한 법률」 제2조 제1항 제4호에 해당하는 자를 말한다. 이하 같다)의 개인정보를 처리하는 정보통신서비스 제공자(「정보통신망 이용촉진 및 정보보호 등에 관한 법률」 제2조 제1항 제3호에 해당하는 자를 말한다. 이하 같다)의 경우 제1호·제2호의 경우로 한정하고, 제5호부터 제9호까지의 경우는 공공기관의 경우로 한정한다.

1. 정보주체로부터 별도의 동의를 받은 경우

2. 다른 법률에 특별한 규정이 있는 경우

3. 정보주체 또는 그 법정대리인이 의사표시를 할 수 없는 상태에 있거나 주소불명 등으로 사전 동의를 받을 수 없는 경우로서 명백히 정보주체 또는 제3자의 급박한 생명, 신체, 재산의 이익을 위하여 필요하다고 인정되는 경우

4. 삭제

5. 개인정보를 목적 외의 용도로 이용하거나 이를 제3자에게 제공하지 아니하면 다른 법률에서 정하는 소관 업무를 수행할 수 없는 경우로서 보호위원회의 심의·의결을 거친 경우

6. 조약, 그 밖의 국제협정의 이행을 위하여 외국정부 또는 국제기구에 제공하기 위하여 필요한 경우

7. 범죄의 수사와 공소의 제기 및 유지를 위하여 필요한 경우

8. 법원의 재판업무 수행을 위하여 필요한 경우

9. 형(刑) 및 감호, 보호처분의 집행을 위하여 필요한 경우

③ 개인정보처리자는 제2항 제1호에 따른 동의를 받을 때에는 다음 각 호의 사항을 정보주체에게 알려야 한다. 다음 각 호의 어느 하나의 사항을 변경하는 경우에도 이를 알리고 동의를 받아야 한다.

1. 개인정보를 제공받는 자

2. 개인정보의 이용 목적(제공 시에는 제공받는 자의 이용 목적을 말한다)

3. 이용 또는 제공하는 개인정보의 항목

4. 개인정보의 보유 및 이용 기간(제공 시에는 제공받는 자의 보유 및 이용 기간을 말한다)

5. 동의를 거부할 권리가 있다는 사실 및 동의 거부에 따른 불이익이 있는 경우에는 그 불이익의 내용

④ 공공기관은 제2항 제2호부터 제6호까지, 제8호 및 제9호에 따라 개인정보를 목적 외의 용도로 이용하거나 이를 제3자에게 제공하는 경우에는 그 이용 또는 제공의 법적 근거, 목적 및 범위 등에 관하여 필요한 사항을 보호위원회가 고시로 정하는 바에 따라 관보 또는 인터넷 홈페이지 등에 게재하여야 한다.

⑤ 개인정보처리자는 제2항 각 호의 어느 하나의 경우에 해당하여 개인정보를 목적 외의 용도로 제3자에게 제공하는 경우에는 개인정보를 제공받는 자에게 이용 목적, 이용 방법, 그 밖에 필요한 사항에 대하여 제한을 하거나, 개인정보의 안전성 확보를 위하여 필요한 조치를 마련하도록 요청하여야 한다. 이 경우 요청을 받은 자는 개인정보의 안전성 확보를 위하여 필요한 조치를 하여야 한다.

제19조(개인정보를 제공받은 자의 이용·제공 제한)

개인정보처리자로부터 개인정보를 제공받은 자는 다음 각 호의 어느 하나에 해당하는 경우를 제외하고는 개인정보를 제공받은 목적 외의 용도로 이용하거나 이를 제3자에게 제공하여서는 아니 된다.

1. 정보주체로부터 별도의 동의를 받은 경우
2. 다른 법률에 특별한 규정이 있는 경우

제20조(정보주체 이외로부터 수집한 개인정보의 수집 출처 등 고지)

① 개인정보처리자가 정보주체 이외로부터 수집한 개인정보를 처리하는 때에는 정보주체의 요구가 있으면 즉시 다음 각 호의 모든 사항을 정보주체에게 알려야 한다.
   1. 개인정보의 수집 출처
   2. 개인정보의 처리 목적
   3. 제37조에 따른 개인정보 처리의 정지를 요구할 권리가 있다는 사실

② 제1항에도 불구하고 처리하는 개인정보의 종류·규모, 종업원 수 및 매출액 규모 등을 고려하여 대통령령으로 정하는 기준에 해당하는 개인정보처리자가 제17조 제1항 제1호에 따라 정보주체 이외로부터 개인정보를 수집하여 처리하는 때에는 제1항 각 호의 모든 사항을 정보주체에게 알려야 한다. 다만, 개인정보처리자가 수집한 정보에 연락처 등 정보주체에게 알릴 수 있는 개인정보가 포함되지 아니한 경우에는 그러하지 아니하다.

③ 제2항 본문에 따라 알리는 경우 정보주체에게 알리는 시기·방법 및 절차 등 필요한 사항은 대통령령으로 정한다.

④ 제1항과 제2항 본문은 다음 각 호의 어느 하나에 해당하는 경우에는 적용하지 아니한다. 다만, 이 법에 따른 정보주체의 권리보다 명백히 우선하는 경우에 한한다.
   1. 고지를 요구하는 대상이 되는 개인정보가 제32조 제2항 각 호의 어느 하나에 해당하는 개인정보파일에 포함되어 있는 경우
   2. 고지로 인하여 다른 사람의 생명·신체를 해할 우려가 있거나 다른 사람의 재산과 그 밖의 이익을 부당하게 침해할 우려가 있는 경우

제21조(개인정보의 파기)

① 개인정보처리자는 보유기간의 경과, 개인정보의 처리 목적 달성 등 그 개인정보가 불필요하게 되었을 때에는 지체 없이 그 개인정보를 파기하여야 한다. 다만, 다른 법령에 따라 보존하여야 하는 경우에는 그러하지 아니하다.

② 개인정보처리자가 제1항에 따라 개인정보를 파기할 때에는 복구 또는 재생되지 아니하도록 조치하여야 한다.

③ 개인정보처리자가 제1항 단서에 따라 개인정보를 파기하지 아니하고 보존하여야 하는 경우에는 해당 개인정보 또는 개인정보파일을 다른 개인정보와 분리하여서 저장·관리하여야 한다.

④ 개인정보의 파기방법 및 절차 등에 필요한 사항은 대통령령으로 정한다.

제22조(동의를 받는 방법)

① 개인정보처리자는 이 법에 따른 개인정보의 처리에 대하여 정보주체(제6항에 따른 법정대리인을 포함한다. 이하 이 조에서 같다)의 동의를 받을 때에는 각각의 동의 사항을 구분하여 정보주체가 이를 명확하게 인지할 수 있도록 알리고 각각 동의를 받아야 한다.

② 개인정보처리자는 제1항의 동의를 서면(「전자문서 및 전자거래 기본법」 제2조 제1호에 따른 전자문서를 포함한다)으로 받을 때에는 개인정보의 수집·이용 목적, 수집·이용하려는 개인정보의 항목 등 대통령령으로 정하는 중요한 내용을 보호위원회가 고시로 정하는 방법에 따라 명확히 표시하여 알아보기 쉽게 하여야 한다.

③ 개인정보처리자는 제15조 제1항 제1호, 제17조 제1항 제1호, 제23조 제1항 제1호 및 제24조 제1항 제1호에 따라 개인정보의 처리에 대하여 정보주체의 동의를 받을 때에는 정보주체와의 계약 체결 등을 위하여 정보주체의 동의 없이 처리할 수 있는 개인정보와 정보주체의 동의가 필요한 개인정보를 구분하여야 한다. 이 경우 동의 없이 처리할 수 있는 개인정보라는 입증책임은 개인정보처리자가 부담한다.

④ 개인정보처리자는 정보주체에게 재화나 서비스를 홍보하거나 판매를 권유하기 위하여 개인정보의 처리에 대한 동의를 받으려는 때에는 정보주체가 이를 명확하게 인지할 수 있도록 알리고 동의를 받아야 한다.

⑤ 개인정보처리자는 정보주체가 제3항에 따라 선택적으로 동의할 수 있는 사항을 동의하지 아니하거나 제4항 및 제18조 제2항 제1호에 따른 동의를 하지 아니한다는 이유로 정보주체에게 재화 또는 서비스의 제공을 거부하여서는 아니 된다.

⑥ 개인정보처리자는 만 14세 미만 아동의 개인정보를 처리하기 위하여 이 법에 따른 동의를 받아야 할 때에는 그 법정대리인의 동의를 받아야 한다. 이 경우 법정대리인의 동의를 받기 위하여 필요한 최소한의 정보는 법정대리인의 동의 없이 해당 아동으로부터 직접 수집할 수 있다.

⑦ 제1항부터 제6항까지에서 규정한 사항 외에 정보주체의 동의를 받는 세부적인 방법 및 제6항에 따른 최소한의 정보의 내용에 관하여 필요한 사항은 개인정보의 수집매체 등을 고려하여 대통령령으로 정한다.

제23조(민감정보의 처리 제한)

① 개인정보처리자는 사상·신념, 노동조합·정당의 가입·탈퇴, 정치적 견해, 건강, 성생활 등에 관한 정보, 그 밖에 정보주체의 사생활을 현저히 침해할 우려가 있는 개인정보로서 대통령령으로 정하는 정보(이하 "민감정보"라 한다)를 처리하여서는 아니 된다. 다만, 다음 각 호의 어느 하나에 해당하는 경우에는 그러하지 아니하다.

1. 정보주체에게 제15조 제2항 각 호 또는 제17조 제2항 각 호의 사항을 알리고 다른 개인정보의 처리에 대한 동의와 별도로 동의를 받은 경우
2. 법령에서 민감정보의 처리를 요구하거나 허용하는 경우

② 개인정보처리자가 제1항 각 호에 따라 민감정보를 처리하는 경우에는 그 민감정보가 분실·도난·유출·위조·변조 또는 훼손되지 아니하도록 제29조에 따른 안전성 확보에 필요한 조치를 하여야 한다.

제24조(고유식별정보의 처리 제한)

① 개인정보처리자는 다음 각 호의 경우를 제외하고는 법령에 따라 개인을 고유하게 구별하기 위하여 부여된 식별정보로서 대통령령으로 정하는 정보(이하 "고유식별정보"라 한다)를 처리할 수 없다.

　　1. 정보주체에게 제15조 제2항 각 호 또는 제17조 제2항 각 호의 사항을 알리고 다른 개인정보의 처리에 대한 동의와 별도로 동의를 받은 경우

　　2. 법령에서 구체적으로 고유식별정보의 처리를 요구하거나 허용하는 경우

② 삭제

③ 개인정보처리자가 제1항 각 호에 따라 고유식별정보를 처리하는 경우에는 그 고유식별정보가 분실·도난·유출·위조·변조 또는 훼손되지 아니하도록 대통령령으로 정하는 바에 따라 암호화 등 안전성 확보에 필요한 조치를 하여야 한다.

④ 보호위원회는 처리하는 개인정보의 종류·규모, 종업원 수 및 매출액 규모 등을 고려하여 대통령령으로 정하는 기준에 해당하는 개인정보처리자가 제3항에 따라 안전성 확보에 필요한 조치를 하였는지에 관하여 대통령령으로 정하는 바에 따라 정기적으로 조사하여야 한다.

⑤ 보호위원회는 대통령령으로 정하는 전문기관으로 하여금 제4항에 따른 조사를 수행하게 할 수 있다.

제24조의2(주민등록번호 처리의 제한)

① 제24조 제1항에도 불구하고 개인정보처리자는 다음 각 호의 어느 하나에 해당하는 경우를 제외하고는 주민등록번호를 처리할 수 없다.

　　1. 법률·대통령령·국회규칙·대법원규칙·헌법재판소규칙·중앙선거관리위원회규칙 및 감사원규칙에서 구체적으로 주민등록번호의 처리를 요구하거나 허용한 경우

　　2. 정보주체 또는 제3자의 급박한 생명, 신체, 재산의 이익을 위하여 명백히 필요하다고 인정되는 경우

　　3. 제1호 및 제2호에 준하여 주민등록번호 처리가 불가피한 경우로서 보호위원회가 고시로 정하는 경우

② 개인정보처리자는 제24조 제3항에도 불구하고 주민등록번호가 분실·도난·유출·위조·변조 또는 훼손되지 아니하도록 암호화 조치를 통하여 안전하게 보관하여야 한다. 이 경우 암호화 적용 대상 및 대상별 적용 시기 등에 관하여 필요한 사항은 개인정보의 처리 규모와 유출 시 영향 등을 고려하여 대통령령으로 정한다.

③ 개인정보처리자는 제1항 각 호에 따라 주민등록번호를 처리하는 경우에도 정보주체가 인터넷 홈페이지를 통하여 회원으로 가입하는 단계에서는 주민등록번호를 사용하지 아니하고도 회원으로 가입할 수 있는 방법을 제공하여야 한다.

④ 보호위원회는 개인정보처리자가 제3항에 따른 방법을 제공할 수 있도록 관계 법령의 정비, 계획의 수립, 필요한 시설 및 시스템의 구축 등 제반 조치를 마련·지원할 수 있다.

제25조(영상정보처리기기의 설치·운영 제한)

① 누구든지 다음 각 호의 경우를 제외하고는 공개된 장소에 영상정보처리기기를 설치·운영하여서는 아니 된다.

   1. 법령에서 구체적으로 허용하고 있는 경우

   2. 범죄의 예방 및 수사를 위하여 필요한 경우

   3. 시설안전 및 화재 예방을 위하여 필요한 경우

   4. 교통단속을 위하여 필요한 경우

   5. 교통정보의 수집·분석 및 제공을 위하여 필요한 경우

② 누구든지 불특정 다수가 이용하는 목욕실, 화장실, 발한실(發汗室), 탈의실 등 개인의 사생활을 현저히 침해할 우려가 있는 장소의 내부를 볼 수 있도록 영상정보처리기기를 설치·운영하여서는 아니 된다. 다만, 교도소, 정신보건 시설 등 법령에 근거하여 사람을 구금하거나 보호하는 시설로서 대통령령으로 정하는 시설에 대하여는 그러하지 아니하다.

③ 제1항 각 호에 따라 영상정보처리기기를 설치·운영하려는 공공기관의 장과 제2항 단서에 따라 영상정보처리기기를 설치·운영하려는 자는 공청회·설명회의 개최 등 대통령령으로 정하는 절차를 거쳐 관계 전문가 및 이해관계인의 의견을 수렴하여야 한다.

④ 제1항 각 호에 따라 영상정보처리기기를 설치·운영하는 자(이하 "영상정보처리기기운영자"라 한다)는 정보주체가 쉽게 인식할 수 있도록 다음 각 호의 사항이 포함된 안내판을 설치하는 등 필요한 조치를 하여야 한다. 다만, 「군사기지 및 군사시설 보호법」 제2조 제2호에 따른 군사시설, 「통합방위법」 제2조 제13호에 따른 국가중요시설, 그 밖에 대통령령으로 정하는 시설에 대하여는 그러하지 아니하다.

   1. 설치 목적 및 장소

   2. 촬영 범위 및 시간

   3. 관리책임자 성명 및 연락처

   4. 그 밖에 대통령령으로 정하는 사항

⑤ 영상정보처리기기운영자는 영상정보처리기기의 설치 목적과 다른 목적으로 영상정보처리기기를 임의로 조작하거나 다른 곳을 비춰서는 아니 되며, 녹음기능은 사용할 수 없다.

⑥ 영상정보처리기기운영자는 개인정보가 분실·도난·유출·위조·변조 또는 훼손되지 아니하도록 제29조에 따라 안전성 확보에 필요한 조치를 하여야 한다.

⑦ 영상정보처리기기운영자는 대통령령으로 정하는 바에 따라 영상정보처리기기 운영·관리 방침을 마련하여야 한다. 이 경우 제30조에 따른 개인정보 처리방침을 정하지 아니할 수 있다.

⑧ 영상정보처리기기운영자는 영상정보처리기기의 설치·운영에 관한 사무를 위탁할 수 있다. 다만, 공공기관이 영상정보처리기기 설치·운영에 관한 사무를 위탁하는 경우에는 대통령령으로 정하는 절차 및 요건에 따라야 한다.

제26조(업무위탁에 따른 개인정보의 처리 제한)

① 개인정보처리자가 제3자에게 개인정보의 처리 업무를 위탁하는 경우에는 다음 각 호의 내용이 포함된 문서에 의하여야 한다.

   1. 위탁업무 수행 목적 외 개인정보의 처리 금지에 관한 사항

   2. 개인정보의 기술적·관리적 보호조치에 관한 사항

   3. 그 밖에 개인정보의 안전한 관리를 위하여 대통령령으로 정한 사항

② 제1항에 따라 개인정보의 처리 업무를 위탁하는 개인정보처리자(이하 "위탁자"라 한다)는 위탁하는 업무의 내용과 개인정보 처리 업무를 위탁받아 처리하는 자(이하 "수탁자"라 한다)를 정보주체가 언제든지 쉽게 확인할 수 있도록 대통령령으로 정하는 방법에 따라 공개하여야 한다.

③ 위탁자가 재화 또는 서비스를 홍보하거나 판매를 권유하는 업무를 위탁하는 경우에는 대통령령으로 정하는 방법에 따라 위탁하는 업무의 내용과 수탁자를 정보주체에게 알려야 한다. 위탁하는 업무의 내용이나 수탁자가 변경된 경우에도 또한 같다.

④ 위탁자는 업무 위탁으로 인하여 정보주체의 개인정보가 분실·도난·유출·위조·변조 또는 훼손되지 아니하도록 수탁자를 교육하고, 처리 현황 점검 등 대통령령으로 정하는 바에 따라 수탁자가 개인정보를 안전하게 처리하는지를 감독하여야 한다.

⑤ 수탁자는 개인정보처리자로부터 위탁받은 해당 업무 범위를 초과하여 개인정보를 이용하거나 제3자에게 제공하여서는 아니 된다.

⑥ 수탁자가 위탁받은 업무와 관련하여 개인정보를 처리하는 과정에서 이 법을 위반하여 발생한 손해배상 책임에 대하여는 수탁자를 개인정보처리자의 소속 직원으로 본다.

⑦ 수탁자에 관하여는 제15조부터 제25조까지, 제27조부터 제31조까지, 제33조부터 제38조까지 및 제59조를 준용한다.

제27조(영업양도 등에 따른 개인정보의 이전 제한)

① 개인정보처리자는 영업의 전부 또는 일부의 양도·합병 등으로 개인정보를 다른 사람에게 이전하는 경우에는 미리 다음 각 호의 사항을 대통령령으로 정하는 방법에 따라 해당 정보주체에게 알려야 한다.
1. 개인정보를 이전하려는 사실
2. 개인정보를 이전받는 자(이하 "영업양수자 등"이라 한다)의 성명(법인의 경우에는 법인의 명칭을 말한다), 주소, 전화번호 및 그 밖의 연락처
3. 정보주체가 개인정보의 이전을 원하지 아니하는 경우 조치할 수 있는 방법 및 절차

② 영업양수자 등은 개인정보를 이전받았을 때에는 지체 없이 그 사실을 대통령령으로 정하는 방법에 따라 정보주체에게 알려야 한다. 다만, 개인정보처리자가 제1항에 따라 그 이전 사실을 이미 알린 경우에는 그러하지 아니하다.

③ 영업양수자 등은 영업의 양도·합병 등으로 개인정보를 이전받은 경우에는 이전 당시의 본래 목적으로만 개인정보를 이용하거나 제3자에게 제공할 수 있다. 이 경우 영업양수자 등은 개인정보처리자로 본다.

제28조(개인정보취급자에 대한 감독)

① 개인정보처리자는 개인정보를 처리함에 있어서 개인정보가 안전하게 관리될 수 있도록 임직원, 파견근로자, 시간제근로자 등 개인정보처리자의 지휘·감독을 받아 개인정보를 처리하는 자(이하 "개인정보취급자"라 한다)에 대하여 적절한 관리·감독을 행하여야 한다.

② 개인정보처리자는 개인정보의 적정한 취급을 보장하기 위하여 개인정보취급자에게 정기적으로 필요한 교육을 실시하여야 한다.

제28조의2(가명정보의 처리 등)

① 개인정보처리자는 통계작성, 과학적 연구, 공익적 기록보존 등을 위하여 정보주체의 동의 없이 가명정보를 처리할 수 있다.

② 개인정보처리자는 제1항에 따라 가명정보를 제3자에게 제공하는 경우에는 특정 개인을 알아보기 위하여 사용될 수 있는 정보를 포함해서는 아니 된다.

제28조의3(가명정보의 결합 제한)

① 제28조의2에도 불구하고 통계작성, 과학적 연구, 공익적 기록보존 등을 위한 서로 다른 개인정보처리자 간의 가명정보의 결합은 보호위원회 또는 관계 중앙행정기관의 장이 지정하는 전문기관이 수행한다.

② 결합을 수행한 기관 외부로 결합된 정보를 반출하려는 개인정보처리자는 가명정보 또는 제58조의2에 해당하는 정보로 처리한 뒤 전문기관의 장의 승인을 받아야 한다.

③ 제1항에 따른 결합 절차와 방법, 전문기관의 지정과 지정 취소 기준·절차, 관리·감독, 제2항에 따른 반출 및 승인 기준·절차 등 필요한 사항은 대통령령으로 정한다.

제28조의4(가명정보에 대한 안전조치의무 등)

① 개인정보처리자는 가명정보를 처리하는 경우에는 원래의 상태로 복원하기 위한 추가 정보를 별도로 분리하여 보관·관리하는 등 해당 정보가 분실·도난·유출·위조·변조 또는 훼손되지 않도록 대통령령으로 정하는 바에 따라 안전성 확보에 필요한 기술적·관리적 및 물리적 조치를 하여야 한다.

② 개인정보처리자는 가명정보를 처리하고자 하는 경우에는 가명정보의 처리 목적, 제3자 제공 시 제공받는 자 등 가명정보의 처리 내용을 관리하기 위하여 대통령령으로 정하는 사항에 대한 관련 기록을 작성하여 보관하여야 한다.

제28조의5(가명정보 처리 시 금지의무 등)

① 누구든지 특정 개인을 알아보기 위한 목적으로 가명정보를 처리해서는 아니 된다.

② 개인정보처리자는 가명정보를 처리하는 과정에서 특정 개인을 알아볼 수 있는 정보가 생성된 경우에는 즉시 해당 정보의 처리를 중지하고, 지체 없이 회수·파기하여야 한다.

제28조의6(가명정보 처리에 대한 과징금 부과 등)

① 보호위원회는 개인정보처리자가 제28조의5 제1항을 위반하여 특정 개인을 알아보기 위한 목적으로 정보를 처리한 경우 전체 매출액의 100분의 3 이하에 해당하는 금액을 과징금으로 부과할 수 있다. 다만, 매출액이 없거나 매출액의 산정이 곤란한 경우로서 대통령령으로 정하는 경우에는 4억원 또는 자본금의 100분의 3 중 큰 금액 이하로 과징금을 부과할 수 있다.

② 과징금의 부과·징수 등에 필요한 사항은 제34조의2 제3항부터 제5항까지의 규정을 준용한다.

제29조(안전조치의무)

개인정보처리자는 개인정보가 분실·도난·유출·위조·변조 또는 훼손되지 아니하도록 내부 관리계획 수립, 접속기록 보관 등 대통령령으로 정하는 바에 따라 안전성 확보에 필요한 기술적·관리적 및 물리적 조치를 하여야 한다.

제30조(개인정보 처리방침의 수립 및 공개)

① 개인정보처리자는 다음 각 호의 사항이 포함된 개인정보의 처리 방침(이하 "개인정보 처리방침"이라 한다)을 정하여야 한다. 이 경우 공공기관은 제32조에 따라 등록대상이 되는 개인정보파일에 대하여 개인정보 처리방침을 정한다.

1. 개인정보의 처리 목적
2. 개인정보의 처리 및 보유 기간
3. 개인정보의 제3자 제공에 관한 사항(해당되는 경우에만 정한다)

3의2. 개인정보의 파기절차 및 파기방법(제21조 제1항 단서에 따라 개인정보를 보존하여야 하는 경우에는 그 보존근거와 보존하는 개인정보 항목을 포함한다)

4. 개인정보처리의 위탁에 관한 사항(해당되는 경우에만 정한다)
5. 정보주체와 법정대리인의 권리·의무 및 그 행사방법에 관한 사항
6. 제31조에 따른 개인정보 보호책임자의 성명 또는 개인정보 보호업무 및 관련 고충사항을 처리하는 부서의 명칭과 전화번호 등 연락처
7. 인터넷 접속정보파일 등 개인정보를 자동으로 수집하는 장치의 설치·운영 및 그 거부에 관한 사항(해당하는 경우에만 정한다)
8. 그 밖에 개인정보의 처리에 관하여 대통령령으로 정한 사항

② 개인정보처리자가 개인정보 처리방침을 수립하거나 변경하는 경우에는 정보주체가 쉽게 확인할 수 있도록 대통령령으로 정하는 방법에 따라 공개하여야 한다.

③ 개인정보 처리방침의 내용과 개인정보처리자와 정보주체 간에 체결한 계약의 내용이 다른 경우에는 정보주체에게 유리한 것을 적용한다.

④ 보호위원회는 개인정보 처리방침의 작성지침을 정하여 개인정보처리자에게 그 준수를 권장할 수 있다.

제31조(개인정보 보호책임자의 지정)

① 개인정보처리자는 개인정보의 처리에 관한 업무를 총괄해서 책임질 개인정보 보호책임자를 지정하여야 한다.

② 개인정보 보호책임자는 다음 각 호의 업무를 수행한다.

1. 개인정보 보호 계획의 수립 및 시행
2. 개인정보 처리 실태 및 관행의 정기적인 조사 및 개선
3. 개인정보 처리와 관련한 불만의 처리 및 피해 구제
4. 개인정보 유출 및 오용·남용 방지를 위한 내부통제시스템의 구축
5. 개인정보 보호 교육 계획의 수립 및 시행
6. 개인정보파일의 보호 및 관리·감독
7. 그 밖에 개인정보의 적절한 처리를 위하여 대통령령으로 정한 업무

③ 개인정보 보호책임자는 제2항 각 호의 업무를 수행함에 있어서 필요한 경우 개인정보의 처리 현황, 처리체계 등에 대하여 수시로 조사하거나 관계 당사자로부터 보고를 받을 수 있다.

④ 개인정보 보호책임자는 개인정보 보호와 관련하여 이 법 및 다른 관계 법령의 위반 사실을 알게 된 경우에는 즉시 개선조치를 하여야 하며, 필요하면 소속 기관 또는 단체의 장에게 개선조치를 보고하여야 한다.

⑤ 개인정보처리자는 개인정보 보호책임자가 제2항 각 호의 업무를 수행함에 있어서 정당한 이유 없이 불이익을 주거나 받게 하여서는 아니 된다.

⑥ 개인정보 보호책임자의 지정요건, 업무, 자격요건, 그 밖에 필요한 사항은 대통령령으로 정한다.

제32조(개인정보파일의 등록 및 공개)

① 공공기관의 장이 개인정보파일을 운용하는 경우에는 다음 각 호의 사항을 보호위원회에 등록하여야 한다. 등록한 사항이 변경된 경우에도 또한 같다.

  1. 개인정보파일의 명칭

  2. 개인정보파일의 운영 근거 및 목적

  3. 개인정보파일에 기록되는 개인정보의 항목

  4. 개인정보의 처리방법

  5. 개인정보의 보유기간

  6. 개인정보를 통상적 또는 반복적으로 제공하는 경우에는 그 제공받는 자

  7. 그 밖에 대통령령으로 정하는 사항

② 다음 각 호의 어느 하나에 해당하는 개인정보파일에 대하여는 제1항을 적용하지 아니한다.

  1. 국가 안전, 외교상 비밀, 그 밖에 국가의 중대한 이익에 관한 사항을 기록한 개인정보파일

  2. 범죄의 수사, 공소의 제기 및 유지, 형 및 감호의 집행, 교정처분, 보호처분, 보안관찰처분과 출입국관리에 관한 사항을 기록한 개인정보파일

  3. 「조세범처벌법」에 따른 범칙행위 조사 및 「관세법」에 따른 범칙행위 조사에 관한 사항을 기록한 개인정보파일

  4. 공공기관의 내부적 업무처리만을 위하여 사용되는 개인정보파일

  5. 다른 법령에 따라 비밀로 분류된 개인정보파일

③ 보호위원회는 필요하면 제1항에 따른 개인정보파일의 등록사항과 그 내용을 검토하여 해당 공공기관의 장에게 개선을 권고할 수 있다.

④ 보호위원회는 제1항에 따른 개인정보파일의 등록 현황을 누구든지 쉽게 열람할 수 있도록 공개하여야 한다.

⑤ 제1항에 따른 등록과 제4항에 따른 공개의 방법, 범위 및 절차에 관하여 필요한 사항은 대통령령으로 정한다.

⑥ 국회, 법원, 헌법재판소, 중앙선거관리위원회(그 소속 기관을 포함한다)의 개인정보파일 등록 및 공개에 관하여는 국회규칙, 대법원규칙, 헌법재판소규칙 및 중앙선거관리위원회규칙으로 정한다.

제32조의2(개인정보 보호 인증)

① 보호위원회는 개인정보처리자의 개인정보 처리 및 보호와 관련한 일련의 조치가 이 법에 부합하는지 등에 관하여 인증할 수 있다.

② 제1항에 따른 인증의 유효기간은 3년으로 한다.

③ 보호위원회는 다음 각 호의 어느 하나에 해당하는 경우에는 대통령령으로 정하는 바에 따라 제1항에 따른 인증을 취소할 수 있다. 다만, 제1호에 해당하는 경우에는 취소하여야 한다.

1. 거짓이나 그 밖의 부정한 방법으로 개인정보 보호 인증을 받은 경우
2. 제4항에 따른 사후관리를 거부 또는 방해한 경우
3. 제8항에 따른 인증기준에 미달하게 된 경우
4. 개인정보 보호 관련 법령을 위반하고 그 위반사유가 중대한 경우

④ 보호위원회는 개인정보 보호 인증의 실효성 유지를 위하여 연 1회 이상 사후관리를 실시하여야 한다.

⑤ 보호위원회는 대통령령으로 정하는 전문기관으로 하여금 제1항에 따른 인증, 제3항에 따른 인증 취소, 제4항에 따른 사후관리 및 제7항에 따른 인증 심사원 관리 업무를 수행하게 할 수 있다.

⑥ 제1항에 따른 인증을 받은 자는 대통령령으로 정하는 바에 따라 인증의 내용을 표시하거나 홍보할 수 있다.

⑦ 제1항에 따른 인증을 위하여 필요한 심사를 수행할 심사원의 자격 및 자격 취소 요건 등에 관하여는 전문성과 경력 및 그 밖에 필요한 사항을 고려하여 대통령령으로 정한다.

⑧ 그 밖에 개인정보 관리체계, 정보주체 권리보장, 안전성 확보조치가 이 법에 부합하는지 여부 등 제1항에 따른 인증의 기준·방법·절차 등 필요한 사항은 대통령령으로 정한다.

제33조(개인정보 영향평가)

① 공공기관의 장은 대통령령으로 정하는 기준에 해당하는 개인정보파일의 운용으로 인하여 정보주체의 개인정보 침해가 우려되는 경우에는 그 위험요인의 분석과 개선 사항 도출을 위한 평가(이하 "영향평가"라 한다)를 하고 그 결과를 보호위원회에 제출하여야 한다. 이 경우 공공기관의 장은 영향평가를 보호위원회가 지정하는 기관(이하 "평가기관"이라 한다) 중에서 의뢰하여야 한다.

② 영향평가를 하는 경우에는 다음 각 호의 사항을 고려하여야 한다.
1. 처리하는 개인정보의 수
2. 개인정보의 제3자 제공 여부
3. 정보주체의 권리를 해할 가능성 및 그 위험 정도
4. 그 밖에 대통령령으로 정한 사항

③ 보호위원회는 제1항에 따라 제출받은 영향평가 결과에 대하여 의견을 제시할 수 있다.

④ 공공기관의 장은 제1항에 따라 영향평가를 한 개인정보파일을 제32조 제1항에 따라 등록할 때에는 영향평가 결과를 함께 첨부하여야 한다.

⑤ 보호위원회는 영향평가의 활성화를 위하여 관계 전문가의 육성, 영향평가 기준의 개발·보급 등 필요한 조치를 마련하여야 한다.

⑥ 제1항에 따른 평가기관의 지정기준 및 지정취소, 평가기준, 영향평가의 방법·절차 등에 관하여 필요한 사항은 대통령령으로 정한다.

⑦ 국회, 법원, 헌법재판소, 중앙선거관리위원회(그 소속 기관을 포함한다)의 영향평가에 관한 사항은 국회규칙, 대법원규칙, 헌법재판소규칙 및 중앙선거관리위원회규칙으로 정하는 바에 따른다.

⑧ 공공기관 외의 개인정보처리자는 개인정보파일 운용으로 인하여 정보주체의 개인정보 침해가 우려되는 경우에는 영향평가를 하기 위하여 적극 노력하여야 한다.

제34조(개인정보 유출 통지 등)

① 개인정보처리자는 개인정보가 유출되었음을 알게 되었을 때에는 지체 없이 해당 정보주체에게 다음 각 호의 사실을 알려야 한다.
  1. 유출된 개인정보의 항목
  2. 유출된 시점과 그 경위
  3. 유출로 인하여 발생할 수 있는 피해를 최소화하기 위하여 정보주체가 할 수 있는 방법 등에 관한 정보
  4. 개인정보처리자의 대응조치 및 피해 구제절차
  5. 정보주체에게 피해가 발생한 경우 신고 등을 접수할 수 있는 담당부서 및 연락처

② 개인정보처리자는 개인정보가 유출된 경우 그 피해를 최소화하기 위한 대책을 마련하고 필요한 조치를 하여야 한다.

③ 개인정보처리자는 대통령령으로 정한 규모 이상의 개인정보가 유출된 경우에는 제1항에 따른 통지 및 제2항에 따른 조치 결과를 지체 없이 보호위원회 또는 대통령령으로 정하는 전문기관에 신고하여야 한다. 이 경우 보호위원회 또는 대통령령으로 정하는 전문기관은 피해 확산방지, 피해 복구 등을 위한 기술을 지원할 수 있다.

④ 제1항에 따른 통지의 시기, 방법 및 절차 등에 관하여 필요한 사항은 대통령령으로 정한다.

제34조의2(과징금의 부과 등)

① 보호위원회는 개인정보처리자가 처리하는 주민등록번호가 분실·도난·유출·위조·변조 또는 훼손된 경우에는 5억원 이하의 과징금을 부과·징수할 수 있다. 다만, 주민등록번호가 분실·도난·유출·위조·변조 또는 훼손되지 아니하도록 개인정보처리자가 제24조 제3항에 따른 안전성 확보에 필요한 조치를 다한 경우에는 그러하지 아니하다.

② 보호위원회는 제1항에 따른 과징금을 부과하는 경우에는 다음 각 호의 사항을 고려하여야 한다.
  1. 제24조 제3항에 따른 안전성 확보에 필요한 조치 이행 노력 정도
  2. 분실·도난·유출·위조·변조 또는 훼손된 주민등록번호의 정도
  3. 피해확산 방지를 위한 후속조치 이행 여부

③ 보호위원회는 제1항에 따른 과징금을 내야 할 자가 납부기한까지 내지 아니하면 납부기한의 다음 날부터 과징금을 낸 날의 전날까지의 기간에 대하여 내지 아니한 과징금의 연 100분의 6의 범위에서 대통령령으로 정하는 가산금을 징수한다. 이 경우 가산금을 징수하는 기간은 60개월을 초과하지 못한다.

④ 보호위원회는 제1항에 따른 과징금을 내야 할 자가 납부기한까지 내지 아니하면 기간을 정하여 독촉을 하고, 그 지정한 기간 내에 과징금 및 제2항에 따른 가산금을 내지 아니하면 국세 체납처분의 예에 따라 징수한다.

⑤ 과징금의 부과·징수에 관하여 그 밖에 필요한 사항은 대통령령으로 정한다.

제35조(개인정보의 열람)

① 정보주체는 개인정보처리자가 처리하는 자신의 개인정보에 대한 열람을 해당 개인정보처리자에게 요구할 수 있다.

② 제1항에도 불구하고 정보주체가 자신의 개인정보에 대한 열람을 공공기관에 요구하고자 할 때에는 공공기관에 직접 열람을 요구하거나 대통령령으로 정하는 바에 따라 보호위원회를 통하여 열람을 요구할 수 있다.

③ 개인정보처리자는 제1항 및 제2항에 따른 열람을 요구받았을 때에는 대통령령으로 정하는 기간 내에 정보주체가 해당 개인정보를 열람할 수 있도록 하여야 한다. 이 경우 해당 기간 내에 열람할 수 없는 정당한 사유가 있을 때에는 정보주체에게 그 사유를 알리고 열람을 연기할 수 있으며, 그 사유가 소멸하면 지체 없이 열람하게 하여야 한다.

④ 개인정보처리자는 다음 각 호의 어느 하나에 해당하는 경우에는 정보주체에게 그 사유를 알리고 열람을 제한하거나 거절할 수 있다.

1. 법률에 따라 열람이 금지되거나 제한되는 경우
2. 다른 사람의 생명·신체를 해할 우려가 있거나 다른 사람의 재산과 그 밖의 이익을 부당하게 침해할 우려가 있는 경우
3. 공공기관이 다음 각 목의 어느 하나에 해당하는 업무를 수행할 때 중대한 지장을 초래하는 경우
   가. 조세의 부과·징수 또는 환급에 관한 업무
   나. 「초·중등교육법」 및 「고등교육법」에 따른 각급 학교, 「평생교육법」에 따른 평생교육시설, 그 밖의 다른 법률에 따라 설치된 고등교육기관에서의 성적 평가 또는 입학자 선발에 관한 업무
   다. 학력·기능 및 채용에 관한 시험, 자격 심사에 관한 업무
   라. 보상금·급부금 산정 등에 대하여 진행 중인 평가 또는 판단에 관한 업무
   마. 다른 법률에 따라 진행 중인 감사 및 조사에 관한 업무

⑤ 제1항부터 제4항까지의 규정에 따른 열람 요구, 열람 제한, 통지 등의 방법 및 절차에 관하여 필요한 사항은 대통령령으로 정한다.

제36조(개인정보의 정정·삭제)

① 제35조에 따라 자신의 개인정보를 열람한 정보주체는 개인정보처리자에게 그 개인정보의 정정 또는 삭제를 요구할 수 있다. 다만, 다른 법령에서 그 개인정보가 수집 대상으로 명시되어 있는 경우에는 그 삭제를 요구할 수 없다.

② 개인정보처리자는 제1항에 따른 정보주체의 요구를 받았을 때에는 개인정보의 정정 또는 삭제에 관하여 다른 법령에 특별한 절차가 규정되어 있는 경우를 제외하고는 지체 없이 그 개인정보를 조사하여 정보주체의 요구에 따라 정정·삭제 등 필요한 조치를 한 후 그 결과를 정보주체에게 알려야 한다.

③ 개인정보처리자가 제2항에 따라 개인정보를 삭제할 때에는 복구 또는 재생되지 아니하도록 조치하여야 한다.

④ 개인정보처리자는 정보주체의 요구가 제1항 단서에 해당될 때에는 지체 없이 그 내용을 정보주체에게 알려야 한다.

⑤ 개인정보처리자는 제2항에 따른 조사를 할 때 필요하면 해당 정보주체에게 정정·삭제 요구사항의 확인에 필요한 증거자료를 제출하게 할 수 있다.

⑥ 제1항·제2항 및 제4항에 따른 정정 또는 삭제 요구, 통지 방법 및 절차 등에 필요한 사항은 대통령령으로 정한다.

제39조의12(국외 이전 개인정보의 보호)

① 정보통신서비스 제공자 등은 이용자의 개인정보에 관하여 이 법을 위반하는 사항을 내용으로 하는 국제계약을 체결해서는 아니 된다.

② 제17조 제3항에도 불구하고 정보통신서비스 제공자 등은 이용자의 개인정보를 국외에 제공(조회되는 경우를 포함한다)·처리위탁·보관(이하 이 조에서 "이전"이라 한다)하려면 이용자의 동의를 받아야 한다. 다만, 제3항 각 호의 사항 모두를 제30조 제2항에 따라 공개하거나 전자우편 등 대통령령으로 정하는 방법에 따라 이용자에게 알린 경우에는 개인정보 처리위탁·보관에 따른 동의절차를 거치지 아니할 수 있다.

③ 정보통신서비스 제공자 등은 제2항 본문에 따른 동의를 받으려면 미리 다음 각 호의 사항 모두를 이용자에게 고지하여야 한다.

1. 이전되는 개인정보 항목
2. 개인정보가 이전되는 국가, 이전일시 및 이전방법
3. 개인정보를 이전받는 자의 성명(법인인 경우에는 그 명칭 및 정보관리책임자의 연락처를 말한다)
4. 개인정보를 이전받는 자의 개인정보 이용목적 및 보유·이용 기간

④ 정보통신서비스 제공자 등은 제2항 본문에 따른 동의를 받아 개인정보를 국외로 이전하는 경우 대통령령으로 정하는 바에 따라 보호조치를 하여야 한다.

⑤ 이용자의 개인정보를 이전받는 자가 해당 개인정보를 제3국으로 이전하는 경우에 관하여는 제1항부터 제4항까지의 규정을 준용한다. 이 경우 "정보통신서비스 제공자 등"은 "개인정보를 이전받는 자"로, "개인정보를 이전받는 자"는 "제3국에서 개인정보를 이전받는 자"로 본다.

제40조(설치 및 구성)

① 개인정보에 관한 분쟁의 조정(調停)을 위하여 개인정보 분쟁조정위원회(이하 "분쟁조정위원회"라 한다)를 둔다.

② 분쟁조정위원회는 위원장 1명을 포함한 20명 이내의 위원으로 구성하며, 위원은 당연직위원과 위촉위원으로 구성한다.

③ 위촉위원은 다음 각 호의 어느 하나에 해당하는 사람 중에서 보호위원회 위원장이 위촉하고, 대통령령으로 정하는 국가기관 소속 공무원은 당연직위원이 된다.

1. 개인정보 보호업무를 관장하는 중앙행정기관의 고위공무원단에 속하는 공무원으로 재직하였던 사람 또는 이에 상당하는 공공부문 및 관련 단체의 직에 재직하고 있거나 재직하였던 사람으로서 개인정보 보호업무의 경험이 있는 사람
2. 대학이나 공인된 연구기관에서 부교수 이상 또는 이에 상당하는 직에 재직하고 있거나 재직하였던 사람
3. 판사·검사 또는 변호사로 재직하고 있거나 재직하였던 사람
4. 개인정보 보호와 관련된 시민사회단체 또는 소비자단체로부터 추천을 받은 사람
5. 개인정보처리자로 구성된 사업자단체의 임원으로 재직하고 있거나 재직하였던 사람

④ 위원장은 위원 중에서 공무원이 아닌 사람으로 보호위원회 위원장이 위촉한다.

⑤ 위원장과 위촉위원의 임기는 2년으로 하되, 1차에 한하여 연임할 수 있다.

⑥ 분쟁조정위원회는 분쟁조정 업무를 효율적으로 수행하기 위하여 필요하면 대통령령으로 정하는 바에 따라 조정사건의 분야별로 5명 이내의 위원으로 구성되는 조정부를 둘 수 있다. 이 경우 조정부가 분쟁조정위원회에서 위임받아 의결한 사항은 분쟁조정위원회에서 의결한 것으로 본다.

⑦ 분쟁조정위원회 또는 조정부는 재적위원 과반수의 출석으로 개의하며 출석위원 과반수의 찬성으로 의결한다.

⑧ 보호위원회는 분쟁조정 접수, 사실 확인 등 분쟁조정에 필요한 사무를 처리할 수 있다.

⑨ 이 법에서 정한 사항 외에 분쟁조정위원회 운영에 필요한 사항은 대통령령으로 정한다.

제51조(단체소송의 대상 등)

다음 각 호의 어느 하나에 해당하는 단체는 개인정보처리자가 제49조에 따른 집단분쟁조정을 거부하거나 집단분쟁조정의 결과를 수락하지 아니한 경우에는 법원에 권리침해 행위의 금지·중지를 구하는 소송(이하 "단체소송"이라 한다)을 제기할 수 있다.

1. 「소비자기본법」 제29조에 따라 공정거래위원회에 등록한 소비자단체로서 다음 각 목의 요건을 모두 갖춘 단체
   가. 정관에 따라 상시적으로 정보주체의 권익증진을 주된 목적으로 하는 단체일 것
   나. 단체의 정회원수가 1천명 이상일 것
   다. 「소비자기본법」 제29조에 따른 등록 후 3년이 경과하였을 것
2. 「비영리민간단체 지원법」 제2조에 따른 비영리민간단체로서 다음 각 목의 요건을 모두 갖춘 단체
   가. 법률상 또는 사실상 동일한 침해를 입은 100명 이상의 정보주체로부터 단체소송의 제기를 요청받을 것
   나. 정관에 개인정보 보호를 단체의 목적으로 명시한 후 최근 3년 이상 이를 위한 활동실적이 있을 것
   다. 단체의 상시 구성원수가 5천명 이상일 것
   라. 중앙행정기관에 등록되어 있을 것

제52조(전속관할)

① 단체소송의 소는 피고의 주된 사무소 또는 영업소가 있는 곳, 주된 사무소나 영업소가 없는 경우에는 주된 업무담당자의 주소가 있는 곳의 지방법원 본원 합의부의 관할에 전속한다.

② 제1항을 외국사업자에 적용하는 경우 대한민국에 있는 이들의 주된 사무소·영업소 또는 업무담당자의 주소에 따라 정한다.

제53조(소송대리인의 선임)

단체소송의 원고는 변호사를 소송대리인으로 선임하여야 한다.

제54조(소송허가신청)

① 단체소송을 제기하는 단체는 소장과 함께 다음 각 호의 사항을 기재한 소송허가신청서를 법원에 제출하여야 한다.
   1. 원고 및 그 소송대리인
   2. 피고
   3. 정보주체의 침해된 권리의 내용

② 제1항에 따른 소송허가신청서에는 다음 각 호의 자료를 첨부하여야 한다.

1. 소제기단체가 제51조 각 호의 어느 하나에 해당하는 요건을 갖추고 있음을 소명하는 자료

2. 개인정보처리자가 조정을 거부하였거나 조정결과를 수락하지 아니하였음을 증명하는 서류

제55조(소송허가요건 등)

① 법원은 다음 각 호의 요건을 모두 갖춘 경우에 한하여 결정으로 단체소송을 허가한다.

1. 개인정보처리자가 분쟁조정위원회의 조정을 거부하거나 조정결과를 수락하지 아니하였을 것

2. 제54조에 따른 소송허가신청서의 기재사항에 흠결이 없을 것

② 단체소송을 허가하거나 불허가하는 결정에 대하여는 즉시항고할 수 있다.

제56조(확정판결의 효력)

원고의 청구를 기각하는 판결이 확정된 경우 이와 동일한 사안에 관하여는 제51조에 따른 다른 단체는 단체소송을 제기할 수 없다. 다만, 다음 각 호의 어느 하나에 해당하는 경우에는 그러하지 아니하다.

1. 판결이 확정된 후 그 사안과 관련하여 국가·지방자치단체 또는 국가·지방자치단체가 설립한 기관에 의하여 새로운 증거가 나타난 경우

2. 기각판결이 원고의 고의로 인한 것임이 밝혀진 경우

제57조(「민사소송법」의 적용 등)

① 단체소송에 관하여 이 법에 특별한 규정이 없는 경우에는 「민사소송법」을 적용한다.

② 제55조에 따른 단체소송의 허가결정이 있는 경우에는 「민사집행법」 제4편에 따른 보전처분을 할 수 있다.

③ 단체소송의 절차에 관하여 필요한 사항은 대법원규칙으로 정한다.

01
- 위협(Threat) : 손실이나 손상의 원인이다. 보안에 해를 끼치는 행동이나 사건이다.
- 위험(Risk) : 위협에 의해 자산에 발생할 가능성이 있는 손실의 기대치이다.
- 취약점(Vulnerability) : 위협의 이용 대상으로 관리적, 물리적, 기술적 약점이다(정보보호 대책 미비).

01 다음 중 보안 요소에 대한 설명과 용어가 옳게 짝지어진 것은?

> ㉠ 자산의 손실을 초래할 수 있는 원하지 않는 사건의 잠재적인 원인이나 행위자
> ㉡ 원하지 않는 사건이 발생하여 손실 또는 부정적인 영향을 미칠 가능성
> ㉢ 자산의 잠재적인 속성으로서 위협의 이용 대상이 되는 것

	㉠	㉡	㉢
①	위협	취약점	위험
②	위협	위험	취약점
③	취약점	위험	위험
④	위험	위협	취약점

02 위험관리의 순서 : 위험관리 전략 및 계획 수립 → 위험분석 → 위험평가 → 정보보호 대책 선정 → 정보보호 계획 수립

02 위험관리 요소에 대한 설명으로 옳지 <u>않은</u> 것은?

① 위험은 위협 정도, 취약성 정도, 자산 가치 등의 함수 관계로 산정할 수 있다.

② 취약성은 자산의 약점(weakness) 또는 보호 대책의 결핍으로 정의할 수 있다.

③ 위험회피로 조직은 편리한 기능이나 유용한 기능 등을 상실할 수 있다.

④ 위험관리는 위협 식별, 취약점 식별, 자산 식별 등의 순서로 이루어진다.

정답 01② 02④

03 자산의 위협과 취약성을 분석하여, 보안 위험의 내용과 정도를 결정하는 과정은?

① 위험분석
② 보안관리
③ 위험관리
④ 보안분석

03 위험분석 : 통제되거나 받아들여질 필요가 있는 위험을 확인하는 것으로, 자산 가치평가, 위험, 취약성을 포함한다.

04 위험분석에 대한 설명으로 옳지 <u>않은</u> 것은?

① 자산의 식별된 위험을 처리하는 방안으로는 위험수용, 위험회피, 위험전가 등이 있다.
② 자산의 가치평가를 위하여 자산 구입 비용, 자산 유지보수 비용 등을 고려할 수 있다.
③ 자산의 적절한 보호를 위하여 소유자와 책임 소재를 지정함으로써, 자산의 책임 추적성을 보장받을 수 있다.
④ 자산의 가치평가 범위에 데이터베이스, 계약서, 시스템 유지보수 인력 등은 제외된다.

04 자산의 가치평가 범위에는 서버시스템, 네트워크, 정보시스템, 보안시스템, 데이터베이스, 문서, 소프트웨어, 물리적 환경 등이 모두 포함된다.

정답 03 ③　04 ④

checkpoint 해설 & 정답

05 시나리오법 : 어떤 사실도 기대하는 대로 발생되지 않는다는 가정 하에 시나리오를 통하여 분석하는 방법이다.

05 위험분석 방법의 종류와 그 설명이 올바르게 묶인 것은?

> ㉠ 시스템에 관한 전문적인 지식을 가진 전문가 집단을 구성하고 토론을 통해 정보시스템이 직면한 다양한 위협과 취약성을 분석하는 방법이다.
> ㉡ 자산의 가치 분석, 위협 분석, 취약점 분석을 수행하여 위험을 분석하는 방법이다.
> ㉢ 표준화된 보호 대책의 세트를 체크리스트 형태로 구현하여 이를 기반으로 보호 대책을 식별하는 방법이다.

	㉠	㉡	㉢
①	시나리오법	기준선 접근법	상세 위험 분석 접근법
②	시나리오법	상세 위험 분석 접근법	기준선 접근법
③	델파이법	기준선 접근법	상세 위험 분석 접근법
④	델파이법	상세 위험 분석 접근법	기준선 접근법

06 • 정성적 분석 : 델파이법, 시나리오법, 순위 결정법 등
• 정량적 분석 : 점수법, 확률분포법, 과거 자료 분석법, 수학적 접근법 등

06 위험분석 방법론은 위험분석 결과의 성격에 따라 크게 정량적 분석과 정성적 분석으로 구분된다. 다음 중 성격이 <u>다른</u> 하나는?

① 점수법
② 순위 결정법
③ 확률분포법
④ 과거 자료 분석법

정답 05 ④ 06 ②

07 위험분석 방법 중 델파이법에 대한 설명으로 옳은 것은?

① 위협 발생 빈도를 추정하는 계산식을 통해 위험을 계량하여 분석한다.

② 미지의 사건을 추정하는 데 사용되는 방법으로 확률적 편차를 이용해 최저, 보통, 최고의 위험도를 분석한다.

③ 전문가 집단으로 구성된 위험분석팀의 위험분석 및 평가를 통해 여러 가능성을 전제로 위협과 취약성에 대한 의견수렴을 통한 분석 방법이다.

④ 어떤 사건이 예상대로 발생하지 않는다는 사실에 근거하여 주어진 조건하에 발생 가능한 위협에 따른 결과를 예측하는 방법이다.

07 ① 수학공식 접근법에 대한 설명이다.
② 확률분포법에 대한 설명이다.
④ 시나리오법에 대한 설명이다.

08 정보보호 및 개인정보보호 관리체계(ISMS-P) 인증과 관련하여 정보보호 관리과정 수행 절차를 순서대로 옳게 나열한 것은?

> ㉠ 관리체계 범위 설정
> ㉡ 위험관리
> ㉢ 정보보호 정책 수립
> ㉣ 사후관리
> ㉤ 구현

① ㉠ → ㉡ → ㉢ → ㉣ → ㉤
② ㉠ → ㉢ → ㉡ → ㉣ → ㉤
③ ㉢ → ㉡ → ㉤ → ㉠ → ㉣
④ ㉢ → ㉠ → ㉡ → ㉤ → ㉣

08 정보보호 관리과정 : 정보보호 정책 수립 → 관리체계 범위설정 → 위험관리 → 구현 → 사후관리

정답 07 ③ 08 ④

09 ① CC 인증 : 한 국가에서 평가받은 제품을 다른 국가에서 사용하기 위하여 재평가받아야 하는 문제점이 있기 때문에 재평가에 소요되는 비용을 줄이기 위하여 국제공통평가기준(CC)이 탄생하게 되었다. 공통평가기준 평가보증등급은 7등급(EAL1, EAL2, EAL3, EAL4, EAL5, EAL6, EAL7)으로 나누어지며, 등급이 높아질수록 보안보증요구사항이 강화된다.
② ITSEC 인증 : 영국, 독일, 프랑스 및 네덜란드 등 자국의 정보보호 시스템 평가기준을 제정하여 시행하던 4개국이 평가제품의 상호인정 및 평가기준이 상이함에 따른 정보보호제품의 평가에 소요되는 시간, 인력 및 소요 비용을 절감하기 위하여 1991년에 ITSEC v1.2이 제정되었다. 단일 기준으로 모든 정보보호제품을 평가하고, 평가등급은 E1(최저), E2, E3, E4, E5 및 E6(최고)의 6등급으로 나눈다(E0 등급 : 부적합 판정을 의미).
③ PIMS 인증 : ISMS-P 인증으로 통합되었다.

10 통신과금서비스 이용자 : 통신과금서비스 제공자로부터 통신과금서비스를 이용하여 재화 등을 구입·이용하는 자를 말한다.

09 「정보통신망 이용 촉진 및 정보보호 등에 관한 법률」에 근거하여 정보통신망의 안정성·신뢰성 확보를 위하여 관리적·기술적·물리적 보호조치를 포함한 종합적 관리체계를 수립·운영하고 있는 자에 대하여 일정 기준에 적합한지에 관하여 인증하는 것은?

① CC 인증
② ITSEC 인증
③ PIMS 인증
④ ISMS-P 인증

10 「정보통신망 이용 촉진 및 정보보호 등에 관한 법률」상 용어의 정의에 대한 설명으로 옳지 않은 것은?

① 정보통신서비스 : 「전기통신사업법」제2조 제6호에 따른 전기통신역무와 이를 이용하여 정보를 제공하거나 정보의 제공을 매개하는 것
② 정보통신망 : 「전기통신사업법」제2조 제2호에 따른 전기통신설비를 이용하거나 전기통신설비와 컴퓨터 및 컴퓨터의 이용기술을 활용하여 정보를 수집·가공·저장·검색·송신 또는 수신하는 정보통신체제
③ 통신과금서비스 이용자 : 정보보호제품을 개발·생산 또는 유통하는 사람이나 정보보호에 관한 컨설팅 등과 관련된 사람
④ 침해사고 : 해킹, 컴퓨터 바이러스, 논리폭탄, 메일폭탄, 서비스거부 또는 고출력 전자기파 등의 방법으로 정보통신망 또는 이와 관련된 정보시스템을 공격하는 행위를 하여 발생한 사태

정답 09 ④ 10 ③

11 「개인정보 보호법」에 대한 내용 중 밑줄 친 ㉠에 해당하지 <u>않는</u> 것은?

> 개인정보처리자는 다음 각 호의 어느 하나에 해당하는 경우에는 개인정보를 수집할 수 있으며 그 수집 목적의 범위에서 이용할 수 있다. 개인정보처리자는 제1항 제1호에 따른 동의를 받을 때에는 다음 각 호의 사항을 정보주체에게 알려야 한다. <u>㉠ 다음 각 호의 어느 하나의 사항을 변경하는 경우에도 이를 알리고 동의를 받아야 한다.</u>

① 개인정보의 수집 · 이용 목적
② 수집하려는 개인정보의 항목
③ 개인정보의 출처
④ 동의를 거부할 권리가 있다는 사실 및 동의 거부에 따른 불이익이 있는 경우에는 그 불이익의 내용

11 제15조(개인정보의 수집 · 이용)
① 개인정보처리자는 다음 각 호의 어느 하나에 해당하는 경우에는 개인정보를 수집할 수 있으며 그 수집 목적의 범위에서 이용할 수 있다.
② 개인정보처리자는 제1항 제1호에 따른 동의를 받을 때에는 다음 각 호의 사항을 정보주체에게 알려야 한다. 다음 각 호의 어느 하나의 사항을 변경하는 경우에도 이를 알리고 동의를 받아야 한다.
1. 개인정보의 수집 · 이용 목적
2. 수집하려는 개인정보의 항목
3. 개인정보의 보유 및 이용 기간
4. 동의를 거부할 권리가 있다는 사실 및 동의 거부에 따른 불이익이 있는 경우에는 그 불이익의 내용

12 「개인정보 보호법」에 대한 내용 중 밑줄 친 ㉠에 해당하지 <u>않는</u> 것은?

> 개인정보처리자는 다음 각 호의 어느 하나에 해당되는 경우에는 정보주체의 개인정보를 제3자에게 제공(공유를 포함한다. 이하 같다)할 수 있다. 개인정보처리자는 제1항 제1호에 따른 동의를 받을 때에는 다음 각 호의 사항을 정보주체에게 알려야 한다. <u>㉠ 다음 각 호의 어느 하나의 사항을 변경하는 경우에도 이를 알리고 동의를 받아야 한다.</u>

① 개인정보를 제공받는 자
② 개인정보를 제공받는 자의 개인정보 이용 목적
③ 제공받는 개인정보의 항목
④ 개인정보를 제공받는 자의 개인정보 보유 및 이용 기간

12 제17조(개인정보의 제공)
① 개인정보처리자는 다음 각 호의 어느 하나에 해당되는 경우에는 정보주체의 개인정보를 제3자에게 제공(공유를 포함한다. 이하 같다)할 수 있다.
② 개인정보처리자는 제1항 제1호에 따른 동의를 받을 때에는 다음 각 호의 사항을 정보주체에게 알려야 한다. 다음 각 호의 어느 하나의 사항을 변경하는 경우에도 이를 알리고 동의를 받아야 한다.
1. 개인정보를 제공받는 자
2. 개인정보를 제공받는 자의 개인정보 이용 목적
3. 제공하는 개인정보의 항목
4. 개인정보를 제공받는 자의 개인정보 보유 및 이용 기간
5. 동의를 거부할 권리가 있다는 사실 및 동의 거부에 따른 불이익이 있는 경우에는 그 불이익의 내용

정답 11 ③ 12 ③

13 제45조(정보통신망의 안정성 확보 등)

① 다음 각 호의 어느 하나에 해당하는 자는 정보통신서비스의 제공에 사용되는 정보통신망의 안정성 및 정보의 신뢰성을 확보하기 위한 보호조치를 하여야 한다.

1. 정보통신서비스 제공자
2. 정보통신망에 연결되어 정보를 송·수신할 수 있는 기기·설비·장비 중 대통령령으로 정하는 기기·설비·장비(이하 "정보통신망연결기기등"이라 한다)를 제조하거나 수입하는 자

② 과학기술정보통신부장관은 제1항에 따른 보호조치의 구체적 내용을 정한 정보보호조치에 관한 지침(이하 "정보보호지침"이라 한다)을 정하여 고시하고 제1항 각 호의 어느 하나에 해당하는 자에게 이를 지키도록 권고할 수 있다.

③ 정보보호지침에는 다음 각 호의 사항이 포함되어야 한다.

1. 정당한 권한이 없는 자가 정보통신망에 접근·침입하는 것을 방지하거나 대응하기 위한 정보보호시스템의 설치·운영 등 기술적·물리적 보호조치
2. 정보의 불법 유출·위조·변조·삭제 등을 방지하기 위한 기술적 보호조치
3. 정보통신망의 지속적인 이용이 가능한 상태를 확보하기 위한 기술적·물리적 보호조치
4. 정보통신망의 안정 및 정보보호를 위한 인력·조직·경비의 확보 및 관련 계획수립 등 관리적 보호조치
5. 정보통신망연결기기등의 정보보호를 위한 기술적 보호조치

13 「정보통신망 이용촉진 및 정보보호 등에 관한 법률」에 대한 내용 중 밑줄 친 ㉠에 해당하지 <u>않는</u> 것은?

> 다음 각 호의 어느 하나에 해당하는 자는 정보통신서비스의 제공에 사용되는 정보통신망의 안정성 및 정보의 신뢰성을 확보하기 위한 보호조치를 하여야 한다. 과학기술정보통신부장관은 제1항에 따른 보호조치의 구체적 내용을 정한 정보보호조치에 관한 지침(이하 "정보보호지침"이라 한다)을 정하여 고시하고 제1항 각 호의 어느 하나에 해당하는 자에게 이를 지키도록 권고할 수 있다. 정보보호지침에는 ㉠ 다음 각 호의 사항이 포함되어야 한다.

① 정당한 권한이 없는 자가 정보통신망에 접근·침입하는 것을 방지하거나 대응하기 위한 정보보호시스템의 설치·운영 등 기술적·물리적 보호조치
② 정보의 불법 유출·위조·변조·삭제 등을 방지하기 위한 기술적 보호조치
③ 정보통신망의 지속적인 이용이 가능한 상태를 확보하기 위한 기술적·물리적 보호조치
④ 주요정보통신기반시설의 침해사고 예방 및 보호조치

정답 13 ④

14 「개인정보 보호법」상 개인정보 유출 시 개인정보처리자가 정보주체에게 알려야 할 사항을 모두 고르면?

> ㉠ 유출된 개인정보의 위탁기관 현황
> ㉡ 유출된 시점과 그 경위
> ㉢ 개인정보처리자의 개인정보 보관·폐기 기간
> ㉣ 정보주체에게 피해가 발생한 경우 신고 등을 접수할 수 있는 담당부서 및 연락처

① ㉠, ㉡
② ㉢, ㉣
③ ㉠, ㉢
④ ㉡, ㉣

14 제34조(개인정보 유출통지 등)
① 개인정보처리자는 개인정보가 유출되었음을 알게 되었을 때에는 지체 없이 해당 정보주체에게 다음 각 호의 사실을 알려야 한다.
1. 유출된 개인정보의 항목
2. 유출된 시점과 그 경위
3. 유출로 인하여 발생할 수 있는 피해를 최소화하기 위한 정보주체가 할 수 있는 방법 등에 관한 정보
4. 개인정보처리자의 대응조치 및 피해 구제절차
5. 정보주체에게 피해가 발생한 경우 신고 등을 접수할 수 있는 담당부서 및 연락처

15 「개인정보 보호법」에서 규정하고 있는 개인정보 중 민감정보에 해당하지 <u>않는</u> 것은?

① 주민등록번호
② 노동조합·정당의 가입·탈퇴에 관한 정보
③ 건강에 관한 정보
④ 사상·신념에 관한 정보

15 주민등록번호는 고유식별번호에 해당한다.

16 「개인정보 보호법」상 자신의 개인정보 처리와 관련한 정보주체의 권리에 대한 설명으로 옳지 <u>않은</u> 것은?

① 개인정보의 처리에 관한 정보를 제공받을 수 있다.
② 개인정보의 처리에 관한 동의 여부, 동의 범위 등을 선택하고 결정할 수 있다.
③ 개인정보의 처리로 인하여 발생한 피해를 신속하고 공정한 절차에 따라 구제받을 수 있다.
④ 개인정보에 대하여 열람을 할 수 있으나, 사본의 발급은 요구할 수 없다.

16 개인정보에 대하여 열람을 할 수도 있고, 사본의 발급도 요구할 수 있다.

정답 14 ④ 15 ① 16 ④

checkpoint 해설 & 정답

17 ・정보주체 : 처리되는 정보에 의하여 알아볼 수 있는 사람으로서, 그 정보의 주체가 되는 사람을 말한다.
・개인정보처리자 : 업무를 목적으로 개인정보파일을 운용하기 위하여 스스로 또는 다른 사람을 통하여 개인정보를 처리하는 공공기관, 법인, 단체 및 개인 등을 말한다.

17 「개인정보 보호법」상 용어 정의로 옳지 <u>않은</u> 것은?

① 개인정보 : 살아 있는 개인에 관한 정보로서 성명, 주민등록번호 및 영상 등을 통하여 개인을 알아볼 수 있는 정보(해당 정보만으로는 특정 개인을 알아볼 수 없더라도 다른 정보와 쉽게 결합하여 알아볼 수 있는 것을 포함한다)

② 정보주체 : 업무를 목적으로 개인정보파일을 운용하기 위하여 스스로 또는 다른 사람을 통하여 개인정보를 처리하는 공공기관, 법인, 단체 및 개인

③ 처리 : 개인정보의 수집, 생성, 연계, 연동, 기록, 저장, 보유, 가공, 편집, 검색, 출력, 정정, 복구, 이용, 제공, 공개, 파기, 그 밖에 이와 유사한 행위

④ 개인정보파일 : 개인정보를 쉽게 검색할 수 있도록 일정한 규칙에 따라 체계적으로 배열하거나 구성한 개인정보의 집합물

18 제16조(개인정보의 수집제한)
① 개인정보처리자는 제15조 제1항 각 호의 어느 하나에 해당하여 개인정보를 수집하는 경우에는 그 목적에 필요한 최소한의 개인정보를 수집하여야 한다. 이 경우 최소한의 개인정보 수집이라는 입증책임은 개인정보처리자가 부담한다.
② 개인정보처리자는 정보주체의 동의를 받아 개인정보를 수집하는 경우 필요한 최소한의 정보 외의 개인정보 수집에는 동의하지 아니할 수 있다는 사실을 구체적으로 알리고 개인정보를 수집하여야 한다.
③ 개인정보처리자는 정보주체가 필요한 최소한의 정보 외의 개인정보 수집에 동의하지 아니한다는 이유로 정보주체에게 재화 또는 서비스의 제공을 거부하여서는 아니 된다.

18 「개인정보 보호법」상의 개인정보의 수집・이용 및 수집제한에 대한 설명으로 옳지 <u>않은</u> 것은?

① 개인정보처리자는 정보주체의 동의를 받은 경우에는 개인정보를 수집할 수 있으며 그 수집 목적의 범위에서 이용할 수 있다.

② 개인정보처리자는 「개인정보 보호법」에 따라 개인정보를 수집하는 경우에는 그 목적에 필요한 최소한의 개인정보를 수집하여야 한다. 이 경우 최소한의 개인정보 수집이라는 입증책임은 개인정보처리자가 부담한다.

③ 개인정보처리자는 정보주체의 동의를 받아 개인정보를 수집하는 경우 필요한 최소한의 정보 외의 개인정보 수집에는 동의하지 아니할 수 있다는 사실을 구체적으로 알리고 개인정보를 수집하여야 한다.

④ 개인정보처리자는 정보주체가 필요한 최소한의 정보 외의 개인정보 수집에 동의하지 아니하는 경우 정보주체에게 재화 또는 서비스의 제공을 거부할 수 있다.

정답 17 ② 18 ④

✅ 주관식 문제

01 다음에 제시된 각 보안 용어에 대해 간단히 설명하시오.

> ㉠ 위협(Threat)
> ㉡ 위험(Risk)
> ㉢ 취약점(Vulnerability)

01

정답 ㉠ 위협(Threat) : 손실이나 손상의 원인이다. 보안에 해를 끼치는 행동이나 사건이다.
㉡ 위험(Risk) : 위협에 의해 자산에 발생할 가능성이 있는 손실의 기대치이다.
㉢ 취약점(Vulnerability) : 위협의 이용 대상으로 관리적, 물리적, 기술적 약점이다(정보보호 대책 미비).

02 위험관리 과정의 5단계를 순서대로 쓰시오.

02

정답 위험관리 전략 및 계획 수립 → 위험분석 → 위험평가 → 정보보호 대책 수립 → 정보보호 계획 수립

03

정답 ISMS-P(정보보호 및 개인정보보호 관리체계 인증)

해설 ISMS-P
- 인증 종류 : 기업·기관의 정보보호 체계와 개인정보 보호 영역을 모두 인증
- 인증대상 : 의무대상자와 자율 신청으로 나눔
- 인증범위 : 정보시스템 서비스와 개인정보 관련 업무를 상세하게 분석하여 Life Cycle(수집·보유·이용제공·폐기)에 따라 개인정보 흐름에 해당하는 모든 서비스, 정보시스템, 인력, 물리적 위치 등을 포함하여야 함

04

정답 ㉠ 본인확인기관, ㉡ 대체수단

해설 제23조의2(주민등록번호의 사용 제한)
① 정보통신서비스 제공자는 다음 각 호의 어느 하나에 해당하는 경우를 제외하고는 이용자의 주민등록번호를 수집·이용할 수 없다.
  1. 제23조의3에 따라 본인확인기관으로 지정받은 경우
  3. 「전기통신사업법」 제38조제1항에 따라 기간통신사업자로부터 이동통신서비스 등을 제공받아 재판매하는 전기통신사업자가 제23조의3에 따라 본인확인기관으로 지정받은 이동통신사업자의 본인확인업무 수행과 관련하여 이용자의 주민등록번호를 수집·이용하는 경우
② 제1항 제3호에 따라 주민등록번호를 수집·이용할 수 있는 경우에도 이용자의 주민등록번호를 사용하지 아니하고 본인을 확인하는 방법(이하 "대체수단"이라 한다)을 제공하여야 한다.

03 다음 설명에 해당하는 제도가 무엇인지 쓰시오.

> 정보보호 및 개인정보보호를 위한 일련의 조치와 활동이 인증기준에 적합함을 인터넷진흥원 또는 인증기관이 증명하는 제도

04 「정보통신망 이용 촉진 및 정보보호 등에 관한 법률」상 괄호 안에 들어갈 용어를 순서대로 쓰시오.

> 제23조의2(주민등록번호의 사용 제한)
> ① 정보통신서비스 제공자는 다음 각 호의 어느 하나에 해당하는 경우를 제외하고는 이용자의 주민등록번호를 수집·이용할 수 없다.
>   1. 제23조의3에 따라 (㉠)(으)로 지정받은 경우
>   3. 「전기통신사업법」 제38조 제1항에 따라 기간통신사업자로부터 이동통신서비스 등을 제공받아 재판매하는 전기통신사업자가 제23조의3에 따라 본인확인기관으로 지정받은 이동통신사업자의 본인확인업무 수행과 관련하여 이용자의 주민등록번호를 수집·이용하는 경우
> ② 제1항 제3호에 따라 주민등록번호를 수집·이용할 수 있는 경우에도 이용자의 주민등록번호를 사용하지 아니하고 본인을 확인하는 방법(이하 "(㉡)"(이)라 한다)을 제공하여야 한다.

부록

최종모의고사

I wish you the best of luck!

합격의 공식 **온라인 강의**

잠깐!

혼자 공부하기 힘드시다면 방법이 있습니다.
SD에듀의 동영상강의를 이용하시면 됩니다.
www.sdedu.co.kr → 회원가입(로그인) → 강의 살펴보기

제1회 최종모의고사 | 정보보호

01 정보보호 목표의 인증성(authenticity)에 대한 설명으로 옳은 것은?

① 메시지 내용 공개, 트래픽 흐름 분석, 도청으로부터 전송 메시지를 보호한다.
② 메시지 스트림 대상, 불법변경 보호와 서비스 부인을 방지한다.
③ 정보에 대한 접근과 사용이 적시에 확실하게 보장되는 상태이다.
④ 어떤 실체가 정말 주장하는 실체가 맞는지 확인하는 것이다.

02 다음 그림은 정보보안 3요소를 도식화한 것이다. ㉠~㉢에 들어갈 정보보호 요소를 순서대로 짝지은 것은?

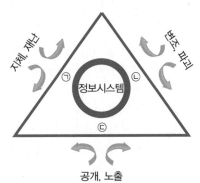

	㉠	㉡	㉢
①	가용성	무결성	기밀성
②	가용성	기밀성	무결성
③	기밀성	무결성	가용성
④	기밀성	가용성	무결성

03 다음 중 적극적 보안 공격에 해당하는 것을 모두 고른 것은?

> ㉠ 트래픽 분석
> ㉡ IP 스푸핑
> ㉢ 신분위장
> ㉣ 스니핑
> ㉤ 재전송 공격

① ㉠, ㉢, ㉣
② ㉡, ㉢, ㉤
③ ㉠, ㉣, ㉤
④ ㉡, ㉢, ㉣

04 보안 모델과 보안 요소의 연결이 옳지 않은 것은?

① Bell-LaPadula : 무결성
② Biba : 무결성
③ Clark-Wilson : 무결성
④ 만리장성 : 기밀성

05 국내에서 개발한 암호 알고리즘이 아닌 것은?

① IDEA
② ARIA
③ SEED
④ KCDSA

06 SEED에 대한 설명으로 옳지 않은 것은?

① 1999년 9월 한국인터넷진흥원과 국내 암호전문가들이 순수 국내기술로 개발한 128비트 블록 암호 알고리즘이다.

② SEED 128 암호 알고리즘 자체에 대한 표준 외에도 SEED 128을 사용하기 위한 다양한 국내/외 표준들이 제정되었다.

③ 전자상거래, 금융, 무선통신 등에서 전송되는 개인정보와 같은 중요한 정보를 보호하기 위해 사용된다.

④ 경량 환경 및 하드웨어 구현을 위해 최적화된, Involutional SPN 구조를 갖는 범용 블록 암호 알고리즘이다.

08 소인수분해 기반 공개키 암호 알고리즘을 모두 고르면?

ⓐ RSA
ⓑ Rabin
ⓒ ECC
ⓓ DSA
ⓔ Elgamal

① ㉠, ㉡
② ㉠, ㉡, ㉢, ㉤
③ ㉡, ㉢, ㉤
④ ㉢, ㉣, ㉤

09 해시함수(hash function)에 대한 설명으로 옳지 않은 것은?

① 암호학적 해시함수는 임의의 길이를 입력받기는 하지만, MD Strength Padding을 하기 때문에 최대 길이에 대한 제한은 없다.

② 결정론적으로 작동해야 하며, 따라서 두 해시값이 다르다면 그 해시값에 대한 원래 데이터도 달라야 한다.

③ 해시 충돌의 확률이 높을수록 서로 다른 데이터를 구별하기 어려워지고, 검색하는 비용이 증가하게 된다.

④ 암호학적 해시함수의 종류로는 MD5, SHA계열이 있으며 비암호학적 해시함수로는 CRC-32 등이 있다.

07 공개키 암호 알고리즘에 대한 설명으로 옳지 않은 것은?

① 수학적 함수를 근거로 하여 만들어질 패턴의 단순한 조작이 아니다.

② 기밀성, 키 분배, 인증 분야에서 매우 성능이 뛰어나다.

③ 수신자가 필요한 것은 복호화 키뿐이다.

④ 암호화 키는 도청자에게 알려져서는 안 된다.

10 다음 설명에 해당하는 프로그램은 무엇인가?

> 공격자의 침입 흔적 삭제 및 재침입을
> 위해 사용되는 백도어를 만들기 위한
> 도구들의 모음이다.

① Rootkit
② Back Orifice
③ John The Ripper
④ Nessus

11 다음 중 네트워크 보안 프로토콜을 모두
고른 것은?

> ㉠ SSL
> ㉡ SSH
> ㉢ sFTP
> ㉣ Telnet
> ㉤ IPSec

① ㉠, ㉡, ㉢, ㉣, ㉤
② ㉠, ㉣, ㉤
③ ㉠, ㉡, ㉢, ㉤
④ ㉡, ㉢, ㉣, ㉤

12 컴퓨터 바이러스에 대한 설명으로 옳지 <u>않은</u>
것은?

① 백도어는 서비스 기술자나 유지보수 프로
그래머들의 접근 편의를 위해 시스템 설
계자가 고의적으로 만들어 놓은 것이다.
② 컴퓨터 웜(computer worm)은 스스로
를 복제하는 컴퓨터 프로그램으로 파일
을 감염시키거나 손상시킨다.

③ 트로이 목마(trojan horse)는 악성 루틴
이 숨어 있는 프로그램으로, 겉보기에는
정상적인 프로그램으로 보이지만 실행
하면 악성 코드를 실행한다.
④ 루트킷(rootkit)은 영구적 또는 일관적
으로 탐지되지 않는 형태로 컴퓨터에 존
재할 수 있게 해주는 프로그램들과 코드
들로 이루어진 세트다.

13 ARP Spoofing 공격에 대한 설명으로 옳지
<u>않은</u> 것은?

① 로컬 네트워크(LAN)에서 사용하는 ARP
프로토콜의 허점을 이용하여 자신의
MAC(Media Access Control) 주소를
다른 컴퓨터의 MAC 주소인 것처럼 속이
는 공격이다.
② 더미허브 환경에서는 쉽게 Sniffing이
가능하지만, 스위치 환경에서는 어렵다.
③ 금융기관 등을 사칭하는 피싱/파밍 공격
에도 사용될 수 있다.
④ 다양하게 악용 가능하고 피해도 심각할
수 있지만, 공격에 대한 탐지와 대응은
쉽다.

14 TCP SYN Flooding 공격에 대한 설명으로
옳지 <u>않은</u> 것은?

① TCP의 취약점을 이용한 공격의 형태이다.
② 대응책으로 백로그 큐를 늘려주는 방법
이 있다.
③ DDoS 공격의 일종이다.
④ 실제 공격지 IP 주소를 추적하는 것은
거의 불가능하다.

15 서비스 거부(DoS) 공격 또는 분산 서비스 거부(DDoS) 공격에 대한 설명으로 옳지 않은 것은?

① 완전한 대책이 없는 경우가 많다.
② 네트워크에 과부하를 발생시켜, 정상적인 서비스를 하지 못하게 하는 공격이다.
③ SYN Flooding, Ping of Death 공격 등이 있다.
④ 특정 서버에 침입하여 자료를 훔쳐가거나 위조시키기 위한 공격이다.

16 다음과 같은 방법으로 시도하는 공격은?

① SQL Injection 공격
② Brute Force 공격
③ Password Guessing 공격
④ Dictionary 공격

17 다음 중 괄호에 들어갈 내용이 옳게 짝지어진 것은?

> IPSec은 (㉠) 계층의 보안을 위하여 (㉡) 프로토콜과 (㉢) 프로토콜을 사용하여 보안연계 서비스를 제공한다.

	㉠	㉡	㉢
①	네트워크	AH	ESP
②	네트워크	AH	PPTP
③	데이터링크	L2TP	ESP
④	데이터링크	PPTP	L2TP

18 피싱(phishing)에 대한 설명으로 옳지 않은 것은?

① 개인 정보 및 금융 정보를 불법적으로 수집하여 금전적인 이익을 노리는 사기 수법이다.
② 사회공학적 방법을 이용하는 수법이다.
③ 진짜 사이트와 유사한 가짜 사이트를 구축하여 유인한다.
④ 도메인을 탈취하여 가짜 사이트로 유인한다.

19 방화벽(firewall)에 대한 설명으로 옳지 않은 것은?

① 방화벽 시스템을 통하여 내부 네트워크에 대한 접근 제어 및 강력한 사용자 인증을 실현시킬 수 있게 된다.
② 외부 네트워크의 불법 침입으로부터 내부 네트워크를 보호하기 위해 네트워크 경로에 설치하는 시스템이다.
③ 방화벽을 설치함으로써 네트워크의 부하를 분산시킬 수 있다.
④ 방화벽의 보안 개념은 매우 적극적이다. 즉 '명백히 금지되지 않은 것은 허용한다.'는 소극적 방어가 아니라 '명백히 허용되지 않은 것은 금지한다.'라는 적극적 방어 개념을 가지고 있다.

20 침입탐지시스템(IDS)에 대한 설명으로 옳은 것은?

① N-IDS는 운영체제의 감사증적과 시스템 로그를 이용하여 분석한다.
② H-IDS는 네트워크상의 모든 트래픽에 대한 패킷을 분석하여 탐지한다.
③ N-IDS는 트로이 목마, 백도어, 내부자에 의한 공격을 탐지할 수 있다.
④ IDS 탐지 절차는 자료수집 → 분석 및 탐지 → 자료 필터링 및 축약 → 보고 및 대응 순이다.

21 강제적 접근통제(MAC) 정책의 특성이 아닌 것은?

① 객체의 소유자가 변경할 수 없는 주체들과 객체들 간의 접근통제 관계를 정의한다.
② 한 주체가 한 객체를 읽고, 그 내용을 다른 객체에게 복사하는 경우, 원래의 객체에 내포된 MAC 제약사항이 복사된 객체에 전파된다.
③ 모든 주체 및 객체에 대하여 일정하지 않고, 어느 하나의 주체/객체 단위로 접근제한을 설정할 수 있다.
④ 객체에 포함된 정보의 비밀성과 이러한 비밀성의 접근정보에 대하여 주체가 갖는 접근허가에 근거하여 객체에 대한 접근을 제한한다.

22 다음 중 ㉠ 안에 들어갈 구성요소가 아닌 것은?

위험 = f(㉠)

① 위협
② 취약성
③ 자산
④ 손실

23 정보보호관리체계(ISMS)에 대한 설명으로 옳지 않은 것은?

① 조직 정보보호의 근간으로서 정보보호 대상이 되는 자산의 식별, 위험평가 및 위험관리 방법과 그 구현을 위한 정보보호관리 활동체계를 말한다.
② 정보보호관리체계의 목적은 정보보호관리에 대한 인식 제고에 있다.
③ 제3자의 인증기관(한국인터넷진흥원)이 객관적이고, 독립적으로 평가하여 기준에 대한 적합여부를 보증해주는 제도이다.
④ 유효기간은 3년이며, 인증취득 후 연 2회 이상 사후 심사를 받아야 한다.

24 다음은 「정보통신망 이용촉진 및 정보보호 등에 관한 법률」의 조문이다. ㉠, ㉡에 들어갈 내용으로 옳은 것은?

> 제48조의3(침해사고의 신고 등)
> ① 다음 각 호의 어느 하나에 해당하는 자는 침해사고가 발생하면 즉시 그 사실을 (㉠)(이)나 (㉡)에 신고하여야 한다. 이 경우 「정보통신기반 보호법」 제13조 제1항에 따른 통지가 있으면 전단에 따른 신고를 한 것으로 본다.
> 1. 정보통신서비스 제공자
> 2. 집적정보통신시설 사업자

	㉠	㉡
①	과학기술정보통신부장관	한국인터넷진흥원
②	방송통신위원회	과학기술정보통신부장관
③	국가정보원	방송통신위원회
④	행정안전부장관	한국인터넷진흥원

✔ 주관식 문제

01 다음은 사회공학적 방법에 대한 설명이다. ㉠, ㉡에 들어갈 내용을 순서대로 쓰시오.

> 사회공학적 방법 및 기술적 은닉기법을 이용해서 민감한 개인정보, 금융계정 정보를 절도하는 신종 금융사기 수법이다. (㉠)은/는 유명기관을 사칭한 위장 이메일을 불특정 다수 이메일 사용자에게 전송하여 위장된 홈페이지로 유인하여 인터넷상에서 신용카드 번호, 사용자 ID, PW 등 민감한 개인의 금융정보를 획득하는 사회공학적 기법을 사용한다. 최근에는 DNS 하이재킹 등을 이용해 사용자를 위장 웹 사이트로 유인하여 개인 정보를 절도하는 (㉠)의 진화된 형태인 (㉡)도 출현하고 있다. 사회공학적 방법에 의존한 (㉠)이/가 실패 확률이 높은 반면 (㉡)은/는 사용자의 피해 유발 가능성이 매우 높다.

02 허니팟(honeypot) 시스템의 특징에 대하여 3가지 이상 쓰시오.

03 해킹 공격과 대응책에 대한 설명에서
 ㉠ ~ ㉣에 들어갈 내용을 순서대로 쓰시오.

- (㉠) : 프로그램 시 취약한 함수
  를 사용하지 않는다.
- (㉡) : 파일에 Setuid 설정을 하
  지 않는다.
- (㉢) : MAC 주소를 동적(dynamic)
  으로 설정한다.
- (㉣) : 데이터 형태(포맷 스트
  링)에 대해 명확하게 정의한다.

---

04 위험분석 방법에 대한 설명에서 ㉠ ~ ㉢에
 들어갈 내용을 순서대로 쓰시오.

- (㉠) : 체크리스트에 있는 보호
  대책의 구현 여부에 따라 위험을 평
  가하는 방법이다.
- (㉡) : 구조적인 방법론에 기반
  하지 않고, 경험자의 지식을 사용하
  여 위험을 분석하는 방법이다.
- (㉢) : 고위험(high risk) 영역
  은 상세 위험분석을 수행하고, 그 외
  의 다른 영역은 베이스라인 접근법
  을 사용하여 분석한다.

제한시간: 50분 | 시작 ___시 ___분 ~ 종료 ___시 ___분

🔁 정답 및 해설 413p

01 다음 설명에 해당하는 정보보호의 기본 목표는 무엇인가?

> 컴퓨팅 분야에서 완전한 수명 주기를 거치면서 데이터의 정확성과 일관성을 유지하고 보증하는 것을 가리키며, 데이터베이스나 RDBMS 시스템의 중요한 기능이다.

① 비밀성(confidentiality)
② 가용성(availability)
③ 책임 추적성(accountability)
④ 무결성(integrity)

02 공개키 암호시스템을 이용하여 암호문을 전달하고자 할 때 사용하는 키에 대한 설명으로 옳은 것은?

① 공개키 : 메시지 복호화
② 개인키 : 메시지 암호화
③ 공개키 : 송신자에게 키 전송
④ 개인키 : 송신자가 소유

03 OSI 계층별 보안 프로토콜로 옳게 연결된 것은?

① 데이터링크 계층 : PPTP
② 네트워크 계층 : SSL
③ 네트워크 계층 : SET
④ 응용 계층 : IPSec

04 해시함수(hash function)에 대한 설명으로 옳지 <u>않은</u> 것은?

① $x1 \neq x2$이면서 $h(x1) = h(x2)$을 만족하는 두 개의 메시지 x1과 x2를 찾는 일이 계산적으로 불가능하다(강한 충돌 회피성).
② 메시지 다이제스트로부터 원래의 메시지에 대한 계산이 불가능하다(일방향성).
③ 일정한 크기의 데이터 블록만 적용 가능하여야 한다.
④ 종류로는 MD5, SHA-1, RIPEMD-160, HAS-160 등이 있다.

05 대칭키 암호에 대한 설명으로 옳지 <u>않은</u> 것은?

① 키 관리에 어려움이 많다.
② 시스템에 가입한 사용자들 사이에 서로 키를 공유해야 한다.
③ 각 사용자는 n-1개의 키를 관리해야 하는 부담이 있다.
④ 개방적인 특성을 갖는 사용자 그룹에 적합한 암호시스템이다.

06 보안 침해사고에 대한 설명으로 옳지 <u>않은</u> 것은?

① 파밍은 이용자 PC를 악성코드에 감염시켜 이용자가 인터넷 '즐겨찾기' 또는 포털사이트 검색을 통하여 금융회사 등의 정상적인 홈페이지 주소로 접속하여도 가짜 사이트로 유도되어 금융거래정보 등을 몰래 빼가는 수법이다.

② 스미싱은 외부에서 받은 이벤트로 가장한 문자를 클릭하거나 앱을 설치하게 되면 사용자도 모르게 휴대전화의 개인정보가 이용돼 소액결제를 승인하게 되는 수법이다.

③ 피싱은 유명한 금융기관이나 공신력 있는 업체의 이름을 사칭한 메일을 보내 수신자들의 민감한 개인정보 및 금융정보를 요구하고 이를 이용, 범죄 수단으로 악용하는 행위이다.

④ 거짓 메일(fake mail)은 지인이나 업체가 발송한 것처럼 가장한 이메일로 신용카드 번호, 은행 계좌 번호, 암호와 같은 PC에 저장된 금융 정보를 훔쳐내려는 해킹 범죄자들이 보내는 이메일이다.

07 위험 처리 전략에 대한 설명으로 옳지 <u>않은</u> 것은?

① 위험 수용(risk acceptance)이란 현재의 위험을 받아들이고 잠재적 손실 비용을 제거하는 것을 말한다.

② 위험 감소(risk reduction, mitigation)란 위험을 감소시킬 수 있는 대책을 채택하여 구현하는 것이다.

③ 위험 회피(risk avoidance)는 위험이 존재하는 프로세스나 사업을 수행하지 않고 포기하는 것이다.

④ 위험 전가(risk transfer)란 보험이나 외주 등으로 잠재적 비용을 제3자에게 이전하거나 할당하는 것이다.

08 다음 설명에 해당하는 접근제어 정책은?

> • 권한관리를 단순화한다.
> • 시스템 상 권한 남용의 우려가 있는 특권 부여를 방지한다.
> • 수행 활동에 따라 사용자 분류가 가능하다.

① MAC(Mandatory Access Control)
② DAC(Discretionary Access Control)
③ ACL(Access Control List)
④ RBAC(Role Based Access Control)

09 침입탐지시스템(IDS)에 대한 설명으로 옳지 <u>않은</u> 것은?

① 모니터링의 대상에 따라 네트워크 기반 IDS와 호스트 기반 IDS로 나눌 수 있다.

② 호스트 기반 IDS는 시스템 내부에 설치되어 하나의 시스템 내부 사용자들의 활동을 감시하고 해킹 시도를 탐지해내는 시스템이다.

③ 네트워크 기반 IDS는 네트워크의 패킷 캡쳐링에 기반하여 네트워크를 지나다니는 패킷을 분석해서 침입을 탐지해 낸다.

④ 처리과정은 정보수집단계 → 분석 및 침입탐지단계 → 정보가공 및 축약단계 → 보고 및 조치단계로 진행된다.

10 다음 중 은닉 스캔(stealth scan)이 <u>아닌</u> 것은?

① FIN 스캐닝

② UDP 스캐닝

③ NULL 스캐닝

④ X-MAS Tree 스캐닝

11 다음 중 분산 서비스 거부(DDoS) 공격이 <u>아닌</u> 것은?

① SYN Flooding

② Trinoo

③ TFN2K

④ Stacheldraht

12 다음 설명에 해당하는 바이러스는 무엇인가?

> • 워드 프로세서와 같은 응용 소프트웨어 안에 심어둔 언어를 말한다.
> • 첨부 파일과 다른 문서를 열 때 경고에 따라 잘 이행하면 피할 수 있다.
> • 잘 알려진 바이러스로는 1999년의 멜리사 바이러스가 있다.

① 블래스터 웜

② 트로이 목마

③ 스턱스넷

④ 매크로 바이러스

13 IPSec에 대한 설명으로 옳지 <u>않은</u> 것은?

① 가상사설망(VPN)에서 특히 많이 사용되는 터널링 프로토콜이다.

② 전송계층에서 인증 및 암호화를 수행하는 기술이다.

③ AH : 데이터 무결성(integrity), 근원지 인증(authentication)을 제공한다.

④ ESP : AH에서 제공하는 보안 서비스 외에 비밀성(confidentiality)을 추가 제공한다.

14 힙 버퍼 오버플로우(heap overflow) 공격에 대한 설명으로 옳지 <u>않은</u> 것은?

① 데이터를 특정한 방법으로 오염시켜 응용 프로그램이 연결 리스트 포인터(linked list pointer) 등과 같은 내부 자료구조를 덮어쓰게 한다.

② 정적 메모리 할당 연결(malloc 상위 수준 데이터)을 덮어씀으로써 프로그램 함수 포인터를 조작한다.

③ 마이크로소프트 JPEG GDI+ 취약점은 힙 오버플로우도 컴퓨터 사용자에 위험이 될 수 있다는 예이다.

④ 공격을 위한 수행 요소에는 주소에서의 무효값 바이트, 셸 코드 위치 가변성, 환경 간 상이성, 그리고 다양한 대응 수단이다.

15 다음 중 능동적 공격에 해당하는 것은?

① 스니핑

② 모니터링

③ 패킷분석

④ 신분위장

16 다음 설명에 해당하는 재해복구시스템의 방식은?

> • 주 센터와 동일한 수준의 정보 자원을 원격지에 구축하고, 주 센터와 재해복구센터 모두 운용 상태로 실시간 동시 서비스를 하는 방식이다.
> • 재해 발생 시 복구시간은 이론적으로 '0'이다.
> • 초기 투자 및 유지보수에 높은 비용이 소요된다.

① 핫 사이트(hot site)
② 미러 사이트(mirror site)
③ 웜 사이트(warm site)
④ 콜드 사이트(cold site)

17 다음 중 대칭키 암호 알고리즘과 관련된 내용을 모두 고르면?

> ㉠ 기밀성을 보장한다.
> ㉡ 송수신자 간의 비밀키를 공유하지 않아도 된다.
> ㉢ 공개키에 비하여 속도가 빠르다.
> ㉣ 전자서명에 주로 사용된다.

① ㉠
② ㉡, ㉢
③ ㉠, ㉢
④ ㉠, ㉢, ㉣

18 위험관리 요소에 대한 설명으로 옳지 않은 것은?

① 위험(risk)이란 원하지 않는 사건이 발생하여 손실 또는 부정적인 영향을 미칠 가능성을 말한다.
② 자산에 위협이 없다면 취약성이 발생해도 손실이 나타나지 않는다는 점에서, 위협은 자산과 취약성 사이의 관계를 맺어 주는 특성으로 파악할 수 있다.
③ 위협(threats)은 자산에 손실을 초래할 수 있는 원치 않는 사건의 잠재적 원인(source)이나 행위자(agent)로 정의된다.
④ 취약성(vulnerability)이란 자산의 잠재적 속성으로서 위협의 이용 대상이 되는 것으로 정의되나, 때로 정보보호 대책의 미비로 정의되기도 한다.

19 리눅스(Linux)의 로그 파일과 기록되는 내용으로 옳은 것을 모두 고르면?

> ㉠ utmp : 현재 시스템에 로그인한 각 사용자의 상태를 저장하는 파일로, 바이너리 파일로 되어 있다. w, who, users, finger 명령어 등으로 내용을 볼 수 있다.
> ㉡ wtmp : 로그인, 로그아웃, 시스템의 재부팅에 대한 정보가 담겨있다. 바이너리 파일로 되어 있으며 last 명령어로 내용을 확인할 수 있다.
> ㉢ secure : Telnet, SSH 접속에 대한 사용자 로그인 인증 기록을 확인할 수 있다.
> ㉣ lastlog : 실패한 로그인 시도를 기록하는 로그이다. 바이너리 파일이며, lastb 명령어로 확인할 수 있다.

① ㉠, ㉡, ㉢
② ㉠, ㉡
③ ㉢, ㉣
④ ㉡, ㉢, ㉣

20 전송계층 보안 프로토콜인 TLS(Transport Layer Security)에 대한 설명으로 옳지 않은 것은?

① SSL 3.0을 기초로 하여 IETF가 만든 프로토콜이다.
② HTTP의 통신(요청과 응답)은 암호화되어 도청을 방지할 수 있다.
③ 송수신하는 메일에 대한 안전성은 보장하지 못한다.
④ SSL/TLS로 통신을 수행할 때의 URL은 http://가 아니고 https://로 시작된다.

21 「정보통신망 이용촉진 및 정보보호 등에 관한 법률」상 '침해사고'가 아닌 것은?

① 컴퓨터 바이러스
② 고출력 전자기파
③ 논리폭탄
④ 애드웨어

22 다음 설명에 해당하는 공격은 무엇인가?

> • 컴퓨터 소프트웨어의 취약점을 공격하는 기술적 위협으로, 해당 취약점에 대한 패치가 나오지 않은 시점에서 이루어지는 공격을 말한다.
> • 이 공격의 대상물이 되는 프로그램은 공식적으로 패치가 배포되기 전에 이루어진다. 이런 프로그램들은 보통 대중들에게 공개되기 전 공격자들에게로 배포된다.

① 제로데이(zero day) 공격
② 백도어(backdoor)
③ 논리폭탄(logic bomb)
④ APT 공격

23 다음에서 설명하는 웹서비스 공격은 무엇인가?

> • 사용자가 자신의 의지와는 무관하게 공격자가 의도한 행위(수정, 삭제, 등록 등)를 특정 웹사이트에 요청하게 하는 공격을 말한다.
> • 특정 웹사이트가 사용자의 웹브라우저를 신용하는 상태를 노린 것이다.

① 직접 객체 참조
② Cross Site Request Forgery
③ Cross Site Scripting
④ SQL Injection

24 다음 설명에 해당하는 리눅스의 인증 도구는 무엇인가?

> • 관리자의 편의를 제공하고, 인증의 통합적 관리를 위한 모듈이다.
> • 리눅스 커널에 들어오는 모든 서비스의 인증을 제어할 수 있다.
> • 각각의 사용자에 대한 로그인 제한, 멀티태스킹 제한, 용량 제한, 사용 제한 뿐 아니라 그룹, 장치들에 대한 제한까지 통합적으로 관리하여, 인증 서비스에 대한 다양한 기술을 제공해 준다.
> • 최근 모든 리눅스 배포판에서 지원한다.

① PAM(Plugging Authentication Module)
② SAM(Security Account Manager)
③ UTM(Unified Threat Management)
④ SRM(Secure Reference Monitor)

✅ 주관식 문제

01 공개키 암호 알고리즘에 대한 설명에서 ㉠ ~ ㉣에 들어갈 내용을 순서대로 쓰시오.

> • (㉠) : n = p * q일 때, p와 q로 n을 구하기는 쉬우나 n으로 p와 q를 찾기 힘들다는 소인수분해의 어려움을 이용하였다.
> • (㉡) : RSA보다 매우 짧은 길이의 키를 사용하면서도 비슷한 수준의 안정성을 제공하는 것이 특징이다.
> • (㉢) : 복잡도는 큰 수 n을 두 개의 소수 곱으로 소인수분해하는 수준의 복잡도와 동일하다.
> • (㉣) : 암호화 시 암호문의 길이가 평문의 2배가 된다는 단점이 있어 짧은 메시지의 암호화와 복호화에 주로 사용된다.

02 Buffer Overflow Attack의 대응 방법을 3가지 이상 쓰시오.

03 다음 공격에 대한 설명을 간단히 쓰시오.

> ㉠ 스위치 재밍(switch jamming) 공격
> ㉡ SQL Injection 공격

04 무선랜(wireless) 보안의 물리적, 논리적 보안 방법을 3가지 이상 쓰시오.

정답 및 해설 | 정보보호

제1회

01	02	03	04	05	06	07	08	09	10	11	12
④	①	②	①	①	④	④	①	①	①	③	②
13	14	15	16	17	18	19	20	21	22	23	24
④	③	④	①	①	④	③	④	③	④	④	①

주관식 정답			
01	㉠ 피싱(phishing), ㉡ 파밍(pharming)	03	㉠ 버퍼 오버플로 공격 ㉡ 경쟁조건 공격 ㉢ ARP Spoofing 공격 ㉣ 포맷 스트링 공격
02	• 비정상적인 접근을 탐지하기 위해 의도적으로 설치해 둔 시스템이다. • 목적은 경각심(awareness), 정보(information), 연구(research) 해커를 유인해서 정보를 얻거나 추적하기 위함이다. • 시스템을 통과하는 모든 패킷을 감시해야 한다. • 설치 위치는 방화벽 앞, 방화벽 내부, DMZ에 하는 것이 일반적이다.	04	㉠ 기준선 접근법 ㉡ 비정형 접근법 ㉢ 상세 위험분석 접근법

01 정답 ④
① 기밀성에 대한 설명이다.
② 부인방지에 대한 설명이다.
③ 가용성에 대한 설명이다.

02 정답 ①
• 기밀성 : 자산이 인가된 사용자에 의해서만 접근하는 것을 보장하는 것을 말한다.
• 무결성 : 정보가 비인가된 방식으로 변조되는 것을 방지하는 것을 말한다.
• 가용성 : 인가된 사용자가 필요시 정보를 접근하고 변경하는 것이 가능함을 의미한다.

03 정답 ②
㉠, ㉣ : 소극적(수동적) 공격이다.

04 정답 ①
Bell-LaPadula 모델은 기밀성 모델이다.

05 정답 ①
IDEA : 스위스에서 1990년 Xuejia Lai, James Messey가 만든 PES(Proposed Encryption Standard)를 개량하여, 1991년에 개발된 블록 암호 알고리즘이다.

06 정답 ④

ARIA : 경량 환경 및 하드웨어 구현을 위해 최적화된, Involutional SPN 구조를 갖는 범용 블록 암호 알고리즘이다.

07 정답 ④

공개키 암호 알고리즘에서 암호화 키는 공개되어야 하며, 복호화 키는 개인이 비밀리에 보관해야 한다.

08 정답 ①

ⓒ, ㄹ, ⑩은 이산대수 기반 공개키 암호 알고리즘이다.

09 정답 ①

암호학적 해시함수는 임의의 길이를 입력 받기는 하지만, MD Strength Padding할 때 길이 정보가 입력되므로 최대 길이에 대한 제한이 있다.

10 정답 ①

② Back Orifice : 바이러스가 아니며, 리모트에서 원격제어를 하기 위한 프로그램이다.
③ John The Ripper : Solar Designer가 개발한 Unix계열 패스워드 크랙 도구이다. 무료이며, UNIX 계열 크래킹 도구이지만 DOS, Win9x, NT, 2000 등의 플랫폼도 지원한다.
④ Nessus : 취약점 점검 프로그램으로서, Home 버전은 무료로 사용할 수 있는 도구이다. 다양한 형태로 리포트를 제공하며, 취약점에 대한 빠른 업데이트가 가능한 프로그램이다.

11 정답 ③

ⓡ Telnet : 원격 접속 프로그램으로 메시지를 평문으로 주고받아 스니핑 공격에 취약하다.

12 정답 ②

컴퓨터 웜(computer worm)은 스스로를 복제하고 전파하는 악의적인 프로그램으로, 파일을 감염시키거나 손상시키는 기능은 없다.

13 정답 ④

ARP Spoofing 공격은 다양하게 악용 가능하고 피해도 심각할 수 있는 반면, 공격에 대한 탐지와 대응은 쉽지 않다. ARP Spoofing의 공격 대상은 자신의 시스템이 직접 해킹당한 것이 아니므로 피해 사실조차 파악하기 어렵다.

14 정답 ③

TCP SYN Flooding 공격은 DoS 공격의 일종이다.

15 정답 ④

DoS/DDoS 공격은 자료획득이나 위조 공격이 아니다. 단지 시스템 및 네트워크에 과부하를 유발하여 정상적인 서비스를 하지 못하도록 하는 공격 기법이다.

16 정답 ①

② Brute Force 공격 : 특정한 암호를 복호화하기 위해 가능한 모든 값을 대입하는 것을 의미한다.
③ Password Guessing 공격 : 암호로 설정 했을 것으로 예상되는 값들을 위주로 입력하여 암호를 알아내거나 해독하는 공격기법이다.
④ Dictionary 공격 : 사전에 있는 단어를 입력하여 암호를 알아내거나 해독하는 공격기법이다.

17 정답 ①

- AH : IP 데이터그램에 데이터 인증, 무결성 및 재생 보호 기능을 제공한다.
- ESP : ESP가 캡슐화하는 콘텐츠에 대한 기밀성을 제공한다. 또한 AH가 제공하는 서비스도 제공한다.

18 정답 ④

파밍(pharming)에 대한 설명이다.

19 정답 ③

방화벽을 설치함으로서 네트워크의 부하가 가중될 수밖에 없다. 아울러 네트워크 트래픽이 게이트웨이로 집중된다는 단점을 감수해야만 한다.

20 정답 ④

① H-IDS에 대한 설명이다.
② N-IDS에 대한 설명이다.
③ H-IDS에 대한 설명이다.

21 정답 ③

임의적 접근통제에 대한 설명이다.

22 정답 ④

④ 손실 : 침해 사고로 인해 잃거나 손해를 보는 것. 또는 그 손해를 의미한다.
① 위협 : 손실이나 손상의 원인이다. 보안에 해를 끼치는 행동이나 사건이다.
② 취약성 : 위협의 이용 대상으로 관리적, 물리적, 기술적 약점이다(정보보호 대책 미비).
③ 자산 : 정보시스템을 구성하는 하드웨어, 소프트웨어 등을 말하며, 보호해야 할 대상이다.

23 정답 ④

ISMS : 유효기간은 3년이며, 인증취득 후 연 1회 이상 사후 심사를 받아야 한다.

24 정답 ①

「정보통신망 이용촉진 및 정보보호 등에 관한 법률」 제48조의3(침해사고의 신고 등)

① 다음 각 호의 어느 하나에 해당하는 자는 침해사고가 발생하면 즉시 그 사실을 과학기술정보통신부장관이나 한국인터넷진흥원에 신고하여야 한다. 이 경우 「정보통신기반 보호법」 제13조 제1항에 따른 통지가 있으면 전단에 따른 신고를 한 것으로 본다.
1. 정보통신서비스 제공자
2. 집적정보통신시설 사업자

주관식 해설

01 **정답** ㉠ 피싱(phishing), ㉡ 파밍(pharming)

02 **정답** • 비정상적인 접근을 탐지하기 위해 의도적으로 설치해 둔 시스템이다.
- 목적은 경각심(awareness), 정보(information), 연구(research) 해커를 유인해서 정보를 얻거나 추적하기 위함이다.
- 시스템을 통과하는 모든 패킷을 감시해야 한다.
- 설치 위치는 방화벽 앞, 방화벽 내부, DMZ에 하는 것이 일반적이다.

03 **정답** ㉠ 버퍼 오버플로 공격
㉡ 경쟁조건 공격
㉢ ARP Spoofing 공격
㉣ 포맷 스트링 공격

04 **정답** ㉠ 기준선 접근법
㉡ 비정형 접근법
㉢ 상세 위험분석 접근법

제2회

01	02	03	04	05	06	07	08	09	10	11	12
④	③	①	③	④	④	①	④	④	②	①	④

13	14	15	16	17	18	19	20	21	22	23	24
②	②	④	②	③	②	①	③	④	①	②	①

주관식 정답			
01	㉠ RSA ㉡ ECC ㉢ Rabin ㉣ Elgamal	03	㉠ 스위치의 MAC Address Table의 버퍼를 오버 플로우시켜서 스위치가 허브처럼 동작하게 강제적으로 만드는 기법을 말한다. ㉡ 클라이언트의 입력값을 조작하여 서버의 데이터베이스를 공격할 수 있는 공격방식이다. 주로 사용자가 입력한 데이터를 제대로 필터링, 이스케이핑하지 못했을 경우에 발생한다.
02	• 안전한 표준 라이브러리 사용 • 스택 프레임 손상 탐지 추가 코드 넣기 • 안전한 함수 사용 • 실행 가능 주소 공간 보호	04	• AP의 위치를 건물 안쪽에 위치 • MAC 주소 필터링의 적용 • SSID(Service Set IDentifier) 브로드캐스팅의 금지 • 무선 장비 관련 패스워드의 주기적인 변경

01 정답 ④

① 비밀성(confidentiality) : 인가된 사용자나 프로그램에게만 접근을 허용하는 것이다.

② 가용성(availability) : 승인되지 않거나 원하지 않는 방법에 의한 데이터의 변경을 보호하는 것이다.

③ 책임 추적성(accountability) : 사용자 식별 및 감사 추적(auditability)을 말한다.

02 정답 ③

• 공개키 : 송신자에게 키 전송

• 개인키 : 메시지 복호화

03 정답 ①

• 네트워크 계층 : IPSec

• 세션 계층 : SSL

• 응용 계층 : SET

04 정답 ③

임의 크기의 데이터 블록도 적용 가능하여야 한다.

05 정답 ④

암호문의 작성자와 이의 수신자가 동일한 키를 비밀리에 관리해야 하므로 폐쇄적인 특성을 갖는 사용자 그룹에 적합한 암호시스템이다.

06 정답 ④

④는 스피어 피싱에 대한 설명이다.

거짓 메일(fake mail)은 메일의 근원지를 속여서 다량으로 발송하는 스팸 메일의 일종이다.

07 정답 ①

위험 수용(risk acceptance) : 현재의 위험을 받아들이고 잠재적 손실 비용을 감수하는 것을 말한다.

08 **정답** ④

① MAC(Mandatory Access Control) : 보안 등급, 규칙 기반, 관리 기반의 접근 통제 방식이다. 모든 주체 및 객체에 대하여 일정하며 어느 하나의 주체나 객체 단위로 접근 제한을 설정할 수 없다.

② DAC(Discretionary Access Control) : 객체에 접근하고자 하는 주체(또는 주체가 속한 그룹)의 접근 권한에 따라 접근통제를 적용한다.

③ ACL(Access Control List) : 트래픽 필터링과 방화벽을 구축하는데 가장 중요한 요소로, 허가되지 않은 이용자가 라우터나 네트워크의 특정 자원에 접근하려고 하는 것을 차단한다.

09 **정답** ④

침입탐지시스템(IDS) 처리과정 : 정보수집단계 → 정보가공 및 축약단계 → 분석 및 침입탐지단계 → 보고 및 조치단계로 진행된다.

10 **정답** ②

UDP 스캐닝 : UDP 패킷을 전송하여 공격대상의 포트 상태를 확인하는 일반 스캐닝이다.

11 **정답** ①

SYN Flooding : 서비스 거부(DoS) 공격에 해당한다.

12 **정답** ④

① 블래스터 웜 : 2003년 8월 중에 윈도 XP, 윈도 2000 등의 운영 체제를 실행 중인 컴퓨터에 확산된 웜이다. 가장 대표적인 증상은 컴퓨터가 꺼지는 것인데, '60초 후 컴퓨터가 종료됩니다'라는 팝업창을 띄운 후 종료되기 때문에 일명 60초 바이러스라고 불리기도 했다.

③ 스턱스넷 : 산업 소프트웨어와 공정 설비를 공격목표로 하는 극도로 정교한 군사적 수준의 사이버 무기로 지칭된다. 공정 설비와 연결된 프로그램이 논리제어장치(programmable logic controller)의 코드를 악의적으로 변경하여 제어권을 획득한다. 네트워크와 이동저장매체인 USB를 통하여 전파되며, SCADA(Supervisory Control and Data Acquisition) 시스템이 공격목표이다.

② 트로이 목마 : 악성 루틴이 숨어 있는 프로그램으로, 겉보기에는 정상적인 프로그램으로 보이지만 실행하면 악성코드를 실행한다.

13 **정답** ②

IPSec : 네트워크 계층에서 인증 및 암호화를 수행하는 기술이다.

14 **정답** ②

동적 메모리 할당 연결(malloc 상위 수준 데이터)을 덮어씀으로써 프로그램 함수 포인터를 조작한다.

15 **정답** ④

①, ②, ③ : 수동적(소극적) 공격에 해당한다.

16 **정답** ②

① 핫 사이트(hot site) : 전원이나 난방, 통풍, 공기 청정기와 기능성 파일/프린터 서버와 워크스테이션까지 모든 컴퓨터 설비를 완전히 갖추고 있다. 원격 트랜잭션 프로세싱을 유지하기 위해 필요한 애플리케이션이 서버와 워크스테이션에 설치되고 실제 운영 환경과 동일한 상태로 관리된다.

③ 웜 사이트(warm site) : 핫 사이트와 콜드 사이트의 절충안이다. 핫 사이트처럼, 웜 사이트도 전원이나 HVAC과 컴퓨터 등이 갖추어진 컴퓨터 설비이지만 애플리케이션은 설치되거나 구성되어 있지 않다.

④ 콜드 사이트(cold site) : 세 가지 중 가장 미비한 사이트이지만 셋 중에 가장 많이 사용되는 방안이기도 하다. 콜드 사이트는 비상시 장비를 가져올 준비만 할 뿐 어떤 컴퓨터 하드웨어도 사이트에 존재하지 않는다는 점에서 다른 두 가지와 다르다.

17 정답 ③

ⓒ, ⓔ : 공개키 암호 알고리즘에 대한 내용이다.

18 정답 ②

자산에 취약성(vulnerability)이 없다면 위협이 발생해도 손실이 나타나지 않는다는 점에서, 취약성은 자산과 위협 사이의 관계를 맺는 특성을 파악할 수 있다.

19 정답 ①

ⓔ은 btmp 로그에 대한 내용이다.

20 정답 ③

SSL/TLS : SMTP(Simple Mail Transfer Protocol)나, POP3(Post Office Protocol) 프로토콜로 송수신하는 메일의 안전성을 보장한다.

21 정답 ④

「정보통신망 이용촉진 및 정보보호 등에 관한 법률」 제2조(정의)

① 이 법에서 사용하는 용어의 뜻은 다음과 같다.
7. "침해사고"란 다음 각 목의 방법으로 정보

통신망 또는 이와 관련된 정보시스템을 공격하는 행위로 인하여 발생한 사태를 말한다.

가. 해킹, 컴퓨터바이러스, 논리폭탄, 메일폭탄, 서비스거부 또는 고출력 전자기파 등의 방법

나. 정보통신망의 정상적인 보호·인증 절차를 우회하여 정보통신망에 접근할 수 있도록 하는 프로그램이나 기술적 장치 등을 정보통신망 또는 이와 관련된 정보시스템에 설치하는 방법

22 정답 ①

② 백도어(backdoor) : 서비스 기술자나 유지보수 프로그래머들의 접근 편의를 위해 시스템 설계자가 고의적으로 만들어 놓은 것이다.

③ 논리폭탄(logic bomb) : 특정 조건(날짜, 시간 등)을 만족하면 실행되어 시스템을 비정상적으로 동작시키거나 데이터를 파괴하는 프로그램이다.

④ APT 공격 : 지능형 지속적 위협. 즉, 지능적인 방법을 사용해서 지속적으로 특정 대상을 공격하는 것을 말한다. APT 공격은 과거의 불특정 다수를 노렸던 공격과는 달리 하나의 대상을 목표로 정한 후에, 내부로 침입을 성공할 때까지 다양한 IT 기술과 공격방식을 기반으로 여러 보안 위협을 생산하여 공격을 멈추지 않는 것이 특징이기 때문에 위험한 공격이다.

23 정답 ②

① 직접 객체 참조 : 파일, 디렉터리, 데이터베이스 키와 같이 내부적으로 구현된 객체에 대해 개발자가 참조를 노출할 때 발생한다. 만약 접근 통제에 의한 확인이나 다른 보호가 없다면, 공격자는 이 참조를 권한 없는 데이터에 접근하기 위해 조작할 수 있다.

③ Cross Site Scripting : 웹 애플리케이션에서 많이 나타나는 취약점의 하나로 웹사이트 관리자가 아닌 이가 웹 페이지에 악성 스크립

트를 삽입할 수 있는 취약점이다. 주로 여러 사용자가 보게 되는 전자 게시판에 악성 스크립트가 담긴 글을 올리는 형태로 이루어진다. 이 취약점은 웹 애플리케이션이 사용자로부터 입력받은 값을 제대로 검사하지 않고 사용할 경우 나타난다. 이 취약점으로 해커가 사용자의 정보(쿠키, 세션 등)를 탈취하거나, 자동으로 비정상적인 기능을 수행하게 하거나 할 수 있다.

④ SQL Injection : 응용 프로그램 보안상의 허점을 의도적으로 이용해 개발자가 생각지 못한 SQL문을 실행되게 함으로써 데이터베이스를 비정상적으로 조작하는 코드 인젝션 공격 방법이다.

24 정답 ①
〈윈도 인증구조〉
- LSA : 모든 계정의 로그인에 대한 검증을 하고, 시스템 자원 및 파일 등에 대한 접근 권한을 검사한다. 물론 로컬, 원격 모두에 해당한다. 또한 이름과 SID를 매칭하며, SRM이 생성한 감사 로그를 기록하는 역할도 한다. 즉 LSA는 NT 보안의 중심 요소며, 보안 서브 시스템(Security Subsystem)이라 불리기도 한다.
- SAM : 사용자/그룹 계정 정보에 대한 데이터베이스를 관리한다. 그리고 사용자의 로그인 입력 정보와 SAM 데이터베이스 정보를 비교해 인증 여부를 결정한다. 윈도의 SAM 파일은 다음 경로에 위치한다(%systemroot%는 윈도가 설치된 폴더로 보통 C:/Winnt 또는 C:/Windows다).
- SRM : SAM이 사용자의 계정과 패스워드의 일치 여부를 확인하여 SRM에 알리면, SRM은 사용자에게 SID(Security Identifier)를 부여한다. 또한 SRM은 SID에 기반하여 파일이나 디렉터리에 대한 접근(Access)을 허용할지를 결정하고, 이에 대한 감사 메시지를 생성한다.
〈UTM(Unified Threat Management)〉
- 방화벽, 가상 전용 네트워크, 침입 차단 시스템, 웹 콘텐츠 필터링, 안티스팸 소프트웨어 등을 포함하는 여러 개의 보안 도구를 이용한 관리 시스템이다.
- 비용 절감, 관리 능력이 향상되는 포괄적인 관리 시스템이다. 통합 위협 관리 시스템은 중소기업뿐만 아니라 모든 규모의 네트워크에 이용 가능하다는 특징이 있다.

주관식 해설

01 정답 ㉠ RSA
㉡ ECC
㉢ Rabin
㉣ Elgamal

02 정답 • 안전한 표준 라이브러리 사용
• 스택 프레임 손상 탐지 추가 코드 넣기
• 안전한 함수 사용
• 실행 가능 주소 공간 보호

03 정답 ㉠ 스위치의 MAC Address Table의 버퍼를 오버플로우시켜서 스위치가 허브처럼 동작하게 강제적으로 만드는 기법을 말한다.
㉡ 클라이언트의 입력값을 조작하여 서버의 데이터베이스를 공격할 수 있는 공격방식이다. 주로 사용자가 입력한 데이터를 제대로 필터링, 이스케이핑하지 못했을 경우에 발생한다.

04 정답 • AP의 위치를 건물 안쪽에 위치
• MAC 주소 필터링의 적용
• SSID(Service Set IDentifier) 브로드캐스팅의 금지
• 무선 장비 관련 패스워드의 주기적인 변경

컴퓨터용 사인펜만 사용

난도 전공심화과정인정시험 답안지(객관식)

★ 수험생은 수험번호와 응시과목 코드번호를 표기(마킹)한 후 일치여부를 반드시 확인할 것.

전공분야	
성명	

수험번호

(1) 3 — | — | — | —

(2) ① ● ③ ④

과목코드	응시과목

교시코드

답안지 작성시 유의사항

1. 답안지는 반드시 컴퓨터용 사인펜을 사용하여 다음 [보기]와 같이 표기할 것.
   [보기] 잘된표기: ● 잘못된 표기: ⊗ ⊙ ⊖ ◑ ○◐

2. 수험번호 (1)에는 아라비아 숫자로 쓰고, (2)에는 "●"와 같이 표기할 것.

3. 과목코드는 뒷면 "과목코드번호"를 보고 해당과목의 코드번호를 찾아 표기하고,
   응시과목란에는 응시과목명을 한글로 기재할 것.

4. 교시코드는 문제지 전면 의 교시를 해당란에 "●"와 같이 표기할 것.

5. 한번 표기한 답은 긁거나 수정액 및 스티커 등 어떠한 방법으로도 고쳐서는
   아니되고, 고친 문항은 "0"점 처리함.

※ 감독관 확인란

관 리 번 호 (연번)

(응시자수)

[이 답안지는 마킹연습용 모의답안지입니다.]

□□년도 전공심화과정
인정시험 답안지(주관식)

★ 수험생은 수험번호와 응시과목 코드번호를 표기(마킹)한 후 일치여부를 반드시 확인할 것.

전공분야

성 명

과목코드

①	①	①
②	②	②
③	③	③
④	④	④
⑤	⑤	⑤
⑥	⑥	⑥
⑦	⑦	⑦
⑧	⑧	⑧
⑨	⑨	⑨
⑩	⑩	⑩

교시코드

① ② ③ ④

수험번호

③		-		-	
① ② ● ④		-		-	

(위 수험번호 칸은 ①~⑩ 마킹 구조)

답안지 작성시 유의사항

1. ※란은 표기하지 말 것.
2. 수험번호 (2)란, 과목코드, 교시코드 표기는 반드시 컴퓨터용 싸인펜으로 표기할 것.
3. 교시코드는 문제지 전면 의 교시를 해당란에 컴퓨터용 싸인펜으로 표기할 것.
4. 답란은 반드시 흑·청색 볼펜 또는 만년필을 사용할 것. (연필 또는 적색 필기구 사용불가)
5. 답안을 수정할 때에는 두줄(=)을 긋고 수정할 것.
6. 답란이 부족하면 해당답란에 "뒷면기재"라고 쓰고 뒷면 '추가답란'에 문제번호를 기재한 후 답안을 작성할 것.
7. 기타 유의사항은 객관식 답안지의 유의사항과 동일함.

※ 감독관 확인란

(인)

절취선

응답과 응시과목 코드번호 표기(마킹)한 후 일치여부를 반드시 확인할 것.

문호	※ 1차 점수	※1차확인	응 시 과 목	※2차확인	※ 2차 채점	※ 2차 점수
1	⓪ ① ② ③ ④ ⑤ ⑥ ⑦ ⑧ ⑨ ⑩					⓪ ① ② ③ ④ ⑤ ⑥ ⑦ ⑧ ⑨ ⑩
2	⓪ ① ② ③ ④ ⑤ ⑥ ⑦ ⑧ ⑨ ⑩					⓪ ① ② ③ ④ ⑤ ⑥ ⑦ ⑧ ⑨ ⑩
3	⓪ ① ② ③ ④ ⑤ ⑥ ⑦ ⑧ ⑨ ⑩					⓪ ① ② ③ ④ ⑤ ⑥ ⑦ ⑧ ⑨ ⑩
4	⓪ ① ② ③ ④ ⑤ ⑥ ⑦ ⑧ ⑨ ⑩					⓪ ① ② ③ ④ ⑤ ⑥ ⑦ ⑧ ⑨ ⑩
5	⓪ ① ② ③ ④ ⑤ ⑥ ⑦ ⑧ ⑨ ⑩					⓪ ① ② ③ ④ ⑤ ⑥ ⑦ ⑧ ⑨ ⑩

※1차채점   ※2차채점

연도 전공심화과정인정시험 답안지(객관식)

컴퓨터용 사인펜만 사용

★ 수험생은 수험번호와 응시과목 코드번호를 표기(마킹)한 후 일치여부를 반드시 확인할 것.

전공분야

성명

(1)	3	―

(2)

수험번호

④ ● ②

① ② ③ ④ ⑤ ⑥ ⑦ ⑧ ⑨ ⓪

※ 감독관 확인란

(연번)

관리번호

(응시자수)

답안지 작성 시 유의사항

1. 답안지는 반드시 컴퓨터용 사인펜을 사용하여 다음 보기와 같이 표기할 것.
   보기 잘된 표기: ●
   잘못된 표기: ⓧ ⊗ ⊙ ◒ ◓ ○ ◑

2. 수험번호 (1)에는 아라비아 숫자로 쓰고, (2)에는 "●"와 같이 표기할 것.

3. 과목코드는 뒷면 "과목코드번호"를 보고 해당과목의 코드번호를 찾아 표기하고,
   응시과목란에는 응시과목명을 한글로 기재할 것.

4. 교시코드는 문제지 전면 의 교시를 해당란에 "●"와 같이 표기할 것.

5. 한번 표기한 답은 긁거나 수정액 및 스티커 등 어떠한 방법으로도 고쳐서는
   아니되고, 고친 문항은 "0"점 처리함.

[이 답안지는 마킹연습용 모의답안지입니다.]

과목코드	응시과목								
	1	① ② ③ ④	14	① ② ③ ④					
	2	① ② ③ ④	15	① ② ③ ④					
	3	① ② ③ ④	16	① ② ③ ④					
	4	① ② ③ ④	17	① ② ③ ④					
	5	① ② ③ ④	18	① ② ③ ④					
	6	① ② ③ ④	19	① ② ③ ④					
교시코드	7	① ② ③ ④	20	① ② ③ ④					
①	8	① ② ③ ④	21	① ② ③ ④					
②	9	① ② ③ ④	22	① ② ③ ④					
③	10	① ② ③ ④	23	① ② ③ ④					
④	11	① ② ③ ④	24	① ② ③ ④					
	12	① ② ③ ④							
	13	① ② ③ ④							

과목코드	응시과목								
	1	① ② ③ ④	14	① ② ③ ④					
	2	① ② ③ ④	15	① ② ③ ④					
	3	① ② ③ ④	16	① ② ③ ④					
	4	① ② ③ ④	17	① ② ③ ④					
	5	① ② ③ ④	18	① ② ③ ④					
	6	① ② ③ ④	19	① ② ③ ④					
	7	① ② ③ ④	20	① ② ③ ④					
	8	① ② ③ ④	21	① ② ③ ④					
	9	① ② ③ ④	22	① ② ③ ④					
	10	① ② ③ ④	23	① ② ③ ④					
	11	① ② ③ ④	24	① ② ③ ④					
	12	① ② ③ ④							
	13	① ② ③ ④							

★ 수험생은 수험번호와 응시과목 코드번호를 표기(마킹)한 후 일치여부를 반드시 확인할 것.

년도 전공심화과정
인정시험 답안지(주관식)

전공분야

성명

과목코드

교시코드
① ② ③ ④

수험번호

문번	※1차 점수	※1차 채점	※1차확인	응 시 과 목	※2차확인	※2차 채점	※2차 점수
1							
2							
3							
4							
5							

답안지 작성시 유의사항

1. ※란은 표기하지 말 것.
2. 수험번호 (2)란, 과목코드, 교시코드 표기는 반드시 컴퓨터용 싸인펜으로 표기할 것.
3. 교시코드는 문제지 전면의 교시를 해당란에 컴퓨터용 싸인펜으로 표기할 것.
4. 답란은 반드시 흑·청색 볼펜 또는 만년필을 사용할 것. (연필 또는 적색 필기구 사용불가)
5. 답안을 수정할 때에는 두줄(=)을 긋고 수정할 것.
6. 답란이 부족하면 해당답란에 "뒷면기재"라고 쓰고 뒷면 '추가답란'에 문제번호를 기재한 후 답안을 작성할 것.
7. 기타 유의사항은 객관식 답안지의 유의사항과 동일함.

※ 감독관 확인란

(인)

참고문헌

1. 박성업, 『정보보안(산업)기사 필기 한권으로 끝내기』, 시대고시기획

2. 박성업, 『정보시스템보안·네트워크 보안 이론서』, 도서출판 북스팟

3. 박성업, 『국가공인 리눅스마스터 2급 한권으로 끝내기』, 시대고시기획

4. 박성업, 『기술직 공무원 7/9급 정보보호론 이론서』, 시대고시기획

5. 인사혁신처, 공무원 시험(7급/9급 전산개발/정보보호) 2015 ~ 2021년도 기출문제

6. KISA 한국인터넷진흥원, https://www.kisa.or.kr/

7. KISA 인터넷보호나라&KrCERT, https://www.krcert.or.kr/main.do

8. 국가법령정보센터, http://www.law.go.kr

9. 한국정보통신기술협회, http://www.tta.or.kr

10. 정보통신기술용어, http://ktword.co.kr

11. 안랩, http://www.ahnlab.com

12. 위키백과, https://ko.wikipedia.org/wiki

여기서 멈출 거예요? 고지가 바로 눈앞에 있어요.
마지막 한 걸음까지 SD에듀가 함께할게요!

좋은 책을 만드는 길
독자님과 함께하겠습니다.

도서나 동영상에 궁금한 점, 아쉬운 점, 만족스러운 점이
있으시다면 어떤 의견이라도 말씀해 주세요.
SD에듀는 독자님의 의견을 모아 더 좋은 책으로 보답하겠습니다.

www.sdedu.co.kr

시대에듀 독학사 컴퓨터공학과 3단계 정보보호

초 판 발 행	2022년 09월 07일 (인쇄 2022년 07월 20일)
발 행 인	박영일
책 임 편 집	이해욱
편 저	박성업
편 집 진 행	송영진 · 김다련
표지디자인	박종우
편집디자인	김경원 · 박서희
발 행 처	(주)시대고시기획
출 판 등 록	제10-1521호
주 소	서울시 마포구 큰우물로 75 [도화동 538 성지 B/D] 9F
전 화	1600-3600
팩 스	02-701-8823
홈 페 이 지	www.sdedu.co.kr
I S B N	979-11-383-2750-3 (13000)
정 가	28,000원